房屋建筑工程技术资料编制应用实例

新疆维吾尔自治区建设工程质量监督总站
新疆维吾尔自治区建设标准服务中心 编

中国建筑工业出版社

图书在版编目(CIP)数据

房屋建筑工程技术资料编制应用实例/新疆维吾尔自治区建设工程质量监督总站等编. —北京：中国建筑工业出版社，2011.7

ISBN 978-7-112-13208-9

Ⅰ.①房… Ⅱ.①新… Ⅲ.①建筑工程—技术档案—档案管理 Ⅳ.①G275.3

中国版本图书馆 CIP 数据核字(2011)第 085597 号

本书根据国家建设工程技术资料管理标准，以实际工程归档资料为示例，选用了相关入档资料表格及说明而成。详细介绍了建筑工程从施工组织设计编制，工程材料检(试)验，土建、机电设备安装单位工程、分部工程、分项工程和检验批工程质量验收记录与竣工图等全部资料的收集内容，整理要求，填写方法及工作程序，是一个较完整的范例。

本书可作为土建施工资料员、技术员、监理员工作参考用书，也可作为资料员培训教材。

* * *

责任编辑：曲汝铎
责任设计：李志立
责任校对：陈晶晶　赵　颖

房屋建筑工程技术资料编制应用实例

新疆维吾尔自治区建设工程质量监督总站
新疆维吾尔自治区建设标准服务中心　编

*

中国建筑工业出版社出版、发行(北京西郊百万庄)
各地新华书店、建筑书店经销
北京天成排版公司制版
北京同文印刷有限责任公司印刷

*

开本：787×1092 毫米　1/16　印张：25½　字数：630 千字
2011 年 9 月第一版　2013 年 10 月第四次印刷
定价：**58.00** 元

ISBN 978-7-112-13208-9
(20616)

《房屋建筑工程技术资料编制应用实例》

编写组

顾　　问：李建新　肖　徽

主　　编：李忠研

副 主 编：李建国　火　珑　陈　平

编制人员：马永乐　刘玉超　范桂兰　马金龙　陈建军　傅　媚
陆晓瑛　袁银芝　宋霖亚　谭振华　张世焕　李金枝
刘　欣　张　勤　党维花　高　珍　崔旭旺

主　　审：侯　兵　唐杰林　王玉泰　施汝泉　张国强　李应新
李建学　曹永清

参与人员：吴遥庆　姜向东　宗媛彬　高荣青　刘百灵　何　珏
孙月香　牛树明　谢　飞　鲁　晓　沈兆辉　罗成城
袁建江　杜金花

序

《房屋建筑工程技术资料编制应用实例》（以下简称《实例》）是在《建筑工程施工验收及技术资料编制指南》基础上，结合乌鲁木齐市某住宅具体工程项目，编制的一套较完整的工程技术资料。《实例》比较准确、完整地贯彻执行了新的质量验收标准和规范；既结合了房屋建筑的实际，又总结了多年来在执行新标准规范过程中的经验。《实例》的出版对建筑行业在贯彻执行新的质量验收标准和规范，特别对于工程技术资料的撰写、收集、整理工作将起到积极指导作用，也将进一步规范和统一各施工企业工程技术资料的编制工作。

建设厅希望各地区、各企业密切配合，组织好本企业相关的工程技术人员认真学习，讲求实效，在理解的基础上，将《实例》落实到今后的实际工作中去，以促进建设工程质量水平不断地提高。

李建新

2011 年 8 月

前　言

一、编制背景

2000 年 1 月 30 日颁布实施的《建设工程质量管理条例》，对工程竣工验收制度进行了重大改革，规定了建设工程竣工验收工作应当由建设单位组织，勘察、设计、施工、监理单位共同参加，建设工程质量监督站进行监督，建设行政主管部门备案的模式，明确了建设、勘察、设计、施工、监理单位对建设工程应负的质量责任和义务，即建设、勘察、设计、施工、监理单位是建设工程质量的责任主体。

2002 版建筑工程施工质量验收规范，按照“验评分离，强化验收，完善手段，过程控制”十六字方针的指导思想，加强了对工程质量的过程控制，完善了验收程序和组织，明确工程质量验收均应在施工单位自行检查评定的基础上进行，由监理(建设)单位组织施工单位等工程技术人员验收，强调验收应形成完整的工程技术资料，并经监理(建设)、施工单位等验收人员签字认可，也是事后追究质量责任的依据。工程技术资料作为工程质量验收的内容之一，是 2002 版建筑工程施工质量验收规范的突出特点。

建筑工程由于其自身的特性，大部分工序都被下一道工序所覆盖，及时做好分项工程检验批的验收、质量评定记录和各项技术签证，是贯彻《建设工程质量管理条例》和实施建筑工程施工质量验收规范的具体体现；同时，也是落实工程质量终身责任制的具体体现。工程施工技术资料是工程管理和工程质量特征的真实反映，是施工过程中质量控制的真实记录。因此，工程技术资料必须随着工程进度形成，才能真实地反映工程实际质量。

为了做好施工技术资料的撰写、收集和整理工作，施工现场都配备了大量的工程技术资料人员。过去在工程交工时，存在突击整理资料，往往缺项漏项，施工和记录相脱离，验收和签字相背离现象，既不能够全面反映工程质量，也不能落实工程质量责任制。

在工程质量验收中，验收各方人员由于所处的环境岗位不同，对 2002 版建筑工程施工质量验收规范学习理解存在差异，施工企业内部工艺操作规程还未健全，往往造成对工程施工技术资料的要求也不同。因此，广大工程技术人员迫切需要对工程技术资料撰写、收集、整理规范化。为此，自治区建设工程质量监督总站和自治区建设标准设计服务中心在充分调研的基础上，组织中建新疆建工集团第一建筑工程有限公司、中建新疆建工集团第三建设工程有限公司、中建新疆建工集团有限责任公司第四建筑分公司、新疆生产建设兵团建设工程集团第一建筑安装工程有限责任公司、乌鲁木齐市建工(集团)有限责任公司、自治区建材构件产品质检站和兵团建科院等单位的工程技术人员，历时半年，完成了《房屋建筑工程技术资料撰写收集整理应用实例》，必将推动实施 2002 版建筑工程施工质量验收规范上一个新台阶。

二、编制特点

《实例》有以下特点：

1. 撰写收集整理

紧紧围绕单位工程、分部工程、分项工程和检验批的验收需要，以单位工程质量控制记录、工程安全和功能检验记录为主线，按照《建筑工程施工质量验收统一标准》GB 50300—2001 单位(子单位)工程质量控制资料核查记录表 G. 0. 1-2 、单位(子单位)工程安全和功能检验资料核查及主要功能抽查记录表 G. 0. 1-3 规定的内容，以实例说明，按专业进行撰写收集整理。通俗地讲，施工技术资料是为单位工程、分部工程、分项工程、检验批工程质量验收提供质量证明文件的。这些质量证明文件中，有些属于质量控制文件，有些属于质量验证文件，总而言之，施工技术资料是为工程质量管理和质量验收服务的，也为工程的维修、质量保修和事故处理提供了可靠的技术依据。

2. 强调过程和结果

施工技术资料的重要性在于施工过程的真实记录。因此，在填写中力求做到记录过程清晰，数据真实可靠，结论明确，签字齐全。

资料的完整主要看其是否可以反映工程的结构安全和使用功能是否达到设计要求，满足工程验收的需要。过程记录要得当，过于简练，不能反映施工全过程；过于繁琐，增加工程技术人员的工作量，加大项目施工成本。

工程验收人员应具备相应资格是保证工程验收质量的有效措施，验收规范的实施必须由掌握验收规范的专业人员来执行，不同阶段的验收，由不同的验收人员完成。在验收记录中规定相应工程技术责任人员签字，是强制性条文的要求，也是落实工程质量责任终身制的具体体现。

3. 简化表式

施工过程记录是通过表格记录完成的，记录方式可以通过文字或图表表达，能用文字表述清楚的尽量用文字说明，也可以图文并茂。对于分项(检验批)、分部和单位工程验收记录，标准中已有规定，对于其他验收和记录，表式力求简化，提高通用性，减少表式种类。如本实例中选用的隐蔽工程验收记录及施工记录表式，尽量满足建筑与结构工程、给水排水与采暖工程、电气工程等各专业的需要。

本实例表式是以《建筑工程施工验收及技术资料编制指南》为基础，参照《建筑安装工程施工技术资料管理实例应用手册》等有关资料，结合本区施工企业管理实际情况，按照单位工程、分部工程、分项工程验收需要内容设计和填写。施工单位可以根据工程施工情况进一步完善，使其更加准确反映规范，为今后制定地方标准奠定基础。

4. 施工管理资料

施工现场的各项管理制度是确保工程施工质量的关键。考虑到施工单位的资质等级差异，人员素质的差异，技术装备的差异，工艺标准的差异，对施工管理资料的内容要求统一模式是不切实际的，而且也没有意义。施工单位可以根据自身的实际情况，按照《建筑工程施工质量验收统一标准》GB 50300—2001 表 A. 0. 1 要求的内容编制管理。因此，“实例”只列出相应目录，未编写内容。

5. 兼顾文件归档

《建设工程文件归档整理规范》GB/T 50328—2001 对施工文件归档范围和保管期限作了要求，其在类别上与《建筑工程施工质量验收统一标准》GB 50300—2001 存在差异，比如装饰工程中使用的原材料质量证明文件，文件归档整理规范中未作明确规定，但2002

版建筑工程施工质量验收规范中作了要求。因此，在资料收集整理过程中，以工程质量验收规范为主。

《建筑节能工程施工质量验收规范》GB 50411—2007规定，单位工程竣工验收应在建筑节能分部工程验收合格后进行。新疆地处严寒和寒冷地区，为了加强建筑节能工程质量管理，将建筑节能分部工程单独组卷。

《房屋建筑工程技术资料编制应用实例》以住宅工程为例，将单位工程施工技术资料分为七章。

第一章　工程概况与施工技术资料归档

第二章　建筑与结构

第三章　给水排水与采暖

第四章　建筑电气

第五章　建筑节能

第六章　单位工程质量验收

第七章　竣工图

本资料从建筑与结构、建筑给水排水与采暖、建筑电气单位工程质量验收方面，着重体现了如何搞好资料的撰写、收集和整理工作。对施工技术管理和竣工图部分，只列出文件目录和份数，未列具体内容。

同时，随着建筑"四新"产品技术的日新月异，工程所选用的技术、材料和工艺示例，主要是为了工程技术人员如何进行工程技术资料的撰写、收集和整理，需要引起工程技术人员注意。

三、编制的重要意义

1. 工程建设各方统一了思想，统一了认识

《建设工程质量管理条例》的实施，明确了工程质量责任主体，2002版建筑工程施工质量验收规范处处体现了谁施工谁负责，谁验收谁负责的基本原则。施工中材料、构配件、设备以及上道工序验收合格后，方能使用或进行下道工序施工。因此，要求施工单位和验收单位要有足够的双方认可的质量证明文件，工程才能进行正常建设。除要求质量证明文件真实外，施工和验收方还要达成共识。

《房屋建筑工程技术资料编制应用实例》以具体工程为例，编制了一套较为完整的施工技术文件，可以说是对工程技术资料撰写、收集、整理质量的最低要求，利于工程建设各方统一思想，统一认识。

2. 加强管理，提高工作效率

一套工程技术资料上千页，按照《建设工程文件归档整理规范》GB/T 50328—2001要求，有些归档文件资料要求有2～3套，因此，在施工现场管理中，工程技术资料的管理是一个繁重的工作。资料管理的有序化和规范化，必将减少重复管理工作，提高效率，使工程技术人员的主要精力放在工程建设中，解放生产力，发挥其聪明才智，更好地为工程建设服务。

本《房屋建筑工程技术资料编制应用实例》是以乌鲁木齐市某住宅工程已竣工资料组卷为示例，详细介绍建筑工程技术资料应收集的内容和其表格的填写方法。

目录

第一章　工程概况与施工技术资料归档

第1节　工　程　概　况

一、工程概况

乌鲁木齐市某住宅工程建筑面积 1529.2m²，砖混五层，层高 2.8m，两个单元，一梯两户共 20 套住宅，带有 20 间地下室。住宅户型为两室一厅一厨一卫。

住宅工程标准平面图见图 1-1。

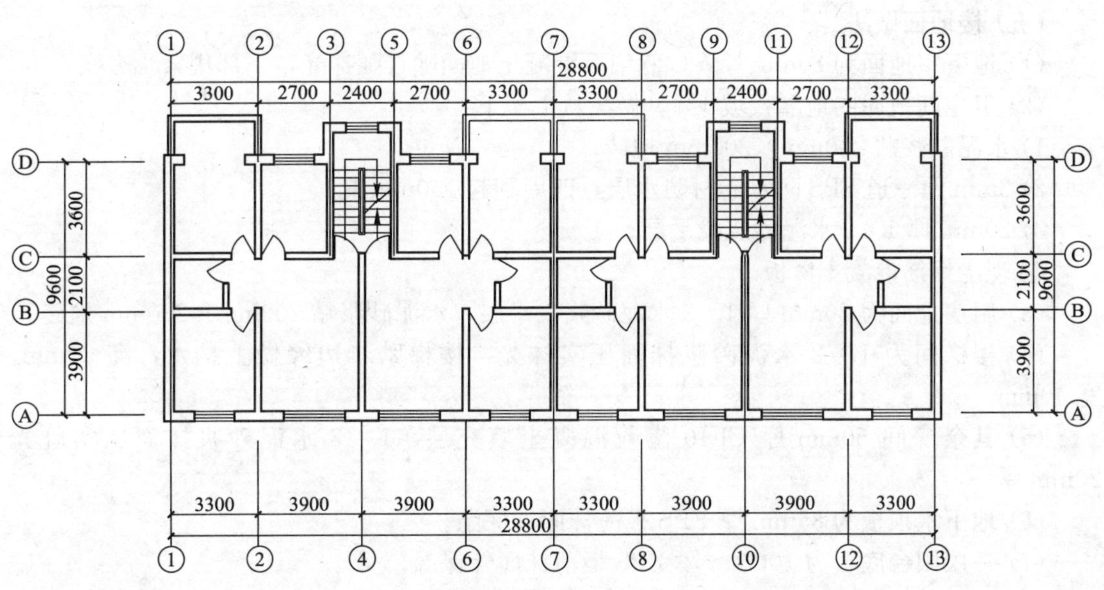

图 1-1　组合平面图

二、建筑部分

（一）屋面做法（从上至下）

（1）二道 SBS 卷材防水层。

（2）30mm 厚 C20 细石混凝土找平层。

（3）找坡层 LC7.5 水泥陶粒混凝土，最薄处为 30mm，$i=2\%$。

（4）保温层为 80mm 厚 EPS 板（密度 $20\pm2kg/m^3$）。

（5）隔气层涂刷沥青玛瑞脂一道。

(6) 现浇钢筋混凝土屋面板，随打随抹光。

(二) 外墙面做法(从外至里)

(1) 涂料饰面。

(2) 3～5mm 厚抹面胶浆复合玻纤网。

(3) 70mm 厚 EPS 板(密度 $20\pm2kg/m^3$)保温层。

(4) 3～5mm 厚胶粘剂粘结层。

(5) 1∶3 水泥砂浆找平层。

(6) 370mm 厚黏土多孔砖墙。

(三) 内墙面做法

(1) 厨房、卫生间 1∶3 水泥砂浆贴 200mm×300mm 瓷砖。

(2) 室内墙面 1∶0.4∶5.5 水泥混合砂浆打底，1∶0.4∶3.5 水泥混合砂浆罩面，普通抹灰厚 20mm。

(3) 地下室墙面为 1∶3 水泥砂浆。

(四) 顶棚做法

现浇钢筋混凝土板用石膏腻子刮平。

(五) 楼地面做法

(1) 地下室地面为 80mm 厚，C20 细石混凝土地面随打随抹光，下部用素土夯实。

(2) 卫生间地面向地漏找坡 1%。做法从上至下：

1) 水泥砂浆贴 200mm×200mm 地砖；

2) 3mm 厚一道 SBS 防水卷材防水层，四周翻起 150mm 高；

3) 20mm 厚 1∶3 水泥砂浆找平层；

4) 现浇钢筋混凝土楼板。

(3) 厨房地面为 20mm 厚 1∶3 水泥砂浆找平层，水泥砂浆贴 200mm×200mm 地砖。

(4) 楼梯间为 1∶2 水泥砂浆抹面压实抹光，楼梯踏步边缘做上挡水，高 20mm，宽 40mm。

(5) 其余房间 50mm 厚 CL10 陶粒混凝土填充层，1∶2 水泥砂浆抹面压实赶光 20mm 厚。

(6) 地下室顶板为 85mm 厚 EPS 板薄抹面外保温。

(7) 一层阳台底板为 100mm 厚 XPS 板薄抹面外保温。

(六) 涂饰

(1) 内门内外侧均刷乳黄色溶剂型涂料，普通涂饰。

(2) 金属表面均刷防锈漆一遍，红色溶剂型涂料，普通涂饰。

(3) 室外墙面刷水性厚涂料，室内刷水性薄涂料(含地下室墙面)。

(七) 其他做法

(1) 楼梯栏杆为钢筋栏杆、塑料扶手。

(2) 阳台栏板为 240mm 厚，900mm 高多孔砖砌体。

(3) 基础外墙外侧刷二道涂料防水层。

(4) 窗均为单框双玻塑钢窗，无金属附框及金属拼樘，外窗气密性 4 级，传热系数≤2.5W/($m^2\cdot K$)，抗风压 4 级，水密性 1 级，保温性能 8 级。分户门为金属防盗门，室内门均为外购成品木门，地下室为钢门钢窗。

(5) 室外散水、台阶100mm厚C20混凝土随打随抹光，下部为素土夯实。

(6) 厨房烟道、卫生间排气道，厨房烟道型号PCA-6，断面尺寸320mm×240mm；卫生间排气道型号PWB-6，断面尺寸320mm×240mm。

三、结构部分

(一) 地基与基础

(1) 基础为C20毛石混凝土基础。

(2) 基底设计标高－3.00m。

(二) 砖混部分

(1) 材料

1) 砖：MU10普通烧结多孔砖(规格：240mm×110mm×90mm)

2) 砂浆：水泥混合砂浆，地下室至三层M10、四层至五层M7.5。

(2) 构造柱与墙之间应沿墙高每500mm设置2Φ6水平拉结钢筋，拉结钢筋深入墙内的长度，自柱边算起不少于1000mm。

(3) 屋面女儿墙高1.0m，构造小柱间距3.0m。

(4) 每层及地下室填充隔墙均为120mm普通烧结多孔砖。

(三) 现浇构件

构造柱、现浇板雨篷、楼梯均采用C20混凝土，混凝土保护层厚度：梁25mm、柱25mm、板15mm，梁板跨度均小于4.0m。

四、给水排水与采暖部分

(一) 给水排水工程

(1) 给水管道立管采用热镀锌管，螺纹连接，两个单元为一个进户，管径为*DN*50，立管设在每户的卫生间，并在一层设阀门，供厕所和厨房用水。每户设*DN*15水表一块，表前设阀门，立管管径一、二层为*DN*32，三、四层为*DN*25，五层为*DN*20，各配水点管径均为*DN*15，进户管上的阀门为闸阀，立管和每户支管上为截止阀，阀门的公称压力均为1.6MPa。

(2) 厨房排水立管采用PVC-V塑料管，卫生间排水立管采用铸铁管，埋地管均采用铸铁管，管径均为*DN*100。厨房间排水横管为*DN*50，卫生间横管在大便器后为*DN*50，地漏为*DN*50，每单元在楼梯间各设一根雨水管，采用钢管，埋地部分为铸铁管。检查井距外墙3m。

(3) 卫生器具采用普通型，卫生间内设坐式大便器、洗脸盆，厨房间设洗涤盆。

(二) 采暖工程

(1) 采暖热媒为换热站热水，散热器采用内腔无黏砂型铸铁四柱760型。两个单元一个进户管，进、出户管径为*DN*70，热力入口处设置水过滤器、压力表、温度计。每根供、回水立管在地下室端部设阀门。每户各为一个水平循环系统，每户进户设热计量装置及温度调控装置。

(2) 管材及连接：管材均采用焊接钢管，*DN*≤32mm采用螺纹连接，32mm<*DN*≤70mm采用焊接。阀门采用闸阀(1.6MPa)。

(3) 管道安装：每单元、每户垂直上下设供回水两根立管，支管管径一层和五层为

*DN*25，二～四层为 *DN*20；立管管径一、二层为 *DN*40，三、四层 *DN*32，五层 *DN*25。

(4) 防腐及保温

1) 管道、管件、支架及散热器应清除表面锈斑后，刷防锈漆两道。

2) 地下室管道保温采用超细玻璃棉管壳厚度 30mm，保护层采用玻璃丝布外刷乳胶漆。

五、电气部分

(一) 电源及进线方式

(1) 电源电压：本工程电源电压为 380/220V 三相四线制系统。

(2) 进线方式：采用电缆穿管埋地引入，电缆室外埋深 1.4m。

(二) 室内布线

(1) 电源进户线采用 VV－3×50mm^2＋1×25mm^2，从山墙穿保护管 G70 引至总配电箱。

(2) 配电分支线采用 BV－2.5mm^2 铜芯塑料绝缘导线，穿阻燃 PVC20 导管暗敷设。

(三) 电气器具配置

每户照明均采用节能灯，计 6 盏；插座为单相五孔，计 12 个；开关为单联 5 个，双联 1 个。

(四) 照明配电箱

照明配电箱均为铁制暗装。总配电箱设在一单元地下室，单元箱与一层配电箱为一体，安装在一层，其他配电箱均设在每层楼梯间，内设每户照明回路 1 趟，插座回路 3 趟。插座回路均安装漏电保护装置，工作零线排与保护接地排分别设置，电气相序配置见表 1-1。

电气线路相序配置 **表 1-1**

楼层	一单元		二单元	
	左户	右户	左户	右户
一层	A	B	A	B
二层	C	A	C	A
三层	B	C	B	C
四层	A	B	A	B
五层	C	A	C	A
地下室	B	C	B	C

(五) 接地装置

本建筑低压配电系统，接地形式采用“TN-C-S”系统。在总配电箱底部下设总等电位箱，卫生间设局部等电位。

在室外埋设人工接地装置，接地极采用热镀锌角钢∟50mm×50mm×5mm×2500mm 三根，接地极间距 5m，极间用 40mm×4mm 热镀锌扁钢相连接。接地极顶部埋深室外地坪下 1.2m，接地电阻不大于 4Ω。

第2节　施工技术资料归档

施工技术管理资料是施工单位在施工全过程管理方面形成的资料。由于企业的技术资质等级、人员素质、技术装备、管理模式等差异，特别是随着《建设工程质量管理条例》和新版施工质量验收规范的颁布实施，国家工程质量验收体系发生了变化，按照新版施工质量验收规范的指导思想及其定义为最低质量标准，企业应制定满足验收规范的工艺标准和操作规程。因此，在施工管理方面，各个企业根据自身特点，都有一套适合本企业的管理模式。本实例仅对施工技术管理资料提出要求，施工技术管理资料归档目录见表1-2。

一、施工组织设计

施工组织设计是指导拟建工程施工全过程各项活动的技术、经济和组织以及安全生产管理的综合性文件。由主持该项目的总承建单位技术管理部门编制，总监理工程师审定。

本工程施工组织设计1份。具体内容本实例(略)

二、施工现场质量管理检查记录

施工现场质量管理检查记录是对健全质量管理体系的具体要求，是实施施工质量验收规范的保证。工程开工前，由施工单位现场技术负责人填写，监理单位的总监理工程师或建设单位项目技术负责人签字验收。施工过程中，要抽查。

本工程施工现场质量管理检查记录1份。具体内容本实例(略)

三、技术交底记录

施工技术交底是使参与施工的技术人员熟悉和了解所担负的工程项目的特点、设计意图、技术要求、施工工艺、材料要求和应注意的问题、质量标准、成品保护以及质量检验、管理的要求，是依据国家标准、规范、规程、现行行业标准、上级技术指导性文件和企业标准制定的可操作性的技术支持性文件。

本工程按主要分项工程技术交底，具体内容见后各章、节。

1. 建筑与结构

土方工程1份

砌体工程1份

模板工程1份

钢筋工程1份

混凝土工程1份

屋面工程1份

外墙保温工程1份

防水工程1份

抹灰工程1份

饰面砖工程1份

涂饰工程1份

门窗工程1份

地面工程1份

2. 给水排水与采暖

室内给水管道安装工程 1 份

室内塑料排水管道安装工程 1 份

室内铸铁排水管道安装工程 1 份

卫生器具安装工程 1 份

室内散热器组对与安装工程 1 份

室内采暖管道安装工程 1 份

3. 建筑电气

导管暗敷设工程 1 份

管内穿绝缘导线安装工程 1 份

照明配电箱安装工程 1 份

开关、插座、灯具安装工程 1 份

四、施工日志

施工日志是项目施工的真实记录，是竣工总结的依据，也是工程施工质量原因分析的依据。施工日志一般由项目各专业工长填写，记录从开工之日起至工程竣工之日止的施工情况，也可由专人逐日记载，必须保持内容的连续性、真实性、完整性，并应能满足竣工总结、施工质量分析的需要。

本工程施工日志按专业施工进行记录，建筑与结构施工日志 1 份，给水排水与采暖日志 1 份，建筑电气施工日志 1 份。

五、工程施工总结

工程竣工后，根据工程特点、性质进行全面施工组织和管理总结，包含三方面内容，一是管理方面；二是技术方面；三是经验教训方面。

本工程施工总结 1 份。本实例(略)。

六、工程质量保修书

《建设工程质量管理条例》规定，建设工程实行质量保修制度。它要求建设工程承包单位在向建设单位提交工程竣工验收报告时，应当向建设单位出具质量保修书，质量保修书应明确建设工程的保修范围、保修期限和保修责任；同时，施工单位签署质量保修书也是建设工程竣工验收的必备条件。

本工程有施工单位签署质量保修书 1 份。本实例(略)。

施工技术管理资料归档文件目录

表 1-2

序号	施工文件	份数	备注
一	**施工组织设计**	1	
二	**施工现场质量管理检查记录**	1	
三	**技术交底记录**		
1	**建筑与结构**		
(1)	土方工程	1	
(2)	砌体工程	1	
(3)	模板工程	1	
(4)	钢筋工程	1	
(5)	混凝土工程	1	
(6)	屋面工程	1	
(7)	防水工程	1	
(8)	外墙保温工程	1	
(9)	抹灰工程	1	
(10)	饰面砖工程	1	
(11)	涂饰工程	1	
(12)	门窗工程	1	
(13)	地面工程	1	
2	**给水排水与采暖**		
(1)	室内给水管道安装工程	1	
(2)	室内塑料排水管道安装工程	1	
(3)	室内铸铁排水管道安装工程	1	
(4)	卫生器具安装工程	1	
(5)	室内散热器组对与安装工程	1	
(6)	室内采暖管道安装工程	1	
3	**建筑电气**		
(1)	导管暗敷设工程	1	
(2)	管内穿绝缘导线安装工程	1	
(3)	照明配电箱安装工程	1	
(4)	开关、插座、灯具安装工程	1	
四	**施工日志**		
1	建筑与结构	1	
2	给水排水与采暖	1	

续表

序号	施工文件	份数	备注
3	建筑电气	1	
五	**工程施工总结**	1	
六	**工程质量保修书**	1	

第二章　建筑与结构

第1节　建筑与结构文件目录

质量控制资料是对建筑结构主要技术性能的检验评定依据。对一个单位工程进行全面质量控制资料核验，还可以防止局部错、漏，从而进一步加强施工质量的控制。安全和使用功能是单位工程最为重要的环节，是用户最为关心的内容。涉及安全和使用功能的地基基础、主体结构工程，应进行有关见证取样或抽样检测，质量控制、安全和使用功能资料应完整。

在单位工程质量控制资料核查记录中，建筑与结构质量控制核查资料有11项，在本住宅工程施工过程中发生了8项，其中预制构件、预拌混凝土合格证、工程质量事故及事故调查处理资料，新材料、新工艺施工记录没有发生。本章建筑与结构共分九节，第1节至第8节记述了8项质量控制资料，第10节对单位工程安全和功能检验资料核查以及主要功能抽查记录作了说明。建筑与结构文件目录具体见表2-1。

建筑与结构文件目录

表2-1

序号	施工文件	份数	备注
一	**图纸会审、设计变更、洽商记录**		
1	图纸会审	1	
二	**工程定位测量、放线记录**		
1	工程定位测量记录	1	
2	基槽放线记录	1	
3	楼层放线记录	6	
三	**原材料出厂合格证及进场检(试)验报告**		
1	材料、配件、设备进场检验记录	4	
2	钢筋合格证、试验报告	22	
3	水泥合格证、试验报告	12	
4	砖(砌块)合格证、试验报告	12	

续表

序号	施工文件	份数	备注
5	粗(细)骨料试验报告	17	
6	防水材料合格证、试验报告	8	
7	外加剂(掺加剂)合格证、试验报告	7	
8	门窗合格证、试验报告	18	
9	其他材料合格证、试验报告	27	
四	**施工试验报告及见证检测报告**		
1	见证取样和送检备案书	1	
2	回填土密度试验报告	4	
3	钢筋焊接试验报告	2	
4	**混凝土试块强度统计评定及混凝土强度试验报告**		
(1)	地基与基础工程	7	
(2)	主体工程	15	
(3)	屋面工程	1	
(4)	地面工程	7	
5	**砂浆试块强度统计评定及砂浆强度试验报告**		
(1)	基础工程	5	
(2)	主体工程	18	
(3)	地面工程	7	
五	**隐蔽工程验收记录**		
1	**地基与基础工程隐蔽验收记录**		
(1)	土方开挖工程	1	
(2)	地下室防水工程	1	
(3)	地下室配筋砌体工程	1	
(4)	地下室梁、板、楼梯钢筋工程	1	
2	**主体结构工程隐蔽验收记录**		
(1)	配筋砌体工程	5	
(2)	梁、板、楼梯钢筋工程	5	
(3)	女儿墙配筋砌体工程	1	
3	**屋面工程隐蔽验收记录**		

续表

序号	施工文件	份数	备注
(1)	屋面保温层	1	
(2)	屋面找平层	1	
(3)	卷材防水屋面	1	
4	**装饰与装修工程隐蔽验收记录**		
(1)	门窗工程	3	
(2)	卫生间地面防水层	1	
(3)	地面填充层	5	
(4)	楼梯栏杆安装	1	
六	**施工记录**		
1	地基验槽记录	1	
2	混凝土专业施工记录	6	
3	砌体专业施工记录	6	
4	混凝土配合比设计及施工配合比	14	
5	混凝土开盘鉴定	12	
6	砂浆配合比	2	
七	**地基基础、主体结构检验及抽样检测资料**		
1	**地基与基础工程**		
(1)	混凝土同条件试块强度统计评定及混凝土同条件试块强度报告	5	
(2)	结构实体钢筋保护层厚度检验记录	2	
2	**主体工程**		
(1)	混凝土同条件试块强度统计评定及混凝土同条件试块强度报告	13	
(2)	结构实体钢筋保护层厚度检验记录	2	
八	**分项、分部工程质量　验收记录**		
1	**地基与基础分部工程**	1	
(1)	土方开挖	2	
(2)	土方回填	2	
(3)	模板	5	
(4)	钢筋	3	
(5)	混凝土	4	

续表

序号	施工文件	份数	备注
(6)	现浇结构	3	
(7)	砖砌体	2	
(8)	配筋砌体	2	
(9)	填充墙砌体	2	
(10)	涂料防水层	2	
2	**主体分部工程**	1	
(1)	模板	11	
(2)	钢筋	11	
(3)	混凝土	11	
(4)	现浇结构	6	
(5)	砖砌体	7	
(6)	配筋砖砌体	7	
(7)	填充墙砌体	3	
3	**建筑屋面分部工程**	1	
(1)	保温层	2	
(2)	找平层	2	
(3)	卷材防水	2	
(4)	细部构造	2	
4	**建筑装饰装修分部工程**	1	
(1)	一般抹灰	8	
(2)	木门窗制作与安装	2	
(3)	金属门窗安装	2	
(4)	塑料门窗安装	5	
(5)	特种门安装	2	
(6)	玻璃安装	6	
(7)	饰面砖粘贴	2	
(8)	水性涂料涂饰	8	
(9)	溶剂型涂料涂饰	3	
(10)	地面填充层(基层)	6	

续表

序号	施工文件	份数	备注
(11)	地面水泥砂浆面层	8	
(12)	地面找平层	2	
(13)	地面隔离层	2	
(14)	地面砖面层	2	
(15)	地面基土	3	
(16)	地面水泥混凝土面层	3	
(17)	护栏和扶手制作与安装	2	
九	**建筑与结构工程安全和功能检验及主要功能抽查记录**		
1	屋面淋水试验记录	1	
2	地下室防水效果检查记录	1	
3	有防水要求的地面蓄水试验记录	1	
4	建筑物垂直度、标高全高测量记录	1	
5	抽气(风)道检查记录	1	
6	外窗气密性、水密性、耐风压检测报告	1	
7	室内环境检测报告	1	

第2节　图纸会审、设计变更、洽商记录

一、图纸会审

图纸会审是由施工单位各专业将各自提出的图纸中的问题及意见，按专业整理，汇总后报建设单位，由建设单位提交设计单位作交底准备。图纸会审会议由建设单位组织设计、监理、施工单位技术负责人及有关人员参加，设计单位对各专业问题进行口头或书面交底，施工单位负责将设计交底内容按专业汇总、整理，形成图纸会审记录。

图纸会审记录是在建设、监理、设计及施工单位有关项目负责人和专业负责人签认下，形成的正式图纸会审记录。任何人不得擅自在会审记录上涂改或变更内容。四方签字方可生效。图纸会审后，若发生问题可用设计变更或工程洽商等方式解决。

图纸会审记录应根据图纸按建筑与结构、给水排水及采暖、建筑电气等汇总整理。

本工程建筑结构专业图纸会审记录1份(见表2-2)。

二、设计变更通知

设计变更是由设计方对原设计图纸的某个部位和局部修改或全部修改的一种记录。设计单位应对重要的修改内容及时下达设计变更通知单，其内容要翔实，涉及图纸修改的必须注明修改图纸的图号，必要时要附施工图。设计变更等同于施工图，是工程施工和结算的依据。建设、监理、设计、施工单位各保存一份。设计变更通知单由建设(监理)单位和施工单位的有关负责人及设计专业负责人签认方可生效。当委托工程监理时，必须经总监理工程师签发。同一区域相同工程如需用同一个设计变更时，可用复印件或抄件，须注明原件存放处。

本工程未发生设计变更。

三、工程洽商记录

洽商是建筑工程施工过程中一种协调业主和施工方、施工方和设计方的方式。洽商分为技术洽商和经济洽商两种，一般由施工方提出。它是工程施工、验收及改建、扩建和维修的基本而且重要的资料，也是做竣工图的重要依据。

技术洽商是对原设计图纸中与施工过程发生矛盾处的变更，也可以说是在满足设计的前提下，为方便施工对原设计做的变更。技术洽商一旦被建设单位、施工单位、设计单位和监理单位签字，可作为工程施工和结算的依据，保存在施工资料里。技术洽商的内容，必须明确具体，对于原设计变更处，均应详细标明相关图纸的页号、轴线位置和修改内容。

经济洽商是施工单位与建设单位在工程建设过程中纯粹的经济协商条款。仅需建设单位、施工单位签字即可。经济洽商的内容，必须明确具体。每款每条都要描述清楚。

工程洽商要求办理及时，条理清晰，表达完整。施工中应先洽后干，决不允许先施工后办洽商。工程洽商记录应分专业办理，内容翔实，若文字条款不能表达清楚时应附图，并逐条注明修改图纸的图号，以满足施工和预算的需要。各方单位要签字齐全。根据合同示范文本GF—1999—0201，洽商记录应作为补充协议或为合同文件的补充部分。

本工程未发生洽商记录。

图纸会审记录

表 2-2

<table>
<tr><td colspan="2">工程名称</td><td>××住宅楼</td><td>会审时间</td><td colspan="2">×年×月×日</td></tr>
<tr><td colspan="2">专业名称</td><td>建筑与结构</td><td>会审地点</td><td colspan="2">××会议室</td></tr>
<tr><td rowspan="4">参加人员会签栏</td><td>建设单位</td><td colspan="4">×××　×××</td></tr>
<tr><td>设计单位</td><td colspan="4">×××　×××</td></tr>
<tr><td>施工单位</td><td colspan="4">×××　×××</td></tr>
<tr><td>监理单位</td><td colspan="4">×××　×××</td></tr>
<tr><td colspan="6">会审内容：
1. 在结施-2中，一层结构平面图中平板钢筋中12、13号钢筋尺寸不详。
答：12、13号钢筋配筋同3号钢筋。
2. 阳台栏板砌筑砂浆品种、强度等级不详。
答：砂浆品种、强度等级同相应楼层砌体砌筑砂浆。
3. 厨房、卫生间面砖粘贴高度为多少？
答：贴至板底。</td></tr>
<tr><td colspan="2">建筑单位盖章：

×年×月×日</td><td>设计单位盖章：

×年×月×日</td><td>监理单位盖章：

×年×月×日</td><td colspan="2">施工单位盖章：

×年×月×日</td></tr>
</table>

第3节　工程定位测量、放线记录

一、工程定位测量记录

工程定位测量是施工单位依据建设单位提供的建筑物控制网等有关资料，测定建筑物位置，主控轴线、建筑物±0.00m 标高。本工程依据指定的建筑物红线图和设计单位指定的建筑标高水准点，进行定位测量放线。应强调两点：(1)定位严格按规划部门的规划许可证进行，并接受规划部门复验，监督检查；(2)提供水准点是发包人的责任和义务。

本工程定位测量记录 1 份(见表 2-3)。

二、放线记录

1. 基槽放线是施工测量单位根据工程定位测量点、主控轴线及尺寸、基槽平面图放线，基槽验线是对基槽放线进行复验的一项工作。复验单位主要检查建筑物基底轮廓线、集水坑、电梯井坑、基槽标高及断面尺寸等。检查内容为基槽的四边轮廓线、主轴线、断面尺寸、基底标高、基底轴线位置和尺寸。

本工程基槽放线记录 1 份(见表 2-4)。

2. 楼层放线内容包括楼层轴线竖向投测控制线、各层墙柱轴线、墙柱边线、门窗洞口平面位置线，楼层 50cm 水平控制线、门窗洞口标高控制线等。检查内容为依据图纸和测量方案检查施工层墙体、柱轴线和边线，门、窗洞口位置线和皮数杆，楼层水平线，轴线竖向投测控制线，注明 50cm 标高线。

本工程楼层放线记录 6 份本《实例》摘录 1 份，见表 2-5。

工程定位测量记录

表 2-3

工程名称	××住宅楼	施工图名称及编号	总平面图
施工单位	××建筑工程公司	测量日期	×年×月×日
高程依据	设计指定水准点 $BM_1\pm0.000$	仪器设备名称及编号	$TDJ_2$30824，50m 卷尺
平面坐标依据	纵距：A 桩距光明路路沿石 18m，横距：距原建筑物 10m		

定位测量示意图：

桩号	距离	横距(m)	纵距(m)
A		10.000	18.000
	28.800		
B		38.800	18.000
	19.600		
C		38.800	37.600
	28.800		
D		10.000	37.600
	19.600		
A			

施工单位检查结果	符合要求 ×年×月×日			
	专业技术负责人	×××	测量负责人	×××
	复测人	×××	施测人	×××
监理(建设)单位结论	同意进行下道工序施工 监理工程师： ××× (建设单位项目专业技术负责人) ×年×月×日			

基槽放线记录

表 2-4

工程名称	××住宅楼	放线部位	基槽
施工单位	××建筑工程公司	放线日期	×年×月×日
依据标准	设计指定水准点 BM1，基础平面图，定位控制桩		

基槽简图：

基坑底平面简图

基坑断面图

边：		角：	
①轴Ⓐ～Ⓓ	0mm	Ⓓ/⑬	0″
Ⓓ轴①～⑬	−1mm	Ⓐ/⑬	−10″
⑬轴Ⓐ～Ⓓ	−1mm	Ⓓ/①	−10″
Ⓐ轴①～⑬	+1mm	Ⓐ/①	0″

施工单位检查结果	符合要求 ×年×月×日					
	专业技术负责人	×××	专业质量检查员	×××	施测人	×××
监理（建设）单位结论	同意进行下道工序施工 监理工程师： ××× （建设单位项目专业技术负责人） ×年×月×日					

放 线 记 录

表 2-5

<table>
<tr><td>工程名称</td><td>××住宅楼</td><td>放线部位</td><td>一层平面位置线</td></tr>
<tr><td>施工单位</td><td>××建筑工程公司</td><td>放线日期</td><td>×年×月×日</td></tr>
<tr><td>依据标准</td><td colspan="3">设计指定水准点 BM1，首层平面图</td></tr>
<tr><td colspan="4">放线简图：
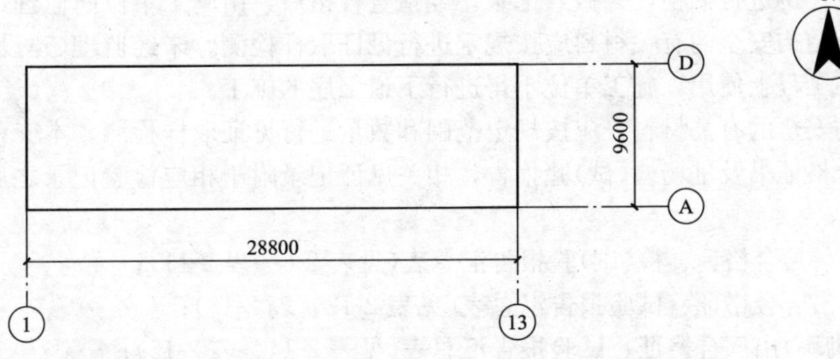

1. 由控制点引测，确定Ⓐ、Ⓓ、①、⑬轴线位置
2. 由水准点 BM1 从四个大角向上引测±0.5mm 水平控制点
复测其误差为：①轴/Ⓐ为 0mm，①轴/Ⓓ轴为−1mm，⑬轴/Ⓐ轴为−1mm，⑬轴/Ⓓ轴为 0mm</td></tr>
</table>

<table>
<tr><td rowspan="2">施工单位
检查结果</td><td colspan="6">符合要求
×年×月×日</td></tr>
<tr><td>专业技术负责人</td><td>×××</td><td>专业质量检查员</td><td>×××</td><td>施测人</td><td>×××</td></tr>
<tr><td>监理(建设)
单位结论</td><td colspan="6">同意进行下道工序施工
监理工程师：　×××
(建设单位项目专业技术负责人)
×年×月×日</td></tr>
</table>

第4节　原材料出厂合格证、进场检（试）验报告

建筑与结构工程所用的主要材料进场应有产品质量证明文件。材料进场后，应对所使用的材料进行检查验收，填写材料、配件、设备进场检验记录，检验工作以施工单位为主，监理单位确认。主要检查内容包括材料出厂质量证明文件及出厂检验报告，品种、规格、外观、数量。按照专业标准要求规定，对主要材料的主要性能尚应进行复试。需抽检的材料按规定比例进行抽检，并做好记录。经检查合格后，由施工单位向监理（建设）报请验收。对涉及结构安全的有关材料应按规定进行见证取样检测。未经监理（建设）签字，建筑材料不得在工程上使用，施工单位不得进行下道工序的施工。

涉及结构安全的有关材料，应按规定范围和数量进行见证取样检测。本工程所用的主要材料出厂合格证书及进场检（试）验报告，相关见证记录附于相应检验记录之后，分为八类收集整理。

(1) 钢筋（材）合格证、检（试）验报告汇总表（见表2-6～表2-11）；

(2) 水泥出厂合格证、试验报告汇总表（见表2-12、表2-13）；

(3) 砖（砌块）出厂合格证、试验报告汇总表（见表2-14、表2-15）；

(4) 粗（细）骨料试验报告汇总表（见表2-16～表2-21）；

(5) 防水材料合格证、试验报告汇总表（见表2-22～表2-24）；

(6) 外加剂（掺加剂）合格证及试验报告汇总表（见表2-25～表2-27）；

(7) 门窗合格证、检（试）验报告汇总表（见表2-28）；

(8) 其他装饰材料合格证、试验报告汇总表（见表2-29）。

产品合格证收集整理按下述原则：

(1) 材料、配件合格证应按不同厂家、不同规格、型号，按施工文件归档和合同的需求的份数收集；

(2) 产品出厂检验报告与所提供的材料、配件型号、规格相对应；

(3) 质量证明文件的抄件（复印件）应与原件内容一致，加盖原件存放单位公章、注明原件存放处，并有经办人签字。

本工程所用的主要材料出厂合格证书及出厂检（试）验报告，均由生产厂家提供，不再举例，仅对材料进场检验记录附实例1份和部分现场抽查复试报告、见证记录，详见建筑与结构原材料出厂合格证书及进场复检（试）报告。

钢材合格证、检(试)验报告汇总表

表 2-6

工程名称	××住宅楼							
序号	名称	规格品种	数量	进场时间	出厂合格证检验报告 编号	试验报告编号	见证取样
1	低碳钢热轧圆盘条	Q235ϕ6	13t	×年×月×日	××	×××	
2	低碳钢热轧圆盘条	Q235ϕ8	5t	×年×月×日	××	×××	
3	低碳钢热轧圆盘条	Q235ϕ10	8t	×年×月×日	××	×××	✓
4	热轧光圆钢筋	R235ϕ12	6t	×年×月×日	××	×××	✓
5	热轧光圆钢筋	R235ϕ14	7t	×年×月×日	××	×××	✓
6	热轧带肋钢筋	HRB335ϕ20	5t	×年×月×日	××	×××	✓
7	低碳钢热轧圆盘条	Q235ϕ6	11t	×年×月×日	××	×××	
8	低碳钢热轧圆盘条	Q235ϕ10	10t	×年×月×日	××	×××	
9	热轧光圆钢筋	R235ϕ12	7t	×年×月×日	××	×××	
10	热轧光圆钢筋	R235ϕ14	8t	×年×月×日	××	×××	
11	低碳钢热轧圆盘条	Q235ϕ6	3t	×年×月×日	××	×××	
填表人	×××					共1页第1页	

材料、配件、设备进场检验记录

表 2-7

工程名称	××住宅楼		检验日期	×年×月×日
序号	名称规格品种	进场数量	检查项目	检验结果
1	HPB235ϕ6	13t	1. 1份产品合格证书(质量保证书)； 2. 外观检查：钢筋平直、无损伤，表面无裂纹、油污、颗粒状或片状老锈	符合要求
2	HPB235ϕ8	5t	1. 1份产品合格证书(质量保证书)； 2. 外观检查：钢筋平直、无损伤，表面无裂纹、油污、颗粒状或片状老锈	符合要求
3	HPB235ϕ10	8t	1. 1份产品合格证书(质量保证书)； 2. 外观检查：钢筋平直、无损伤，表面无裂纹、油污、颗粒状或片状老锈	符合要求
4	HPB235ϕ12	6t	1. 1份产品合格证书(质量保证书)； 2. 外观检查：钢筋平直、无损伤，表面无裂纹、油污、颗粒状或片状老锈	符合要求
施工单位检查评定结果	检查评定合格 项目专业质量检查员：××× ×年×月×日			
监理(建设)单位验收结论	同意验收 监理工程师：××× (建设单位项目专业技术负责人) ×年×月×日			

续表

<table>
<tr><td>工程名称</td><td colspan="2">××住宅楼</td><td>检验日期</td><td>×年×月×日</td></tr>
<tr><td>序号</td><td>名称规格品种</td><td>进场数量</td><td>检查项目</td><td>检验结果</td></tr>
<tr><td>5</td><td>R235φ14</td><td>7t</td><td>1. 1份产品合格证书(质量保证书)；
2. 外观检查：钢筋平直、无损伤，表面无裂纹、油污、颗粒状或片状老锈</td><td>符合要求</td></tr>
<tr><td>6</td><td>HRB335φ20</td><td>5t</td><td>1. 1份产品合格证书(质量保证书)；
2. 外观检查：钢筋平直、无损伤，表面无裂纹、油污、颗粒状或片状老锈</td><td>符合要求</td></tr>
<tr><td></td><td></td><td></td><td></td><td></td></tr>
<tr><td></td><td></td><td></td><td></td><td></td></tr>
<tr><td rowspan="2">施工单位
检查结果</td><td colspan="4">按照GB 50204—2002规范5.3检验，钢筋质量符合规定

项目专业质量检查员：×××
×年×月×日</td></tr>
<tr><td>项目专业技术负责人</td><td>×××</td><td>专业工长(施工员)</td><td>×××</td></tr>
<tr><td>监理(建设)
单位结论</td><td colspan="4">产品质量符合设计要求和现行标准规定

监理工程师：×××
(建设单位项目专业技术负责人)
×年×月×日</td></tr>
</table>

钢材力学检验报告

表 2-8

<table>
<tr><td>工程名称</td><td colspan="2">××住宅楼</td><td>报告编号</td><td>×××</td></tr>
<tr><td>工程部位</td><td colspan="2">基础、主体</td><td>试验编号</td><td>×××</td></tr>
<tr><td>产品名称</td><td colspan="2">低碳钢热轧圆盘条</td><td>产地</td><td>××厂</td></tr>
<tr><td>委托单位</td><td colspan="2">××建筑工程公司</td><td>委托人</td><td>×××</td></tr>
<tr><td>见证单位</td><td colspan="2">—</td><td>见证人</td><td>—</td></tr>
<tr><td>钢筋牌号</td><td colspan="2">HPB235A</td><td>等级</td><td>—</td></tr>
<tr><td>委托项目</td><td colspan="2">力学、工艺性能</td><td>样品数量</td><td>各二组</td></tr>
<tr><td>检验依据</td><td colspan="2">低碳钢热轧圆盘条(GB/T 701—1997)</td><td>代表批量</td><td>ϕ6：13t、ϕ8：5t</td></tr>
<tr><td>委托日期</td><td colspan="2">×年×月×日</td><td>焊接方法</td><td>—</td></tr>
<tr><td>样品外观状态</td><td>无影响测试缺陷</td><td>焊接操作人 —</td><td>施焊证号</td><td>—</td></tr>
</table>

力学性能										冷弯试验		
试件编号	公称直径(mm)	面积(mm^2)	质量标准			实测值				弯心直径	角度(°)	弯曲结果
			屈服强度(MPa)≥	抗拉强度(MPa)≥	伸长率δ(10)(%)≥	屈服强度(MPa)	抗拉强度(MPa)	伸长率δ(10)(%)	断口位置及判定距焊缝(mm)			
G01	6	28.27	235	410	23	275	435	25	—	—	—	—
					—	—	—	—	—	—	—	—
G02	6	28.27	—	—	—	—	—	—	—	0.5d	180	合格
					—	—	—	—	—	0.5d	180	合格
G03	8	50.27	235	410	23	310	495	25	—	—	—	—
					—	—	—	—	—	—	—	—
G04	8	50.27	235	—	—	—	—	—	—	0.5d	180	合格
					—	—	—	—	—	0.5d	180	合格

检验结论	该样品经委托检验，力学性能及工艺性能符合《低碳钢热轧圆盘条》GB/T 701—1997 标准中 Q235A 的技术要求 ××检测站 （检验专用章） 签发日期：×年×月×日
备注	

批准	×××	审核	×××	主检	×××

钢材力学检验报告

表 2-9

工程名称	××住宅楼			报告编号	×××
工程部位	基础、主体			试验编号	×××
产品名称	低碳钢热轧圆盘条			产地	××厂
委托单位	××建筑工程公司			委托人	×××
见证单位	××监理公司			见证人	×××
钢筋牌号	HPB235A			等级	—
委托项目	力学、工艺性能			样品数量	二组
检验依据	低碳钢热轧圆盘条(GB/T 701—1997)			代表批量	8t
委托日期	×年×月×日			焊接方法	—
样品外观状态	无影响测试缺陷	焊接操作人	—	施焊证号	—

试件编号	公称直径(mm)	面积(mm^2)	力学性能							冷弯试验		
			质量标准			实测值						
			屈服强度(MPa) ≥	抗拉强度(MPa) ≥	伸长率 $\delta(10)$ (%) ≥	屈服强度(MPa)	抗拉强度(MPa)	伸长率 $\delta(10)$ (%)	断口位置及判定距焊缝(mm)	弯心直径	角度(°)	弯曲结果
G05	10	78.54	235	410	23	320	450	26	—	—	—	—
			—	—	—	—	—	—	—	—	—	—
G06	10	78.54	—	—	—	—	—	—	—	0.5d	180	合格
			—	—	—	—	—	—	—	0.5d	180	合格

检验结论	该样品经委托检验，力学性能及工艺性能符合《低碳钢热轧圆盘条》GB/T 701—1997 标准中 Q235A 的技术要求 ××检测站 (检验专用章) 签发日期：×年×月×日				
备注					
批准	×××	审核	×××	主检	×××

见 证 记 录

编号：×××

工程名称：××住宅楼

取样部位：基础、主体

样品名称：钢筋 $\phi 10$ 取样基数 8t 取样数量 二组（一组冷拉一组冷弯）

取样地点：现场抽样 取样日期 ×年×月×日

见证记录：1. 厂家：××厂

2. 品种规格数量：钢筋 $\phi 10$，8t

3. 试样现场随机取样，方法正确

4. 取样封存、标识、送检

新建 A—001

见证取样和送检章

见证取样和送检印章：

取 样 人 签 字：×××

见 证 人 签 字：×××

记录日期：×年×月×日

钢材力学检验报告

表 2-10

工程名称	××住宅楼			报告编号	×××
工程部位	基础、主体			试验编号	×××
产品名称	钢筋混凝土用热轧光圆钢筋			产地	××厂
委托单位	××建筑工程公司			委托人	×××
见证单位	××监理公司			见证人	×××
钢筋牌号	R235			等级	—
委托项目	力学、工艺性能			样品批量	各二组
检验依据	钢筋混凝土用热轧光圆钢筋(GB 13013—1991)			代表批量	ϕ12：6t、ϕ14：7t
委托日期	×年×月×日			焊接方法	—
样品外观状态	无影响测试缺陷	焊接操作人	—	施焊证号	—

力学性能										冷弯试验		
试件编号	公称直径(mm)	面积(mm^2)	质量标准			实测值				弯心直径	角度(°)	弯曲结果
			屈服强度(MPa)≥	抗拉强度(MPa)≥	伸长率δ(5)(%)≥	屈服强度(MPa)	抗拉强度(MPa)	伸长率δ(5)(%)	断口位置及判定距焊缝(mm)			
G07	12	113.1	235	370	25	270	410	26	—	—	—	—
			235	370	25	265	425	28	—	—	—	—
G08	12	113.1	—	—	—	—	—	—	—	d	180	合格
			—	—	—	—	—	—	—	d	180	合格
G09	14	153.9	235	370	25	260	390	28	—	—	—	—
			235	370	25	255	410	30	—	—	—	—
G10	14	153.9	—	—	—	—	—	—	—	d	180	合格
			—	—	—	—	—	—	—	d	180	合格

检验结论	该样品经委托检验，力学性能及工艺性能符合《钢筋混凝土用热轧光圆钢筋》GB 13013—1991 标准中 R235 的技术要求 ××检测站 (检验专用章) 签发日期：×年×月×日
备注	

批准	×××	审核	×××	主检	×××

见　证　记　录

编号：×××

工程名称：××住宅楼

取样部位：基础、主体

样品名称：钢筋 ϕ12、ϕ14　取样基数 ϕ12：6t、ϕ14：7t　取样数量 各二组，一组冷拉一组冷弯

取样地点：现场抽样　取样日期 ×年×月×日

见证记录：1. 厂家：××厂

2. 品种规格数量：钢筋 ϕ12，6t、ϕ14，7t

3. 试样现场随机取样，方法正确

4. 取样封存、标识、送检

新建 A—001

见证取样和送检章

见证取样和送检印章：

取 样 人 签 字：×××

见 证 人 签 字：×××

记录日期：×年×月×日

钢材力学检验报告

表 2-11

工程名称	××住宅楼			报告编号	×××
工程部位	基础、主体			试验编号	×××
产品名称	钢筋混凝土用热轧带肋钢筋			产地	××厂
委托单位	××建筑工程公司			委托人	×××
见证单位	××监理公司			见证人	×××
钢筋牌号	HRB335			等级	—
委托项目	力学、弯曲性能			样品数量	二组
检验依据	钢筋混凝土用热轧带肋钢筋(GB 1499—1998)			代表批量	5t
委托日期	×年×月×日			焊接方法	—
样品外观状态	无影响测试缺陷	焊接操作人	—	施焊证号	—

力学性能										冷弯试验		
			质量标准			实测值						
试件编号	公称直径(mm)	面积(mm^2)	屈服强度(MPa)≥	抗拉强度(MPa)≥	伸长率δ(5)(%)≥	屈服强度(MPa)	抗拉强度(MPa)	伸长率δ(5)(%)	断口位置及判定距焊缝(mm)	弯心直径	角度(°)	弯曲结果
G11	20	314.2	335	490	16	385	530	22	—	—	—	—
			335	490	16	375	535	20	—	—	—	—
G12	20	314.2	—	—	—	—	—	—	—	3d	180	合格
			—	—	—	—	—	—	—	3d	180	合格

检验结论	该样品经委托检验，力学性能及弯曲性能符合《钢筋混凝土用热轧带肋钢筋》GB 1499—1998 标准中HRB335的技术要求 ××检测站 (检验专用章) 签发日期：×年×月×日
备注	

批准	×××	审核	×××	主检	×××

见 证 记 录

编号：×××

工程名称：××住宅楼

取样部位：基础、主体

样品名称：钢筋 HRB335Φ20　取样基数 5t　取样数量 二组（一组冷拉一组冷弯）

取样地点：现场抽样　取样日期 ×年×月×日

见证记录：1. 厂家：××厂

2. 品种规格数量：钢筋Φ20，5t

3. 试样现场随机取样，方法正确

4. 取样封存、标识、送检

新建 A—001

见证取样和送检章

见证取样和送检印章：

取 样 人 签 字：×××

见 证 人 签 字：×××

记录日期：×年×月×日

水泥合格证、检验报告汇总表

表 2-12

工程名称	××住宅楼							
序号	名称	强度等级	数量	进场时间	出厂合格证检验报告	编号	试验报告编号	见证取样
1	普通硅酸盐水泥	32.5	100t	×年×月×日	××		×××	✓
2	普通硅酸盐水泥	32.5	80t	×年×月×日	××		×××	
3	普通硅酸盐水泥	32.5	100t	×年×月×日	××		×××	
4	普通硅酸盐水泥	32.5	70t	×年×月×日	××		×××	✓
5	普通硅酸盐水泥	32.5	60t	×年×月×日	××		×××	
填表人	×××						共1页第1页	

见 证 记 录

编号：×××

工程名称：××住宅楼

取样部位：基础、主体

样品名称：普通硅酸盐水泥 32.5　取样基数 100t　取样数量 12kg

取样地点：现场抽样　取样日期 ×年×月×日

见证记录：1. 厂家：××厂

2. 品种规格数量：普通硅酸盐水泥 32.5，100t

3. 试样现场随机取样，方法正确

4. 取样封存、标识、送检

新建 A—001

见证取样和送检章

见证取样和送检印章：

取 样 人 签 字：×××

见 证 人 签 字：×××

记录日期：×年×月×日

水泥检验报告

表 2-13

工程名称	××住宅楼			报告编号	×××
工程部位	基础、主体			试验编号	×××
水泥品种	普通硅酸盐水泥			强度等级	32.5
委托单位	××建筑工程公司			送样人	×××
见证单位	××监理公司			见证人	×××
生产单位	××厂			出厂检验编号	×××
委托项目	细度、凝结时间、安定性、强度			委托日期	×年×月×日
样品数量	12kg	样品外观状态	无影响测试缺陷	代表批量	100t
检验依据	硅酸盐水泥、普通硅酸盐水泥(GB 175—1999)			检验日期	×××

序号	检验项目		计量单位	质量指标	检验结果				单项判定
1	细度	80μm 方孔筛筛余	%	≤10.0	2.4				达标
		比表面积	m^2/kg	>	—				—
2	凝结时间	初凝时间	min	≥45	250				达标
		终凝时间	h	≤10.0	6.1				达标
3	安定性	试饼法	—	合格	合格				达标
		雷氏夹法	mm	≤	—				—
4	水泥胶砂强度		—	—	单块值			平均值	单项判定
	抗折强度	3d	MPa	≥2.5	5.4	5.4	5.5	5.5	达标
		28d	MPa	≥5.5	7.0	7.2	6.8	7.0	达标
	抗压强度	3d	MPa	≥11.0	27.9	30.9	30.9	29.4	达标
					28.6	28.5	29.7		
		28d	MPa	≥32.5	41.8	44.1	41.2	42.4	达标
					43.8	42.2	41.6		
5	标准稠度用水量		%		28.6				
检验结论	该产品经委托检验，所检项目符合《硅酸盐水泥、普通硅酸盐水泥》GB 175—1999 标准中 32.5 的技术要求 ××检测站 (检验专用章) 签发日期：×年×月×日								
备注									

批准	×××	审核	×××	主检	×××

多孔砖合格证、检(试)验报告汇总表

表 2-14

工程名称	××住宅楼						
序号	名称	规格品种	数量	进场时间	出厂合格证检验报告 编号	试验报告编号	见证取样
1	烧结普通多孔砖	MU10	5万块	×年×月×日	××	×××	✓
2	烧结普通多孔砖	MU10	5万块	×年×月×日	××	×××	
3	烧结普通多孔砖	MU10	5万块	×年×月×日	××	×××	✓
4	烧结普通多孔砖	MU10	5万块	×年×月×日	××	×××	
5	烧结普通多孔砖	MU10	1万块	×年×月×日	××	×××	
填表人	×××						共1页第1页

见 证 记 录

编号：×××

工程名称：××住宅楼

取样部位：地下室、一层砌体

样品名称：烧结多孔砖　取样基数　5万块　取样数量　10块

取样地点：现场抽样　取样日期×年×月×日

见证记录：1. 厂家：××砖厂

2. 品种规格数量：烧结多孔砖，5万块

3. 试样现场随机取样，方法正确

4. 取样封存、标识、送检

新建 A—001

见证取样和送检章

见证取样和送检印章：

取 样 人 签 字：×××

见 证 人 签 字：×××

记录日期：×年×月×日

烧结多孔砖抗压强度检验报告

表 2-15

产品名称	烧结多孔砖	报告编号	×××
工程名称	××住宅楼	试验编号	×××
工程部位	地下室、一层砌体	委托日期	×年×月×日
委托单位	××建筑工程公司	送样人	×××
见证单位	××监理公司	见证人	×××
生产单位	××砖厂	质量等级	合格品
委托项目	抗压强度	强度等级	MU10
样品数量	10块	代表批量	5万块
检验依据	烧结多孔砖(GB 13544—2000)	样品外观状态	无影响测试缺陷

检验项目			数量单位	质量指标	检验结果		单项判定
抗压强度	强度平均值		MPa	≥10.0	10.30		达标
	δ≤0.21 强度标准值		MPa	≥6.5	δ=0.20	6.6	达标
	δ>0.21 单块最小抗压强度值		MPa	≥7.5		—	—
抗风化性能	5h煮沸吸水率	平均值	%	—	—		—
		单块最大值	%	—	—		—
	饱和系数	平均值	—	—	—		—
		单块最大值	—	—	—		—
尺寸允许偏差	样本平均偏差	290、240	mm	—	—		—
		180、175、140	mm	—	—		—
		90	mm	—	—		—
	样本极差	290、240	mm	—	—		—
		190，180，175，140，115	mm	—	—		—
		90	mm	—	—		—
外观质量			—	—	—		—
泛霜			—	不允许出现严重泛霜	—		—
石灰爆裂			—	1）最大破坏尺寸>2mm且≤15mm的爆裂区，每组砖样不得多于15处，其中>10mm的不得多于7处； 2）不允许出现最大破坏尺寸>15mm的爆裂区	—		—
检验结论	该样品经委托检验，所检项目符合《烧结多孔砖》GB 13544—2000标准中MU10技术要求 ××检测站 （检验专用章） 签发日期：×年×月×日						
备注							

批准	×××	审核	×××	主检	×××

砂、石、陶粒合格证、检(试)验报告汇总表

表 2-16

工程名称	××住宅楼						
序号	名称	规格	数量	进场时间	出厂合格证检验报告编号	试验报告编号	见证取样
1	砌筑用砂	—	150m^3	×年×月×日	—	×××	
2	普通混凝土用砂	—	100m^3	×年×月×日	—	×××	
3	普通混凝土用卵石	5～20mm	82m^3	×年×月×日	—	×××	
4	普通混凝土用卵石	20～40mm	180m^3	×年×月×日	—	×××	
5	砌筑用砂	—	150m^3	×年×月×日	—	×××	
6	普通混凝土用砂	—	200m^3	×年×月×日	—	×××	
7	普通混凝土用卵石	5～20mm	110m^3	×年×月×日	—	×××	
8	普通混凝土用卵石	20～40mm	100m^3	×年×月×日	—	×××	
9	页岩陶粒	5～20mm	60m^3	×年×月×日	×× ××	×××	
10	砌筑用砂	—	100m^3	×年×月×日	—	×××	
11	普通混凝土用砂	—	200m^3	×年×月×日	—	×××	
12	普通混凝土用卵石	5～20mm	150m^3	×年×月×日	—	×××	
13	页岩陶粒	5～20mm	60m^3	×年×月×日	×× ××	×××××	
填表人	×××					共1页第1页	

砂检验报告

表 2-17

产品名称	建筑用砂	报告编号	×××
工程名称	××住宅楼	试验编号	×××
工程部位	砖砌体	委托日期	×年×月×日
委托单位	××建筑工程公司	送样人	×××
见证单位	—	见证人	—
检验依据	普通混凝土用砂、石质量及检验方法标准(JGJ 52—2006)	代表批量	150m³
产地	××砂场	规格	—

项目	质量指标	检验结果	项目	质量指标	检验结果
表观密度(kg/m³)	—	—	含泥量(%)	≤1.0	0.4
堆积密度(kg/m³)	—	—	泥块含量(%)		
紧密密度(kg/m³)	—	—	含水率(%)	—	—
轻物质含量(%)	—	—	吸水率(%)	—	—
云母含量(%)	—	—	坚固性(%)	—	—
细度模数	—	—	硫化物及硫酸盐含量(折算成 SO_3,按重量计)(%)	—	—
氯离子含量	—	—			
有机物含量	—	—	碱活性	—	—

颗粒级配

筛孔尺寸(mm)		10.0	5.00	2.5	1.25	0.630	0.315	0.160
标准要求累计筛余(%)	Ⅰ区	0	10~0	35~5	65~35	85~71	95~80	100~90
	Ⅱ区	0	10~0	25~0	50~10	70~41	92~70	100~90
	Ⅲ区	0	10~0	15~0	25~0	40~16	85~55	100~90
实际累计筛余(%)		0	8	29	58	72	89	100

检验结论	该样品经委托检验,含泥量符合《砌体工程施工质量验收规范》GB 50203—2002 标准的规定,颗粒级配为Ⅰ区粗砂 ××检测站 (检验专用章) 签发日期:×年×月×日
备注	

批准	×××	审核	×××	主检	×××

砂检验报告

表 2-18

产品名称	普通混凝土用砂	报告编号	×××
工程名称	××住宅楼	试验编号	×××
工程部位	梁、板、柱、楼梯	委托日期	×年×月×日
委托单位	××建筑工程公司	送样人	×××
见证单位	—	见证人	—
检验依据	普通混凝土用砂、石质量及检验方法标准(JGJ 52—2006)	代表批量	100m^3
产地	××砂场	规格	—

项目	质量指标	检验结果	项目	质量指标	检验结果
表观密度(kg/m^3)	—	—	含泥量(%)	≤5.0	2.4
堆积密度(kg/m^3)	—	—	泥块含量(%)	≤2.0	0.8
紧密密度(kg/m^3)	—	—	含水率(%)	—	—
轻物质含量(%)	≤1.0	0.5	吸水率(%)	—	—
云母含量(%)	≤2.0	未检出	坚固性(%)	≤10	6
细度模数	3.0～2.3	3.0	硫化物及硫酸盐含量(折算成SO_3，按重量计)(%)	≤1.0	0.5
氯离子含量	—	—			
有机物含量	浅于标准色	浅于标准色	碱活性	—	—

颗粒级配

筛孔尺寸(mm)		10.0	5.00	2.5	1.25	0.630	0.315	0.160	
标准要求累计筛余(%)	Ⅰ区	0	10～0	35～5	65～35	85～71	95～80	100～90	
	Ⅱ区	0	10～0	25～0	50～10	70～41	92～70	100～90	
	Ⅲ区	0	10～0	15～0	25～0	40～16	85～55	100～90	
实际累计筛余(%)		0	8	23	45	55	89	100	

检验结论	该样品经委托检验，所检项目符合《普通混凝土用砂、石质量及检验方法标准》JGJ 52—2006 标准规定的技术要求，颗粒级配为Ⅰ区中砂 ××检测站 (检验专用章) 签发日期：×年×月×日
备注	

批准	×××	审核	×××	主检	×××

碎石或卵石检验报告

表 2-19

产品名称	普通混凝土用卵石	报告编号	×××
工程名称	××住宅楼	试验编号	×××
工程部位	梁、板、柱、楼梯	委托日期	×年×月×日
委托单位	××建筑工程公司	送样人	×××
见证单位	—	见证人	—
检验依据	普通混凝土用砂、石质量及检验方法标准(JGJ 52—2006)	代表批量	82m³
产地	××砂场	规格	5～20mm

项目	质量指标	检验结果	项目	质量指标	检验结果
表观密度(kg/m³)	—	—	含泥量(%)	≤2.0	0.4
堆积密度(kg/m³)	—	—	泥块含量(%)	≤0.7	未检出
紧密密度(kg/m³)	—	—	含水率(%)	—	—
针片状颗粒含量(kg/m³)	≤25	10	吸水率(%)	—	—
岩石强度(MPa)	—	—	坚固性(%)	≤12	6
压碎指标值(%)	≤16	8	硫化物及硫酸盐含量(折算成 SO_3，按重量计)(%)	≤1.0	0.5
有机质含量(比色法)	浅于标准色	浅于标准色	碱活性	—	—

颗粒级配

筛孔尺寸(mm)	25.0	20.0	16.0	10.0	5.00	2.50	
标准累计筛余(%)	0	0～10	—	40～70	90～100	95～100	
实际累计筛余(%)	0	8	—	66	92	100	

检验结论	该样品经委托检验，所检项目符合《普通混凝土用砂、石质量及检验方法标准》JGJ 52—2006 标准规定的技术要求 ××检测站 (检验专用章) 签发日期：×年×月×日
备注	

批准	×××	审核	×××	主检	×××

碎石或卵石检验报告

表 2-20

产品名称	普通混凝土用卵石		报告编号	×××	
工程名称	××住宅楼		试验编号	×××	
工程部位	梁、板、柱、楼梯		委托日期	×年×月×日	
委托单位	××建筑工程公司		送样人	×××	
见证单位	—		见证人	—	
检验依据	普通混凝土用砂、石质量及检验方法标准(JGJ 52—2006)		代表批量	180m³	
产地	××砂场		规格	20～40mm	
项目	质量指标	检验结果	项目	质量指标	检验结果
表观密度(kg/m³)	—	—	含泥量(%)	≤2.0	0.4
堆积密度(kg/m³)	—	—	泥块含量(%)	≤0.7	未检出
紧密密度(kg/m³)	—	—	含水率(%)	—	—
针片状颗粒含量(kg/m³)	≤25	11	吸水率(%)	—	—
岩石强度(MPa)	—	—	坚固性(%)	≤12	5
压碎指标值(%)	≤16	9	硫化物及硫酸盐含量(折算成SO_3，按重量计)(%)	≤1.0	0.5
有机质含量(比色法)	浅于标准色	浅于标准色	碱活性	—	—

颗粒级配

筛孔尺寸(mm)	50.0	40.0	31.5	25.0	20.0	16.0	10.0
标准累计筛余(%)	0	0～10	—	—	80～100	—	95～100
实际累计筛余(%)	0	8	—	—	88	—	100

检验结论	该样品经委托检验，所检项目符合《普通混凝土用砂、石质量及检验方法标准》JGJ 52—2006 标准规定的技术要求 ××检测站 (检验专用章) 签发日期：×年×月×日
备注	

批准	×××	审核	×××	主检	×××

黏土陶粒检验报告

表 2-21

产品名称	黏土陶粒	报告编号	×××
工程名称	××住宅楼	试验编号	×××
工程部位	室内地面、屋面找平层	委托日期	×××
委托单位	××建筑工程公司	送样人	×××
见证单位	—	见证人	—
检验依据	轻集料及试验方法第 1 部分：轻集料（GB/T 17431.1—1998）	代表批量	60m^3
产地	××厂	密度等级	600 级

项目	质量指标	检验结果	项目	质量指标	检验结果
堆积密度(kg/m^3)	510～600	520	沸煮质量损失(%)	≤5	2
筒压强度(MPa)	≥2.0	2.5	烧失量(%)	≤5	2
吸水率(%)	≤10	6	含泥量(%)	≤3	1
软化系数	≥0.8	0.6	有机质含量(比色法)	不深于标准色	浅于标准色
粒型系数	≤1.6	1.2	放射性比活度	符合 GB 9169 规定	—
			硫化物及硫酸盐含量（折算成 SO_3，按重量计）(%)	≤1.0	0.2

颗粒级配

筛孔尺寸(mm)	40.0	31.5	20.0	16.0	10.0	5.00	2.50			
标准累计筛余(%)	—	0～5	0～10	—	40～80	90～100	95～100			
实际累计筛余(%)	4	3	7	—	70	92	100			

检验结论	该样品经委托检验，所检项目符合《轻集料及试验方法第 1 部分：轻集料》GB/T 17431.1—1998 标准规定的 600 级技术要求 ××检测站 （检验专用章） 签发日期：×年×月×日
备注	

批准	×××	审核	×××	主检	×××

防水材料合格证、检验报告汇总表

表 2-22

工程名称	××住宅楼						
序号	名称	规格品种	数量	进场时间	出厂合格证 检验报告 编号	试验报告编号	见证 取样
1	聚氨酯防 水涂料	A∶B=1∶2	1.0t	×年×月×日	×× ××	×××	✓
2	弹性体改性 沥青防水卷材	SBS I PY S3	$960m^2$	×年×月×日	×× ××	×××	✓
填表人	×××					共1页第1页	

防水材料检验报告

表 2-23

产品名称	聚氨酯防水涂料			报告编号	×××
工程名称	××住宅楼			试验编号	×××
工程部位	地下室外墙			委托日期	×年×月×日
委托单位	××建筑工程公司			送样人	×××
见证单位	××监理公司			见证人	×××
生产单位	××厂			样品等级	合格品
委托项目	拉伸强度、断裂时的延伸率、低温柔性、不透水性				
样品数量	3kg			规格、型号	A∶B=1∶2
检验依据	聚氨酯防水涂料(JC 500—1992)			商标	××
样品状态	未发现影响测试的缺陷			代表批量	A∶B 双组分共 1.0t
序号	检验项目	计量单位	质量指标(合格品)	检验结果	单项判定
1	拉伸强度(无处理)	MPa	≥1.65	2.45	达标
2	断裂时的延伸率(无处理)	%	≥350	498	达标
3	低温柔性(无处理，—30℃)	—	无裂纹	未出现裂纹	达标
4	不透水性(压力 0.3MPa，保持时间 30min)	—	无渗漏	未出现渗漏	达标
检验结论	该样品经委托检验，所检项目符合《聚氨酯防水涂料》JC 500—1992 标准规定的合格品质量要求 ××检测站 (检验专用章) 签发日期：×年×月×日				
备注					
批准 ×××	审核 ×××		主检 ×××		

见 证 记 录

编号：×××

工程名称：××住宅楼

取样部位：地下室外墙

样品名称：聚氨酯防水涂料 取样基数 1.0t 取样数量 3kg

取样地点：现场抽样 取样日期 ×年×月×日

见证记录：1. 厂家：××厂

2. 品种规格数量：聚氨酯防水涂料，1.0t

3. 试样现场随机取样，方法正确

4. 取样封存、标识、送检

新建 A—001

见证取样和送检章

见证取样和送检印章：

取 样 人 签 字：×××

见 证 人 签 字：×××

记录日期：×年×月×日

防水材料检验报告

表 2-24

产品名称	弹性体改性沥青防水卷材	报告编号	×××
工程名称	××住宅楼	试验编号	×××
工程部位	屋面、卫生间	委托日期	×年×月×日
委托单位	××建筑工程公司	送样人	×××
见证单位	××监理公司	见证人	×××
生产单位	××厂	样品等级	Ⅰ型
委托项目	可溶物含量、拉力、最大拉力时延伸率、耐热度、不透水性、低温柔性		
样品数量	1m²	规格、型号	SBS I PY S3
检验依据	弹性体改性沥青防水卷材(GB 18242—2000)	商标	××
样品状态	未发现影响测试的缺陷	代表批量	960m²

序号	检验项目	计量单位	质量指标(Ⅰ型)	检验结果	单项判定
1	可溶物含量	g/m²	≥2100	2480	达标
2	拉力	N/50mm	纵向：≥450	774	达标
			横向：≥450	668	
3	最大拉力时延伸率	%	纵向：≥30	33	达标
			横向：≥30	50	
4	耐热度(90℃·2h)	—	无滑动、流淌、滴落	无滑动、流淌、滴落	达标
5	不透水性(0.3MPa，30min)	—	无渗漏	未出现渗漏	达标
6	低温柔度(−18℃)	—	无裂纹	未出现裂纹	达标

检验结论

该样品经委托检验，所检项目符合《弹性体改性沥青防水卷材》GB 18242—2000 标准规定的合格品质量要求

××检测站
(检验专用章)
签发日期：×年×月×日

备注

批准	×××	审核	×××	主检	×××

见 证 记 录

编号：×××

工程名称：××住宅楼

取样部位：屋面、卫生间

样品名称：弹性体改性沥青防水卷　取样基数　960m²　取样数量　1m²

取样地点：现场抽样　取样日期×年×月×日

见证记录：1. 厂家：××厂

2. 品种规格数量：弹性体改性沥青防水卷材，960m²

3. 外观检验合格

4. 试样现场随机取样，方法正确

5. 取样封存、标识、送检

新建 A—001

见证取样和送检章

见证取样和送检印章：

取 样 人 签 字：×××

见 证 人 签 字：×××

记录日期：×年×月×日

外加剂合格证、检（试）验报告汇总表

表 2-25

工程名称	××住宅楼							
序号	名称	规格品种	数量	进场时间	出厂合格证检验报告	编号	试验报告编号	见证取样
1	早强减水剂	—	4t	×年×月×日	×× ××		×××	✓
2	粉煤灰	—	10t	×年×月×日	××		×××	✓
填表人	×××						共1页第1页	

混凝土外加剂检验报告

表 2-26

<table>
<tr><td colspan="2">产品名称</td><td colspan="3">早强减水剂</td><td>报告编号</td><td>×××</td></tr>
<tr><td colspan="2">工程名称</td><td colspan="3">××住宅楼</td><td>试验编号</td><td>×××</td></tr>
<tr><td colspan="2">工程部位</td><td colspan="3">梁、板、柱、楼梯</td><td>委托日期</td><td>×年×月×日</td></tr>
<tr><td colspan="2">委托单位</td><td colspan="3">××建筑工程公司</td><td>送样人</td><td>×××</td></tr>
<tr><td colspan="2">见证单位</td><td colspan="3">××监理公司</td><td>见证人</td><td>×××</td></tr>
<tr><td colspan="2">生产单位</td><td colspan="3">××外加剂厂</td><td>样品等级</td><td>合格品</td></tr>
<tr><td colspan="2">委托项目</td><td colspan="5">减水率、抗压强度比、凝结时间差</td></tr>
<tr><td colspan="2">样品数量</td><td colspan="3">6kg</td><td>规格、型号</td><td>—</td></tr>
<tr><td colspan="2">检验依据</td><td colspan="3">混凝土外加剂(GB 8076—1997)</td><td>商标</td><td>—</td></tr>
<tr><td colspan="2">样品状态</td><td colspan="3">未发现影响测试的缺陷</td><td>代表批量</td><td>4t</td></tr>
<tr><td>序号</td><td colspan="2">检验项目</td><td>计量单位</td><td>质量指标(合格品)</td><td>检验结果</td><td>单项判定</td></tr>
<tr><td>1</td><td colspan="2">减水率</td><td>%</td><td>≥5</td><td>8</td><td>达标</td></tr>
<tr><td rowspan="4">2</td><td rowspan="4">抗压强度比</td><td>1d</td><td rowspan="4">%</td><td>≥130</td><td>146</td><td>达标</td></tr>
<tr><td>3d</td><td>≥120</td><td>130</td><td>达标</td></tr>
<tr><td>7d</td><td>≥110</td><td>121</td><td>达标</td></tr>
<tr><td>28d</td><td>≥100</td><td>116</td><td>达标</td></tr>
<tr><td rowspan="2">3</td><td rowspan="2">凝结时间差</td><td>初凝</td><td rowspan="2">min</td><td rowspan="2">−90～+90</td><td>−67</td><td rowspan="2">达标</td></tr>
<tr><td>终凝</td><td>−25</td></tr>
<tr><td>检验结论</td><td colspan="6">该样品经委托检验，所检项目符合《混凝土外加剂》GB 8076—1997 标准规定的合格品质量要求

××检测站
(检验专用章)
签发日期：×年×月×日</td></tr>
<tr><td>备注</td><td colspan="6"></td></tr>
</table>

批准	×××	审核	×××	主检	×××

见 证 记 录

编号：×××

工程名称：××住宅楼

取样部位：梁、板、柱、楼梯

样品名称：AWR早强减水剂　取样基数 4t　取样数量 6kg

取样地点：现场抽样　取样日期×年×月×日

见证记录：1. 厂家：××外加剂厂

2. 品种规格数量：早强减水剂，4t

3. 试样现场随机取样，方法正确

4. 取样封存、标识、送检

新建A—001

见证取样和送检章

见证取样和送检印章：

取 样 人 签 字：×××

见 证 人 签 字：×××

记录日期：×年×月×日

粉煤灰检验报告

表 2-27

<table>
<tr><td>产品名称</td><td colspan="3">粉煤灰</td><td>报告编号</td><td>×××</td></tr>
<tr><td>工程名称</td><td colspan="3">××住宅楼</td><td>试验编号</td><td>×××</td></tr>
<tr><td>工程部位</td><td colspan="3">砌体、屋面、地面工程</td><td>委托日期</td><td>×年×月×日</td></tr>
<tr><td>委托单位</td><td colspan="3">××建筑工程公司</td><td>送样人</td><td>×××</td></tr>
<tr><td>见证单位</td><td colspan="3">××监理公司</td><td>见证人</td><td>×××</td></tr>
<tr><td>生产单位</td><td colspan="3">××厂</td><td>样品等级</td><td>Ⅱ级</td></tr>
<tr><td>委托项目</td><td colspan="5">细度、烧失量、需水量比</td></tr>
<tr><td>样品数量</td><td colspan="3">5kg</td><td>规格、型号</td><td>—</td></tr>
<tr><td>检验依据</td><td colspan="3">用于水泥和混凝土中的粉煤灰(GB 1596—1991)</td><td>商标</td><td>—</td></tr>
<tr><td>样品状态</td><td colspan="3">未发现影响测试的缺陷</td><td>代表批量</td><td>10t</td></tr>
<tr><td>序号</td><td>检验项目</td><td>计量单位</td><td>质量指标(Ⅱ级)</td><td>检验结果</td><td>单项判定</td></tr>
<tr><td>1</td><td>细度
(0.045mm方孔筛筛余)</td><td>%</td><td>≤20</td><td>16</td><td>达标</td></tr>
<tr><td>2</td><td>烧失量</td><td>%</td><td>≤8</td><td>7</td><td>达标</td></tr>
<tr><td>3</td><td>需水量比</td><td>%</td><td>≤105</td><td>104</td><td>达标</td></tr>
<tr><td>检验结论</td><td colspan="5">该样品经委托检验，所检项目符合《用于水泥和混凝土中的粉煤灰》GB 1596—1991 标准规定的Ⅱ级质量要求

××检测站
(检验专用章)
签发日期：×年×月×日</td></tr>
<tr><td>备注</td><td colspan="5">委托方要求，检验依据采用《用于水泥和混凝土中的粉煤灰》GB 1596—1991 标准</td></tr>
<tr><td>批准</td><td>×××</td><td>审核</td><td>×××</td><td>主检</td><td>×××</td></tr>
</table>

见证记录

编号：×××

工程名称：××住宅楼

取样部位：砌体

样品名称：粉煤灰 取样基数 10t 取样数量 5kg

取样地点：现场抽样 取样日期×年×月×日

见证记录：1. 厂家：××厂

2. 品种规格数量：粉煤灰，10t

3. 试样现场随机取样，方法正确

4. 取样封存、标识、送检

新建 A—001

见证取样和送检章

见证取样和送检印章：

取样人签字：×××

见证人签字：×××

记录日期：×年×月×日

门窗合格证、检（试）验报告汇总表

表 2-28

工程名称	××住宅楼						
序号	名称	规格（mm×mm）	数量	进场时间	出厂合格证检验报告　编号	试验报告编号	见证取样
1	塑钢窗						
①		SPC1.5×1.5	40樘	×年×月×日	×× ××		
②		SPC1.8×1.5	20樘	×年×月×日	×× ××	见三性 检验报告	
③		SPC1.2×1.5	8樘	×年×月×日	×× ××		
④		SPC3.3×1.5	20樘	×年×月×日	×× ××		
2	木门	900×2100	80樘	×年×月×日	×× ××		
3	金属防盗门	900×2100	20樘	×年×月×日	×× ××		
4	单元门	1200×2100	2樘	×年×月×日	×× ××		
5	钢门	800×1800	20樘	×年×月×日	×× ××		
6	钢窗	300×400	20个	×年×月×日	×× ××		
填表人	×××					共1页第1页	

其他材料合格证、检(试)验报告汇总表

表 2-29

工程名称	××住宅楼						
序号	名称	规格品种	数量	进场时间	出厂合格证检验报告 编号	试验报告编号	见证取样
1	聚苯板	90mm	612m²	×年×月×日	×× ××		
2	保温材料异氨酸酯	—	3.77t	×年×月×日	×× ××		
3	组合聚醚	—	3.77t	×年×月×日	×× ××		
4	镀锌电焊网	—	450m²	×年×月×日	××		
5	烟道	PCA-6	32m	×年×月×日	××		
6	排气道	PWB-7	32m	×年×月×日	××		
7	石膏	—	2t	×年×月×日	××		
8	107胶	—	2t	×年×月×日	××		
9	纤维素	—	600kg	×年×月×日	××		
10	滑石粉	—	6t	×年×月×日	××		
11	乳胶漆	—	1300kg	×年×月×日	×× ××		
12	外墙涂料	—	225kg	×年×月×日	×× ××		
13	油漆	—	80kg	×年×月×日	×× ××		
14	玻璃	3mm	400m²	×年×月×日	×× ××		
15	瓷砖	200mm×300mm	18333块	×年×月×日	×× ××		
16	地砖	200mm×200mm	2250块	×年×月×日	×× ××		
17	楼梯扶手	—	65m	×年×月×日	×× ××		
填表人	×××					共1页第1页	

第5节　施工试验报告及见证检测报告

各专业规范对施工过程中的试验和检测项目、范围及数量都作了具体规定，施工技术人员在长期施工过程中，积累了不少经验。需要强调的是，标准强制性条文规定，涉及结构安全的试块、试件以及有关材料，应按规定进行见证取样和送检。建设部(2000)211号《房屋建筑工程和市政基础设施工程实施见证取样和送检的规定》对见证取样的范围和数量作了要求。

一、见证取样和送检范围

(1) 用于承重结构的混凝土试块；

(2) 用于承重墙体的砌筑砂浆试块；

(3) 用于承重结构的钢筋及连接接头试件；

(4) 用于承重墙的砖和混凝土小型砌块；

(5) 用于拌制混凝土和砌筑砂浆的水泥；

(6) 用于承重结构的混凝土中使用的掺加剂；

(7) 地下、屋面、厕浴间使用的防水材料；

(8) 国家规定必须实行见证取样和送检的其他试块、试件和材料。

见证取样和送检的数量不得低于有关技术标准中规定检验数量的30%。

二、落实措施

(1) 按《房屋建筑工程和市政基础设施工程实施见证取样和送检的规定》，确定该工程的材料种类和所需见证取样和送检的报告后，应附见证取样记录的项目及数量。注意项目不应超出规定范围，数量也要按规定不低于取样数量的30%。

(2) 按规定确定见证人员，见证人员应为监理(建设)单位具备建筑施工试验知识并经过培训持证的专业技术人员担任。

(3) 见证人员应在试件或包装上做好标识、封志、标明工程名称、取样日期、样品名称、数量及见证人签名。

(4) 见证及取样人员应对见证试样的代表性和真实性负责。见证人员应做好见证记录并归入施工技术档案。

(5) 检测单位应按委托单，检查试样上的标识和封套，确认无误后，再检测。检测应符合有关规定和技术标准，检测报告应科学、真实、准确。检测报告除按正常报告签章外，还应填写见证取样记录中的相关内容，加盖见证取样检测的专用章。

(6) 定期检查其结果，并与施工单位质量控制试块评定结果比较，发现问题及时纠正。

三、本工程试验检测资料

1. 见证取样和送检见证人备案书(见后附)。

2. 地基土密度试验报告：

(1) 土工(击实)试验报告1份(表2-30)；

(2) 室内房心回填土试验记录1份(表2-31)；

(3) 基坑回填土试验记录2份(表2-32、表2-33)。

3. 钢筋焊接试验报告：

钢筋闪光对焊报告1份及见证记录1份(见表2-34)。

4. 混凝土试块强度统计评定及混凝土强度试块报告

(1) 地基与基础工程：

基础混凝土强度统计评定资料1份(表2-35)；

基础混凝土标养试块强度报告4份及见证记录2份，本《实例》摘录1份，见表2-36。

(2) 主体结构工程：

主体混凝土强度统计评定资料1份(表2-37)；

主体混凝土标养试块强度报告10份及见证记录4份，本《实例》摘录1份见表2-38。

(3) 建筑屋面工程：

屋面找平层陶粒混凝土强度试块报告1份(表2-39)；

(4) 地面工程：

地下室地面混凝土强度试块报告1份(表2-40)；

一～五层室内地面陶粒混凝土强度试块报告5份，本《实例》摘录1份见表2-41。

5. 砂浆试块强度评定及砂浆强度试块报告

(1) 地基与基础工程：

基础砌筑砂浆强度评定资料1份(表2-42)；

基础砂浆标养试块强度报告2份及见证记录1份，本《实例》摘录1份见表2-43。

(2) 主体结构工程：

一～三层砌体砂浆强度评定资料1份(表2-44)；

二层砌体砂浆标养试块强度报告6份及见证记录2份，本《实例》摘录1份见表2-45；

四、五层砌体砂浆强度评定资料1份(表2-46)；

四层砌体砂浆标养试块强度报告4份及见证记录2份，本《实例》摘录1份见表2-47。

(3) 地面工程。室内地面、楼梯间水泥砂浆面层强度试验报告7份，本《实例》摘录1份见表2-48。

见证取样和送检见证人备案书

××质量监督站：

××检测站试验室：

我单位决定，由×××同志担任××住宅楼工程见证取样和送检见证人。有关的印章和签字如下，请查收备案。

见证取样和送检印章	见证人签字
新建 A—001 见证取样和送检章	×××

建设单位名称(盖章)： ×年×月×日

监理单位名称(盖章)： ×年×月×日

项目经理签字：××× ×年×月×日

土工(击实)试验报告

表 2-30

<table>
<tr><td>工程名称</td><td colspan="2">××住宅楼</td><td>报告编号</td><td>×××</td></tr>
<tr><td>工程部位</td><td colspan="2">房心回填、室外回填</td><td>试验编号</td><td>×××</td></tr>
<tr><td>土样名称</td><td colspan="2">戈壁土</td><td>委托日期</td><td>×年×月×日</td></tr>
<tr><td>取样地点</td><td colspan="2">回填现场</td><td>样品数量</td><td>50kg</td></tr>
<tr><td>委托单位</td><td colspan="2">××建筑工程公司</td><td>委托人</td><td>×××</td></tr>
<tr><td>见证单位</td><td colspan="2">—</td><td>见证人</td><td>—</td></tr>
<tr><td>检验标准</td><td colspan="2">土工试验方法标准(GB/T 50123—1999)</td><td>检验方法</td><td>重型击实</td></tr>
<tr><td>检测项目</td><td>技术要求</td><td>计量单位</td><td>检验结果</td><td>单项判定</td></tr>
<tr><td>最大干密度</td><td>—</td><td>g/cm³</td><td>2.26</td><td>—</td></tr>
<tr><td>最优含水率</td><td>—</td><td>%</td><td>3.5</td><td>—</td></tr>
<tr><td>备注</td><td colspan="4">××检测站
(检验专用章)
签发日期：×年×月×日</td></tr>
</table>

批准	×××	审核	×××	主检	×××

回填土密度检验记录

表 2-31

工程名称	××住宅楼	报告编号	×××
工程部位	房心回填	试验编号	×××
试样描述	砂砾土	取样地点	详见示意图
取样单位	××建筑工程公司	试验人	×××
见证单位	—	见证人	—
执行标准	土方试验方法标准(GB/T 50123—1999)	检测日期	×年×月×日
技术要求	技术要求≥最大干密度 $2.26g/cm^3$ ×压实系数 $0.9=2.03g/cm^3$	试验层高	30cm

点编号	湿土重(g)	含水率(%)	湿密度(g/cm^3)	干密度(g/cm^3)	示意图
1-1	4650	4.2	2.21	2.12	
2-1	4481	4.1	2.18	2.09	
3-1	4632	4.0	2.23	2.15	

示意图：3-1、2-1、1-1；28800；9600；13、1、D、A

施工单位检查结果	分层碾压，每层厚30cm，每层1处，1～3层经检验压实密度符合要求 项目专业质量检查员：××× 签发日期：×年×月×日		
项目专业技术负责人	×××	试验员	×××
监理(建设)单位结论	检验结果符合要求，可进行下一道工序 监理工程师：××× (建设单位项目专业技术负责人) ×年×月×日		

回填土密度检验记录

表 2-32

工程名称	××住宅楼			报告编号	×××
工程部位	基坑回填			试验编号	×××
试样描述	砂砾土			取样地点	详见示意图
取样单位	××建筑工程公司			试验人	×××
见证单位	—			见证人	—
执行标准	土方试验方法标准(GB/T 50123—1999)			检测日期	×年×月×日
技术要求	技术要求≥最大干密度 2.26g/cm³ ×压实系数 0.9=2.03g/cm³			试验层高	30cm
点编号	湿土重(g)	含水率(%)	湿密度(g/cm³)	干密度(g/cm³)	示意图
1-1	4805	4.0	2.20	2.12	2-2 13 4-1 3-1 28800 3-2 1-2 1-1 2-1 1 4-2 9600 D A
1-2	5000	3.9	2.20	2.11	
2-1	4995	3.5	2.19	2.12	
2-2	5215	3.6	2.16	2.09	
3-1	4990	3.7	2.19	2.11	
3-2	5105	3.8	2.16	2.08	
4-1	5085	4.1	2.16	2.08	
4-2	5185	4.0	2.20	2.12	
施工单位检查结果	分层碾压，每层厚 30cm，每层 2 处，1～4 层经检验压实密度符合要求 项目专业质量检查员：××× ×年×月×日				
	项目专业技术负责人	×××		试验员	×××
监理(建设)单位结论	检验结果符合要求，可进行下一道工序 监理工程师：××× (建设单位项目专业技术负责人) ×年×月×日				

回填土密度检验记录

表 2-33

工程名称	××住宅楼	报告编号	×××
工程部位	基坑回填	试验编号	×××
试样描述	砂砾土	取样地点	详见示意图
取样单位	××建筑工程公司	试验人	×××
见证单位	—	见证人	—
执行标准	土方试验方法标准(GB/T 50123—1999)	检测日期	×年×月×日
技术要求	技术要求≥最大干密度 2.26g/cm³×压实系数 0.9=2.03g/cm³	试验层高	30cm

点编号	湿土重(g)	含水率(%)	湿密度(g/cm³)	干密度(g/cm³)
5-1	4805	4.0	2.20	2.12
5-2	5070	3.9	2.16	2.08
6-1	5195	3.9	2.20	2.12
6-2	5265	3.6	2.20	2.13
7-1	5240	3.7	2.20	2.12
7-2	5055	3.8	2.20	2.12
8-1	5120	3.6	2.18	2.11
8-2	5175	3.7	2.18	2.10

示意图

施工单位检查结果	分层碾压，每层厚 30cm，每层 2 处，5～8 层经检验压实密度符合要求 项目专业质量检查员：××× 签发日期：×年×月×日		
项目专业技术负责人	×××	试验员	×××
监理(建设)单位结论	检验结果符合要求，可进行下一道工序 监理工程师：××× （建设单位项目专业技术负责人） ×年×月×日		

钢材焊接检验报告

表 2-34

工程名称	××住宅楼			报告编号	×××
工程部位	一层梁			试验编号	×××
产品名称	带肋钢筋焊接试件			产地	××厂
委托单位	××建筑工程公司			委托人	×××
见证单位	××监理公司			见证人	×××
钢筋牌号	HRB335			强度等级	—
委托项目	焊接接头力学性能、工艺性能			样品数量	一组
检验依据	钢筋焊接及验收规程(JGJ 18—2003)			代表批量	30个接头
委托日期	×年×月×日			焊接方法	闪光对焊
样品外观状态	无影响测试缺陷	焊接操作人	×××	施焊证号	×××

力学性能										冷弯试验		
			质量标准			实测值						
试件编号	公称直径(mm)	面积(mm^2)	屈服强度(MPa)≥	抗拉强度(MPa)≥	伸长率(%)≥	屈服强度(MPa)	抗拉强度(MPa)	伸长率(%)	断口位置及判定距焊缝(mm)	弯心直径	角度(°)	弯曲结果
G01	20	314.2	—	490	—	—	530	—	延性断裂,断裂在母材上65	—	—	—
G01	20	314.2	—	490	—	—	535	—	延性断裂,断裂在母材上60	—	—	—
G01	20	314.2	—	490	—	—	555	—	延性断裂,断裂在母材上55	—	—	—
G01	20	314.2	—	—	—	—	—	—	—	4d	90	合格
G01	20	314.2	—	—	—	—	—	—	—	4d	90	合格
G01	20	314.2	—	—	—	—	—	—	—	4d	90	合格

检验结论	该样品经委托检验，焊接接头力学性能、工艺性能符合《钢筋焊接及验收规程》JGJ 18—2003 标准规定的技术要求 ××检测站 (检验专用章) 签发日期：×年×月×日
备注	

批准	×××	审核	×××	主检	×××

见 证 记 录

编号：×××

工程名称：××住宅楼

取样部位：一层梁

钢筋：HRB335Φ20

样品名称：闪光对焊 取样基数 30个接头 取样数量 一组六根

取样地点：焊接梁 取样日期 ×年×月×日

见证记录：1. 厂家：××厂

2. 品种规格数量：Φ20 闪光对焊，30个接头

3. 试样在焊接梁上随机取样，方法正确

4. 取样封存、标识、送检

新建 A—001

见证取样和送检章

见证取样和送检印章：

取 样 人 签 字：×××

见 证 人 签 字：×××

记录日期：×年×月×日

混凝土试块强度统计评定记录

表 2-35

<table>
<tr><td>工程名称</td><td colspan="3">××住宅楼</td><td colspan="3">强度等级</td><td colspan="3">C20</td></tr>
<tr><td>施工单位</td><td colspan="3">××建筑工程公司</td><td colspan="3">养护方法</td><td colspan="3">标养</td></tr>
<tr><td>统计期</td><td colspan="3">×年×月×日至×年×月×日</td><td colspan="3">结构部位</td><td colspan="3">地基基础</td></tr>
<tr><td rowspan="2">试块组 n</td><td rowspan="2">强度标准值 $f_{cu,k}$(MPa)</td><td rowspan="2">平均值 m_{fcu}(MPa)</td><td rowspan="2">标准差 s_{fcu}(MPa)</td><td rowspan="2" colspan="2">最小值 $f_{cu,min}$(MPa)</td><td colspan="4">合格判定系数</td></tr>
<tr><td colspan="2">λ_1</td><td colspan="2">λ_2</td></tr>
<tr><td>4</td><td>20</td><td>24.1</td><td>—</td><td colspan="2">22.8</td><td colspan="2">—</td><td colspan="2">—</td></tr>
<tr><td>每组强度值(MPa)</td><td colspan="9">25.1　22.8　24.5　23.9</td></tr>
<tr><td rowspan="3">评定界限</td><td colspan="3">统计方法</td><td colspan="6">非统计方法</td></tr>
<tr><td>$0.9f_{cu,k}$</td><td>$m_{fcu}-\lambda_1\times s_{fcu}$</td><td>$\lambda_2\times f_{cu,k}$</td><td colspan="3">$1.15f_{cu,k}$</td><td colspan="3">$0.95f_{cu,k}$</td></tr>
<tr><td>—</td><td>—</td><td>—</td><td colspan="3">23.0</td><td colspan="3">19.0</td></tr>
<tr><td>判定公式</td><td colspan="2">$m_{fcu}-\lambda_1\times s_{fcu}\geqslant 0.9f_{cu,k}$</td><td colspan="2">$f_{cu,min}\geqslant\lambda_2\times f_{cu,k}$</td><td colspan="2">$m_{fcu}\geqslant 1.15f_{cu,k}$</td><td colspan="3">$f_{cu,min}\geqslant 0.95f_{cu,k}$</td></tr>
<tr><td>结果</td><td colspan="2">—</td><td colspan="2">—</td><td colspan="2">24.1＞23.0</td><td colspan="3">22.8＞19.0</td></tr>
<tr><td>施工单位检查评定结果</td><td colspan="9">试块强度符合《混凝土强度检验评定标准》GBJ 107 的规定
×年×月×日</td></tr>
<tr><td></td><td colspan="2">项目专业技术负责人</td><td>×××</td><td colspan="2">项目专业质量检查员</td><td>×××</td><td colspan="2">试验员</td><td>×××</td></tr>
</table>

混凝土立方体抗压强度检验报告

表 2-36

<table>
<tr><td>工程名称</td><td colspan="5">××住宅楼</td><td colspan="3">报告编号</td><td colspan="2">×××</td></tr>
<tr><td>工程部位</td><td colspan="5">地下室梁、板、楼梯</td><td colspan="3">试验编号</td><td colspan="2">×××</td></tr>
<tr><td>委托单位</td><td colspan="5">××建筑工程公司</td><td colspan="3">委托人</td><td colspan="2">×××</td></tr>
<tr><td>见证单位</td><td colspan="5">××监理公司</td><td colspan="3">见证人</td><td colspan="2">×××</td></tr>
<tr><td>检验依据</td><td colspan="5">普通混凝土力学性能试验方法(GB/T 50081—2002)</td><td colspan="3">设计强度等级</td><td colspan="2">C20</td></tr>
<tr><td>水泥品种强度等级</td><td colspan="2">普硅 32.5</td><td colspan="2">厂名</td><td>××厂</td><td colspan="3">报告编号</td><td colspan="2">×××</td></tr>
<tr><td>砂子产地及品种</td><td colspan="2">××砂场水洗砂</td><td colspan="2">含泥量(%)</td><td>2.4</td><td colspan="3">报告编号</td><td colspan="2">×××</td></tr>
<tr><td>石子产地及品种</td><td colspan="2">××砂场石子</td><td colspan="2">含泥量(%)</td><td>0.4
0.4</td><td colspan="3">报告编号</td><td colspan="2">小石子:×××
大石子:×××</td></tr>
<tr><td>掺合料名称及产地</td><td colspan="3">—</td><td>报告编号</td><td>—</td><td colspan="3">占水泥用量(%)</td><td colspan="2">—</td></tr>
<tr><td>外加剂名称及产地</td><td colspan="3">AWR 早强减水剂</td><td>报告编号</td><td>×××</td><td colspan="3">占水泥用量(%)</td><td colspan="2">3</td></tr>
<tr><td>混凝土配合比例</td><td colspan="5">1:2.14:0.03:2.05:2.50:0.44</td><td colspan="3">报告编号</td><td colspan="2">×××</td></tr>
<tr><td>混凝土成型日期</td><td colspan="2">×年×月×日</td><td colspan="2">样品外观状态</td><td>无缺棱掉角</td><td colspan="3">要求龄期(d)</td><td colspan="2">28</td></tr>
<tr><td>要求检验日期</td><td colspan="2">×年×月×日</td><td colspan="2">试块收到日期</td><td>×年×月×日</td><td colspan="3">试块养护条件</td><td colspan="2">标养</td></tr>
<tr><td rowspan="2">试件编号</td><td rowspan="2">检验日期</td><td rowspan="2">实际龄期(d)</td><td rowspan="2">立方体试件尺寸(mm)</td><td rowspan="2">试件承压面积(mm^2)</td><td rowspan="2">单块破坏荷载(kN)</td><td colspan="2">抗压强度(MPa)</td><td colspan="2">折合 150mm 立方体抗压强度(MPa)</td><td rowspan="2">达到设计强度(%)</td></tr>
<tr><td>单块</td><td>平均值(中间值)</td><td colspan="2"></td></tr>
<tr><td rowspan="3">H001</td><td rowspan="3">×年×月×日</td><td rowspan="3">28</td><td rowspan="3">150</td><td rowspan="3">22500</td><td>550</td><td>24.4</td><td rowspan="3">23.9</td><td rowspan="3" colspan="2">—</td><td rowspan="3">120</td></tr>
<tr><td>530</td><td>23.6</td></tr>
<tr><td>536</td><td>23.8</td></tr>
<tr><td>备注</td><td colspan="10">××检测站
(检验专用章)
签发日期:×年×月×日</td></tr>
<tr><td>批准</td><td colspan="2">×××</td><td colspan="2">审核</td><td>×××</td><td colspan="2">主检</td><td colspan="3">×××</td></tr>
</table>

见 证 记 录

编号：×××

工程名称：××住宅楼

取样部位：地下室梁、板、楼梯

样品名称：混凝土试块　取样基数　$56m^3$　取样数量　一组(三块)

取样地点：浇筑地点　取样日期　×年×月×日

见证记录：1. 水泥：××厂

2. 砂、石：××砂场

3. 早强减水剂：××外加剂厂

4. 试样现场随机取样制作，方法正确

5. 取样封存、标识、送检

新建 A—001 见证取样和送检章

见证取样和送检印章：

取 样 人 签 字：×××

见 证 人 签 字：×××

记录日期：×年×月×日

混凝土试块强度统计、评定记录

表 2-37

工程名称	××住宅楼			强度等级	C20		
施工单位	××建筑工程公司			养护方法	标养		
统计期	×年×月×日至×年×月×日			结构部位	主体		
试块组 n	强度标准值 $f_{cu,k}$(MPa)	平均值 m_{fcu}(MPa)	标准差 s_{fcu}(MPa)	最小值 $f_{cu,min}$(MPa)	合格判定系数		
					λ_1	λ_2	
10	20	23.9	1.03	22.3	1.70	0.90	

每组强度值(MPa)										
	23.9	24.1	25.1	25.3	24.2	22.3	22.8	23.4	25.1	23.2

评定界限	统计方法			非统计方法	
	$0.90f_{cu,k}$	$m_{fcu}-\lambda_1\times s_{fcu}$	$\lambda_2\times f_{cu,k}$	$1.15f_{cu,k}$	$0.95f_{cu,k}$
	18.0	22.1	18.0	—	—
判定公式	$m_{fcu}-\lambda_1\times s_{fcu}\geqslant 0.9f_{cu,k}$	$f_{cu,min}\geqslant\lambda_2\times f_{cu,k}$		$m_{fcu}\geqslant 1.15f_{cu,k}$	$f_{cu,min}\geqslant 0.95f_{cu,k}$
结果	22.1>18.0	22.3>18.0		—	—

施工单位检查评定结果	试块强度符合《混凝土强度检验评定标准》GBJ 107的规定 ×年×月×日					
	项目专业技术负责人	×××	项目专业质量检查员	×××	试验员	×××

混凝土立方体抗压强度检验报告

表 2-38

<table>
<tr><td colspan="2">工程名称</td><td colspan="4">××住宅楼</td><td colspan="2">报告编号</td><td colspan="2">×××</td></tr>
<tr><td colspan="2">工程部位</td><td colspan="4">二层梁、板、楼梯</td><td colspan="2">试验编号</td><td colspan="2">×××</td></tr>
<tr><td colspan="2">委托单位</td><td colspan="4">××建筑工程公司</td><td colspan="2">委托人</td><td colspan="2">×××</td></tr>
<tr><td colspan="2">见证单位</td><td colspan="4">××监理公司</td><td colspan="2">见证人</td><td colspan="2">×××</td></tr>
<tr><td colspan="2">检验依据</td><td colspan="4">普通混凝土力学性能试验方法（GB/T 50081—2002）</td><td colspan="2">设计强度等级</td><td colspan="2">C20</td></tr>
<tr><td colspan="2">水泥品种强度等级</td><td colspan="2">普硅 32.5</td><td>厂名</td><td>××厂</td><td colspan="2">报告编号</td><td colspan="2">×××</td></tr>
<tr><td colspan="2">砂子产地及品种</td><td colspan="2">××砂场水洗砂</td><td>含泥量(%)</td><td>0.2</td><td colspan="2">报告编号</td><td colspan="2">×××</td></tr>
<tr><td colspan="2">石子产地及品种</td><td colspan="2">××砂场石子</td><td>含泥量(%)</td><td>0.1
0.1</td><td colspan="2">报告编号</td><td colspan="2">小石子：×××
大石子：×××</td></tr>
<tr><td colspan="2">掺合料名称及产地</td><td colspan="2">—</td><td>报告编号</td><td>—</td><td colspan="2">占水泥用量(%)</td><td colspan="2">—</td></tr>
<tr><td colspan="2">外加剂名称及产地</td><td colspan="2">AWR早强减水剂</td><td>报告编号</td><td>×××</td><td colspan="2">占水泥用量(%)</td><td colspan="2">3</td></tr>
<tr><td colspan="2">混凝土配合比例</td><td colspan="4">1 : 2.14 : 0.03 : 2.05 : 2.50 : 0.44</td><td colspan="2">报告编号</td><td colspan="2">×××</td></tr>
<tr><td colspan="2">混凝土成型日期</td><td colspan="2">×年×月×日</td><td>样品外观状态</td><td>无缺棱掉角</td><td colspan="2">要求龄期(d)</td><td colspan="2">28</td></tr>
<tr><td colspan="2">要求检验日期</td><td colspan="2">×年×月×日</td><td>试块收到日期</td><td>×年×月×日</td><td colspan="2">试块养护条件</td><td colspan="2">标养</td></tr>
<tr><td rowspan="2">试件编号</td><td rowspan="2">检验日期</td><td rowspan="2">实际龄期(d)</td><td rowspan="2">立方体试件尺寸(mm)</td><td rowspan="2">试件承压面积(mm^2)</td><td rowspan="2">单块破坏荷载(kN)</td><td colspan="2">抗压强度(MPa)</td><td rowspan="2">折合 150mm 立方体抗压强度(MPa)</td><td rowspan="2">达到设计强度(%)</td></tr>
<tr><td>单块</td><td>平均值(中间值)</td></tr>
<tr><td rowspan="3">H001</td><td rowspan="3">×年×月×日</td><td rowspan="3">28</td><td rowspan="3">150</td><td rowspan="3">22500</td><td>570</td><td>25.3</td><td rowspan="3">25.1</td><td rowspan="3">—</td><td rowspan="3">126</td></tr>
<tr><td>563</td><td>25.0</td></tr>
<tr><td>564</td><td>25.1</td></tr>
<tr><td>备注</td><td colspan="9">××检测站
（检验专用章）
签发日期：×年×月×日</td></tr>
<tr><td colspan="2">批准</td><td>×××</td><td colspan="2">审核</td><td colspan="2">×××</td><td>主检</td><td colspan="2">×××</td></tr>
</table>

见　证　记　录

编号：×××

工程名称：××住宅楼

取样部位：二层梁、板、楼梯

样品名称：混凝土试块　取样基数　$62m^3$　取样数量　一组(三块)

取样地点：浇筑地点　取样日期　×年×月×日

见证记录：1. 水泥：××厂

2. 砂、石：××砂场

3. 早强减水剂：××外加剂厂

4. 试样现场随机取样制作，方法正确并送检

5. 取样封存、标识

新建 A—001

见证取样和送检章

见证取样和送检印章：

取 样 人 签 字：×××

见 证 人 签 字：×××

记录日期：×年×月×日

混凝土立方体抗压强度检验报告

表 2-39

<table>
<tr><td colspan="2">工程名称</td><td colspan="4">××住宅楼</td><td colspan="2">报告编号</td><td colspan="2">×××</td></tr>
<tr><td colspan="2">工程部位</td><td colspan="4">屋面找坡层</td><td colspan="2">试验编号</td><td colspan="2">×××</td></tr>
<tr><td colspan="2">委托单位</td><td colspan="4">××建筑工程公司</td><td colspan="2">委托人</td><td colspan="2">×××</td></tr>
<tr><td colspan="2">见证单位</td><td colspan="4">—</td><td colspan="2">见证人</td><td colspan="2">—</td></tr>
<tr><td colspan="2">检验依据</td><td colspan="4">普通混凝土力学性能试验方法（GB/T 50081—2002）</td><td colspan="2">设计强度等级</td><td colspan="2">CL7.5</td></tr>
<tr><td colspan="2">普硅水泥强度等级</td><td colspan="2">32.5</td><td>厂名</td><td>××厂</td><td colspan="2">报告编号</td><td colspan="2">×××</td></tr>
<tr><td colspan="2">砂子产地及品种</td><td colspan="2">××砂场水洗砂</td><td>含泥量(%)</td><td>0.2</td><td colspan="2">报告编号</td><td colspan="2">×××</td></tr>
<tr><td colspan="2">石子产地及品种</td><td colspan="2">黏土陶粒
××厂</td><td>含泥量(%)</td><td>—</td><td colspan="2">报告编号</td><td colspan="2">×××</td></tr>
<tr><td colspan="2">掺合料名称及产地</td><td colspan="2">—</td><td>报告编号</td><td>—</td><td colspan="2">占水泥用量(%)</td><td colspan="2">—</td></tr>
<tr><td colspan="2">外加剂名称及产地</td><td colspan="2">—</td><td>报告编号</td><td>—</td><td colspan="2">占水泥用量(%)</td><td colspan="2">—</td></tr>
<tr><td colspan="2">混凝土配合比例</td><td colspan="4">1 : 1.21 : 0.17 : 1.55 : 0.47</td><td colspan="2">报告编号</td><td colspan="2">×××</td></tr>
<tr><td colspan="2">混凝土成型日期</td><td colspan="2">×年×月×日</td><td>样品外观状态</td><td>无缺棱掉角</td><td colspan="2">要求龄期(d)</td><td colspan="2">28</td></tr>
<tr><td colspan="2">要求检验日期</td><td colspan="2">×年×月×日</td><td>试块收到日期</td><td>×年×月×日</td><td colspan="2">试块养护条件</td><td colspan="2">标养</td></tr>
<tr><td rowspan="2">试件编号</td><td rowspan="2">检验日期</td><td rowspan="2">实际龄期(d)</td><td rowspan="2">立方体试件尺寸(mm)</td><td rowspan="2">试件承压面积(mm^2)</td><td rowspan="2">单块破坏荷载(kN)</td><td colspan="2">抗压强度(MPa)</td><td rowspan="2">折合150mm立方体抗压强度(MPa)</td><td rowspan="2">达到设计强度(%)</td></tr>
<tr><td>单块</td><td>平均值(中间值)</td></tr>
<tr><td rowspan="3">H001</td><td rowspan="3">×年×月×日</td><td rowspan="3">28</td><td rowspan="3">100</td><td rowspan="3">10000</td><td>96</td><td>9.6</td><td rowspan="3">9.7</td><td rowspan="3">9.2</td><td rowspan="3">122</td></tr>
<tr><td>92</td><td>9.2</td></tr>
<tr><td>102</td><td>10.2</td></tr>
<tr><td>备注</td><td colspan="9">××检测站
（检验专用章）
签发日期：×年×月×日</td></tr>
<tr><td>批准</td><td colspan="2">×××</td><td colspan="2">审核</td><td>×××</td><td colspan="2">主检</td><td colspan="2">×××</td></tr>
</table>

混凝土立方体抗压强度检验报告

表 2-40

<table>
<tr><td colspan="2">工程名称</td><td colspan="4">××住宅楼</td><td colspan="2">报告编号</td><td colspan="2">×××</td></tr>
<tr><td colspan="2">工程部位</td><td colspan="4">地下室地面</td><td colspan="2">试验编号</td><td colspan="2">×××</td></tr>
<tr><td colspan="2">委托单位</td><td colspan="4">××建筑工程公司</td><td colspan="2">委托人</td><td colspan="2">×××</td></tr>
<tr><td colspan="2">见证单位</td><td colspan="4">—</td><td colspan="2">见证人</td><td colspan="2">—</td></tr>
<tr><td colspan="2">检验依据</td><td colspan="4">普通混凝土力学性能试验方法（GB/T 50081—2002）</td><td colspan="2">设计强度等级</td><td colspan="2">C20</td></tr>
<tr><td colspan="2">普硅水泥强度等级</td><td colspan="2">32.5</td><td>厂名</td><td>××厂</td><td colspan="2">报告编号</td><td colspan="2">×××</td></tr>
<tr><td colspan="2">砂子产地及品种</td><td colspan="2">××砂场水洗砂</td><td>含泥量(%)</td><td>0.2</td><td colspan="2">报告编号</td><td colspan="2">×××</td></tr>
<tr><td colspan="2">石子产地及品种</td><td colspan="2">××砂场石子</td><td>含泥量(%)</td><td>0.1</td><td colspan="2">报告编号</td><td colspan="2">小石子：×××</td></tr>
<tr><td colspan="2">掺合料名称及产地</td><td colspan="2">—</td><td>报告编号</td><td>—</td><td colspan="2">占水泥用量(%)</td><td colspan="2">—</td></tr>
<tr><td colspan="2">外加剂名称及产地</td><td colspan="2">—</td><td>报告编号</td><td>—</td><td colspan="2">占水泥用量(%)</td><td colspan="2">—</td></tr>
<tr><td colspan="2">混凝土配合比例</td><td colspan="4">1∶2.33∶4.16∶0.51</td><td colspan="2">报告编号</td><td colspan="2">×××</td></tr>
<tr><td colspan="2">混凝土成型日期</td><td colspan="2">×年×月×日</td><td>样品外观状态</td><td>无缺棱掉角</td><td colspan="2">要求龄期(d)</td><td colspan="2">28</td></tr>
<tr><td colspan="2">要求检验日期</td><td colspan="2">×年×月×日</td><td>试块收到日期</td><td>×年×月×日</td><td colspan="2">试块养护条件</td><td colspan="2">标养</td></tr>
<tr><td rowspan="2">试件编号</td><td rowspan="2">检验日期</td><td rowspan="2">实际龄期(d)</td><td rowspan="2">立方体试件尺寸(mm)</td><td rowspan="2">试件承压面积(mm²)</td><td rowspan="2">单块破坏荷载(kN)</td><td colspan="2">抗压强度(MPa)</td><td rowspan="2">折合 150mm 立方体抗压强度(MPa)</td><td rowspan="2">达到设计强度(%)</td></tr>
<tr><td>单块</td><td>平均值(中间值)</td></tr>
<tr><td rowspan="3">H001</td><td rowspan="3">×年×月×日</td><td rowspan="3">28</td><td rowspan="3">100</td><td rowspan="3">10000</td><td>256</td><td>25.6</td><td rowspan="3">25.0</td><td rowspan="3">23.8</td><td rowspan="3">119</td></tr>
<tr><td>240</td><td>24.0</td></tr>
<tr><td>254</td><td>25.4</td></tr>
<tr><td>备注</td><td colspan="9">××检测站
(检验专用章)
签发日期：×年×月×日</td></tr>
</table>

批准	×××	审核	×××	主检	×××

混凝土立方体抗压强度检验报告

表 2-41

工程名称	××住宅楼			报告编号	×××
工程部位	一层室内地面填充层			试验编号	×××
委托单位	××建筑工程公司			委托人	×××
见证单位	—			见证人	—
检验依据	普通混凝土力学性能试验方法（GB/T 50081—2002）			设计强度等级	CL10
普硅水泥强度等级	32.5	厂名	××厂	报告编号	×××
砂子产地及品种	××砂场水洗砂	含泥量(%)	0.2	报告编号	×××
石子产地及品种	黏土陶粒 ××厂	含泥量(%)	—	报告编号	×××
掺合料名称及产地	粉煤灰××厂	报告编号	×××	占水泥用量(%)	17
外加剂名称及产地	—	报告编号	—	占水泥用量(%)	—
混凝土配合比例	1：1.21：0.17：1.55：0.47			报告编号	×××
混凝土成型日期	×年×月×日	样品外观状态	无缺棱掉角	要求龄期(d)	28
要求检验日期	×年×月×日	试块收到日期	×年×月×日	试块养护条件	标养

试件编号	检验日期	实际龄期(d)	立方体试件尺寸(mm)	试件承压面积(mm^2)	单块破坏荷载(kN)	抗压强度(MPa)		折合150mm立方体抗压强度(MPa)	达到设计强度(%)
						单块	平均值(中间值)		
H001	×年×月×日	28	100	10000	116	11.6	12.0	11.4	114
					123	12.3			
					122	12.2			

备注	××检测站 （检验专用章） 签发日期：×年×月×日

批准	×××	审核	×××	主检	×××

砌筑砂浆试块强度评定记录

表 2-42

工程名称	××住宅楼			强度等级	M10
施工单位	××建筑工程公司			养护方法	标养
统计期	×年×月×日至×年×月×日			结构部位	地下室砌体
试块组 n	强度标准值 f_2(MPa)	平均值 $f_{2,m}$(MPa)	最小值 $f_{2,min}$(MPa)		$0.75f_2$(MPa)
3	10.0	11.8	11.6		7.5

每组强度值(MPa)											
	12.0	11.6	11.8								

判定公式	$f_{2,m} \geqslant f_2$	$f_{2,min} \geqslant 0.75f_2$
结果	11.8>10.0	11.6>7.5

施工单位检查评定结果	试块强度符合《砌体工程施工质量验收规范》GB 50203—2002的规定 ×年×月×日					
	项目专业技术负责人	×××	项目专业质量负责人	×××	试验员	×××

砂浆立方体抗压强度检验报告

表 2-43

<table>
<tr><td colspan="2">工程名称</td><td colspan="4">××住宅楼</td><td colspan="2">报告编号</td><td>×××</td></tr>
<tr><td colspan="2">工程部位</td><td colspan="4">地下室砌体</td><td colspan="2">试验编号</td><td>×××</td></tr>
<tr><td colspan="2">委托单位</td><td colspan="4">××建筑工程公司</td><td colspan="2">委托人</td><td>×××</td></tr>
<tr><td colspan="2">见证单位</td><td colspan="4">××监理公司</td><td colspan="2">见证人</td><td>×××</td></tr>
<tr><td colspan="2">砂浆品种</td><td colspan="4">水泥混合砂浆</td><td colspan="2">设计强度等级</td><td>M10</td></tr>
<tr><td colspan="2">普硅水泥及强度等级</td><td colspan="4">32.5</td><td colspan="2">报告编号</td><td>×××</td></tr>
<tr><td colspan="2">水泥生产厂</td><td colspan="4">××厂</td><td colspan="2">砂子产地</td><td>××砂场产砂子</td></tr>
<tr><td colspan="2">掺合料名称及产地</td><td colspan="2">粉煤灰 ××厂</td><td>报告编号</td><td>2003W002</td><td colspan="2">占水泥用量(%)</td><td>20</td></tr>
<tr><td colspan="2">外加剂名称及产地</td><td colspan="2">—</td><td>报告编号</td><td>—</td><td colspan="2">占水泥用量(%)</td><td>—</td></tr>
<tr><td colspan="2">砂浆成型日期</td><td>×年×月×日</td><td colspan="2">样品外观状态</td><td>无缺棱掉角</td><td colspan="2">试块收到日期</td><td>×年×月×日</td></tr>
<tr><td colspan="2">要求龄期(d)</td><td colspan="4">28</td><td colspan="2">要求检验日期</td><td>×年×月×日</td></tr>
<tr><td colspan="2">检验依据</td><td colspan="4">建筑砂浆基本性能试验方法(JGJ 70—90)</td><td colspan="2">试块养护条件</td><td>标养</td></tr>
<tr><td rowspan="2">试件编号</td><td rowspan="2">检验日期</td><td rowspan="2">实际龄期(d)</td><td rowspan="2">试件规格尺寸(mm)</td><td rowspan="2">受压面积(mm^2)</td><td rowspan="2">单块荷载(kN)</td><td colspan="2">抗压强度(MPa)</td><td rowspan="2">达到设计强度(%)</td></tr>
<tr><td>单块</td><td>平均值</td></tr>
<tr><td rowspan="6">SJ001</td><td rowspan="6">×年×月×日</td><td rowspan="6">28</td><td rowspan="6">70.7</td><td rowspan="6">5000</td><td>62.0</td><td>12.4</td><td rowspan="6">12.0</td><td rowspan="6">120</td></tr>
<tr><td>59.0</td><td>11.8</td></tr>
<tr><td>60.0</td><td>12.0</td></tr>
<tr><td>62.0</td><td>12.4</td></tr>
<tr><td>59.0</td><td>11.8</td></tr>
<tr><td>58.0</td><td>11.6</td></tr>
<tr><td>备注</td><td colspan="8">××检测站
(检验专用章)
签发日期：×年×月×日</td></tr>
<tr><td>批准</td><td>×××</td><td>审核</td><td colspan="2">×××</td><td>主检</td><td colspan="3">×××</td></tr>
</table>

见 证 记 录

编号：×××

工程名称：××住宅楼

取样部位：地下室砌体

样品名称：砂浆试块　取样基数　$45m^3$　取样数量　一组(六块)

取样地点：搅拌机出料口　取样日期　×年×月×日

见证记录：1. 水泥：××厂

2. 砂：××砂场

3. 粉煤灰：××厂

4. 试样现场随机取样制作，方法正确

5. 取样封存、标识、送检

新建 A—001

见证取样和送检章

见证取样和送检印章：

取 样 人 签 字：×××

见 证 人 签 字：×××

记录日期：×年×月×日

砌筑砂浆试块强度评定记录

表 2-44

工程名称	××住宅楼	强度等级	M10
施工单位	××建筑工程公司	养护方法	标养
统计期	×年×月×日至×年×月×日	结构部位	一至三层砌体

试块组 n	强度标准值 f_2(MPa)	平均值 $f_{2,m}$(MPa)	最小值 $f_{2,min}$(MPa)	$0.750f_2$(MPa)
7	10.0	12.9	10.6	7.5

每组强度值(MPa)											
	12.0	13.5	12.6	14.2	12.8	10.6	14.6				

判定公式	$f_{2,m} \geqslant f_2$	$f_{2,min} \geqslant 0.75f_2$
结果	12.9>10.0	10.6>7.5

施工单位检查评定结果	试块强度符合《砌体工程施工质量验收规范》GB 50203—2002的规定 ×年×月×日					
	项目专业技术负责人	×××	项目专业质量检查员	×××	试验员	×××

砂浆立方体抗压强度检验报告

表 2-45

<table>
<tr><td>工程名称</td><td colspan="5">××住宅楼</td><td colspan="2">报告编号</td><td>×××</td></tr>
<tr><td>工程部位</td><td colspan="5">二层砌体</td><td colspan="2">试验编号</td><td>×××</td></tr>
<tr><td>委托单位</td><td colspan="5">××建筑工程公司</td><td colspan="2">委托人</td><td>×××</td></tr>
<tr><td>见证单位</td><td colspan="5">××监理公司</td><td colspan="2">见证人</td><td>×××</td></tr>
<tr><td>砂浆品种</td><td colspan="5">水泥混合砂浆</td><td colspan="2">设计强度等级</td><td>M10</td></tr>
<tr><td>普硅水泥及强度等级</td><td colspan="5">32.5</td><td colspan="2">报告编号</td><td>×××</td></tr>
<tr><td>水泥生产厂</td><td colspan="5">××厂</td><td colspan="2">砂子产地</td><td>××砂场产砂子</td></tr>
<tr><td>掺合料名称及产地</td><td colspan="2">粉煤灰　××厂</td><td colspan="2">报告编号</td><td>×××</td><td colspan="2">占水泥用量(%)</td><td>20</td></tr>
<tr><td>外加剂名称及产地</td><td colspan="2">—</td><td colspan="2">报告编号</td><td>—</td><td colspan="2">占水泥用量(%)</td><td>—</td></tr>
<tr><td>砂浆成型日期</td><td colspan="2">×年×月×日</td><td colspan="2">样品外观状态</td><td>无缺棱掉角</td><td colspan="2">试块收到日期</td><td>×年×月×日</td></tr>
<tr><td>要求龄期(d)</td><td colspan="5">28</td><td colspan="2">要求检验日期</td><td>×年×月×日</td></tr>
<tr><td>检验依据</td><td colspan="5">建筑砂浆基本性能试验方法(JGJ 70—90)</td><td colspan="2">试块养护条件</td><td>标养</td></tr>
</table>

<table>
<tr><td rowspan="2">试件编号</td><td rowspan="2">检验日期</td><td rowspan="2">实际龄期(d)</td><td rowspan="2">试件规格尺寸(mm)</td><td rowspan="2">受压面积(mm^2)</td><td rowspan="2">单块荷载(kN)</td><td colspan="2">抗压强度(MPa)</td><td rowspan="2">达到设计强度(%)</td></tr>
<tr><td>单块</td><td>平均值</td></tr>
<tr><td rowspan="6">SJ001</td><td rowspan="6">×年×月×日</td><td rowspan="6">28</td><td rowspan="6">70.7</td><td rowspan="6">5000</td><td>62.0</td><td>12.4</td><td rowspan="6">12.6</td><td rowspan="6">126</td></tr>
<tr><td>65.0</td><td>13.0</td></tr>
<tr><td>61.0</td><td>12.2</td></tr>
<tr><td>62.0</td><td>12.4</td></tr>
<tr><td>59.0</td><td>11.8</td></tr>
<tr><td>68.0</td><td>13.6</td></tr>
<tr><td>备注</td><td colspan="8">××检测站
(检验专用章)
签发日期：×年×月×日</td></tr>
</table>

批准	×××	审核	×××	主检	×××

见 证 记 录

编号：×××

工程名称：××住宅楼

取样部位：二层砌体

样品名称：砂浆试块　取样基数　$55m^3$　取样数量　一组(六块)

取样地点：搅拌机出料口　取样日期　×年×月×日

见证记录：1. 水泥：××厂

2. 砂：××砂场

3. 粉煤灰：××厂

4. 试样现场随机取样制作，方法正确

5. 取样封存、标识、送检

新建 A—001

见证取样和送检章

见证取样和送检印章：

取 样 人 签 字：×××

见 证 人 签 字：×××

记录日期：×年×月×日

砌筑砂浆试块强度评定记录

表 2-46

工程名称	××住宅楼	强度等级	M7.5
施工单位	××建筑工程公司	养护方法	标养
统计期	×年×月×日至×年×月×日	结构部位	四、五层及女儿墙砌体

试块组 n	强度标准值 f_2(MPa)	平均值 $f_{2,m}$(MPa)	最小值 $f_{2,min}$(MPa)	$0.75f_2$(MPa)
6	7.5	10.0	8.8	5.6

每组强度值(MPa)											
	12.1	9.1	8.8	10.8	9.2	10.0					

判定公式	$f_{2,m} \geqslant f_2$	$f_{2,min} \geqslant 0.75f_2$
结果	10.0>7.5	8.8>5.6

施工单位检查评定结果	试块强度符合《砌体工程施工质量验收规范》GB 50203—2002的规定 ×年×月×日				
项目专业技术负责人	×××	项目专业质量检查员	×××	试验员	×××

砂浆立方体抗压强度检验报告

表 2-47

工程名称	××住宅楼			报告编号	×××
工程部位	四层砌体			试验编号	×××
委托单位	××建筑工程公司			委托人	×××
见证单位	××监理公司			见证人	×××
砂浆品种	水泥混合砂浆			设计强度等级	M7.5
普硅水泥及强度等级	32.5			报告编号	×××
水泥生产厂	××厂			砂子产地	××砂场产砂子
掺合料名称及产地	粉煤灰　××厂	报告编号	×××	占水泥用量(%)	31
外加剂名称及产地	—	报告编号	—	占水泥用量(%)	—
砂浆成型日期	×年×月×日	样品外观状态	无缺棱掉角	试块收到日期	×年×月×日
要求龄期(d)	28			要求检验日期	×年×月×日
检验依据	建筑砂浆基本性能试验方法(JGJ 70—90)			试块养护条件	标养

试件编号	检验日期	实际龄期(d)	试件规格尺寸(mm)	受压面积(mm^2)	单块荷载(kN)	抗压强度(MPa) 单块	抗压强度(MPa) 平均值	达到设计强度(%)
SJ001	×年×月×日	28	70.7	5000	45.0	9.0	8.8	117
					44.0	8.8		
					43.0	8.6		
					45.0	9.0		
					46.0	9.2		
					42.0	8.4		

备注	
	××检测站 (检验专用章) 签发日期：×年×月×日

批准	×××	审核	×××	主检	×××

见证记录

编号：×××

工程名称：××住宅楼

取样部位：四层砌体

样品名称：砂浆试块　取样基数　$55m^3$　取样数量　一组(六块)

取样地点：搅拌机出料口　取样日期　×年×月×日

见证记录：1. 水泥：××厂

2. 砂：××砂场

3. 粉煤灰：××厂

4. 试样现场随机取样制作，方法正确

5. 取样封存、标识、送检

新建 A—001

见证取样和送检章

见证取样和送检印章：

取样人签字：×××

见证人签字：×××

记录日期：×年×月×日

砂浆立方体抗压强度检验报告

表 2-48

工程名称	××住宅楼			报告编号	×××
工程部位	室内五层地面面层			试验编号	×××
委托单位	××建筑工程公司			委托人	×××
见证单位	—			见证人	—
砂浆品种	水泥砂浆			设计强度等级	M15
普硅水泥及强度等级	32.5			报告编号	×××
水泥生产厂	××厂			砂子产地	××砂场产砂子
掺合料名称及产地	—	报告编号	—	占水泥用量(%)	—
外加剂名称及产地	—	报告编号	—	占水泥用量(%)	—
砂浆成型日期	×年×月×日	样品外观状态	无缺棱掉角	试块收到日期	×年×月×日
要求龄期(d)	28			要求检验日期	×年×月×日
检验依据	建筑砂浆基本性能试验方法(JGJ 70—90)			试块养护条件	标养

试件编号	检验日期	实际龄期(d)	试件规格尺寸(mm)	受压面积(mm²)	单块荷载(kN)	抗压强度(MPa)		达到设计强度(%)
						单块	平均值	
SJ008	×年×月×日	28	70.7	5000	92.0	18.4	18.0	120
					86.0	17.2		
					88.0	17.6		
					90.0	18.0		
					92.0	18.4		
					91.0	18.2		

备注	××检测站 (检验专用章) 签发日期：×年×月×日				
批准	×××	审核	×××	主检	×××

第6节　隐蔽工程验收记录

隐蔽工程是指上道工序被下道工序所覆盖，其自身的质量难以再进行检查的工程。在施工组织设计中应明确隐蔽部位以及待检点和停检点。

隐检即对隐蔽工程进行检查。通过文字或图形等形式，将工程隐检项目的隐检内容、质量情况、检查意见、复查意见等记录下来，作为以后建筑工程的维护、改造、扩建等重要的技术资料。隐检合格后方可进行下道工序施工。

隐蔽工程施工完毕后，由专业工长填写隐检记录，及时通知监理(建设)单位，会同有关单位参加验收，施工单位项目技术负责人、专业工长、专业质量检查员共同参加。验收后由监理(建设)单位签署验收结论，形成隐蔽工程验收记录，进行下道工序施工。

一、验收程序

隐蔽工程验收程序应当按图 2-1 所示进行。

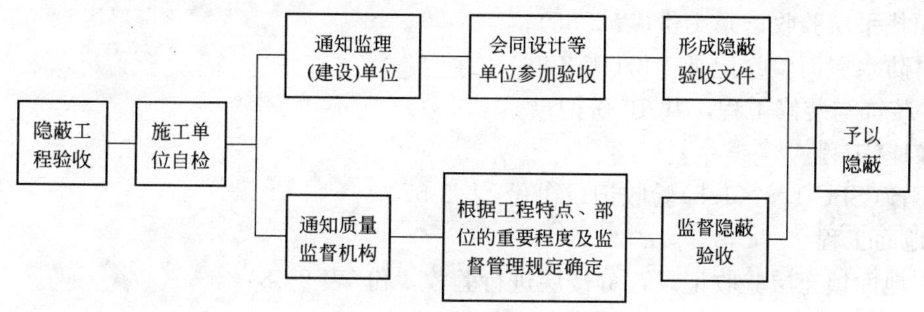

图 2-1　隐蔽工程验收程序

二、隐蔽工程验收内容

根据《建筑工程施工质量验收强制性条文应用技术要点》的规定，本《实例》对建筑与结构工程主要隐蔽验收项目(部位)内容见表 2-49。

隐蔽工程验收内容　　**表 2-49**

分部工程	隐蔽验收内容
地基基础	定位抄平放线记录
	土方工程(基槽开挖、土质情况、地基处理)
	地基处理
	桩基施工
	基础钢筋、混凝土、砖石砌筑
主体结构	砌体组砌方法、配筋砌体
	变形缝构造
	梁、板、柱钢筋(品种、规格、数量、位置、接头、锚固、保护层等)
	预埋件数量和位置、牢固情况
	焊接检查(强度、焊缝长度、厚度、外观及内部超声、射线检查)
	墙体拉结筋(数量、长度、位置)
屋面	保温层、找平层、防水层、隔离层
装饰装修	各类装饰工程的基层、吊顶埋设件及骨架、防水层及蓄水试验

三、主要隐蔽项目

本工程隐蔽工程验收记录共28份，本《实例》摘录如下。

(1) 地基与基础工程，共4份记录。

土方开挖工程验收记录1份(见表2-50)；

基础毛石混凝土外墙防水工程验收记录1份(见表2-51)；

地下室配筋砌体工程验收记录1份(见表2-52)；

一层梁、板、楼梯钢筋工程验收记录1份(见表2-53)。

(2) 主体结构工程，共11份记录。包括：

配筋砌体工程记录，分层进行验收5份；

梁、板、楼梯钢筋工程记录，分层进行验收5份；

女儿墙配筋砌体工程记录1份。以上记录本《实例》摘录，(略)。

(3) 建筑屋面工程，共3份记录。

屋面保温层验收记录1份(表2-54)；

屋面找平层验收记录1份(表2-55)；

卷材防水屋面验收记录1份(表2-56)。

(4) 装饰与装修工程，共10份记录。

1) 门窗工程

塑钢窗(SPC 1.8×1.5)验收记录1份(表2-57)。

2) 地面工程

五层地面填充层验收记录，分楼层进行验收1份(表2-58)。

一～五层卫生间地面防水层验收记录1份(表2-59)。

3) 楼梯栏杆安装

楼梯栏杆安装验收记录1份(表2-60)。

隐蔽工程验收记录

表 2-50

<table>
<tr><td>工程名称</td><td colspan="3">××住宅楼</td><td>建设单位</td><td>××公司</td></tr>
<tr><td>施工单位</td><td colspan="3">××建筑工程公司</td><td>监理单位</td><td>××监理公司</td></tr>
<tr><td>验收部位</td><td>①～⑬轴、
Ⓐ～Ⓓ轴土方开挖</td><td>验收日期</td><td>×年×月×日</td><td>图号</td><td>建施-×</td></tr>
<tr><td>隐蔽检查内容</td><td colspan="5">根据施工图纸要求，基底开挖标高为−3.00m，基底土质为：卵石层。
基底土未被破坏并将浮土清理干净。附基坑开挖简图

基坑开挖简图</td></tr>
<tr><td>施工单位检查结果</td><td colspan="5">符合设计要求
项目专业质量检查员：×××
×年×月×日</td></tr>
<tr><td></td><td>项目专业技术负责人</td><td>×××</td><td>专业工长(施工员)</td><td colspan="2">×××</td></tr>
<tr><td>监理(建设)单位结论</td><td colspan="5">同意进行下道工序施工
监理工程师：×××
(建设单位项目专业技术负责人)
×年×月×日</td></tr>
</table>

隐蔽工程验收记录

表 2-51

<table>
<tr><td>工程名称</td><td colspan="3">××住宅楼</td><td>建设单位</td><td>××公司</td></tr>
<tr><td>施工单位</td><td colspan="3">××建筑工程公司</td><td>监理单位</td><td>××监理公司</td></tr>
<tr><td>验收部位</td><td>基础毛石混
凝土外墙防水</td><td>验收日期</td><td>×年×月×日</td><td>图号</td><td>建施-×</td></tr>
<tr><td>隐蔽检查内容</td><td colspan="5">防水涂料复试合格，复试报告编号××；
先将毛石混凝土外墙基层表面清理干净，并涂一层处理剂；
转角处，穿墙管道等部位做涂料加强层，防水层施工缝搭接宽度150mm，涂刷时交替改变涂层的涂刷方向，共刷两遍</td></tr>
<tr><td rowspan="2">施工单位
检查结果</td><td colspan="5">符合设计要求

项目专业质量检查员：×××
×年×月×日</td></tr>
<tr><td colspan="2">项目专业技术负责人</td><td>×××</td><td>专业工长(施工员)</td><td>×××</td></tr>
<tr><td>监理(建设)
单位结论</td><td colspan="5">同意进行下道工序施工

监理工程师：×××
(建设单位项目专业技术负责人)
×年×月×日</td></tr>
</table>

隐蔽工程验收记录

表 2-52

<table>
<tr><td>工程名称</td><td colspan="5">××住宅楼</td><td>建设单位</td><td>××公司</td></tr>
<tr><td>施工单位</td><td colspan="5">××建筑工程公司</td><td>监理单位</td><td>××监理公司</td></tr>
<tr><td>验收部位</td><td colspan="2">地下室配筋砌体</td><td>验收日期</td><td colspan="2">×年×月×日</td><td>图号</td><td>结施-×</td></tr>
<tr><td>隐蔽检查内容</td><td colspan="7">配筋砌体钢筋均为 HPB235 级，构造柱主筋 φ14，采用绑扎搭接，搭接长度 560mm(40d)，柱箍筋为 φ6 间距 200mm，距楼板上下 500mm 范围内间距为 100mm，从柱脚开始先退后进，柱脚齿深 60mm，每三皮砖一退一进。
砖墙与构造柱之间沿墙高每 5 皮砖(500mm)设置 2φ6 水平钢筋连接，每边伸入墙内 1000mm</td></tr>
<tr><td>施工单位检查结果</td><td colspan="7">符合设计要求
项目专业质量检查员：×××
×年×月×日</td></tr>
<tr><td></td><td colspan="2">项目专业技术负责人</td><td colspan="2">×××</td><td colspan="2">专业工长(施工员)</td><td>×××</td></tr>
<tr><td>监理(建设)单位结论</td><td colspan="7">同意进行下道工序施工
监理工程师：×××
(建设单位项目专业技术负责人)
×年×月×日</td></tr>
</table>

隐蔽工程验收记录

表 2-53

<table>
<tr><td>工程名称</td><td colspan="3">××住宅楼</td><td colspan="2">建设单位</td><td>××公司</td></tr>
<tr><td>施工单位</td><td colspan="3">××建筑工程公司</td><td colspan="2">监理单位</td><td>××监理公司</td></tr>
<tr><td>验收部位</td><td>一层顶板、梁，楼梯钢筋</td><td>验收日期</td><td colspan="2">×年×月×日</td><td>图号</td><td>结施-×</td></tr>
<tr><td>隐蔽检查内容</td><td colspan="6">1. 纵向受力钢筋的品种、规格、数量和位置
钢筋为 HRB335 级 φ20，HPB235 级 φ14、φ12、φ10、φ8，间距、数量按设计图纸要求，梁保护层厚度 25mm，板 15mm，悬挑板钢筋位置正确
2. 连接方式、接头位置、接头数量及接头面积百分率
HRB335 级 φ20 钢筋采用闪光对焊焊接，其余为绑扎搭接，搭接长度为 35d。接头位置设置在板跨 1/3 处，接头面积百分率焊接＜50%，搭接＜25%
3. 箍筋、横向钢筋的品种、规格、数量、间距
箍筋为 HPB235 级 φ6，间距 200mm，加密区间距 100mm
4. 预埋件的规格、数量、位置
楼梯板预埋件规格、尺寸、埋设位置和数量符合结施-×要求
5. 按规定已做焊接试验，见试验报告××，焊工×××，证号×××</td></tr>
<tr><td>施工单位检查结果</td><td colspan="6">符合设计要求
项目专业质量检查员：×××
×年×月×日</td></tr>
<tr><td></td><td colspan="2">项目专业技术负责人</td><td>×××</td><td colspan="2">专业工长（施工员）</td><td>×××</td></tr>
<tr><td>监理（建设）单位结论</td><td colspan="6">同意进行下道工序施工
监理工程师：×××
（建设单位项目专业技术负责人）
×年×月×日</td></tr>
</table>

隐蔽工程验收记录

表 2-54

工程名称	××住宅楼				建设单位	××公司
施工单位	××建筑工程公司				监理单位	××监理公司
验收部位	屋面保温层	验收日期	×年×月×日		图号	建施-×
隐蔽检查内容	现浇钢筋混凝土屋面板表面清扫干净，涂刮沥青玛𤧛脂一道 保温层为 80mm 厚聚苯板，垫稳铺平，接缝处用碎聚苯板填嵌密实					
施工单位检查结果	符合设计要求 项目专业质量检查员：××× ×年×月×日					
	项目专业技术负责人	×××		专业工长(施工员)	×××	
监理(建设)单位结论	同意进行下道工序施工 监理工程师：××× (建设单位项目专业技术负责人) ×年×月×日					

隐蔽工程验收记录

表 2-55

<table>
<tr><td>工程名称</td><td colspan="3">××住宅楼</td><td>建设单位</td><td>××公司</td></tr>
<tr><td>施工单位</td><td colspan="3">××建筑工程公司</td><td>监理单位</td><td>××监理公司</td></tr>
<tr><td>验收部位</td><td>屋面找平层</td><td>验收日期</td><td>×年×月×日</td><td>图号</td><td>建施-×</td></tr>
<tr><td>隐蔽检查内容</td><td colspan="5">用 LC7.5 水泥陶粒混凝土找坡，最薄处 30mm，坡度 2%，坡向落水口。每隔 6m 沿纵横向设置分格缝，与凸出屋面墙体交接处与转角处，以及设备管道、通风口出屋面处均做成圆弧形，圆弧半径 50mm，表面压实压光</td></tr>
<tr><td>施工单位检查结果</td><td colspan="5">符合设计要求
项目专业质量检查员：×××
×年×月×日</td></tr>
<tr><td></td><td>项目专业技术负责人</td><td>×××</td><td>专业工长(施工员)</td><td colspan="2">×××</td></tr>
<tr><td>监理(建设)单位结论</td><td colspan="5">同意进行下道工序施工
监理工程师：×××
(建设单位项目专业技术负责人)
×年×月×日</td></tr>
</table>

隐蔽工程验收记录

表 2-56

<table>
<tr><td colspan="2">工程名称</td><td colspan="3">××住宅楼</td><td>建设单位</td><td>××公司</td></tr>
<tr><td colspan="2">施工单位</td><td colspan="3">××建筑工程公司</td><td>监理单位</td><td>××监理公司</td></tr>
<tr><td colspan="2">验收部位</td><td>屋面卷材防水层</td><td>验收日期</td><td>×年×月×日</td><td>图号</td><td>建施-×</td></tr>
<tr><td>隐蔽检查内容</td><td colspan="6">防水层SBS改性沥青防水卷材二道，与女儿墙连接处及转角处、伸出屋面管道、通风口等细部先做附加层，附加层宽度为500mm，上翻高度为250mm，屋面防水层顺长度方向铺贴，铺贴采用条粘法，卷材横向搭接宽度为150mm，纵向搭接宽度为100mm，接头处用密封膏嵌缝密封。
防水材料按规定进行了见证取样检测。见检测报告××</td></tr>
<tr><td rowspan="2">施工单位检查结果</td><td colspan="6">符合设计要求
项目专业质量检查员：×××
×年×月×日</td></tr>
<tr><td colspan="2">项目专业技术负责人</td><td>×××</td><td colspan="2">专业工长(施工员)</td><td>×××</td></tr>
<tr><td>监理(建设)单位结论</td><td colspan="6">同意进行下道工序施工
监理工程师：×××
(建设单位项目专业技术负责人)
×年×月×日</td></tr>
</table>

隐蔽工程验收记录

表 2-57

<table>
<tr><td>工程名称</td><td colspan="3">××住宅楼</td><td>建设单位</td><td>××公司</td></tr>
<tr><td>施工单位</td><td colspan="3">××建筑工程公司</td><td>监理单位</td><td>××监理公司</td></tr>
<tr><td>验收部位</td><td>外窗 SPC1.8×1.5</td><td>验收日期</td><td>×年×月×日</td><td>图号</td><td>建施-×</td></tr>
<tr><td>隐蔽检查内容</td><td colspan="5">1. 预埋件和固定片
塑钢窗预埋件按安装图集×大样在砌体中预埋，预埋件数量、间距符合设计要求，固定片间距≤600mm，预埋件与固定片的连接采用螺栓连接，固定片无松动现象
2. 隐蔽部位的防腐、填嵌处理
窗框与预埋件的固定片为镀锌钢板，框与墙体的缝隙用聚氨酯发泡填嵌密封</td></tr>
<tr><td rowspan="2">施工单位检查结果</td><td colspan="5">符合设计要求
项目专业质量检查员：×××
×年×月×日</td></tr>
<tr><td>项目专业技术负责人</td><td>×××</td><td colspan="2">专业工长(施工员)</td><td>×××</td></tr>
<tr><td>监理(建设)单位结论</td><td colspan="5">同意进行下道工序施工
监理工程师：×××
(建设单位项目专业技术负责人)
×年×月×日</td></tr>
</table>

隐蔽工程验收记录

表 2-58

<table>
<tr><td>工程名称</td><td colspan="3">××住宅楼</td><td colspan="2">建设单位</td><td>××公司</td></tr>
<tr><td>施工单位</td><td colspan="3">××建筑工程公司</td><td colspan="2">监理单位</td><td>××监理公司</td></tr>
<tr><td>验收部位</td><td>五层地面填充层</td><td>验收日期</td><td colspan="2">×年×月×日</td><td>图号</td><td>建施-×</td></tr>
<tr><td>隐蔽检查内容</td><td colspan="6">五层 LC10 陶粒混凝土填充层厚 50mm，表面清理干净，陶粒表面密实，无松动陶粒，表面平整度符合规范要求</td></tr>
<tr><td rowspan="2">施工单位检查结果</td><td colspan="6">符合设计要求
项目专业质量检查员：×××
×年×月×日</td></tr>
<tr><td colspan="2">项目专业技术负责人</td><td>×××</td><td colspan="2">专业工长（施工员）</td><td>×××</td></tr>
<tr><td>监理（建设）单位结论</td><td colspan="6">同意进行下道工序施工
监理工程师：×××
（建设单位项目专业技术负责人）
×年×月×日</td></tr>
</table>

隐蔽工程验收记录

表 2-59

<table>
<tr><td colspan="2">工程名称</td><td colspan="3">××住宅楼</td><td>建设单位</td><td>××公司</td></tr>
<tr><td colspan="2">施工单位</td><td colspan="3">××建筑工程公司</td><td>监理单位</td><td>××监理公司</td></tr>
<tr><td colspan="2">验收部位</td><td>全楼卫生间地面防水</td><td>验收日期</td><td>×年×月×日</td><td>图号</td><td>建施-×</td></tr>
<tr><td>隐蔽检查内容</td><td colspan="6">立管、套管和地漏与楼板节点用细石混凝土浇筑密实。现浇钢筋混凝土板表面清理干净，洒水湿润。
1∶3水泥砂浆20mm找平，坡度1%，坡向地漏。
3mm厚SBS一道防水层，搭接宽度100mm，沿墙边四周卷起150mm高。地漏套管、卫生洁具等部位均做防水附加层。楼板四周除门洞外，做混凝土翻边，高度为150mm。
防水层均按规范GB 50209第3.0.21条检验方法进行了蓄水试验</td></tr>
<tr><td colspan="2" rowspan="2">施工单位检查结果</td><td colspan="5">符合设计要求

项目专业质量检查员：×××
×年×月×日</td></tr>
<tr><td colspan="2">项目专业技术负责人</td><td>×××</td><td>专业工长(施工员)</td><td>×××</td></tr>
<tr><td colspan="2">监理(建设)单位结论</td><td colspan="5">同意进行下道工序施工

监理工程师：×××
(建设单位项目专业技术负责人)
×年×月×日</td></tr>
</table>

隐蔽工程验收记录

表 2-60

<table>
<tr><td colspan="2">工程名称</td><td colspan="3">××住宅楼</td><td>建设单位</td><td>××公司</td></tr>
<tr><td colspan="2">施工单位</td><td colspan="3">××建筑工程公司</td><td>监理单位</td><td>××监理公司</td></tr>
<tr><td colspan="2">验收部位</td><td>楼梯栏杆</td><td>验收日期</td><td>×年×月×日</td><td>图号</td><td>建施-×</td></tr>
<tr><td>隐蔽检查内容</td><td colspan="6">楼梯栏杆ϕ16钢筋与预埋件5mm厚100×100扁钢连接为电焊满焊，间距为120mm，焊接牢固，预埋件的规格、数量、位置、连接点均符合设计要求</td></tr>
<tr><td rowspan="2">施工单位检查结果</td><td colspan="6">符合设计要求

项目专业质量检查员：×××
×年×月×日</td></tr>
<tr><td colspan="2">项目专业技术负责人</td><td>×××</td><td colspan="2">专业工长（施工员）</td><td>×××</td></tr>
<tr><td>监理（建设）单位结论</td><td colspan="6">同意进行下道工序施工

监理工程师：×××
（建设单位项目专业技术负责人）
×年×月×日</td></tr>
</table>

第7节 施 工 记 录

施工过程形成的记录通称为施工记录，内容应包含有关工程施工时的环境、程序、技术措施、质量控制过程等内容，施工记录的内容应达到能满足检验批验收的需要。

一、地基验槽记录

地基验槽依据施工图纸、设计变更、工程洽商及相关的施工质量验收规范。验槽内容由施工单位进行填写，要注明基槽标高、断面尺寸、土质情况，必要时可附断面简图示意。检查意见要明确，验槽内容是否符合要求要描述清楚，检查验收结论由勘察单位、监理(建设)单位填写。

本工程地基验槽记录1份(表2-61)。

二、专业工程施工记录

各专业工程施工记录是对一项工程施工的过程记录。对本工程所用的材料、施工过程、质量控制进行简要明确的描述。对施工过程中发生质量问题及处理结果进行说明，施工记录的内容应达到能满足检验批验收的需要。

本工程混凝土专业工程施工记录6份，砌体专业工程施工记录6份，本《实例》各摘录1份，见表2-62、表2-63。

三、混凝土设计配合比及施工配合比

混凝土设计配合比是试验室根据要求配制的混凝土的强度等级，水泥的品种、强度等级，砂、石规格，外加剂及掺合料的品种确定的。混凝土施工配合比是根据设计配合比以及施工现场使用的砂石的粗、细级配及含水率情况进行调整，换算成施工配合比。在施工中要严格按施工配合比计量施工，不得随意更换。

本工程混凝土配合比有4份，施工配合比有10份。本《实例》摘录包括：

(1) 1份基础毛石混凝土C20配合比设计书，1份施工配合比通知单(表2-64、表2-65)。

(2) 1份基础主体梁、板、柱混凝土C20配合比设计书，1份地下室梁板柱施工配合比通知单(表2-66、表2-67)。

(3) 1份楼地面陶粒混凝土LC10配合比设计书，1份施工配合比通知单(表2-68、表2-69)。

(4) 1份地下室地面C20混凝土施工配合比通知单(表2-70)。

四、混凝土开盘鉴定

首次使用的混凝土配合比应进行开盘鉴定，其工作性应满足设计配合比的要求。采用预拌混凝土的，在出厂前由混凝土供应单位自行组织相关人员进行开盘鉴定。现场拌制的混凝土由施工单位会同监理(建设)单位进行开盘鉴定工作，检验混凝土拌合物性能及标养28d的抗压强度结果是否满足要求等。

本工程混凝土开盘鉴定报告共有2份。包括：

(1) 1份基础毛石混凝土C20开盘鉴定报告(表2-71)。

(2) 1份地下室构造柱、梁、顶板、楼梯C20混凝土开盘鉴定报告(表2-72)。

五、砂浆配合比

砂浆配合比应根据砂浆设计强度等级选用适当品种、强度等级的水泥、外加剂或掺合料、砂子，通过试配确定配合比。施工中要严格按配合比计量，不得随意变更。

本工程砂浆配合比 2 份。包括：

(1) 地下室 1～3 层 M10 砌体砂浆配合比设计书(表 2-73)。

(2) 4、5 层女儿墙 M7.5 砌体砂浆配合比设计书(表 2-74)。

地基验槽记录

表 2-61

<table>
<tr><td colspan="2">工程名称</td><td colspan="2">××住宅楼</td><td colspan="2">验槽部位</td><td>基底①轴～⑬轴、Ⓐ～Ⓓ轴</td></tr>
<tr><td colspan="2">施工单位</td><td colspan="2">××建筑工程公司</td><td colspan="2">验槽日期</td><td>×年×月×日</td></tr>
<tr><td>检查记录</td><td colspan="6">基槽开挖至设计标高－3.00m，土质情况为卵石层，几何尺寸满足建筑物和施工要求，基槽清理到位，无浮土松土、坑穴及其他障碍物</td></tr>
<tr><td>验收结论</td><td colspan="6">基槽挖至设计要求的卵石层，地基承载力特征值满足350kPa，满足设计要求，可以进行后续施工</td></tr>
<tr><td rowspan="2">参加验收单位</td><td colspan="2">监理(建设)单位</td><td colspan="2">勘察单位</td><td>设计单位</td><td>施工单位</td></tr>
<tr><td colspan="2">(公章)

监理工程师　×××
×年×月×日</td><td colspan="2">(公章)

单位(项目)负责人
×××
×年×月×日</td><td>(公章)

单位(项目)负责人
×××
×年×月×日</td><td>(公章)

单位(项目)负责人
×××
×年×月×日</td></tr>
</table>

混凝土施工记录

表 2-62

工程名称	××住宅楼	分项工程名称	混凝土
施工单位	××建筑工程公司	施工部位	一层

主要事项记录：

1. 混凝土材料

(1) 水泥强度等级 32.5，粗、细骨料经检验符合要求，采用饮用水拌制。

(2) 计量设施经检查符合要求，按 C20 施工配合比拌制，每盘称量偏差符合规范 GB 50204 第 7.4.3 条规定。

2. 混凝土浇筑

(1) 模板及其支架安装满足浇筑要求，浇筑中无位移、变形和漏浆现象。

(2) 浇筑过程中钢筋未发生位移。

(3) 板、梁浇筑连续施工，楼梯间施工缝留在板的 1/3 处。

(4) 由××班组负责浇筑，自×日×时至×日×时浇筑完毕。

3. 试块留置

在浇筑地点按规范要求随机取样 5 组，其中 2 组试块标养，另 3 组试块同条件养护(2 组用于结构实体检验，1 组用于拆模检验)。

4. 养护

×月×日至×月×日浇水养护七天，表面覆盖草袋，始终能保持混凝土表面处于湿润状态。

5. 碱含量计算

(1) 混凝土碱含量计算(按各种原材料厂家提供碱含量数据计算)

(2) 水泥含碱量：$300\times0.75\%=2.25kg/m^3$

(3) 外加剂含碱量：$9\times2.55\%=0.23kg/m^3$

(4) 总碱含量：$2.25+0.23=2.48kg/m^3$

(5) 混凝土的总碱含量应低于 $3.0kg/m^3$，本配合比中混凝土的总碱含量评估值为 $2.48kg/m^3<3.0kg/m^3$，符合要求

×年×月×日

项目专业技术负责人	×××	记录人	×××

砌体施工记录

表 2-63

工程名称	××住宅楼	分项工程名称	砖砌体
施工单位	××建筑工程公司	施工部位	一层

主要事项记录：

1. 砌筑材料

(1) 多孔砖 MU10，32.5 级水泥，砂经检验符合要求。

(2) MU10 多孔砖在砌筑前 2d 浇水湿润。

(3) M10 水泥混合砂浆按施工配合比拌制。

2. 组砌顺序及方法

(1) 采用一顺一丁和 "三一" 砌砖法。

(2) 外墙转角和内外墙交接处同时砌筑，外墙与隔墙交接处留阳槎，沿墙高每 500mm 加设 2ϕ6 长 1000mm 预埋拉结筋。

(3) 砌筑中竖向灰缝无透明缝、瞎缝和假缝。承重多孔砖最上一皮砖整砖丁砌。

3. 洞口设置

超过 30m，洞口设置过梁，梁底座浆饱满，临时施工洞口距交接处墙面不小于 500mm，洞口净宽 1m，净高 1.6m。

4. 砂浆试块留置

在搅拌机出料口随机取样 2 组，标养试块(每层砌体＜250m^3)，试件编号××。

5. 施工

由××班组砌筑，一层砌体自×月×日开始，至×月×日砌筑完毕

×年×月×日

项目专业技术负责人	×××	记录人	×××

混凝土配合比设计书

表 2-64

<table>
<tr><td>工程名称</td><td colspan="3">××住宅楼</td><td colspan="2">报告编号</td><td colspan="2">×××</td></tr>
<tr><td>工程部位</td><td colspan="3">基础毛石混凝土</td><td colspan="2">报告日期</td><td colspan="2">×年×月×日</td></tr>
<tr><td>委托单位</td><td colspan="3">××建筑工程公司项目部</td><td colspan="2">委托日期</td><td colspan="2">×年×月×日</td></tr>
<tr><td>生产水泥厂</td><td colspan="3">××水泥厂</td><td colspan="2">水泥报告编号</td><td colspan="2">×××</td></tr>
<tr><td>外加剂报告编号</td><td colspan="3">—</td><td colspan="2">掺合料报告编号</td><td colspan="2">—</td></tr>
<tr><td>砂子试验编号</td><td colspan="3">×××</td><td colspan="2">石子试验编号</td><td colspan="2">×××
×××</td></tr>
<tr><td>搅拌振实方法</td><td colspan="3">机械</td><td colspan="2">设计强度等级</td><td colspan="2">C20</td></tr>
<tr><td>坍落度(mm)</td><td>10～30</td><td>水灰比</td><td>0.50</td><td>水胶比</td><td>—</td><td>砂率(%)</td><td>34</td></tr>
<tr><td>工程特殊要求</td><td colspan="7">—</td></tr>
</table>

<table>
<tr><td colspan="2">原材料名称、规格</td><td>重量配合比</td><td>每立方米混凝土材料用量(kg)</td></tr>
<tr><td>水泥</td><td>32.5级</td><td>1</td><td>300</td></tr>
<tr><td rowspan="2">砂</td><td>普通混凝土用砂</td><td>2.27</td><td>680</td></tr>
<tr><td>—</td><td>—</td><td>—</td></tr>
<tr><td rowspan="2">石子</td><td>5-20mm</td><td>2.03</td><td>610</td></tr>
<tr><td>20-40mm</td><td>2.33</td><td>700</td></tr>
<tr><td rowspan="2">外加剂</td><td>—</td><td>—</td><td>—</td></tr>
<tr><td>—</td><td>—</td><td>—</td></tr>
<tr><td rowspan="2">掺合料</td><td>—</td><td>—</td><td>—</td></tr>
<tr><td>—</td><td>—</td><td>—</td></tr>
<tr><td colspan="2">水</td><td>0.50</td><td>150</td></tr>
<tr><td>混凝土配制强度</td><td colspan="3">$f_{cu,o}$=24.4MPa

××建筑工程公司试验室
(检验专用章)</td></tr>
<tr><td>备注</td><td colspan="3">1. 本配合比采用施工单位常用材料确定；
2. 砂、石子以干料计；
3. 砂中不含小石子；
4. 毛石混凝土按设计要求加适量的毛石</td></tr>
</table>

批准	×××	审核	×××	主检	×××

施工配合比通知单

表 2-65

工程名称	××住宅楼	施工配合比通知单编号	×××				
工程部位	基础毛石混凝土	设计配合比报告编号	×××				
施工单位	××建筑工程公司项目部	配合比调整日期	×年×月×日				
设计强度等级	C20	要求坍落度(mm)	10～30	拌合时间(S)	180		
水泥品种及强度等级	32.5	厂名	××水泥厂	水泥报告编号	×××		
砂子产地及品种	××砂场 普通混凝土用砂	含水率(%)	4	含泥率(%)	2.4	砂子报告编号	×××
石子产地及品种	××砂场、普通混凝土用卵石(5～20mm、20～40mm)	含水率(%)	0.8，0.3	含泥率(%)	0.4，0.4	石子报告编号	××× ×××
掺合料名称	—	生产厂	—	占水泥用量	—	报告编号	—
外加剂名称	—	生产厂	—	占水泥用量	—	报告编号	—
理论配合比	水泥：砂：小石：大石：水 1：2.27：2.03：2.33：0.50	砂率(%)	34				
调整配合比	水泥：砂：小石：大石：水 1：2.78：1.64：2.34：0.37	石子最大粒径(mm)	40				

配合比及材料用量

材料名称	水泥	砂子	石(mm)		水	外加剂		掺和料
			5～20	20～40		—	—	
每立方米材料用量(kg/m³)	300	833	493	702	112	—	—	—
每次拌合材料用量(kg)	100	278	164	234	37	—	—	—

备注：

1. 所有原材料必须经检验合格，符合现行有关标准；
2. 砂中5mm以上石子含量为15%；
3. 严格执行重量比

发放单位：××项目部

项目技术负责人	×××	试验员	×××

混凝土配合比设计书

表 2-66

工程名称	××住宅楼			报告编号	×××		
工程部位	地下室、一-五层构造柱、梁、板、楼梯			报告日期	×年×月×日		
委托单位	××建筑工程公司项目部			委托日期	×年×月×日		
生产水泥厂	××水泥厂			水泥报告编号	×××		
外加剂报告编号	×××			掺合料报告编号	—		
砂子试验编号	×××			石子试验编号	××× ×××		
搅拌振实方法	机械			设计强度等级	C20		
坍落度(mm)	10～30	水灰比	0.44	水胶比	—	砂率(%)	32
工程特殊要求	—						

原材料名称、规格		重量配合比	每立方米混凝土材料用量(kg)
水泥	32.5级	1	300
砂	普通混凝土用砂	2.14	643
	—	—	—
石子	5-20mm	2.05	615
	20-40mm	2.50	751
外加剂	AWR早强减水剂	0.03	9
	—	—	—
掺合料	—	—	—
	—	—	—
水		0.44	132

混凝土配制强度	$f_{cu.o}$=24.1MPa ××建筑工程公司试验室 (检验专用章)
备注	1. 本配合比采用施工单位常用材料确定； 2. 砂、石子以干料计； 3. 砂中不含小石子

批准	×××	审核	×××	主检	×××

施工配合比通知单

表 2-67

<table>
<tr><td>工程名称</td><td colspan="4">××住宅楼</td><td colspan="3">施工配合比通知单编号</td><td colspan="2">×××</td></tr>
<tr><td>工程部位</td><td colspan="4">地下室柱、梁、板、楼梯</td><td colspan="3">设计配合比报告编号</td><td colspan="2">×××</td></tr>
<tr><td>施工单位</td><td colspan="4">××建筑工程公司项目部</td><td colspan="3">配合比调整日期</td><td colspan="2">×年×月×日</td></tr>
<tr><td>设计强度等级</td><td>C20</td><td colspan="2">要求坍落度(mm)</td><td>10～30</td><td colspan="3">拌合时间(s)</td><td colspan="2">180</td></tr>
<tr><td>水泥
强度等级</td><td>32.5级</td><td>厂名</td><td colspan="2">××水泥厂</td><td colspan="3">水泥报告编号</td><td colspan="2">×××</td></tr>
<tr><td rowspan="2">砂子产地
及品种</td><td rowspan="2">××砂场
普通混凝土用砂</td><td>含水率(%)</td><td colspan="2">5</td><td colspan="3" rowspan="2">砂子报告编号</td><td colspan="2" rowspan="2">×××</td></tr>
<tr><td>含泥率(%)</td><td colspan="2">2.4</td></tr>
<tr><td rowspan="2">石子产地
及品种</td><td rowspan="2">××砂场、普通混凝土
用卵石5～20mm、20～40mm</td><td>含水率(%)</td><td colspan="2">0.5，0.5</td><td colspan="3" rowspan="2">石子报告编号</td><td colspan="2" rowspan="2">×××
×××</td></tr>
<tr><td>含泥率(%)</td><td colspan="2">0.4，0.4</td></tr>
<tr><td>掺合料名称</td><td>—</td><td>生产厂</td><td colspan="2">—</td><td>占水泥用量</td><td>—</td><td>报告编号</td><td colspan="2">—</td></tr>
<tr><td>外加剂名称</td><td>AWR早强
减水剂</td><td>生产厂</td><td colspan="2">××外加剂厂</td><td>占水泥用量</td><td>3%</td><td>报告编号</td><td colspan="2">×××</td></tr>
<tr><td>理论配合比</td><td colspan="6">水泥：砂：外加剂：小石：大石：水
1：2.14：0.03：2.05：2.50：0.44</td><td>砂率(%)</td><td colspan="2">32</td></tr>
<tr><td>调整配合比</td><td colspan="6">水泥：砂：外加剂：小石：大石：水
1：2.50：0.03：1.82：2.52：0.30</td><td>石子最大
粒径(mm)</td><td colspan="2">40</td></tr>
</table>

<table>
<tr><td colspan="9">配合比及材料用量</td></tr>
<tr><td rowspan="2">材料名称</td><td rowspan="2">水泥</td><td rowspan="2">砂子</td><td colspan="2">石(mm)</td><td rowspan="2">水</td><td colspan="2">外加剂</td><td rowspan="2">掺和料</td></tr>
<tr><td>5～20</td><td>20～40</td><td>AWR</td><td></td></tr>
<tr><td>每立方米材料用量(kg/m^3)</td><td>300</td><td>750</td><td>547</td><td>755</td><td>89</td><td>9</td><td>—</td><td>—</td></tr>
<tr><td>每次拌合材料用量(kg)</td><td>100</td><td>250</td><td>182</td><td>252</td><td>30</td><td>3</td><td>—</td><td>—</td></tr>
<tr><td>备注</td><td colspan="8">1. 所有原材料必须经检验合格，符合现行有关标准；
2. 砂中5mm以上石子含量为10%；
3. 严格执行重量比

发放单位：××项目部</td></tr>
<tr><td colspan="2">项目负责人</td><td colspan="2">×××</td><td colspan="3">试验员</td><td colspan="2">×××</td></tr>
</table>

混凝土配合比设计书

表 2-68

<table>
<tr><td>工程名称</td><td colspan="5">××住宅楼</td><td colspan="2">报告编号</td><td colspan="2">×××</td></tr>
<tr><td>工程部位</td><td colspan="5">楼地面填充层</td><td colspan="2">报告日期</td><td colspan="2">×年×月×日</td></tr>
<tr><td>委托单位</td><td colspan="5">××建筑公司</td><td colspan="2">委托日期</td><td colspan="2">×年×月×日</td></tr>
<tr><td>生产水泥厂</td><td colspan="5">××水泥厂</td><td colspan="2">水泥报告编号</td><td colspan="2">×××</td></tr>
<tr><td>外加剂报告编号</td><td colspan="5">—</td><td colspan="2">掺合料报告编号</td><td colspan="2">×××</td></tr>
<tr><td>砂子试验编号</td><td colspan="5">×××</td><td colspan="2">陶粒报告编号</td><td colspan="2">×××</td></tr>
<tr><td>搅拌振实方法</td><td colspan="5">机械</td><td colspan="2">设计强度等级</td><td colspan="2">CL10</td></tr>
<tr><td>坍落度(mm)</td><td colspan="2">10～30</td><td>水灰比</td><td colspan="2">0.47</td><td>水胶比</td><td>—</td><td>砂率(%)</td><td>44</td></tr>
<tr><td>工程特殊要求</td><td colspan="9">—</td></tr>
<tr><td colspan="3">原材料名称、规格</td><td colspan="3">重量配合比</td><td colspan="4">每立方米混凝土材料用量(kg)</td></tr>
<tr><td>水泥</td><td colspan="2">32.5级</td><td colspan="3">1</td><td colspan="4">330</td></tr>
<tr><td rowspan="2">砂</td><td colspan="2">普通混凝土用砂</td><td colspan="3">1.21</td><td colspan="4">400</td></tr>
<tr><td colspan="2">—</td><td colspan="3">—</td><td colspan="4">—</td></tr>
<tr><td rowspan="2">陶粒</td><td colspan="2">5-20mm(600级)</td><td colspan="3">1.55</td><td colspan="4">510</td></tr>
<tr><td colspan="2">—</td><td colspan="3">—</td><td colspan="4">—</td></tr>
<tr><td rowspan="2">外加剂</td><td colspan="2">—</td><td colspan="3">—</td><td colspan="4">—</td></tr>
<tr><td colspan="2">—</td><td colspan="3">—</td><td colspan="4">—</td></tr>
<tr><td rowspan="2">掺合料</td><td colspan="2">粉煤灰(Ⅱ)</td><td colspan="3">0.17</td><td colspan="4">55</td></tr>
<tr><td colspan="2">—</td><td colspan="3">—</td><td colspan="4">—</td></tr>
<tr><td colspan="3">水</td><td colspan="3">0.47</td><td colspan="4">155</td></tr>
<tr><td>混凝土试配强度</td><td colspan="9">$f_{cu.o}=16.6$MPa

××建筑工程公司试验室
(检验专用章)</td></tr>
<tr><td>备注</td><td colspan="9">1. 本配合比采用施工单位常用材料确定；
2. 陶粒在施工前应洒水浸泡 1～2h，使其达到饱和面干</td></tr>
</table>

批准	×××	审核	×××	主检	×××

施工配合比通知单

表 2-69

<table>
<tr><td>工程名称</td><td colspan="3">××住宅楼</td><td>施工配合比通知单编号</td><td>×××</td></tr>
<tr><td>工程部位</td><td colspan="3">楼地面填充层</td><td>设计配合比报告编号</td><td>×××</td></tr>
<tr><td>施工单位</td><td colspan="3">××建筑工程公司项目部</td><td>配合比调整日期</td><td>×年×月×日</td></tr>
<tr><td>设计强度等级</td><td>CL10</td><td>要求坍落度(mm)</td><td>10～30</td><td>拌合时间(S)</td><td>180</td></tr>
<tr><td>水泥强度等级</td><td>32.5级</td><td>厂名</td><td>××水泥厂</td><td>水泥报告编号</td><td>×××</td></tr>
<tr><td rowspan="2">砂子产地及品种</td><td rowspan="2">××砂场
普通混凝土用砂</td><td>含水率(%)</td><td>—</td><td rowspan="2">砂子报告编号</td><td rowspan="2">×××</td></tr>
<tr><td>含泥率(%)</td><td>0.2</td></tr>
<tr><td rowspan="2">陶粒产地及品种</td><td rowspan="2">××公司
5～20mm</td><td>吸水率(%)</td><td>7</td><td rowspan="2">陶粒报告编号</td><td rowspan="2">×××</td></tr>
<tr><td>含泥率(%)</td><td>—</td></tr>
</table>

掺合料名称	粉煤灰	生产厂	××公司	占水泥用量	17	报告编号	×××
外加剂名称	—	生产厂	—	占水泥用量	—	报告编号	—

理论配合比	水泥：砂：粉煤灰：陶粒：水 1：1.21：0.17：1.55：0.47	砂率(%)	44
调整配合比	水泥：砂：粉煤灰：陶粒：水 1：1.21：0.17：1.65：0.47	陶粒最大粒径(mm)	20

配合比及材料用量

材料名称	水泥	砂子	陶粒(mm)		水	外加剂		掺和料
			5～20	20～40		—	—	
每立方米材料用量(kg/m³)	330	400	546	—	155	—	—	55
每次拌合材料用量(kg)	100	121	165	—	47	—	—	17

备注	1. 所有原材料必须经检验合格，符合现行有关标准； 2. 陶粒在施工前应洒水浸泡 1-2h，使其达到饱和面干； 3. 表中调整配合比用水量为净用水量 发放单位：××项目部

项目技术负责人	×××	试验员	×××

施工配合比通知单

表 2-70

工程名称	××住宅楼			施工配合比通知单编号	×××
工程部位	地下室地面			设计配合比报告编号	×××
施工单位	××建筑工程公司项目部			配合比调整日期	×年×月×日
设计强度等级	C20	要求坍落度(mm)	10～30	拌合时间(S)	180
水泥强度等级	32.5级	厂名	××水泥厂	水泥报告编号	×××
砂子产地及品种	××砂场 普通混凝土用砂	含水率(%)	4	砂子报告编号	×××
		含泥率(%)	0.2		
石子产地及品种	××砂场、普通混凝土用卵石 5～20mm	含水率(%)	1	石子报告编号	×××
		含泥率(%)	0.1		

掺合料名称	—	生产厂	—	占水泥用量	—	报告编号	—
外加剂名称	—	生产厂	—	占水泥用量	—	报告编号	—

理论配合比	水泥：砂：小石：水 1：2.33：4.16：0.51	砂率(%)	36
调整配合比	水泥：砂：小石：水 1：2.78：3.86：0.36	石子最大粒径(mm)	20

配合比及材料用量

材料名称	水泥	砂子	石(mm)		水	外加剂		掺和料
			5～20	20～40		—	—	
每立方米材料用量(kg/m^3)	305	849	1176	—	111	—	—	—
每次拌合材料用量(kg)	100	278	386	—	36	—	—	—

备注	1. 所有原材料必须经检验合格，符合现行有关标准； 2. 砂中 5mm 以上石子含量为 13%； 3. 严格执行重量比 发放单位：××项目部

项目技术负责人	×××	试验员	×××

混凝土开盘鉴定记录

表 2-71

<table>
<tr><td>工程名称</td><td colspan="4">××住宅楼</td><td colspan="2">开盘鉴定
记录编号</td><td colspan="3">×××</td></tr>
<tr><td>工程部位</td><td colspan="4">基础毛石混凝土</td><td colspan="2">配合比通知
单编号</td><td colspan="3">×××</td></tr>
<tr><td>施工单位</td><td colspan="4">××建筑工程公司</td><td colspan="2">搅拌振实
方式</td><td colspan="3">机械</td></tr>
<tr><td>开盘鉴定
单位</td><td colspan="4">××项目部</td><td colspan="2">要求坍落度
(mm)</td><td colspan="3">10～30</td></tr>
<tr><td>设计强度等级</td><td colspan="4">C20</td><td colspan="2">砂率(%)</td><td>34</td><td>水灰比</td><td>0.50</td></tr>
<tr><td>砂含水率
(%)</td><td colspan="2">4</td><td colspan="2">石子含水率(%)
5～20mm</td><td colspan="2">0.8</td><td colspan="2">石子含水率(%)
20～40mm</td><td>0.3</td></tr>
<tr><td colspan="5">5mm 以上小石子含量(%)</td><td colspan="5">15</td></tr>
<tr><td colspan="10">配合比及材料用量</td></tr>
<tr><td rowspan="2">材料名称</td><td rowspan="2">水泥</td><td rowspan="2">砂</td><td colspan="2">石(mm)</td><td rowspan="2">水</td><td colspan="2">外加剂</td><td colspan="2" rowspan="2">掺和料</td></tr>
<tr><td>5～20</td><td>20～40</td><td>—</td><td>—</td></tr>
<tr><td>调整后每立方米
用量(kg)</td><td>300</td><td>833</td><td>493</td><td>702</td><td>112</td><td>—</td><td>—</td><td colspan="2">—</td></tr>
<tr><td>调整后每盘
用量(kg)</td><td>100</td><td>278</td><td>164</td><td>234</td><td>37</td><td>—</td><td>—</td><td colspan="2">—</td></tr>
<tr><td rowspan="4">鉴定结果</td><td rowspan="2">鉴定
项目</td><td colspan="3">混凝土拌合物性能</td><td colspan="2" rowspan="2">混凝土试块抗压强度
$f_{cu,28}$(MPa)</td><td colspan="3" rowspan="2">原材料与
申请单是否相符</td></tr>
<tr><td>坍落度(mm)</td><td>保水性</td><td>黏聚性</td></tr>
<tr><td>设计</td><td>10～30</td><td>良好</td><td>良好</td><td colspan="2" rowspan="2">25.1</td><td colspan="3" rowspan="2">相符合</td></tr>
<tr><td>实测</td><td>15</td><td>未发生泌水</td><td>良好</td></tr>
<tr><td rowspan="2">施工单位
检查结果</td><td colspan="9">实测坍落度、混凝土试块强度满足设计及施工规范要求

项目专业质量检查员：×××
×年×月×日</td></tr>
<tr><td colspan="3">专业工长(施工员)</td><td colspan="2">×××</td><td colspan="2">试验员</td><td colspan="2">×××</td></tr>
<tr><td>监理(建设)
单位结论</td><td colspan="9">混凝土拌合物性能满足要求

监理工程师：×××
×年×月×日</td></tr>
</table>

混凝土开盘鉴定记录

表 2-72

<table>
<tr><td colspan="2">工程名称</td><td colspan="3">××住宅楼</td><td>开盘鉴定记录编号</td><td colspan="3">×××</td></tr>
<tr><td colspan="2">工程部位</td><td colspan="3">地下室构造柱、梁、顶板、楼梯</td><td>配合比通知单编号</td><td colspan="3">×××</td></tr>
<tr><td colspan="2">施工单位</td><td colspan="3">××建筑工程公司</td><td>搅拌振实方式</td><td colspan="3">机械</td></tr>
<tr><td colspan="2">开盘鉴定单位</td><td colspan="3">××项目部</td><td>要求坍落度(mm)</td><td colspan="3">10～30</td></tr>
<tr><td colspan="2">设计强度等级</td><td colspan="3">C20</td><td>砂率(%)</td><td>32</td><td>水灰比</td><td>0.44</td></tr>
<tr><td colspan="2">砂含水率(%)</td><td>5</td><td colspan="2">石子含水率(%) 5～20mm</td><td>0.5</td><td colspan="2">石子含水率(%) 20～40mm</td><td>0.5</td></tr>
<tr><td colspan="5">5mm 以上小石子含量(%)</td><td colspan="4">10</td></tr>
<tr><td colspan="9">配合比及材料用量</td></tr>
<tr><td rowspan="2">材料名称</td><td rowspan="2">水泥</td><td rowspan="2">砂</td><td colspan="2">石(mm)</td><td rowspan="2">水</td><td colspan="2">外加剂</td><td rowspan="2">掺合料</td></tr>
<tr><td>5～20</td><td>20～40</td><td>AWR</td><td>—</td></tr>
<tr><td>调整后每立方米用量(kg)</td><td>300</td><td>750</td><td>547</td><td>755</td><td>89</td><td>9</td><td>—</td><td>—</td></tr>
<tr><td>调整后每盘用量(kg)</td><td>100</td><td>250</td><td>182</td><td>252</td><td>30</td><td>3</td><td>—</td><td>—</td></tr>
</table>

<table>
<tr><td rowspan="4">鉴定结果</td><td rowspan="2">鉴定项目</td><td colspan="3">混凝土拌合物性能</td><td rowspan="2">混凝土试块抗压强度 $f_{cu,28}$(MPa)</td><td rowspan="2">原材料与申请单是否相符</td></tr>
<tr><td>坍落度(mm)</td><td>保水性</td><td>黏聚性</td></tr>
<tr><td>设计</td><td>10～30</td><td>良好</td><td>良好</td><td rowspan="2">23.9</td><td rowspan="2">相符合</td></tr>
<tr><td>实测</td><td>20</td><td>未发生泌水</td><td>良好</td></tr>
</table>

<table>
<tr><td rowspan="2">施工单位检查结果</td><td colspan="4">实测坍落度、混凝土试块强度满足设计及施工规范要求

项目专业质量检查员：×××
×年×月×日</td></tr>
<tr><td>专业工长(施工员)</td><td>×××</td><td>试验员</td><td>×××</td></tr>
<tr><td>监理(建设)单位结论</td><td colspan="4">混凝土拌合物性能满足要求

监理工程师：×××
×年×月×日</td></tr>
</table>

砂浆配合比设计书

表 2-73

工程名称	××住宅楼		报告编号	×××
工程部位	地下室、1～3层砌体		报告日期	×年×月×日
委托单位	××建筑工程公司项目部		委托日期	×年×月×日
砂浆品种	水泥混合砂浆			
水泥报告编号	×××		水泥生产厂	××水泥厂
砂子试验编号	×××		掺合料报告编号	×××
设计强度等级	M10		配合比(体积)	—
稠度(mm)	60～80		分层度(mm)	—
原材料名称、规格		重量配合比	每立方米砂浆材料用量(kg)	
水泥	32.5级	1	265	
砂	中砂	6.23	1650	
	—	—	—	
外加剂	—	—	—	
	—	—	—	
掺合料	粉煤灰(Ⅲ级)	0.2	53	
	—	—	—	
	—	—	—	
砂浆试配强度	$f_{mm,0}=11.6$MPa ××建筑工程公司试验室 (检验专用章)			
备注	1. 本配合比采用施工单位常用材料确定； 2. 砂以干料计			

批准	×××	审核	×××	主检	×××

砂浆配合比设计书

表 2-74

工程名称	××住宅楼	报告编号	×××
工程部位	4～5层、女儿墙砌体	报告日期	×年×月×日
委托单位	××建筑工程公司项目部	委托日期	×年×月×日
砂浆品种	水泥混合砂浆		
水泥报告编号	×××	水泥生产厂	××水泥厂
砂子试验编号	×××	掺合料报告编号	×××
设计强度等级	M7.5	配合比(体积)	—
稠度(mm)	60～80	分层度(mm)	—

原材料名称、规格		重量配合比	每立方米砂浆材料用量(kg)
水泥	32.5级	1	225
砂	中砂	7.20	1620
	—	—	—
外加剂	—	—	—
	—	—	—
掺合料	粉煤灰(Ⅲ级)	0.31	70
	—	—	—
	—	—	—
砂浆试配强度	$f_{mm,0}=8.7MPa$ ××建筑工程公司试验室 (检验专用章)		
备注	1. 本配合比采用施工单位常用材料确定； 2. 砂以干料计		

批准	×××	审核	×××	主检	×××

第8节　地基基础、主体结构检验及抽验检测资料

涉及地基基础、主体结构抽验检验及抽验检测资料较多，比如地基验槽记录，混凝土标养试块强度检验评定资料等，本章仅对工程结构实体检验资料进行说明，其他资料见相应章节。

一、同条件养护试件留置方式与取样数量

结构实体检验用同条件养护试件的留置方式和取样数量，应符合下列要求：

(1) 同条件养护试件所对应结构构件或结构部位，应由监理(建设)单位和施工单位等各方共同选定。

(2) 对混凝土结构工程中的各混凝土强度等级，均应留置同条件养护试件。

(3) 同一强度等级的同条件养护试件，其留置的数量应根据混凝土工程量和重要性确定，不宜大于10组，且不应少于3组。

(4) 同条件养护试件拆模后，应放置在靠近相应结构构件或结构部位的适当位置，并应采取相同的养护方法。等效养护龄期为按日平均温度逐日累计达到600℃·d时所对应的龄期，0℃及以下的龄期不计入；等效养护龄期不应小于14d，也不宜大于60d。

二、地基基础

(1) 混凝土同条件养护抗压强度

按照结构实体检验用同条件养护试件的留置方式和取样数量要求，地基与基础混凝土设计强度等级为C20，取样2组，并进行见证。本工程按照《混凝土强度检验评定标准》GBJ 107，地基基础结构实体混凝土强度统计评定资料1份(表2-75)，混凝土强度留置同条件试块2组强度检验报告及见证记录1份见表2-76。

(2) 钢筋保护层厚度检验记录

钢筋保护层厚度检验的结构部分，应由监理(建设)单位和施工单位根据结构构件的重要性共同选定。检验可采用非破损或局部破损的方法，也可采用非破损方法并用局部破损方法进行校准。全部钢筋保护层厚度检验的合格点率为90%及以上时，且每次抽样检验结果中不合格点的最大偏差均不应大于允许偏差的1.5倍。钢筋保护层厚度的检验结果为合格。

本工程地基基础结构实体梁钢筋保护层厚度局部破损检验记录资料1份(表2-77)，板钢筋保护层厚度局部破损检验记录资料1份(表2-78)。检验的结构部位由监理和施工单位共同选定，进行局部开槽检测。

三、主体结构

(1) 混凝土同条件养护抗压强度

主体结构混凝土同条件养护抗压强度留置原则同地基基础工程。

本工程主体结构实体混凝土强度检验评定资料1份(表2-79)，混凝土强度留置同条件养护试块4组(其中一、三层各2组)及抗压强度检验报告1份见表2-80，见证记录1份。

(2) 钢筋保护层厚度检验记录

主体结构实体混凝土钢筋保护层厚度检验方法同地基基础工程。

本工程主体结构实体梁钢筋保护层厚度局部破损检验记录资料1份(表2-81)，板钢筋保护层厚度局部破损检验记录资料1份(表2-82)。

混凝土试块强度统计、评定记录

表 2-75

工程名称	××住宅楼	强度等级	C20
施工单位	××建筑工程公司	养护方法	同条件
统计期	×年×月×日至×年×月×日	结构部位	地基基础

试块组	强度标准值	平均值	标准差	最小值	合格判定系数	
n	$f_{cu,k}$(MPa)	m_{fcu}(MPa)	s_{fcu}(MPa)	$f_{cu,min}$(MPa)	λ_1	λ_2
3	20	24.3	—	23.2	—	—

每组强度值(MPa)										
	23.2	25.4								

	统计方法			非统计方法	
评定界限	$0.90f_{cu,k}$	$m_{fcu}-\lambda_1\times s_{fcu}$	$\lambda_2\times f_{cu,k}$	$1.15f_{cu,k}$	$0.95f_{cu,k}$
	—	—	—	23.0	19.0
判定公式	$m_{fcu}-\lambda_1\times s_{fcu}\geqslant 0.9f_{cu,k}$		$f_{cu,min}\geqslant\lambda_2\times f_{cu,k}$	$m_{fcu}\geqslant 1.15f_{cu,k}$	$f_{cu,min}\geqslant 0.95f_{cu,k}$
结　果	—		—	24.3>23.0	23.2>19.0

施工单位检查评定结果	试块强度符合《混凝土强度检验评定标准》GBJ 107 的规定 ×年×月×日					
	项目专业技术负责人	×××	项目专业质量检查员	×××	试验员	×××

混凝土立方体抗压强度检验报告

表 2-76

工程名称	××住宅楼			报告编号	×××
工程部位	地下室梁、板、楼梯			试验编号	×××
委托单位	××建筑工程公司			委托人	×××
见证单位	××监理公司			见证人	×××
检验依据	普通混凝土力学性能试验方法(GB/T 50081—2002)			设计强度等级	C20
水泥品种强度等级	普硅 32.5	厂名	××厂	报告编号	×××
砂子产地及品种	××砂场水洗砂	含泥量(%)	2.4	报告编号	×××
石子产地及品种	××砂场石子	含泥量(%)	0.4 0.4	报告编号	小石子:××× 大石子:×××
掺合料名称及产地	—	报告编号	—	占水泥用量(%)	—
外加剂名称及产地	AWR 早强减水剂	报告编号	×××	占水泥用量(%)	3
混凝土配合比例	1:2.14:0.03:2.05:2.50:0.44			报告编号	×××
混凝土成型日期	×年×月×日	样品外观状态	无缺棱掉角	试块收到日期	×年×月×日
等效养护龄期累计达到 600℃·d 所对应的龄期(d)	40	养护条件	同条件	要求检验日期	×年×月×日

试件编号	检验日期	等效龄期(d)	立方体试件尺寸(mm)	试件承压面积(mm^2)	单块破坏荷载(kN)	抗压强度(MPa)		折合 150mm 立方体抗压强度(MPa)	强度折算系数	折算后强度(MPa)	达到设计强度(%)
						单块	平均值(中间值)				
H003	×年×月×日	40	150	22500	510	22.7	23.1	—	1.10	25.4	127
					523	23.2					
					525	23.3					

备注	××检测站 (检验专用章) 签发日期:×年×月×日

批准	×××	审核	×××	主检	×××

见 证 记 录

编号：×××

工程名称：××住宅楼

取样部位：地下室梁、板、楼梯

样品名称：混凝土试块　取样基数　$56m^3$　取样数量　一组（三块）

取样地点：在浇筑地点　取样日期　×年×月×日

见证记录：1. 水泥：××厂

2. 砂、石：××砂场

3. 早强减水剂：××外剂厂

4. 试样现场随机取样制作，方法正确

5. 取样封存、标识、送检

新建 A—001
见证取样和送检章

见证取样和送检印章：

取 样 人 签 字：×××

见 证 人 签 字：×××

记录日期：×年×月×日

结构实体钢筋保护层厚度检验记录

表 2-77

<table>
<tr><td>工程名称</td><td colspan="5">××住宅楼</td><td colspan="4">检验部位</td><td colspan="6">地基与基础混凝土结构梁</td></tr>
<tr><td>施工单位</td><td colspan="5">××建筑工程公司</td><td colspan="4">检验日期</td><td colspan="6">×年×月×日</td></tr>
<tr><td>依据标准</td><td colspan="15">混凝土工程施工质量验收规范(GB 50203—2002)附录 E</td></tr>
<tr><td rowspan="12">检验记录</td><td>构件名称</td><td>设计规定(mm)</td><td>允许偏差(mm)</td><td colspan="12">保护层厚度实测值(mm)</td></tr>
<tr><td>地下室顶板①轴悬臂梁</td><td>25</td><td>+10，−7</td><td>26</td><td>27</td><td></td><td></td><td></td><td></td><td></td><td></td><td></td><td></td><td></td><td></td></tr>
<tr><td>地下室顶板⑤轴悬臂梁</td><td>25</td><td>+10，−7</td><td>20</td><td>27</td><td></td><td></td><td></td><td></td><td></td><td></td><td></td><td></td><td></td><td></td></tr>
<tr><td>地下室顶板⑥轴悬臂梁</td><td>25</td><td>+10，−7</td><td>32</td><td>25</td><td></td><td></td><td></td><td></td><td></td><td></td><td></td><td></td><td></td><td></td></tr>
<tr><td>地下室顶板⑨轴悬臂梁</td><td>25</td><td>+10，−7</td><td>23</td><td>17</td><td></td><td></td><td></td><td></td><td></td><td></td><td></td><td></td><td></td><td></td></tr>
<tr><td>地下室顶板⑬轴悬臂梁</td><td>25</td><td>+10，−7</td><td>26</td><td>29</td><td></td><td></td><td></td><td></td><td></td><td></td><td></td><td></td><td></td><td></td></tr>
<tr><td></td><td></td><td></td><td></td><td></td><td></td><td></td><td></td><td></td><td></td><td></td><td></td><td></td><td></td><td></td></tr>
<tr><td></td><td></td><td></td><td></td><td></td><td></td><td></td><td></td><td></td><td></td><td></td><td></td><td></td><td></td><td></td></tr>
<tr><td></td><td></td><td></td><td></td><td></td><td></td><td></td><td></td><td></td><td></td><td></td><td></td><td></td><td></td><td></td></tr>
<tr><td></td><td></td><td></td><td></td><td></td><td></td><td></td><td></td><td></td><td></td><td></td><td></td><td></td><td></td><td></td></tr>
<tr><td colspan="15">共抽钢筋保护层 10 点，合格 9 点，合格率 90%。保护层最大偏差，−8mm，满足规范允许偏差的 1.5 倍</td></tr>
</table>

<table>
<tr><td rowspan="2">施工单位检查结果</td><td colspan="4">钢筋保护层满足设计和规范要求

项目专业质量检查员：×××
×年×月×日</td></tr>
<tr><td>项目专业技术负责人</td><td>×××</td><td>专业工长(施工员)</td><td>×××</td></tr>
<tr><td>监理(建设)单位结论</td><td colspan="4">保护层检验合格

监理工程师：×××
(建设单位项目专业技术负责人)
×年×月×日</td></tr>
</table>

结构实体钢筋保护层厚度检验记录

表 2-78

工程名称	××住宅楼	检验部位	地基与基础混凝土结构板
施工单位	××建筑工程公司	检验日期	×年×月×日
依据标准	混凝土工程施工质量验收规范(GB 50203—2002)附录 E		

检验记录	构件名称	设计规定(mm)	允许偏差(mm)	保护层厚度实测值(mm)									
	地下室顶板①~②轴/Ⓐ~Ⓑ轴	15	+8，-5	21	19	22	21	18	20				
	地下室顶板⑤~⑥轴/Ⓒ~Ⓓ轴	15	+8，-5	22	20	19	16	16	15				
	地下室顶板⑧~⑨轴/Ⓒ~Ⓓ轴	15	+8，-5	14	15	20	22	16	18				
	地下室顶板⑦~⑧轴/Ⓐ~Ⓑ轴	15	+8，-5	19	20	16	12	19	21				
	地下室顶板⑪~⑫轴/Ⓒ~Ⓓ轴	15	+8，-5	16	21	15	16	19	9				
	共抽钢筋保护层 30 点，合格 29 点，合格率 96.7%。保护层最大偏差 7mm，满足规范允许偏差的 1.5 倍												

施工单位检查结果	钢筋保护层满足设计和规范要求 项目专业质量检查员：××× ×年×月×日		
	项目专业技术负责人	×××	专业工长(施工员)	×××
监理(建设)单位结论	保护层检验合格 监理工程师：××× (建设单位项目专业技术负责人) ×年×月×日			

混凝土试块强度统计、评定记录

表 2-79

工程名称	××住宅楼			强度等级	C20	
施工单位	××建筑工程公司			养护方法	同条件	
统计期	×年×月×日至×年×月×日			结构部位	主体	
试块组	强度标准值	平均值	标准差	最小值	合格判定系数	
n	$f_{cu,k}$(MPa)	m_{fcu}(MPa)	s_{fcu}(MPa)	$f_{cu,min}$(MPa)	λ_1	λ_2
4	20	24.2	—	23.1	—	—

每组强度值(MPa)									
25.1	23.1	24.6	24.2						

评定界限	统计方法			非统计方法	
	$0.90f_{cu,k}$	$m_{fcu}-\lambda_1\times s_{fcu}$	$\lambda_2\times f_{cu,k}$	$1.15f_{cu,k}$	$0.95f_{cu,k}$
	—	—	—	23.0	19.0
判定公式	$m_{fcu}-\lambda_1\times s_{fcu}\geqslant 0.9f_{cu,k}$		$f_{cu,min}\geqslant\lambda_2\times f_{cu,k}$	$m_{fcu}\geqslant 1.15f_{cu,k}$	$f_{cu,min}\geqslant 0.95f_{cu,k}$
结　果	—		—	24.3>23.0	23.1>19.0

施工单位检查评定结果	试块强度符合《混凝土强度检验评定标准》GBJ 107 的规定 ×年×月×日					
	项目专业技术负责人	×××	项目专业质量检查员	×××	试验员	×××

混凝土立方体抗压强度检验报告

表 2-80

<table>
<tr><td>工程名称</td><td colspan="3">××住宅楼</td><td>报告编号</td><td>×××</td></tr>
<tr><td>工程部位</td><td colspan="3">一层梁、板、楼梯</td><td>试验编号</td><td>×××</td></tr>
<tr><td>委托单位</td><td colspan="3">××建筑工程公司</td><td>委托人</td><td>×××</td></tr>
<tr><td>见证单位</td><td colspan="3">××监理公司</td><td>见证人</td><td>×××</td></tr>
<tr><td>检验依据</td><td colspan="3">普通混凝土力学性能试验方法(GB/T 50081—2002)</td><td>设计强度等级</td><td>C20</td></tr>
<tr><td>水泥品种强度等级</td><td>普硅 32.5</td><td>厂名</td><td>××厂</td><td>报告编号</td><td>×××</td></tr>
<tr><td>砂子产地及品种</td><td>××砂场水洗砂</td><td>含泥量(%)</td><td>0.2</td><td>报告编号</td><td>×××</td></tr>
<tr><td>石子产地及品种</td><td>××砂场石子</td><td>含泥量(%)</td><td>0.1
0.1</td><td>报告编号</td><td>小石子:×××
大石子:×××</td></tr>
<tr><td>掺合料名称及产地</td><td>—</td><td>报告编号</td><td>—</td><td>占水泥用量(%)</td><td>—</td></tr>
<tr><td>外加剂名称及产地</td><td>AWR 早强减水剂</td><td>报告编号</td><td>×××</td><td>占水泥用量(%)</td><td>3</td></tr>
<tr><td>混凝土配合比例</td><td colspan="3">1∶2.14∶0.03∶2.05∶2.50∶0.44</td><td>报告编号</td><td>×年×月×日</td></tr>
<tr><td>混凝土成型日期</td><td>×年×月×日</td><td>样品外观状态</td><td>无缺棱掉角</td><td>试块收到日期</td><td>×年×月×日</td></tr>
<tr><td>等效养护龄期累计达到 600℃·d 所对应的龄期(d)</td><td>31</td><td>养护条件</td><td>同条件</td><td>要求检验日期</td><td>×年×月×日</td></tr>
</table>

<table>
<tr><td rowspan="2">试件编号</td><td rowspan="2">检验日期</td><td rowspan="2">等效龄期(d)</td><td rowspan="2">立方体试件尺寸(mm)</td><td rowspan="2">试件承压面积(mm^2)</td><td rowspan="2">单块破坏荷载(kN)</td><td colspan="2">抗压强度(MPa)</td><td rowspan="2">折合 150mm 立方体抗压强度(MPa)</td><td rowspan="2">强度折算系数</td><td rowspan="2">折算后强度(MPa)</td><td rowspan="2">达到设计强度(%)</td></tr>
<tr><td>单块</td><td>平均值(中间值)</td></tr>
<tr><td rowspan="3">H003</td><td rowspan="3">×年×月×日</td><td rowspan="3">32</td><td rowspan="3">150</td><td rowspan="3">22500</td><td>500</td><td>22.2</td><td rowspan="3">22.8</td><td rowspan="3">—</td><td rowspan="3">1.10</td><td rowspan="3">25.1</td><td rowspan="3">126</td></tr>
<tr><td>518</td><td>23.0</td></tr>
<tr><td>520</td><td>23.1</td></tr>
<tr><td>备注</td><td colspan="11">××检测站
(检验专用章)
签发日期:×年×月×日</td></tr>
</table>

批准	×××	审核	×××	主检	×××

见证记录

编号：×××

工程名称：××住宅楼

取样部位：一层梁、板、楼梯

样品名称：在浇筑地点　取样基数 $62m^3$　取样数量 一组（三块）

取样地点：在浇筑地点　取样日期 ×年×月×日

见证记录：1. 水泥：××厂

2. 砂、石：××砂场

3. 早强减水剂：××外加剂厂

4. 试样现场随机取样制作，方法正确

5. 取样封存、标识、送检

新建 A-001

见证取样和送检章

见证取样和送检印章：

取样人签字：×××

见证人签字：×××

记录日期：×年×月×日

结构实体钢筋保护层厚度检验记录

表 2-81

<table>
<tr><td>工程名称</td><td colspan="3">××住宅楼</td><td colspan="5">检验部位</td><td colspan="6">主体混凝土结构梁</td></tr>
<tr><td>施工单位</td><td colspan="3">××建筑工程公司</td><td colspan="5">检验日期</td><td colspan="6">×年×月×日</td></tr>
<tr><td>依据标准</td><td colspan="14">混凝土工程施工质量验收规范(GB 50203—2002)附录 E</td></tr>
<tr><td rowspan="11">检验记录</td><td>构件名称</td><td>设计规定(mm)</td><td>允许偏差(mm)</td><td colspan="10">保护层厚度实测值(mm)</td></tr>
<tr><td>二层顶板②轴悬臂梁</td><td>25</td><td>+10，−7</td><td>25</td><td>22</td><td></td><td></td><td></td><td></td><td></td><td></td><td></td><td></td></tr>
<tr><td>二层顶板⑤轴悬臂梁</td><td>25</td><td>+10，−7</td><td>33</td><td>23</td><td></td><td></td><td></td><td></td><td></td><td></td><td></td><td></td></tr>
<tr><td>四层顶板⑧轴悬臂梁</td><td>25</td><td>+10，−7</td><td>21</td><td>27</td><td></td><td></td><td></td><td></td><td></td><td></td><td></td><td></td></tr>
<tr><td>四层顶板⑪轴悬臂梁</td><td>25</td><td>+10，−7</td><td>28</td><td>23</td><td></td><td></td><td></td><td></td><td></td><td></td><td></td><td></td></tr>
<tr><td>四层顶板⑬轴悬臂梁</td><td>25</td><td>+10，−7</td><td>26</td><td>27</td><td></td><td></td><td></td><td></td><td></td><td></td><td></td><td></td></tr>
<tr><td></td><td></td><td></td><td></td><td></td><td></td><td></td><td></td><td></td><td></td><td></td><td></td><td></td></tr>
<tr><td></td><td></td><td></td><td></td><td></td><td></td><td></td><td></td><td></td><td></td><td></td><td></td><td></td></tr>
<tr><td></td><td></td><td></td><td></td><td></td><td></td><td></td><td></td><td></td><td></td><td></td><td></td><td></td></tr>
<tr><td></td><td></td><td></td><td></td><td></td><td></td><td></td><td></td><td></td><td></td><td></td><td></td><td></td></tr>
<tr><td colspan="13">共抽钢筋保护层 10 点，合格 10 点，合格率 100%。保护层最大偏差，8mm，满足规范允许偏差的1.5倍</td></tr>
<tr><td rowspan="2">施工单位检查结果</td><td colspan="14">钢筋保护层满足设计和规范要求

项目专业质量检查员：×××
×年×月×日</td></tr>
<tr><td colspan="3">项目专业技术负责人</td><td colspan="3">×××</td><td colspan="5">专业工长(施工员)</td><td colspan="3">×××</td></tr>
<tr><td>监理(建设)单位结论</td><td colspan="14">保护层检验合格

监理工程师： ×××
(建设单位项目专业技术负责人)
×年×月×日</td></tr>
</table>

结构实体钢筋保护层厚度检验记录

表 2-82

<table>
<tr><td>工程名称</td><td colspan="3">××住宅楼</td><td colspan="4">检验部位</td><td colspan="6">主体混凝土结构板</td></tr>
<tr><td>施工单位</td><td colspan="3">××建筑工程公司</td><td colspan="4">检验日期</td><td colspan="6">×年×月×日</td></tr>
<tr><td>依据标准</td><td colspan="13">混凝土工程施工质量验收规范(GB 50203—2002)附录 E</td></tr>
<tr><td rowspan="11">检验记录</td><td>构件名称</td><td>设计规定(mm)</td><td>允许偏差(mm)</td><td colspan="10">保护层厚度实测值(mm)</td></tr>
<tr><td>二层顶板④～⑥轴/Ⓐ～Ⓒ轴</td><td>15</td><td>+8，−5</td><td>22</td><td>17</td><td>12</td><td>24</td><td>19</td><td>20</td><td></td><td></td><td></td><td></td></tr>
<tr><td>二层顶板⑧～⑨轴/Ⓒ～Ⓓ轴</td><td>15</td><td>+8，−5</td><td>21</td><td>21</td><td>19</td><td>12</td><td>17</td><td>21</td><td></td><td></td><td></td><td></td></tr>
<tr><td>四层顶板②～④轴/Ⓐ～Ⓑ轴</td><td>15</td><td>+8，−5</td><td>22</td><td>17</td><td>16</td><td>17</td><td>19</td><td>20</td><td></td><td></td><td></td><td></td></tr>
<tr><td>四层顶板⑤～⑥轴/Ⓒ～Ⓓ轴</td><td>15</td><td>+8，−5</td><td>20</td><td>15</td><td>19</td><td>14</td><td>18</td><td>22</td><td></td><td></td><td></td><td></td></tr>
<tr><td>四层顶板⑥～⑦轴/Ⓐ～Ⓑ轴</td><td>15</td><td>+8，−5</td><td>16</td><td>22</td><td>17</td><td>17</td><td>16</td><td>19</td><td></td><td></td><td></td><td></td></tr>
<tr><td></td><td></td><td></td><td></td><td></td><td></td><td></td><td></td><td></td><td></td><td></td><td></td><td></td></tr>
<tr><td></td><td></td><td></td><td></td><td></td><td></td><td></td><td></td><td></td><td></td><td></td><td></td><td></td></tr>
<tr><td></td><td></td><td></td><td></td><td></td><td></td><td></td><td></td><td></td><td></td><td></td><td></td><td></td></tr>
<tr><td></td><td></td><td></td><td></td><td></td><td></td><td></td><td></td><td></td><td></td><td></td><td></td><td></td></tr>
<tr><td colspan="13">共抽钢筋保护层 30 点，合格 29 点，合格率 96.7%。保护层最大偏差 9mm，满足规范允许偏差的 1.5 倍</td></tr>
<tr><td rowspan="2">施工单位检查结果</td><td colspan="13">钢筋保护层满足设计和规范要求
项目专业质量检查员：×××
×年×月×日</td></tr>
<tr><td colspan="4">项目专业技术负责人</td><td colspan="2">×××</td><td colspan="5">专业工长(施工员)</td><td colspan="2">×××</td></tr>
<tr><td>监理(建设)单位结论</td><td colspan="13">保护层检验合格
监理工程师：×××
(建设单位项目专业技术负责人)
×年×月×日</td></tr>
</table>

第9节　分项、分部工程质量验收记录

按照《建筑工程施工质量验收统一标准》GB 50300—2001规定，本住宅工程划分为地基基础、主体结构、装饰装修、屋面、给水排水及采暖、电气六个分部工程。分部工程中各分项工程划分成若干数量检验批进行验收，考虑到检验批的划分应有助于及时纠正施工中存在的质量问题，确保工程质量，降低检验成本，因此根据本工程质量控制点、施工工艺和工程量小的特点及专业需要，遵照上述原则划分检验批，并得到监理单位的认可。本工程质量验收在施工前按照单位工程、分部工程、分项工程和检验批预先划分，使验收工作更加合理和规范。

必须强调的是，单位工程检验批数量的划分不具有惟一性，它往往与施工单位的人员、技术装备、施工方法、合同要求等有关，检验批的划分要囊括分项工程。

不论如何划分分项工程检验批，都要有利于质量控制，能取得较完整的技术数据；而且要防止造成分项工程检验批大小过于悬殊，影响质量验收结果的可比性。

一、分部分项工程检验批划分

1. 地基与基础分部分项工程检验批划分

本工程按规范将±0.00m以下结构及防水部分的分项工程纳入地基与基础分部工程，其他地面、抹灰、门窗和涂饰等工程纳入建筑装饰装修分部工程。地基与基础分部工程中的混凝土基础分项工程的检验批、砌体基础分项工程的检验批与主体结构工程中分项工程检验批划分方法相同。地基与基础分部工程由无支护土方、混凝土、砌体基础、地下防水子分部工程组成，含10个分项工程，共划分为17个检验批(表2-83)。

地基与基础分部分项工程检验批划分表　　**表2-83**

<table>
<tr><th>序号</th><th>子分部工程</th><th colspan="2">分项工程名称</th><th>检验批数量</th></tr>
<tr><td rowspan="2">1</td><td rowspan="2">无支护土方</td><td colspan="2">土方开挖</td><td>1</td></tr>
<tr><td colspan="2">土方回填</td><td>1</td></tr>
<tr><td rowspan="7">2</td><td rowspan="7">混凝土基础</td><td rowspan="2">模板</td><td>安装</td><td>2</td></tr>
<tr><td>拆除</td><td>2</td></tr>
<tr><td rowspan="2">钢筋</td><td>原材料、加工</td><td>1</td></tr>
<tr><td>连接、安装</td><td>1</td></tr>
<tr><td rowspan="2">混凝土</td><td>原材料配合比设计</td><td>1</td></tr>
<tr><td>施工</td><td>2</td></tr>
<tr><td colspan="2">现浇结构</td><td>2</td></tr>
<tr><td rowspan="3">3</td><td rowspan="3">砌体基础</td><td colspan="2">砖砌体</td><td>1</td></tr>
<tr><td colspan="2">配筋砌体</td><td>1</td></tr>
<tr><td colspan="2">填充墙砌体</td><td>1</td></tr>
<tr><td>4</td><td>地下防水</td><td colspan="2">涂料防水层</td><td>1</td></tr>
<tr><td colspan="2">合计</td><td colspan="3">分项工程数量10，检验批数量17个</td></tr>
</table>

(1) 无支护土方子分部工程

无支护土方工程含 2 个分项工程，划分为 2 个检验批：

1) 土方开挖分项工程划分为 1 个检验批；

2) 土方回填分项工程划分为 1 个检验批。

(2) 混凝土基础子分部工程

混凝土基础子分部工程含 4 个分项工程，划分为 11 个检验批。

1) 模板分项工程划分为 4 个检验批，即模板安装为 2 个检验批，模板拆除为 2 个检验批。模板安装分项工程主要包括现浇毛石混凝土墙和现浇梁、板和楼梯的模板安装，按照施工工艺顺序，现浇毛石混凝土墙模板安装划分为 1 个检验批，现浇梁、板和楼梯模板安装划分为 1 个检验批。在模板拆除时，现浇毛石混凝土墙和现浇梁、板和楼梯模板拆除时对混凝土强度要求不一，在拆除时按两次进行验收。故在划分检验批时，将模板安装和拆除各划分为 2 个检验批。

2) 钢筋分项工程划分为 2 个检验批，即钢筋原材料和加工为 1 个检验批，钢筋连接和安装为 1 个检验批。基础工程中，钢筋原材料和钢筋加工划分为 1 个检验批，钢筋连接和钢筋安装，含现浇梁、板钢筋的连接和安装，划分为 1 个检验批。

3) 混凝土分项工程划分为 3 个检验批，即混凝土原材料及配合比设计为 1 个检验批，混凝土施工为 2 个检验批。地基与基础部分混凝土原材料为同批进场，混凝土强度等级均为 C20，将原材料和配合比设计划分为 1 个检验批验收。混凝土施工按照施工工艺，混凝土施工分两次浇筑，先浇筑现浇毛石混凝土基础墙，后浇筑现浇梁、板和楼梯，故将混凝土施工划分为 2 个检验批进行验收。

4) 现浇结构分项工程划分为 2 个检验批，检验内容包含外观及尺寸偏差。现浇结构的外观质量和尺寸偏差是在模板拆除后进行的，现浇毛石混凝土基础墙和现浇梁、板和楼梯外观及尺寸偏差分两次进行验收，故现浇结构分项工程划分为 2 个检验批。

(3) 砌体基础子分部工程

砌体基础工程含 3 个分项工程，划分为 3 个检验批。

1) 砖砌体分项工程划分为 1 个检验批；

2) 配筋砌体分项工程划分为 1 个检验批；

3) 填充墙砌体分项工程划分为 1 个检验批。按照施工工艺顺序，地下室填充墙砌体是在砖砌体和现浇梁、板施工完毕后进行，故单独划分为 1 个检验批。

(4) 地下防水子分部工程

地下防水工程仅含涂料防水层 1 个分项工程(基础外墙埋地部分涂抹)，划分为 1 个检验批。

2. 主体分部分项工程检验批划分

主体结构分部工程由混凝土结构和砌体结构工程组成，含 7 个分项工程，按照《建筑工程施工质量验收统一标准》GB 50300—2001 第 4.0.4 条和第 4.0.5 条规定，多层及高层建筑工程中主体分部工程的可按楼层或施工段来划分分项工程的原则，主体结构工程中各分项工程均按楼层划分检验批，共划分为 49 个检验批(表 2-84)。

(1) 混凝土结构子分部工程

混凝土结构子分部工程含 4 个分项工程，划分为 35 个检验批。

主体分部分项工程检验批划分表 **表 2-84**

序号	子分部工程	分项工程名称		检验批数量
1	混凝土结构	模板	安装	5
			拆除	5
		钢筋	原材料、加工	5
			连接、安装	5
		混凝土	原材料配合比设计	5
			施工	5
		现浇结构		5
2	砌体结构	砖砌体		6
		配筋砖砌体		6
		填充墙砌体		2
合计		分项工程数量 7，检验批数量 49 个		

1）模板分项工程划分为 10 个检验批，即模板安装为 5 个检验批，模板拆除为 5 个检验批。主体结构模板安装分项工程主要包括现浇梁、板和楼梯的施工，每层模板安装和拆除各划分为 1 个检验批，故在划分检验批时，将模板分项工程划分为 5 层×2 批/层＝10 个检验批。

2）钢筋分项工程划分为 10 个检验批，即钢筋原材料和加工为 5 个检验批，钢筋连接和安装为 5 个检验批。本主体砖混结构工程中，钢筋原材料和钢筋加工，本着检验批的划分既要有利于检查和质量控制，能取得较完整数据，又要便于验收，按照施工工艺顺序，原材料和钢筋加工每层划分为 1 个检验批，钢筋连接和钢筋安装每层划分为 1 个检验批，共计 5 层×2 批/层＝10 个检验批。

3）混凝土分项工程划分为 10 个检验批，即混凝土原材料及配合比设计为 5 个检验批，混凝土施工为 5 个检验批。混凝土原材料质量和配合比对混凝土质量起着主要控制作用，为了确保工程质量，混凝土原材料及配合比设计的验收分层进行，划分为 5 个检验批。混凝土施工按照施工工艺，每层混凝土施工划分为 1 个检验批进行验收，混凝土施工划分为 5 层×2 批/层＝10 个检验批。

4）现浇结构分项工程划分为 5 个检验批，检验内容包含外观及尺寸偏差。现浇结构的外观质量和尺寸偏差是在模板拆除后进行的，故将每层现浇结构中的梁、板外观质量和尺寸偏差一次进行验收，现浇结构外观质量及尺寸偏差划分为 5 个检验批。

（2）砌体结构子分部工程

砌体结构子分部工程含 3 个分项工程，划分为 14 个检验批。

1）砖砌体分项工程每层划分为 1 个检验批，女儿墙、阳台栏板砌体划分为 1 个检验批，共划分为 6 个检验批；

2）配筋砌体分项工程每层划分为 1 个检验批，女儿墙部分划分为 1 个检验批，共划分为 6 个检验批；

3）填充墙砌体分项工程划分为 2 个检验批。按照施工工艺顺序，每层的卫生间、阳台隔板均为 120 多孔砖砌体，均在装饰工程进行前分层同时施工，且每层工程量较小，但由于砌筑砂浆强度不同，故将五层的填充墙砌体划分为 2 个检验批，即一至三层为 1 个检验批四至五层为 1 个检验批。

3. 建筑屋面分部分项工程检验批划分

建筑屋面分部工程由卷材防水屋面工程组成，含 4 个分项工程，各分项工程均划分为 1 个检验批，共计 4 个检验批(表 2-85)。

建筑屋面分部分项工程检验批划分表 **表 2-85**

序号	子分部工程	分项工程名称	检验批数量
1	卷材防水屋面	保温层	1
		找平层	1
		卷材防水	1
		细部构造	1
合计		分项工程数量 4，检验批数量 4 个	

1）保温层分项工程划分为 1 个检验批；

2）找平层分项工程划分为 1 个检验批；

3）卷材防水层分项工程划分为 1 个检验批；

4）细部构造分项工程划分为 1 个检验批。

4. 建筑装饰装修分部分项工程检验批划分

建筑装饰装修分部工程中由抹灰、门窗、饰面板(砖)、涂饰、地面、细部工程六部分组成，含 17 个分项工程，分项工程根据施工工艺、工程量、进度及质量控制需要，按楼层、单元和单位划分检验批，共划分为 49 个检验批(表 2-86)。

建筑装饰装修分部分项工程检验批划分表 **表 2-86**

序号	子分部工程	分项工程名称		检验批数量
1	抹灰	一般抹灰	室内	5
			室外	1
			地下室	1
2	门窗	木门窗制作与安装		1
		金属门窗安装		1
		塑料门窗安装		4
		特种门安装		1
		玻璃安装		5
3	饰面板(砖)	饰面砖粘贴		1
4	涂饰	水性涂料涂饰	室内	5
			室外	1
			地下室	1
		溶剂型涂料涂饰	木门	1
			钢门、栏杆	1

续表

序号	子分部工程		分项工程名称		检验批数量
5	地面	室内	填充层(基层)		5
			水泥砂浆面层	房间	5
				楼梯间	2
		卫生间	找平层		1
			隔离层		1
			砖面层		1
		室外	基土		1
			水泥混凝土面层		1
		地下室	基土		1
			水泥混凝土面层		1
6	细部		护栏和扶手制作与安装		1
合计			分项工程数量 17，检验批数量 49 个		

(1) 抹灰子分部工程

抹灰子分部工程仅含一般抹灰分项工程，按照《建筑装饰装修工程质量验收规范》GB 50210—2002 第 4.1.5 条规定，相同材料、工艺和施工条件的室外抹灰工程每 500～1000m^2 应划分为一个检验批，不足 500m^2 也应划分为一个检验批，室内抹灰工程每 50 个自然间(大面积房间和走廊按抹灰面积 30m^2 为一间)应划分为一个检验批，不足 50 间也应划分为一个检验批。按楼层、地下室和室外划分为 7 个检验批。

1) 楼层中，室内每户住宅为 3 个自然间(2 卧 1 客厅)，楼梯间每单元每层为 1 个自然间，每个楼层计 4×3+2×1=14 个自然间为 1 个检验批，共 5 层划分为 5 个检验批；

2) 地下室 20 个自然间(房间)和走道划分为 1 个检验批；

3) 室外墙面抹灰总面积接近 1000m^2，划分为 1 个检验批。

(2) 门窗子分部工程

门窗子分部工程含木门制作与安装、金属门窗安装、塑料门窗安装、特种门安装、门窗玻璃安装 5 个分项工程，按照《建筑装饰装修工程质量验收规范》GB 50210—2002 第 5.1.5 条规定，同一品种、类型和规格的木门窗、金属门窗、塑料门窗及门窗玻璃每 100 樘应划分为一个检验批，不足 100 樘也应划分为一个检验批；同一品种、类型和规格的特种门每 50 樘应划分为一个检验批，不足 50 樘也应划分为一个检验批。门窗工程划分为 12 个检验批。

1) 木门制作与安装分项工程为户内木门安装，木门由生产厂家按设计要求制作，每户 4 樘，共计 80 樘木门，划分为 1 个检验批。

2) 金属门窗安装分项工程为地下室 20 户房间金属门安装，划分为 1 个检验批。

3) 塑料门窗安装分项工程按楼层每层 18 樘，五层计 90 樘，5 种规格，按照同一品种、类型和规格的塑料门窗划分为一个检验批的原则，共划分为 4 个检验批(楼梯间窗规格小、数量少，未单独列检验批，施工时并入相近规格窗检验施工质量)。

4) 特种门安装分项工程划分为 1 个检验批，总共为 20 个分户门和 2 个单元门。

5）门窗玻璃安装分项工程为塑料门窗玻璃安装和金属门窗玻璃安装，按门窗安装检验批划分原则，楼层和地下室门窗玻璃安装划分为5个检验批。

(3) 饰面板(砖)子分部工程

饰面板(砖)子分部工程仅含饰面砖粘贴1个分项工程，按照《建筑装饰装修工程质量验收规范》GB 50210—2002 第8.1.5条规定，相同材料、工艺和施工条件的室内饰面板(砖)工程每50间(大面积房间和走廊按施工面积30m^{2}为一间)应划分为一个检验批，不足50间也应划分为一个检验批。每户饰面砖粘贴部位为厨房、卫生间墙面，每个楼层有4×2=8个自然间，共计40个自然间，饰面板(砖)工程划分为1个检验批。

(4) 涂饰子分部工程

涂饰子分部工程含水性涂料涂饰和溶剂型涂料涂饰2个分项工程，按照《建筑装饰装修工程质量验收规范》GB 50210—2002 第10.1.3条规定，室外涂饰工程每一栋楼的同类型涂料涂饰的墙面每500～1000m^{2}应划分为一个检验批，不足500m^{2}也应划分为一个检验批；室内涂饰工程同类型涂料涂饰的墙面每50间(大面积房间和走廊按施工面积30m^{2}为一间)应划分一个检验批，不足50间也应划分为一个检验批。水性涂料涂饰分项工程参照抹灰工程检验批划分的原则，溶剂型涂料涂饰分项工程参照门窗工程中木门制作与安装分项工程和金属门窗安装分项工程检验批划分的原则，涂饰工程划分为9个检验批。

1）水性涂料涂饰分项工程按楼层(包括室内墙面、顶棚和楼梯间)、地下室和室外墙面划分为7个检验批。

2）溶剂型涂料涂饰分项工程室内木门部分划分为1个检验批，地下室金属门窗部分及楼梯栏杆划分为1个检验批，共计2个检验批。

(5) 地面子分部工程

地面子分部工程含填充层、水泥砂浆面层、基土、水泥混凝土面层、找平层、隔离层和砖面层7个分项工程，按照《建筑地面工程施工质量验收规范》第3.0.18条第一款规定，基层(各构造层)和各类面层的分项工程的施工质量应按每一层次或每层施工段(或变形缝)作为检验批，高层建筑的标准层可按每三层(不足三层按三层计)作为检验批。地面工程按楼层和单元划分为19个检验批。

1）水泥砂浆地面由填充层、水泥砂浆面层2个分项工程组成，划分为12个检验批。

室内水泥砂浆地面含填充层和水泥砂浆面层2个分项工程，按楼层划分检验批，每层每户4个自然间，每个楼层计4×4=16个自然间(不包括楼梯间)，每个分项工程划分为1个检验批，共划分为10个检验批。

单元楼梯间为水泥砂浆面层，考虑到施工工艺要求，划分为2个检验批，每个单元划分为1个检验批。

填充层施工质量检验依据GB 50209 第4.11.4条的规定尚应符合GB 50207的有关规定。

2）水泥混凝土地面由基土、水泥混凝土面层2个分项工程组成，划分为4个检验批。

地下室水泥混凝土地面含基土、水泥混凝土面层2个分项工程，每个分项工程划分为1个检验批，共划分为2个检验批。

室外散水、台阶水泥混凝土地面含基土、水泥混凝土面层2个分项工程，每个分项工程划分为1个检验批，共划分为2个检验批。

3）卫生间砖面层地面含找平层、隔离层和砖面层3个分项工程。鉴于目前卫生间渗漏问题突出，防水工程由专业队伍施工，共计20个卫生间。每个分项工程划分为1个检验批，共计3个检验批。

（6）细部子分部工程

细部子分部工程仅含护栏和扶手制作与安装1个分项工程，2个单元的楼梯间护栏和扶手划分为1个检验批。

二、质量验收记录

1. 检验批质量验收记录

检验批工程由监理工程师(建设单位项目技术负责人)组织施工单位项目专业负责人等进行验收。需要说明的是，一些在检验批中无法检验的项目，如混凝土、砂浆强度等级在检验批验收时，由于龄期不到，不能出具试验检测报告，故应填写试件编号。检验批验收时可先验收其他项目，待强度检测数据出来后，在分项工程验收时进行判定。若数据达不到规范要求，或对数据有疑问时应进行复试、鉴定及实际检测。

（1）表头部分的填写

1）单位工程名称，按合同文件上的单位工程名称填写，子单位工程应标出在单位工程的部位。验收部位是指分项工程中验收的那个检验批的抽样范围，要标注清楚。

施工单位、分包单位应填写单位的全称，与合同上公章名称相一致。项目经理填写合同中指定的项目负责人。在装饰、安装分部工程施工中，有分包单位时，也应填写分包单位全称，分包单位的项目经理也应是合同中指定的项目负责人。注意不能违反法律、法规，如建筑法第二十九条规定，施工总承包的，建筑工程主体结构的施工必须由总承包单位自行完成。

2）施工执行标准名称及编号。这是这次验收规范编制的一个基本思路，由于验收规范只列出验收的质量指标，其工艺等只提出一个原则要求，具体的操作工艺靠企业标准。只有按照不低于国家质量验收规范的企业标准来操作，才能保证国家验收规范的实施。如果没有具体的操作工艺，保证工程质量就是一句空话。企业必须制定企业标准(操作工艺、工艺标准、工法等)，依标准培训工人、技术交底，来规范工人的操作。企业标准应有编制人、批准人、批准时间、执行时间、标准名称及编号，这是企业标准体系的重要组成部分。填写表时只要将标准名称及编号填写上，就能在企业的标准系列中查到其详细情况，并要在施工现场有这项标准，工人在执行这项标准。如实例中砖砌体工程验收中，施工单位执行的本企业标准《砌体工程施工工艺标准》XJJ 017—2005。

（2）质量验收规范的规定栏

质量验收规范的规定填写具体的质量要求，在验收记录制表时就已填写好验收规范中主控项目、一般项目的全部内容。但由于表格的地方小，多数指标不能将全部内容填写下，所以，只将质量指标归纳、简化描述或题目及规范条文号填写上，作为检查内容提示，以便查对验收规范的原文；对计数(计量)检验的项目，将数据直接写出来。如果是将验收规范的主控、一般项目的内容全摘录在表背面，这样方便查对验收条文的内容。根据以往的经验，这样做就会引起只看表格，不看验收规范的后果，规范上还有基本规定、一般规定等内容，它们虽然不是主控项目和一般项目的条文，但这些内容也是验收主控项目和一般项目的依据，所以验收规范的质量指标不宜全抄过来。在检验批验收时，检验内容、检验方法、检验数量等要查阅验收规范相关章节。

(3) 主控项目、一般项目施工单位检查评定记录

填写方法分以下几种情况，判定验收不验收均按施工质量验收规范规定进行判定。

1) 对定量项目直接填写检查的数据。

2) 对定性项目，当符合规范规定时，采用打“√”的方法标注；当不符合规范规定时，采用打“×”的方法标注。

3) 有混凝土、砂浆强度等级的检验批，按规定制取试件后，可填写试件编号，待试件试验报告出来后，对强度进行判定，并在分项工程验收时进一步进行强度评定及验收。

4) 对既有定性又有定量的项目，各个子项目质量均符合规范规定时，采用打“√”来标注；否则采用打“×”来标注。无此项内容的打“/”或“—”来标注。

5) 对一般项目合格点有要求的项目，应是其中带有数据的定量项目；定性项目必须基本达到。定量项目其中每个项目都必须有80%以上(混凝土保护层为90%)检测点的实测数值达到规范规定。其余20%(混凝土保护层为10%)按各专业施工质量验收规范规定，不能大于允许偏差值的150%，钢结构为允许偏差值120%，就是说有数据的项目，除必须达到规定的数值外，其余可放宽的，最大放宽到150%。

“施工单位检查评定记录”栏的填写，有数据的项目，将实际测量的数值填入格内，对超过国家验收规范的用“○”圈住。

(4) 监理(建设)单位验收记录

通常监理人员进行平行、旁站或巡回的方法进行监理，在施工过程中，对施工质量进行察看和测量，并参加施工单位的重要项目的检测。对新开工或首件产品进行全面检查，以了解施工质量水平和控制措施的有效性及执行情况，在整个过程中，随时可以察看测量等。在检验批验收时，对主控项目、一般项目应逐项进行验收。对符合验收规范规定的项目，填写“合格”、“符合要求”或采用“√”来标注。对不符合验收规范规定的项目，暂不填写，待处理后再验收，但应做标记。

(5) 施工单位检查评定结果

施工单位自行检查评定由专业质量检查员代表企业逐项检查评定合格，应注明“主控项目全部合格，一般项目满足规范规定要求”或“检查评定合格”，写清楚明确结果，签字后，交监理工程师或建设单位项目专业技术负责人验收。

(6) 监理(建设)单位验收结论

主控项目、一般项目验收合格，注明“同意验收”。对于有龄期要求的混凝土、砂浆强度检查项目，应注明“除混凝土、砂浆强度等级根据试验报告决定外，主控项目和一般项目的质量经抽样检验合格，同意验收”。专业监理工程师或建设单位的专业技术负责人签字。

由于分项工程检验批涉及的验收记录重复检查内容较多，本住宅工程只列举不同分项工程检验批验收记录，具体见表。

2. 分项工程质量验收记录

分项工程由监理工程师(建设单位项目技术负责人)组织施工单位项目专业负责人等进行验收。

分项工程的质量验收是在检验批质量验收的基础上进行的，是一个统计过程。应注

意：①核对检验批的部位、区段是否全部覆盖分项工程的范围，有没有部位缺漏没有验收到；②一些在检验批中无法检验的项目，在分项工程中直接验收。如砖砌体工程中的全高垂直度、砂浆强度的评定等；③检验批验收记录的内容及签字人是否正确、齐全。

表的填写：表名填上所验收分项工程的名称，表头及检验批部位、区段，施工单位检查评定结果，由施工单位项目专业质量检查员填写，由施工单位的项目专业技术负责人检查后给出评价并签字，交监理单位或建设单位验收。

监理单位的专业监理工程师(或建设单位的专业负责人)应逐项审查，同意项填写“合格”、“符合要求”或采用“√”来标注。不同意项暂不填写，待处理后再验收，但应做标记，注明验收和不验收的意见，如同意验收则签字确认，不同意验收应指出存在问题，明确处理意见和完成时间。

3. 分部工程质量验收记录

分部工程应由总监理工程师(建设单位项目负责人)组织施工单位项目负责人和技术、质量负责人等进行验收。其中地基与基础、主体结构分部工程的勘察、设计单位工程项目负责人和施工单位技术、质量部门负责人也应参加相关分部工程验收。

验收中，要注意三点：①检查每个分项工程验收是否正确；②注意对所含分项工程，有没有漏、缺的分项工程没有归纳进来，或是没有进行验收；③注意检查分项工程的资料完整不完整，每个验收资料的内容是否有缺漏项，以及分项工程验收人员的签字是否齐全及符合规定。

(1) 表名及表头部分

1) 表名：分部(子分部)工程的名称填写要具体，写在分部(子分部)工程的前边，并分别划掉分部或子分部。

2) 表头部分的工程名称填写工程全称，与检验批、分项工程、单位工程验收表的工程名称一致。

结构类型填写按设计文件提供的结构类型。层数应分别注明地下和地上的层数。

施工单位填写单位全称，与检验批、分项工程、单位工程验收表填写的名称一致。技术部门负责人及质量部门负责人多数情况下填写项目的技术及质量负责人，只有地基与基础、主体结构及重要安装分部(子分部)工程，应填写施工单位的技术部门及质量部门负责人签字。

分包单位栏有分包单位时才填，没有时就不填写，主体结构不应进行分包。分包单位名称要写全称，与合同图章上的名称一致。分包单位负责人及分包单位技术负责人，填写本项目的项目负责人及项目技术负责人。

(2) 验收内容

1) 分项工程。

按分项工程第一个检验批施工先后的顺序，将分项工程名称填写上，在第二格栏内分别填写各分项工程实际的检验批数量，即分项工程验收表上的检验批数量，并将各分项工程评定表按顺序附在表后。

施工单位检查评定栏，填写施工单位自行检查评定的结果。核查一下各分项工程是否都通过验收，有关有龄期试件的合格评定是否达到要求，有全高垂直度或总的标高的检验项目，应进行检查验收。自检符合要求的可打“√”标注，否则打“×”标注。有“×”

的项目不能交给监理单位或建设单位验收，应进行返修达到合格后再提交验收。

验收意见栏，监理单位或建设单位由总监理工程师或建设单位项目专业技术负责人组织审查，在符合要求后，在验收意见栏内签注“同意验收”意见或逐项打“√”标注。

2）质量控制资料。

应按表G.0.1-2单位(子单位)工程质量控制资料核查记录中的相关内容来确定所验收的分部(子分部)工程的质量控制资料项目，按资料核查的要求，逐项进行核查。能基本反映工程质量情况，达到保证结构安全和使用功能的要求，既可通过验收。全部项目都通过，既可在施工单位检查评定栏内打“√”标注检查合格。并送监理单位或建设单位验收，监理单位总监理工程师组织审查，在符合要求后，在验收意见栏内签注“同意验收”或打“√”标注。

有些工程可按子分部工程进行资料验收，有些工程可按分部工程进行资料验收，由于工程不同，不强求统一。

3）安全和功能检验(检测)报告。

这个项目是指竣工抽样检测的项目，能在分部(子分部)工程中检测的，尽量放在分部(子分部)工程中检测。检测内容按表G.0.1-3单位(子单位)工程安全和功能检验资料核查及主要功能抽查记录中相关内容确定核查和抽查项目。在核查时要注意，在开工之前确定的项目是否都进行了检测；逐一检查每个检测报告，核查每个检测项目的检测方法、程序是否符合有关标准规定；检测结果是否达到规范的要求；检测报告的审批程序签字是否完整。在每个报告上标注审查同意。每个检测项目都通过审查，既可在施工单位检查评定栏内打“√”标注检查合格。由项目经理送监理单位或建设单位验收，监理单位总监理工程师或建设单位项目专业负责人组织审查，在符合要求后，在验收意见栏内签注“同意验收”意见。

4）观感质量验收。

实际不单单是外观质量，还有能启动或运转的要启动或试运转，能打开看的打开看，有代表性的房间、部位都应走到，并由施工单位项目经理组织进行现场检查，经检查合格后，将施工单位填写的内容填写好后，由项目经理签字后交监理单位或建设单位验收。监理单位由总监理工程师或建设单位项目专业负责人组织验收，在听取参加检查人员意见的基础上，以总监理工程师或建设单位项目专业负责人意见为主导意见，确定质量评价好、一般、差，施工单位的项目经理和总监理工程师或建设单位项目专业负责人共同签认。评价观感质量差的项目，能修理的尽量修理，如果确实难修理时，只要不影响结构安全和使用功能的，可采用协商解决的方法进行验收，并在验收表上注明，然后将验收评价结论填写在分部(子分部)工程观感质量验收意见栏格内。

(3) 验收单位签字认可

按《建筑工程施工质量验收统一标准》建筑工程质量验收程序和组织要求，地基与基础、主体结构分部工程的勘察、设计单位工程项目负责人和施工单位技术、质量部门负责人也应参加相关分部工程验收。表F.0.1所列参与工程建设责任单位的有关人员应亲自签名，以示负责。

勘察单位可只签认地基基础分部(子分部)工程和主体结构分部(子分部)工程，由项目负责人亲自签认。

设计单位可只签地基基础、主体结构及重要安装分部(子分部)工程，由项目负责人亲自签认。

施工单位总承包单位必须签认，由项目经理亲自签认，有分包单位的分包单位也必须签认其分包的分部(子分部)工程，由分包项目经理亲自签认。

监理单位作为验收方。由总监理工程师亲自签认验收。如果按规定不委托监理单位的工程，可由建设单位项目专业负责人亲自签认验收。

本住宅工程地基与基础、主体结构、建筑装饰装修、建筑屋面、建筑给水排水、建筑电气六个分部工程验收记录，具体见表 F.0.1。

三、工程质量验收记录表

本实例摘录各项工程质量验收记录如下。

1. 地基与基础工程验收记录

地基与基础分部(子分部)工程质量验收记录见表 2-87。

土方开挖分项工程质量验收记录见表 2-88。

土方开挖工程检验批质量验收记录见表 2-89。

土方回填分项工程质量验收记录见表 2-90。

土方回填分部工程质量验收记录见表 2-91。

模板分项工程质量验收记录见表 2-92。

模板(现浇结构)工程检验批质量验收记录见表 2-93。

模板(拆除)工程检验批质量验收记录见表 2-94。

钢筋分项工程质量验收记录见表 2-95。

钢筋(原材料、加工)工程检验批质量验收记录见表 2-96。

钢筋(连接、安装)工程检验批质量验收记录见表 2-97。

混凝土分项工程质量验收记录见表 2-98。

混凝土原材料及配合比设计检验批质量验收记录见表 2-99。

混凝土(施工)工程检验批质量验收记录见表 2-100。

现浇结构尺寸偏差与外观分项工程质量验收记录见表 2-101。

现浇结构(外观及尺寸偏差)工程检验批质量验收记录见表 2-102。

砖砌体分项工程质量验收记录见表 2-103。

砖砌体工程检验批质量验收记录见表 2-104。

配筋砌体分项工程质量验收记录见表 2-105。

配筋砌体工程检验批质量验收记录见表 2-106。

填充墙砌体分项工程质量验收记录见表 2-107。

填充墙砌体工程检验批质量验收记录表 2-108。

涂料防水层分项工程质量验收记录见表 2-109。

涂料防水层工程检验批质量验收记录见表 2-110。

地基与基础分部工程质量验收记录

表 2-87

工程名称	××住宅楼	结构类型	砖混	层数	五层
施工单位	××建筑工程公司	技术部门负责人	×××	质量部门负责人	×××
分包单位	—	分包单位负责人	—	分包技术负责人	—

序号	分项工程名称	检验批数	施工单位检查评定	验收意见
1	土方开挖	1	✓	同意验收
2	土方回填	1	✓	
3	模板	4	✓	
4	钢筋	2	✓	
5	混凝土	3	✓	
6	现浇结构	2	✓	
7	砖砌体	1	✓	
8	配筋砌体	1	✓	
9	填充墙砌体	1	✓	
10	涂料防水层	1	✓	
11				
12				
13				
14				
15				
16				
17				
18				
质量控制资料			✓	同意验收
安全和功能检验(检测)报告			✓	同意验收
观感质量验收			综合评价好	

验收单位	单位	名称	职务	姓名	日期
	分包单位	—	项目经理	—	年 月 日
	施工单位	××建筑工程公司	项目经理	×××	×年×月×日
	勘察单位	××岩土勘察设计院	项目负责人	×××	×年×月×日
	设计单位	××设计研究院	项目负责人	×××	×年×月×日
	监理(建设)单位	××监理公司	总监理工程师 (建设单位项目专业负责人)	×××	×年×月×日

注：本表由总监理工程师(建设单位项目负责人)组织施工单位项目负责人和技术、质量负责人等进行验收；地基与基础、主体结构分部工程的勘察、设计单位工程项目负责人和施工单位技术、质量部门负责人也应参加相关分部工程验收。检查评定由施工单位填写，验收意见由监理单位填写，观感质量验收由验收各方共同商定，监理单位填写。“符合规范要求”用✓标注。

土方开挖分项工程质量验收记录

表 2-88

工程名称	××住宅楼	结构类型	砖混	检验批数	1
施工单位	××建筑工程公司	项目经理	×××	项目技术负责人	×××
分包单位	—	分包单位负责人	—	分包项目经理	—

序号	检验批部位、区段	施工单位检查评定结果	监理(建设)单位验收结论
1	基坑	✓	✓
2			
3			
4			
5			
6			
7			
8			
9			
10			
11			
12			
13			
14			
15			
16			
17			
18			

检查结论	合格 项目专业技术负责人：××× ×年×月×日	验收结论	同意验收 监理工程师：××× (建设单位项目专业技术负责人) ×年×月×日

注：1. 本表由施工项目专业质量检查员填写，监理工程师(建设单位项目技术负责人)组织项目专业质量(技术)负责人等进行验收。

2. 记录中“符合规范要求”用✓标注，结论栏由本人签字。

土方开挖工程检验批质量验收记录

表 2-89

<table>
<tr><td colspan="2">工程名称</td><td colspan="11">××住宅楼</td><td colspan="3">验收部位</td><td>基坑</td></tr>
<tr><td colspan="2">施工单位</td><td colspan="11">××建筑工程公司</td><td colspan="3">项目经理</td><td>×××</td></tr>
<tr><td colspan="2">施工执行标准名称及编号</td><td colspan="11">建筑地基基础工程施工工艺标准(XJJ 016—2005)</td><td colspan="3">专业工长</td><td>×××</td></tr>
<tr><td colspan="2">分包单位</td><td colspan="5">—</td><td colspan="4">分包项目经理</td><td colspan="2">—</td><td colspan="3">施工班组长</td><td>×××</td></tr>
<tr><td colspan="2" rowspan="3">主控项目</td><td colspan="5">规范规定(设计要求)</td><td colspan="10">施工单位检查评定记录</td><td rowspan="3">监理(建设)单位验收记录</td></tr>
<tr><td rowspan="2">柱基基坑基槽√</td><td colspan="2">挖方场地平整</td><td rowspan="2">管沟</td><td rowspan="2">地(路)面基层</td><td rowspan="2">1</td><td rowspan="2">2</td><td rowspan="2">3</td><td rowspan="2">4</td><td rowspan="2">5</td><td rowspan="2">6</td><td rowspan="2">7</td><td rowspan="2">8</td><td rowspan="2">9</td><td rowspan="2">10</td></tr>
<tr><td>人工</td><td>机械</td></tr>
<tr><td>1</td><td>标高(mm)</td><td>−50</td><td>±30</td><td>±50</td><td>−50</td><td>−50</td><td>−40</td><td>−20</td><td>−20</td><td>−30</td><td>−10</td><td>−35</td><td>−30</td><td>−5</td><td>−25</td><td>−30</td><td rowspan="3">✓</td></tr>
<tr><td>2</td><td>长度、宽度(由设计中心线向两边量)(mm)</td><td>+200
−50</td><td>+300
−100</td><td>+500
−150</td><td>+100</td><td>—</td><td>−30</td><td>+100</td><td>+150</td><td>−10</td><td>+180</td><td>+60</td><td>+80</td><td>−20</td><td>+70</td><td>−10</td></tr>
<tr><td>3</td><td>边坡</td><td colspan="5">设计要求 1 : 0.25</td><td colspan="10">✓</td></tr>
<tr><td colspan="2" rowspan="2">一般项目</td><td colspan="5" rowspan="2">规范规定(设计要求)</td><td colspan="10">施工单位检查评定记录</td><td rowspan="2">监理(建设)单位验收记录</td></tr>
<tr><td>1</td><td>2</td><td>3</td><td>4</td><td>5</td><td>6</td><td>7</td><td>8</td><td>9</td><td>10</td></tr>
<tr><td>1</td><td>表面平整度(mm)</td><td>20</td><td>20</td><td>50</td><td>20</td><td>20</td><td>15</td><td>10</td><td>13</td><td>20</td><td>17</td><td>16</td><td>11</td><td>18</td><td>18</td><td>19</td><td rowspan="2">✓</td></tr>
<tr><td>2</td><td>基底土性</td><td colspan="5">设计要求戈壁</td><td colspan="10">✓</td></tr>
<tr><td colspan="2">施工单位检查评定结果</td><td colspan="15">检查评定合格

项目专业质量检查员：×××
×年×月×日</td></tr>
<tr><td colspan="2">监理(建设)单位验收结论</td><td colspan="15">同意验收

监理工程师：×××
(建设单位项目专业技术负责人)
×年×月×日</td></tr>
</table>

注：1. 本表由施工项目专业质量检查员填写，监理工程师(建设单位项目技术负责人)组织项目专业质量(技术)负责人等进行验收。

2. 记录中定量项目填写数据，定性项目“符合规范要求”用✓标注，结果和结论栏由本人签字。

土方回填分项工程质量验收记录

表 2-90

工程名称	××住宅楼	结构类型	砖混	检验批数	1
施工单位	××建筑工程公司	项目经理	×××	项目技术负责人	×××
分包单位	—	分包单位负责人	—	分包项目经理	—

序号	检验批部位、区段	施工单位检查评定结果	监理（建设）单位验收结论
1	基坑	✓	✓
2			
3			
4			
5			
6			
7			
8			
9			
10			
11			
12			
13			
14			
15			
16			
17			
18			
检查结论	合格 项目专业技术负责人：××× ×年×月×日	验收结论	同意验收 监理工程师：××× （建设单位项目专业技术负责人） ×年×月×日

注：1. 本表由施工项目专业质量检查员填写，监理工程师（建设单位项目技术负责人）组织项目专业质量（技术）负责人等进行验收。

2. 记录中“符合规范要求”用✓标注，结论栏由本人签字。

土方回填工程检验批质量验收记录

表 2-91

<table>
<tr><td colspan="2">工程名称</td><td colspan="11">××住宅楼</td><td colspan="2">验收部位</td><td>基坑</td></tr>
<tr><td colspan="2">施工单位</td><td colspan="11">××建筑工程公司</td><td colspan="2">项目经理</td><td>×××</td></tr>
<tr><td colspan="2">施工执行标准名称及编号</td><td colspan="11">建筑地基基础工程施工工艺标准(XJJ 016—2005)</td><td colspan="2">专业工长</td><td>×××</td></tr>
<tr><td colspan="2">分包单位</td><td colspan="4">—</td><td colspan="5">分包项目经理</td><td colspan="2">—</td><td colspan="2">施工班组长</td><td>×××</td></tr>
<tr><td colspan="2" rowspan="3">主控项目</td><td colspan="5">规范规定(设计要求)</td><td colspan="10">施工单位检查评定记录</td><td rowspan="3">监理(建设)单位验收记录</td></tr>
<tr><td rowspan="2">柱基基坑基槽√</td><td colspan="2">场地平整</td><td rowspan="2">管沟</td><td rowspan="2">地(路)面基础层</td><td rowspan="2">1</td><td rowspan="2">2</td><td rowspan="2">3</td><td rowspan="2">4</td><td rowspan="2">5</td><td rowspan="2">6</td><td rowspan="2">7</td><td rowspan="2">8</td><td rowspan="2">9</td><td rowspan="2">10</td></tr>
<tr><td>人工</td><td>机械</td></tr>
<tr><td>1</td><td>标高(mm)</td><td>−50</td><td>±30</td><td>±50</td><td>−50</td><td>−50</td><td>−20</td><td>−30</td><td>−25</td><td>−35</td><td>−15</td><td>−30</td><td>−10</td><td>−5</td><td>−8</td><td>−12</td><td rowspan="2">✓</td></tr>
<tr><td>2</td><td>分层压实系数</td><td colspan="5">设计要求≥90%</td><td colspan="10">✓见检测报告×</td></tr>
<tr><td colspan="2" rowspan="2">一般项目</td><td colspan="5" rowspan="2">规范规定(设计要求)</td><td colspan="10">施工单位检查评定记录</td><td rowspan="2">监理(建设)单位验收记录</td></tr>
<tr><td>1</td><td>2</td><td>3</td><td>4</td><td>5</td><td>6</td><td>7</td><td>8</td><td>9</td><td>10</td></tr>
<tr><td>1</td><td>回填土料</td><td colspan="5">设计要求原土回填</td><td colspan="10">✓</td><td rowspan="3">✓</td></tr>
<tr><td>2</td><td>分层厚度及含水量</td><td colspan="5">设计要求 厚 300mm
含水量 3%～5.5%</td><td colspan="10">✓</td></tr>
<tr><td>3</td><td>表面平整度(mm)</td><td>20✓</td><td>20</td><td>30</td><td>20</td><td>20</td><td>18</td><td>16</td><td>10</td><td>14</td><td>8</td><td>6</td><td>5</td><td>9</td><td>20</td><td>16</td></tr>
<tr><td colspan="2">施工单位检查评定结果</td><td colspan="14">检查评定合格
项目专业质量检查员：×××
×年×月×日</td></tr>
<tr><td colspan="2">监理(建设)单位验收结论</td><td colspan="14">同意验收
监理工程师：×××
(建设单位项目专业技术负责人)
×年×月×日</td></tr>
</table>

注：1. 本表由施工项目专业质量检查员填写，监理工程师(建设单位项目技术负责人)组织项目专业质量(技术)负责人等进行验收。

2. 记录中定量项目填写数据，定性项目“符合规范要求”用✓标注，结果和结论栏由本人签字。

模板分项工程质量验收记录

表 2-92

<table>
<tr><td>工程名称</td><td colspan="2">××住宅楼</td><td>结构类型</td><td>砖混</td><td>检验批数</td><td>4</td></tr>
<tr><td>施工单位</td><td colspan="2">××建筑工程公司</td><td>项目经理</td><td>×××</td><td>项目技术负责人</td><td>×××</td></tr>
<tr><td>分包单位</td><td colspan="2">—</td><td>分包单位负责人</td><td>—</td><td>分包项目经理</td><td>—</td></tr>
<tr><td>序号</td><td colspan="2">检验批部位、区段</td><td colspan="2">施工单位检查评定结果</td><td colspan="2">监理(建设)单位验收结论</td></tr>
<tr><td>1</td><td colspan="2">基础(毛石混凝土)模板安装</td><td colspan="2">✓</td><td colspan="2">✓</td></tr>
<tr><td>2</td><td colspan="2">基础(毛石混凝土)模板拆除</td><td colspan="2">✓</td><td colspan="2">✓</td></tr>
<tr><td>3</td><td colspan="2">地下室顶板、梁模板安装</td><td colspan="2">✓</td><td colspan="2">✓</td></tr>
<tr><td>4</td><td colspan="2">地下室顶板、梁模板拆除</td><td colspan="2">✓</td><td colspan="2">✓</td></tr>
<tr><td>5</td><td colspan="2"></td><td colspan="2"></td><td colspan="2"></td></tr>
<tr><td>6</td><td colspan="2"></td><td colspan="2"></td><td colspan="2"></td></tr>
<tr><td>7</td><td colspan="2"></td><td colspan="2"></td><td colspan="2"></td></tr>
<tr><td>8</td><td colspan="2"></td><td colspan="2"></td><td colspan="2"></td></tr>
<tr><td>9</td><td colspan="2"></td><td colspan="2"></td><td colspan="2"></td></tr>
<tr><td>10</td><td colspan="2"></td><td colspan="2"></td><td colspan="2"></td></tr>
<tr><td>11</td><td colspan="2"></td><td colspan="2"></td><td colspan="2"></td></tr>
<tr><td>12</td><td colspan="2"></td><td colspan="2"></td><td colspan="2"></td></tr>
<tr><td>13</td><td colspan="2"></td><td colspan="2"></td><td colspan="2"></td></tr>
<tr><td>14</td><td colspan="2"></td><td colspan="2"></td><td colspan="2"></td></tr>
<tr><td>15</td><td colspan="2"></td><td colspan="2"></td><td colspan="2"></td></tr>
<tr><td>16</td><td colspan="2"></td><td colspan="2"></td><td colspan="2"></td></tr>
<tr><td>17</td><td colspan="2"></td><td colspan="2"></td><td colspan="2"></td></tr>
<tr><td>18</td><td colspan="2"></td><td colspan="2"></td><td colspan="2"></td></tr>
<tr><td>检查结论</td><td>合格

项目专业技术负责人：×××
×年×月×日</td><td>验收结论</td><td colspan="4">同意验收

监理工程师：×××
（建设单位项目专业技术负责人）
×年×月×日</td></tr>
</table>

注：1. 本表由施工项目专业质量检查员填写，监理工程师(建设单位项目技术负责人)组织项目专业质量(技术)负责人等进行验收。

2. 记录中"符合规范要求"用✓标注，结论栏由本人签字。

模板（现浇结构）工程检验批质量验收记录

表 2-93

工程名称	××住宅楼			验收部位	地下室顶板、梁
施工单位	××建筑工程公司			项目经理	×××
施工执行标准名称及编号	混凝土结构工程施工工艺标准（XJJ 018—2005）			专业工长	×××
分包单位	—	分包项目经理	—	施工班组长	×××

	主控项目			规范规定	施工单位检查评定记录										监理（建设）单位验收记录
					1	2	3	4	5	6	7	8	9	10	
1	模板支撑、立柱位置和垫板			第 4.2.1 条						✓					✓
2	涂刷隔离剂			第 4.2.2 条						✓					
	一般项目			规范规定	施工单位检查评定记录										监理（建设）单位验收记录
					1	2	3	4	5	6	7	8	9	10	
1	模板安装			第 4.2.3 条						✓					
2	用作模板的地坪、胎模质量			第 4.2.4 条						—					
3	≥4m 的混凝土梁、板起拱			第 4.2.5 条						—					
4	预埋件和预留孔洞（mm）	预埋钢板中心线位置		3	—										
		预埋管预留孔中心线位置		3	—										
		插筋	中心线位置	5	—										
			外露长度	+10，0	—										
		预埋螺栓	中心线位置	2	—										
			外露长度	+10，0	—										
		预留洞	中心线位置	10	8	6	5								✓
			尺寸	+10，0	+6	+8	+4								
5	模板安装允许偏差项目（mm）	轴线位置		5	2	1	3								
		底模上表面标高		±5	+3	−2	0								
		截面内部尺寸	基础	±10	—										
			柱、墙、梁✓	+4，−5	+3	+1	−3								
		层高垂直度	不大于 5m	6	—										
			大于 5m	8	—										
		相邻两板表面高低差		2	1	2	0								
		表面平整度		5	2	1	3								

施工单位检查评定结果	检查评定合格 项目专业质量检查员：××× ×年×月×日
监理（建设）单位验收结论	同意验收 监理工程师：××× （建设单位项目专业技术负责人） ×年×月×日

注：1. 本表由施工项目专业质量检查员填写，监理工程师（建设单位项目技术负责人）组织项目专业质量（技术）负责人等进行验收。

2. 记录中定量项目填写数据，定性项目“符合规范要求”用✓标注，结果和结论栏由本人签字。

模板(拆除)工程检验批质量验收记录

表 2-94

<table>
<tr><td colspan="2">工程名称</td><td colspan="3">××住宅楼</td><td>验收部位</td><td>地下室顶板、梁</td></tr>
<tr><td colspan="2">施工单位</td><td colspan="3">××建筑工程公司</td><td>项目经理</td><td>×××</td></tr>
<tr><td colspan="2">施工执行标准名称及编号</td><td colspan="3">混凝土结构工程施工工艺标准(XJJ 018—2005)</td><td>专业工长</td><td>×××</td></tr>
<tr><td colspan="2">分包单位</td><td>—</td><td>分包项目经理</td><td>—</td><td>施工班组长</td><td>×××</td></tr>
<tr><td colspan="3">主控项目</td><td>规范规定</td><td colspan="2">施工单位检查评定记录
1 2 3 4 5 6 7 8 9 10</td><td>监理(建设)单位验收记录</td></tr>
<tr><td rowspan="7">1</td><td rowspan="7">底模及支架拆除时的混凝土强度设计要求</td><td>构件类型</td><td>构件跨度(m)</td><td>达到设计强度的百分比率</td><td></td><td rowspan="10">✓</td></tr>
<tr><td rowspan="3">板</td><td>≤2</td><td>≥50%</td><td rowspan="3">17.2MPa 见检测报告×</td></tr>
<tr><td>>2，≤8</td><td>≥75%✓</td></tr>
<tr><td>>8</td><td>≥100%</td></tr>
<tr><td rowspan="2">梁✓、拱、壳</td><td>≤8</td><td>≥75%</td><td rowspan="2">17.2MPa 见检测报告×</td></tr>
<tr><td>>8</td><td>≥100%</td></tr>
<tr><td>悬臂构件</td><td>—</td><td>≥100%</td><td>23.1MPa 见检测报告×</td></tr>
<tr><td>2</td><td colspan="2">后张法预应力混凝土构件侧模、底模拆除时间</td><td>第 4.3.2 条</td><td colspan="2">—</td></tr>
<tr><td>3</td><td colspan="2">后浇带模板的拆除和支顶</td><td>第 4.3.3 条</td><td colspan="2">—</td></tr>
<tr><td colspan="3">一般项目</td><td>规范规定</td><td colspan="2">施工单位检查评定记录
1 2 3 4 5 6 7 8 9 10</td><td>监理(建设)单位验收记录</td></tr>
<tr><td>1</td><td colspan="2">侧模拆除的操作要求</td><td>第 4.3.4 条</td><td colspan="2">✓</td><td rowspan="2">✓</td></tr>
<tr><td>2</td><td colspan="2">模板的拆除、堆放及清运</td><td>第 4.3.5 条</td><td colspan="2">✓</td></tr>
<tr><td colspan="2">施工单位检查评定结果</td><td colspan="5">检查评定合格
项目专业质量检查员：×××
×年×月×日</td></tr>
<tr><td colspan="2">监理(建设)单位验收结论</td><td colspan="5">同意验收
监理工程师：×××
(建设单位项目专业技术负责人)
×年×月×日</td></tr>
</table>

注：1. 本表由施工项目专业质量检查员填写，监理工程师(建设单位项目技术负责人)组织项目专业质量(技术)负责人等进行验收。

2. 记录中定量项目填写数据，定性项目“符合规范要求”用✓标注，结果和结论栏由本人签字。

钢筋分项工程质量验收记录

表 2-95

<table>
<tr><td>工程名称</td><td colspan="2">××住宅楼</td><td>结构类型</td><td>砖混</td><td>检验批数</td><td>2</td></tr>
<tr><td>施工单位</td><td colspan="2">××建筑工程公司</td><td>项目经理</td><td>×××</td><td>项目技术负责人</td><td>×××</td></tr>
<tr><td>分包单位</td><td colspan="2">—</td><td>分包单位负责人</td><td>—</td><td>分包项目经理</td><td>—</td></tr>
<tr><td>序号</td><td colspan="2">检验批部位、区段</td><td colspan="2">施工单位检查评定结果</td><td colspan="2">监理(建设)单位验收结论</td></tr>
<tr><td>1</td><td colspan="2">地下室顶板、梁钢筋原材料、加工</td><td colspan="2">✓</td><td colspan="2">✓</td></tr>
<tr><td>2</td><td colspan="2">地下室顶板、梁钢筋连接、安装</td><td colspan="2">✓</td><td colspan="2">✓</td></tr>
<tr><td>3</td><td colspan="2"></td><td colspan="2"></td><td colspan="2"></td></tr>
<tr><td>4</td><td colspan="2"></td><td colspan="2"></td><td colspan="2"></td></tr>
<tr><td>5</td><td colspan="2"></td><td colspan="2"></td><td colspan="2"></td></tr>
<tr><td>6</td><td colspan="2"></td><td colspan="2"></td><td colspan="2"></td></tr>
<tr><td>7</td><td colspan="2"></td><td colspan="2"></td><td colspan="2"></td></tr>
<tr><td>8</td><td colspan="2"></td><td colspan="2"></td><td colspan="2"></td></tr>
<tr><td>9</td><td colspan="2"></td><td colspan="2"></td><td colspan="2"></td></tr>
<tr><td>10</td><td colspan="2"></td><td colspan="2"></td><td colspan="2"></td></tr>
<tr><td>11</td><td colspan="2"></td><td colspan="2"></td><td colspan="2"></td></tr>
<tr><td>12</td><td colspan="2"></td><td colspan="2"></td><td colspan="2"></td></tr>
<tr><td>13</td><td colspan="2"></td><td colspan="2"></td><td colspan="2"></td></tr>
<tr><td>14</td><td colspan="2"></td><td colspan="2"></td><td colspan="2"></td></tr>
<tr><td>15</td><td colspan="2"></td><td colspan="2"></td><td colspan="2"></td></tr>
<tr><td>16</td><td colspan="2"></td><td colspan="2"></td><td colspan="2"></td></tr>
<tr><td>17</td><td colspan="2"></td><td colspan="2"></td><td colspan="2"></td></tr>
<tr><td>18</td><td colspan="2"></td><td colspan="2"></td><td colspan="2"></td></tr>
<tr><td>检查结论</td><td colspan="2">合格

项目专业技术负责人：×××
×年×月×日</td><td>验收结论</td><td colspan="3">同意验收

监理工程师：×××
(建设单位项目专业技术负责人)
×年×月×日</td></tr>
</table>

注：1. 本表由施工项目专业质量检查员填写，监理工程师(建设单位项目技术负责人)组织项目专业质量(技术)负责人等进行验收。

2. 记录中“符合规范要求”用✓标注，结论栏由本人签字。

钢筋(原材料、加工)工程检验批质量验收记录

表 2-96

<table>
<tr><td colspan="3">工程名称</td><td colspan="8">××住宅楼</td><td colspan="3">验收部位</td><td colspan="2">地下室顶板、梁</td></tr>
<tr><td colspan="3">施工单位</td><td colspan="8">××建筑工程公司</td><td colspan="3">项目经理</td><td colspan="2">×××</td></tr>
<tr><td colspan="3">施工执行标准
名称及编号</td><td colspan="8">混凝土结构工程施工工艺标准(XJJ 018—2005)</td><td colspan="3">专业工长</td><td colspan="2">×××</td></tr>
<tr><td colspan="3">分包单位</td><td colspan="2">—</td><td colspan="4">分包项目经理</td><td colspan="2">—</td><td colspan="3">施工班组长</td><td colspan="2">×××</td></tr>
<tr><td colspan="3" rowspan="2">主控项目</td><td rowspan="2">规范规定</td><td colspan="10">施工单位检查评定记录</td><td colspan="2" rowspan="2">监理(建设)单位验收记录</td></tr>
<tr><td>1</td><td>2</td><td>3</td><td>4</td><td>5</td><td>6</td><td>7</td><td>8</td><td>9</td><td>10</td></tr>
<tr><td>1</td><td colspan="2">钢筋力学性能检验</td><td>第 5.2.1 条</td><td colspan="10">✓见检验报告×</td><td colspan="2" rowspan="5">✓</td></tr>
<tr><td>2</td><td colspan="2">抗震用钢筋强度实测值</td><td>第 5.2.2 条</td><td colspan="10">—</td></tr>
<tr><td>3</td><td colspan="2">化学成分或其他专项检验</td><td>第 5.2.3 条</td><td colspan="10">—</td></tr>
<tr><td>4</td><td colspan="2">受力钢筋的弯钩和弯折</td><td>第 5.3.1 条</td><td colspan="10">✓</td></tr>
<tr><td>5</td><td colspan="2">非焊接封闭环式箍筋弯钩</td><td>第 5.3.2 条</td><td colspan="10">✓</td></tr>
<tr><td colspan="3" rowspan="2">一般项目</td><td rowspan="2">规范规定</td><td colspan="10">施工单位检查评定记录</td><td colspan="2" rowspan="2">监理(建设)单位验收记录</td></tr>
<tr><td>1</td><td>2</td><td>3</td><td>4</td><td>5</td><td>6</td><td>7</td><td>8</td><td>9</td><td>10</td></tr>
<tr><td>1</td><td colspan="2">钢筋外观质量</td><td>第 5.2.4 条</td><td colspan="10">✓</td><td colspan="2" rowspan="5">✓</td></tr>
<tr><td>2</td><td colspan="2">钢筋的机械调直与冷拉</td><td>第 5.3.3 条</td><td colspan="10">✓</td></tr>
<tr><td rowspan="3">3</td><td rowspan="3">钢筋加工的形状、尺寸及偏差项目(mm)</td><td>受力钢筋顺长度方向全长的净尺寸</td><td>±10</td><td>+3</td><td>+10</td><td>−7</td><td>−6</td><td></td><td></td><td></td><td></td><td></td><td></td></tr>
<tr><td>弯起钢筋的弯折位置</td><td>±20</td><td>—</td><td></td><td></td><td></td><td></td><td></td><td></td><td></td><td></td><td></td></tr>
<tr><td>箍筋内净尺寸</td><td>±5</td><td>−2</td><td>−4</td><td>+3</td><td>+4</td><td></td><td></td><td></td><td></td><td></td><td></td></tr>
<tr><td colspan="2">施工单位
检查评定结果</td><td colspan="14">检查评定合格

项目专业质量检查员：×××
×年×月×日</td></tr>
<tr><td colspan="2">监理(建设)
单位验收结论</td><td colspan="14">同意验收

监理工程师：×××
(建设单位项目专业技术负责人)
×年×月×日</td></tr>
</table>

注：1. 本表由施工项目专业质量检查员填写，监理工程师(建设单位项目技术负责人)组织项目专业质量(技术)负责人等进行验收。

2. 记录中定量项目填写数据，定性项目“符合规范要求”用✓标注，结果和结论栏由本人签字。

钢筋(连接、安装)工程检验批质量验收记录

表 2-97

工程名称	××住宅楼		验收部位	地下室顶板、梁
施工单位	××建筑工程公司		项目经理	×××
施工执行标准名称及编号	混凝土结构工程施工工艺标准(XJJ 018—2005)		专业工长	×××
分包单位	—	分包项目经理 —	施工班组长	×××

	主控项目	规范规定	施工单位检查评定记录 1	2	3	4	5	6	7	8	9	10	监理(建设)单位验收记录
1	纵向受力钢筋的连接方式	第5.4.1条	✓										
2	机械连接、焊接接头试件的力学性能检验	第5.4.2条	✓见检验报告×										✓
3	**受力钢筋的品种、级别、规格和数量**	**第5.5.1条**	HPB235、HRB335✓										
	一般项目	规范规定	施工单位检查评定记录 1	2	3	4	5	6	7	8	9	10	监理(建设)单位验收记录
1	接头位置和数量	第5.4.3条	✓										
2	机械连接、焊接接头的外观质量	第5.4.4条	✓										
3	机械连接、焊接接头的面积百分率	第5.4.5条	✓										
4	绑扎搭接接头面积百分率和搭接长度	第5.4.6条	✓										
5	搭接长度范围内的箍筋	第5.4.7条	✓										
6	钢筋安装位置的偏差项目(mm) 绑扎钢筋网 长、宽	±10	—										
	绑扎钢筋网 网眼尺寸	±20	—										
	绑扎钢筋骨架 长	±10	−7	+8	+5								
	绑扎钢筋骨架 宽、高	±5	−2	+7	+1								
	受力钢筋 间距	±10	+8	−7	−1								✓
	受力钢筋 排距	±5	—										
	受力钢筋 保护层厚度 基础	±10	—										
	受力钢筋 保护层厚度 柱、梁	±5	+3	−2	−5								
	受力钢筋 保护层厚度 板、墙、壳	±3	−3	+1	−2								
	绑扎箍筋、横向钢筋间距(mm)	±20	+15	−10	−12								
	钢筋弯起点位置(mm)	20	—										
	预埋件 中心线位置(mm)	5	3	3	2								
	预埋件 水平高差(mm)	+3，0	—										

施工单位检查评定结果	检查评定合格 项目专业质量检查员：××× ×年×月×日
监理(建设)单位验收结论	同意验收 监理工程师：××× (建设单位项目专业技术负责人) ×年×月×日

注：1. 本表由施工项目专业质量检查员填写，监理工程师(建设单位项目技术负责人)组织项目专业质量(技术)负责人等进行验收。

2. 记录中定量项目填写数据，定性项目“符合规范要求”用✓标注，结果和结论栏由本人签字。

混凝土分项工程质量验收记录

表 2-98

工程名称	××住宅楼	结构类型	砖混	检验批数	3
施工单位	××建筑工程公司	项目经理	×××	项目技术负责人	×××
分包单位	—	分包单位负责人	—	分包项目经理	—

序号	检验批部位、区段	施工单位检查评定结果	监理（建设）单位验收结论
1	基础混凝土原材料、配合比设计	✓	✓
2	基础毛石墙混凝土施工	✓	✓
3	地下室顶板、梁混凝土施工	✓	✓
4			
5			
6			
7			
8			
9			
10			
11			
12			
13			
14			
15			
16			
17			
18			
检查结论	混凝土强度符合要求 合格 项目专业技术负责人：××× ×年×月×日	验收结论	同意验收 监理工程师：××× （建设单位项目专业技术负责人） ×年×月×日

注：1. 本表由施工项目专业质量检查员填写，监理工程师（建设单位项目技术负责人）组织项目专业质量（技术）负责人等进行验收。

2. 记录中“符合规范要求”用✓标注，结论栏由本人签字。

混凝土原材料及配合比设计检验批质量验收记录

表 2-99

<table>
<tr><td colspan="2">工程名称</td><td colspan="8">××住宅楼</td><td colspan="3">验收部位</td><td>基础</td></tr>
<tr><td colspan="2">施工单位</td><td colspan="8">××建筑工程公司</td><td colspan="3">项目经理</td><td>×××</td></tr>
<tr><td colspan="2">施工执行标准
名称及编号</td><td colspan="8">混凝土结构工程施工工艺标准(XJJ 018—2005)</td><td colspan="3">专业工长</td><td>×××</td></tr>
<tr><td colspan="2">分包单位</td><td colspan="3">—</td><td colspan="3">分包项目经理</td><td colspan="2">—</td><td colspan="3">施工班组长</td><td>×××</td></tr>
<tr><td colspan="2" rowspan="2">主控项目</td><td rowspan="2">规范规定</td><td colspan="10">施工单位检查评定记录</td><td rowspan="2">监理(建设)单位
验收记录</td></tr>
<tr><td>1</td><td>2</td><td>3</td><td>4</td><td>5</td><td>6</td><td>7</td><td>8</td><td>9</td><td>10</td></tr>
<tr><td>1</td><td>水泥品种、级别、包装、强度、安定性</td><td>第 7.2.1 条</td><td colspan="10">✓见水泥检验报告×</td><td rowspan="4">✓</td></tr>
<tr><td>2</td><td>掺用外加剂的质量</td><td>第 7.2.2 条</td><td colspan="10">—</td></tr>
<tr><td>3</td><td>混凝土中氯化物和碱的总含量</td><td>第 7.2.3 条</td><td colspan="10">✓见氯化物碱含量计算书</td></tr>
<tr><td>4</td><td>根据混凝土强度等级、耐久性和工作性等进行的配合比设计</td><td>第 7.3.1 条</td><td colspan="10">✓见配合比设计</td></tr>
<tr><td colspan="2" rowspan="2">一般项目</td><td rowspan="2">规范规定</td><td colspan="10">施工单位检查评定记录</td><td rowspan="2">监理(建设)单位
验收记录</td></tr>
<tr><td>1</td><td>2</td><td>3</td><td>4</td><td>5</td><td>6</td><td>7</td><td>8</td><td>9</td><td>10</td></tr>
<tr><td>1</td><td>混凝土中掺用矿物掺合料的质量</td><td>第 7.2.4 条</td><td colspan="10">—</td><td rowspan="5">✓</td></tr>
<tr><td>2</td><td>普通混凝土所用的粗、细骨料的质量</td><td>第 7.2.5 条</td><td colspan="10">✓见检验报告 ×
×</td></tr>
<tr><td>3</td><td>拌制混凝土的水质</td><td>第 7.2.6 条</td><td colspan="10">✓(饮用自来水)</td></tr>
<tr><td>4</td><td>混凝土配合比首次开盘质量</td><td>第 7.3.2 条</td><td colspan="10">✓见开盘试件报告×</td></tr>
<tr><td>5</td><td>拌制前砂、石含水率、施工配合比</td><td>第 7.3.3 条</td><td colspan="10">✓见施工配合比通知单编号×</td></tr>
<tr><td colspan="2">施工单位
检查评定结果</td><td colspan="12">检查评定合格

项目专业质量检查员：×××
×年×月×日</td></tr>
<tr><td colspan="2">监理(建设)
单位验收结论</td><td colspan="12">同意验收

监理工程师：×××
(建设单位项目专业技术负责人)
×年×月×日</td></tr>
</table>

注：1. 本表由施工项目专业质量检查员填写，监理工程师(建设单位项目技术负责人)组织项目专业质量(技术)负责人等进行验收。

2. 记录中定量项目填写数据，定性项目“符合规范要求”用✓标注，结果和结论栏由本人签字。

混凝土(施工)工程检验批质量验收记录

表 2-100

<table>
<tr><td colspan="2">工程名称</td><td colspan="12">××住宅楼</td><td>验收部位</td><td>地下室顶板、梁</td></tr>
<tr><td colspan="2">施工单位</td><td colspan="12">××建筑工程公司</td><td>项目经理</td><td>×××</td></tr>
<tr><td colspan="2">施工执行标准名称及编号</td><td colspan="12">混凝土结构工程施工工艺标准(XJJ 018—2005)</td><td>专业工长</td><td>×××</td></tr>
<tr><td colspan="2">分包单位</td><td colspan="3">—</td><td colspan="5">分包项目经理</td><td colspan="4">—</td><td>施工班组长</td><td>×××</td></tr>
<tr><td colspan="3" rowspan="2">主控项目</td><td rowspan="2">规范规定</td><td colspan="10">施工单位检查评定记录</td><td colspan="2" rowspan="2">监理(建设)单位验收记录</td></tr>
<tr><td>1</td><td>2</td><td>3</td><td>4</td><td>5</td><td>6</td><td>7</td><td>8</td><td>9</td><td>10</td></tr>
<tr><td>1</td><td colspan="2">结构混凝土强度等级及试件的取样和留置</td><td>第 7.4.1 条</td><td colspan="10">标养2组,同条件2组,编号×</td><td colspan="2" rowspan="6">✓</td></tr>
<tr><td>2</td><td colspan="2">混凝土结构的抗渗及试件的取样和留置</td><td>第 7.4.2 条</td><td colspan="10">—</td></tr>
<tr><td rowspan="3">3</td><td rowspan="3">混凝土原材料每盘称量的偏差项目</td><td>水泥、掺合料</td><td>±2%</td><td>−1</td><td>+1.1</td><td></td><td></td><td></td><td></td><td></td><td></td><td></td><td></td></tr>
<tr><td>粗、细骨料</td><td>±3%</td><td>+2</td><td>+1.4</td><td></td><td></td><td></td><td></td><td></td><td></td><td></td><td></td></tr>
<tr><td>水、外加剂</td><td>±2%</td><td>+1.2</td><td>+1.5</td><td></td><td></td><td></td><td></td><td></td><td></td><td></td><td></td></tr>
<tr><td>4</td><td colspan="2">初凝时间控制、施工缝的处理</td><td>第 7.4.4 条</td><td colspan="10">✓</td></tr>
<tr><td colspan="3" rowspan="2">一般项目</td><td rowspan="2">规范规定</td><td colspan="10">施工单位检查评定记录</td><td colspan="2" rowspan="2">监理(建设)单位验收记录</td></tr>
<tr><td>1</td><td>2</td><td>3</td><td>4</td><td>5</td><td>6</td><td>7</td><td>8</td><td>9</td><td>10</td></tr>
<tr><td>1</td><td colspan="2">施工缝的位置与处理</td><td>第 7.4.5 条</td><td colspan="10">—</td><td colspan="2" rowspan="3">✓</td></tr>
<tr><td>2</td><td colspan="2">后浇带的留置位置和浇筑</td><td>第 7.4.6 条</td><td colspan="10">—</td></tr>
<tr><td>3</td><td colspan="2">混凝土的养护措施</td><td>第 7.4.7 条</td><td colspan="10">✓</td></tr>
<tr><td colspan="2">施工单位检查评定结果</td><td colspan="14">检查评定合格
项目专业质量检查员:×××
×年×月×日</td></tr>
<tr><td colspan="2">监理(建设)单位验收结论</td><td colspan="14">同意验收
监理工程师: ×××
(建设单位项目专业技术负责人)
×年×月×日</td></tr>
</table>

注:1. 本表由施工项目专业质量检查员填写,监理工程师(建设单位项目技术负责人)组织项目专业质量(技术)负责人等进行验收。

2. 记录中定量项目填写数据,定性项目"符合规范要求"用✓标注,结果和结论栏由本人签字。

现浇结构尺寸偏差与外观分项工程质量验收记录

表 2-101

<table>
<tr><td>工程名称</td><td colspan="2">××住宅楼</td><td>结构类型</td><td>砖混</td><td>检验批数</td><td>2</td></tr>
<tr><td>施工单位</td><td colspan="2">××建筑工程公司</td><td>项目经理</td><td>×××</td><td>项目技术负责人</td><td>×××</td></tr>
<tr><td>分包单位</td><td colspan="2">—</td><td>分包单位负责人</td><td>—</td><td>分包项目经理</td><td>—</td></tr>
<tr><td>序号</td><td colspan="2">检验批部位、区段</td><td colspan="2">施工单位检查评定结果</td><td colspan="2">监理(建设)单位验收结论</td></tr>
<tr><td>1</td><td colspan="2">基础墙(毛石混凝土)现浇结构尺寸偏差与外观</td><td colspan="2">✓</td><td colspan="2">✓</td></tr>
<tr><td>2</td><td colspan="2">地下室顶板、梁现浇结构尺寸偏差与外观</td><td colspan="2">✓</td><td colspan="2">✓</td></tr>
<tr><td>3</td><td colspan="2"></td><td colspan="2"></td><td colspan="2"></td></tr>
<tr><td>4</td><td colspan="2"></td><td colspan="2"></td><td colspan="2"></td></tr>
<tr><td>5</td><td colspan="2"></td><td colspan="2"></td><td colspan="2"></td></tr>
<tr><td>6</td><td colspan="2"></td><td colspan="2"></td><td colspan="2"></td></tr>
<tr><td>7</td><td colspan="2"></td><td colspan="2"></td><td colspan="2"></td></tr>
<tr><td>8</td><td colspan="2"></td><td colspan="2"></td><td colspan="2"></td></tr>
<tr><td>9</td><td colspan="2"></td><td colspan="2"></td><td colspan="2"></td></tr>
<tr><td>10</td><td colspan="2"></td><td colspan="2"></td><td colspan="2"></td></tr>
<tr><td>11</td><td colspan="2"></td><td colspan="2"></td><td colspan="2"></td></tr>
<tr><td>12</td><td colspan="2"></td><td colspan="2"></td><td colspan="2"></td></tr>
<tr><td>13</td><td colspan="2"></td><td colspan="2"></td><td colspan="2"></td></tr>
<tr><td>14</td><td colspan="2"></td><td colspan="2"></td><td colspan="2"></td></tr>
<tr><td>15</td><td colspan="2"></td><td colspan="2"></td><td colspan="2"></td></tr>
<tr><td>16</td><td colspan="2"></td><td colspan="2"></td><td colspan="2"></td></tr>
<tr><td>17</td><td colspan="2"></td><td colspan="2"></td><td colspan="2"></td></tr>
<tr><td>18</td><td colspan="2"></td><td colspan="2"></td><td colspan="2"></td></tr>
<tr><td>检查结论</td><td colspan="2">合格

项目专业技术负责人：×××
×年×月×日</td><td>验收结论</td><td colspan="3">同意验收

监理工程师：×××
(建设单位项目专业技术负责人)
×年×月×日</td></tr>
</table>

注：1. 本表由施工项目专业质量检查员填写，监理工程师(建设单位项目技术负责人)组织项目专业质量(技术)负责人等进行验收。

2. 记录中“符合规范要求”用✓标注，结论栏由本人签字。

现浇结构（外观及尺寸偏差）工程检验批质量验收记录

表 2-102

工程名称	××住宅楼	验收部位	地下室顶板、梁
施工单位	××建筑工程公司	项目经理	×××
施工执行标准名称及编号	混凝土结构工程施工工艺标准（XJJ 018—2005）	专业工长	×××
分包单位	— 分包项目经理 —	施工班组长	×××

	主控项目	规范规定	1	2	3	4	5	6	7	8	9	10	监理（建设）单位验收记录
1	现浇结构外观质量或严重缺陷处理	第 8.2.1 条						✓					✓
2	影响结构性能、使用功能和设备安装的尺寸偏差	第 8.3.1 条						✓					

	一般项目			规范规定	1	2	3	4	5	6	7	8	9	10	监理（建设）单位验收记录
1	现浇结构外观质量或一般缺陷处理			第 8.2.2 条						✓					
2	现浇结构尺寸允许偏差项目（mm）	轴线位置	基础	15	—										✓
			独立基础	10	—										
			墙、柱、梁	8	5	3	1								
			剪力墙	5	—										
		垂直度	层高 ≤5m	8	—										
			层高 >5m	10	—										
			全高（H）	H/1000 且≤30	—										
		标高	层高	±10	+5	+3	−2								
			全高	±30	—										
		截面尺寸		+8，−5	+2	+3	+5								
		电梯井	井筒长、宽对定位中心线	+25，0	—										
			井筒全高（H）垂直度	H/1000 且≤30	—										
		表面平整度		8	4	6	⑨								
		预埋设施中心线位置	预埋件	10	3	5	2								
			预埋螺栓	5	—										
			预埋管	5	—										
		预留洞中心线位置		15	12	10	6								

施工单位检查评定结果	检查评定合格 项目专业质量检查员：××× ×年×月×日
监理（建设）单位验收结论	同意验收 监理工程师：××× （建设单位项目专业技术负责人） ×年×月×日

注：1. 本表由施工项目专业质量检查员填写，监理工程师（建设单位项目技术负责人）组织项目专业质量（技术）负责人等进行验收。

2. 记录中定量项目填写数据，定性项目“符合规范要求”用✓标注，结果和结论栏由本人签字。

砖砌体分项工程质量验收记录

表 2-103

<table>
<tr><td>工程名称</td><td colspan="2">××住宅楼</td><td>结构类型</td><td>砖混</td><td>检验批数</td><td>1</td></tr>
<tr><td>施工单位</td><td colspan="2">××建筑工程公司</td><td>项目经理</td><td>×××</td><td>项目技术负责人</td><td>×××</td></tr>
<tr><td>分包单位</td><td colspan="2">—</td><td>分包单位负责人</td><td>—</td><td>分包项目经理</td><td>—</td></tr>
<tr><td>序号</td><td colspan="2">检验批部位、区段</td><td colspan="2">施工单位检查评定结果</td><td colspan="2">监理(建设)单位验收结论</td></tr>
<tr><td>1</td><td colspan="2">地下室</td><td colspan="2">✓</td><td colspan="2">✓</td></tr>
<tr><td>2</td><td colspan="2"></td><td colspan="2"></td><td colspan="2"></td></tr>
<tr><td>3</td><td colspan="2"></td><td colspan="2"></td><td colspan="2"></td></tr>
<tr><td>4</td><td colspan="2"></td><td colspan="2"></td><td colspan="2"></td></tr>
<tr><td>5</td><td colspan="2"></td><td colspan="2"></td><td colspan="2"></td></tr>
<tr><td>6</td><td colspan="2"></td><td colspan="2"></td><td colspan="2"></td></tr>
<tr><td>7</td><td colspan="2"></td><td colspan="2"></td><td colspan="2"></td></tr>
<tr><td>8</td><td colspan="2"></td><td colspan="2"></td><td colspan="2"></td></tr>
<tr><td>9</td><td colspan="2"></td><td colspan="2"></td><td colspan="2"></td></tr>
<tr><td>10</td><td colspan="2"></td><td colspan="2"></td><td colspan="2"></td></tr>
<tr><td>11</td><td colspan="2"></td><td colspan="2"></td><td colspan="2"></td></tr>
<tr><td>12</td><td colspan="2"></td><td colspan="2"></td><td colspan="2"></td></tr>
<tr><td>13</td><td colspan="2"></td><td colspan="2"></td><td colspan="2"></td></tr>
<tr><td>14</td><td colspan="2"></td><td colspan="2"></td><td colspan="2"></td></tr>
<tr><td>15</td><td colspan="2"></td><td colspan="2"></td><td colspan="2"></td></tr>
<tr><td>16</td><td colspan="2"></td><td colspan="2"></td><td colspan="2"></td></tr>
<tr><td>17</td><td colspan="2"></td><td colspan="2"></td><td colspan="2"></td></tr>
<tr><td>18</td><td colspan="2"></td><td colspan="2"></td><td colspan="2"></td></tr>
<tr><td>检查结论</td><td>砂浆强度符合要求
合格

项目专业技术负责人：×××
×年×月×日</td><td>验收结论</td><td colspan="4">同意验收

监理工程师：×××
(建设单位项目专业技术负责人)
×年×月×日</td></tr>
</table>

注：1. 本表由施工项目专业质量检查员填写，监理工程师(建设单位项目技术负责人)组织项目专业质量(技术)负责人等进行验收。

2. 记录中“符合规范要求”用✓标注，结论栏由本人签字。

砖砌体工程检验批质量验收记录

表 2-104

工程名称	××住宅楼			验收部位	地下室
施工单位	××建筑工程公司			项目经理	×××
施工执行标准名称及编号	砌体工程施工工艺标准(XJJ 017—2005)			专业工长	×××
分包单位	—	分包项目经理	—	施工班组长	×××

	主控项目		规范规定	施工单位检查评定记录										监理(建设)单位验收记录
				1	2	3	4	5	6	7	8	9	10	
1	**砖强度等级**		**设计要求 MU10**	12.3MPa见砖检验报告×										
1	**砂浆强度等级**		**设计要求 M10**	见试件编号×										
2	**斜槎留置**		**第 5.2.3 条**	—										
3	直槎拉结钢筋及接槎处理		第 5.2.4 条	—										
4	砂浆饱满度		≥80%	90	88	82	87	86						✓
5	位置及垂直度(mm)	轴线位移	10	0/3	2/1	1/0	3	4	6	5	2	3	1	
		垂直度 每层	5	3	5	2	1	4	3	4	2	3	2	
		垂直度 全高 ≤10m	10	—										
		垂直度 全高 >10m	20											
	一般项目		规范规定	施工单位检查评定记录										监理(建设)单位验收记录
				1	2	3	4	5	6	7	8	9	10	
1	组砌方法		第 5.3.1 条	✓										
2	水平灰缝厚度		第 5.3.2 条	✓										
3	砖砌体一般尺寸允许偏差项目(mm)	基础顶(楼)面标高	±15	+4	+5	+2	0	−2	−1					
		表面平整度 清水	5	—										
		表面平整度 混水✓	8	4	5	6	3	2	⑨					
		门窗洞口高、宽	±5	+3	+1	0	−2	⑥						✓
		外墙上下窗口偏移	20	—										
		水平灰缝平直度 清水	7	—										
		水平灰缝平直度 混水✓	10	4	6	8	2	1	3					
		清水墙游丁走卒	20	—										

施工单位检查评定结果	检查评定合格 项目专业质量检查员：××× ×年×月×日
监理(建设)单位验收结论	同意验收 监理工程师：××× (建设单位项目专业技术负责人) ×年×月×日

注：1. 本表由施工项目专业质量检查员填写，监理工程师(建设单位项目技术负责人)组织项目专业质量(技术)负责人等进行验收。

2. 记录中定量项目填写数据，定性项目“符合规范要求”用✓标注，结果和结论栏由本人签字。

配筋砌体分项工程质量验收记录

表 2-105

<table>
<tr><td>工程名称</td><td colspan="2">××住宅楼</td><td>结构类型</td><td>砖混</td><td>检验批数</td><td>1</td></tr>
<tr><td>施工单位</td><td colspan="2">××建筑工程公司</td><td>项目经理</td><td>×××</td><td>项目技术负责人</td><td>×××</td></tr>
<tr><td>分包单位</td><td colspan="2">—</td><td>分包单位负责人</td><td>—</td><td>分包项目经理</td><td>—</td></tr>
<tr><td>序号</td><td colspan="2">检验批部位、区段</td><td colspan="2">施工单位检查评定结果</td><td colspan="2">监理(建设)单位验收结论</td></tr>
<tr><td>1</td><td colspan="2">地下室配筋砌体</td><td colspan="2">✓</td><td colspan="2">✓</td></tr>
<tr><td>2</td><td colspan="2"></td><td colspan="2"></td><td colspan="2"></td></tr>
<tr><td>3</td><td colspan="2"></td><td colspan="2"></td><td colspan="2"></td></tr>
<tr><td>4</td><td colspan="2"></td><td colspan="2"></td><td colspan="2"></td></tr>
<tr><td>5</td><td colspan="2"></td><td colspan="2"></td><td colspan="2"></td></tr>
<tr><td>6</td><td colspan="2"></td><td colspan="2"></td><td colspan="2"></td></tr>
<tr><td>7</td><td colspan="2"></td><td colspan="2"></td><td colspan="2"></td></tr>
<tr><td>8</td><td colspan="2"></td><td colspan="2"></td><td colspan="2"></td></tr>
<tr><td>9</td><td colspan="2"></td><td colspan="2"></td><td colspan="2"></td></tr>
<tr><td>10</td><td colspan="2"></td><td colspan="2"></td><td colspan="2"></td></tr>
<tr><td>11</td><td colspan="2"></td><td colspan="2"></td><td colspan="2"></td></tr>
<tr><td>12</td><td colspan="2"></td><td colspan="2"></td><td colspan="2"></td></tr>
<tr><td>13</td><td colspan="2"></td><td colspan="2"></td><td colspan="2"></td></tr>
<tr><td>14</td><td colspan="2"></td><td colspan="2"></td><td colspan="2"></td></tr>
<tr><td>15</td><td colspan="2"></td><td colspan="2"></td><td colspan="2"></td></tr>
<tr><td>16</td><td colspan="2"></td><td colspan="2"></td><td colspan="2"></td></tr>
<tr><td>17</td><td colspan="2"></td><td colspan="2"></td><td colspan="2"></td></tr>
<tr><td>18</td><td colspan="2"></td><td colspan="2"></td><td colspan="2"></td></tr>
<tr><td>检查结论</td><td colspan="2">混凝土强度符合要求
合格

项目专业技术负责人：×××
×年×月×日</td><td>验收结论</td><td colspan="3">同意验收

监理工程师：×××
(建设单位项目专业技术负责人)
×年×月×日</td></tr>
</table>

注：1. 本表由施工项目专业质量检查员填写，监理工程师(建设单位项目技术负责人)组织项目专业质量(技术)负责人等进行验收。

2. 记录中“符合规范要求”用✓标注，结论栏由本人签字。

配筋砌体工程检验批质量验收记录

表 2-106

工程名称	××住宅楼			验收部位	地下室
施工单位	××建筑工程公司			项目经理	×××
施工执行标准名称及编号	砌体工程施工工艺标准(XJJ 017—2005)			专业工长	×××
分包单位	—	分包项目经理	—	施工班组长	×××

主控项目			规范规定	施工单位检查评定记录										监理(建设)单位验收记录
				1	2	3	4	5	6	7	8	9	10	
1	钢筋品种、规格、数量		设计要求	HPB235合格见检测报告×										
2	混凝土或砂浆强度等级		设计要求C20	见试件编号×										
3	马牙槎、拉结筋		第8.2.3条	✓										
4	芯柱		贯通截面不削弱	—										
5	柱中心线位置(mm)		10	2	4	3	2	9						✓
6	柱层间错位(mm)		8	3	5	2	4	1						
7	柱垂直度(mm)	每层	10	6	7	4	2	1						
		全高≤10m	15	—										
		全高>10m	20											

一般项目		规范规定	施工单位检查评定记录										监理(建设)单位验收记录
			1	2	3	4	5	6	7	8	9	10	
1	水平灰缝内钢筋	第8.3.1条	✓										
2	钢筋防腐保护	第8.3.2条	—										
3	网状配筋及位置	第8.3.3条	—										✓
4	组合砌体拉结筋	第8.3.4条	—										
5	砌块砌体钢筋搭接	第8.3.5条	—										

施工单位检查评定结果	检查评定合格 项目专业质量检查员：××× ×年×月×日
监理(建设)单位验收结论	同意验收 监理工程师：××× (建设单位项目专业技术负责人) ×年×月×日

注：1. 本表由施工项目专业质量检查员填写，监理工程师(建设单位项目技术负责人)组织项目专业质量(技术)负责人等进行验收。

2. 记录中定量项目填写数据，定性项目“符合规范要求”用✓标注，结果和结论栏由本人签字。

填充墙砌体分项工程质量验收记录

表 2-107

<table>
<tr><td>工程名称</td><td colspan="2">××住宅楼</td><td>结构类型</td><td>砖混</td><td>检验批数</td><td>1</td></tr>
<tr><td>施工单位</td><td colspan="2">××建筑工程公司</td><td>项目经理</td><td>×××</td><td>项目技术负责人</td><td>×××</td></tr>
<tr><td>分包单位</td><td colspan="2">—</td><td>分包单位负责人</td><td>—</td><td>分包项目经理</td><td>—</td></tr>
<tr><td>序号</td><td colspan="2">检验批部位、区段</td><td colspan="2">施工单位检查评定结果</td><td colspan="2">监理(建设)单位验收结论</td></tr>
<tr><td>1</td><td colspan="2">地下室</td><td colspan="2">✓</td><td colspan="2">✓</td></tr>
<tr><td>2</td><td colspan="2"></td><td colspan="2"></td><td colspan="2"></td></tr>
<tr><td>3</td><td colspan="2"></td><td colspan="2"></td><td colspan="2"></td></tr>
<tr><td>4</td><td colspan="2"></td><td colspan="2"></td><td colspan="2"></td></tr>
<tr><td>5</td><td colspan="2"></td><td colspan="2"></td><td colspan="2"></td></tr>
<tr><td>6</td><td colspan="2"></td><td colspan="2"></td><td colspan="2"></td></tr>
<tr><td>7</td><td colspan="2"></td><td colspan="2"></td><td colspan="2"></td></tr>
<tr><td>8</td><td colspan="2"></td><td colspan="2"></td><td colspan="2"></td></tr>
<tr><td>9</td><td colspan="2"></td><td colspan="2"></td><td colspan="2"></td></tr>
<tr><td>10</td><td colspan="2"></td><td colspan="2"></td><td colspan="2"></td></tr>
<tr><td>11</td><td colspan="2"></td><td colspan="2"></td><td colspan="2"></td></tr>
<tr><td>12</td><td colspan="2"></td><td colspan="2"></td><td colspan="2"></td></tr>
<tr><td>13</td><td colspan="2"></td><td colspan="2"></td><td colspan="2"></td></tr>
<tr><td>14</td><td colspan="2"></td><td colspan="2"></td><td colspan="2"></td></tr>
<tr><td>15</td><td colspan="2"></td><td colspan="2"></td><td colspan="2"></td></tr>
<tr><td>16</td><td colspan="2"></td><td colspan="2"></td><td colspan="2"></td></tr>
<tr><td>17</td><td colspan="2"></td><td colspan="2"></td><td colspan="2"></td></tr>
<tr><td>18</td><td colspan="2"></td><td colspan="2"></td><td colspan="2"></td></tr>
<tr><td>检查结论</td><td colspan="2">砂浆强度符号要求
合格

项目专业技术负责人：×××
×年×月×日</td><td>验收结论</td><td colspan="3">同意验收

监理工程师：×××
(建设单位项目专业技术负责人)
×年×月×日</td></tr>
</table>

注：1. 本表由施工项目专业质量检查员填写，监理工程师(建设单位项目技术负责人)组织项目专业质量(技术)负责人等进行验收。

2. 记录中“符合规范要求”用✓标注，结论栏由本人签字。

填充墙砌体工程检验批质量验收记录
GB 50203—2002

表 2-108

工程名称	××住宅楼			验收部位	地下室
施工单位	××建筑工程公司			项目经理	×××
施工执行标准名称及编号	砌体工程施工工艺标准(XJJ 017—2005)			专业工长	×××
分包单位	—	分包项目经理	—	施工班组长	×××

主控项目				规范规定	施工单位检查评定记录										监理(建设)单位验收记录
					1	2	3	4	5	6	7	8	9	10	
1	块材强度等级			设计要求 MU10	12.1MPa 见砖检验报告×										✓
2	砂浆强度等级			设计要求 M10	见试验编号×										
一般项目				规范规定	施工单位检查评定记录										监理(建设)单位验收记录
					1	2	3	4	5	6	7	8	9	10	
1	一般尺寸(mm)	轴线位移		10	8	4	2								
		垂直度(每层)	≤3m	5	4	1	5								
			>3m	10	—										
		表面平整度		8	6	⑨	4								
		门窗洞口高、宽(后塞口)		±5	+3	+1	+2								
		外墙上下窗口偏移		20	—										
2	砂浆饱满度			≥80%	87	90	91	85	82	93	91	86	89	84	
3	无混砌现象			第 9.3.2 条	—										
4	拉结钢筋或网片位置			第 9.3.4 条	✓										
5	错缝搭砌			第 9.3.5 条	✓										
6	灰缝厚度、宽度			第 9.3.6 条	✓										
7	梁底砌法			第 9.3.7 条	✓										

施工单位检查评定结果	检验评定合格 项目专业质量检查员：××× ×年×月×日
监理（建设）单位验收结论	同意验收 监理工程师：××× （建设单位项目专业技术负责人） ×年×月×日

注：1. 本表由施工项目专业质量检查员填写，监理工程师(建设单位项目技术负责人)组织项目专业质量(技术)负责人等进行验收。

2. 记录中定量项目填写数据，定性项目“符合规范要求”用✓标注，结果和结论栏由本人签字。

涂料防水层分项工程质量验收记录

表 2-109

<table>
<tr><td>工程名称</td><td colspan="2">××住宅楼</td><td>结构类型</td><td>砖混</td><td>检验批数</td><td>1</td></tr>
<tr><td>施工单位</td><td colspan="2">××建筑工程公司</td><td>项目经理</td><td>×××</td><td>项目技术负责人</td><td>×××</td></tr>
<tr><td>分包单位</td><td colspan="2">—</td><td>分包单位负责人</td><td>—</td><td>分包项目经理</td><td>—</td></tr>
<tr><td>序号</td><td colspan="2">检验批部位、区段</td><td colspan="2">施工单位检查评定结果</td><td colspan="2">监理（建设）单位验收结论</td></tr>
<tr><td>1</td><td colspan="2">基础墙外侧</td><td colspan="2">✓</td><td colspan="2">✓</td></tr>
<tr><td>2</td><td colspan="2"></td><td colspan="2"></td><td colspan="2"></td></tr>
<tr><td>3</td><td colspan="2"></td><td colspan="2"></td><td colspan="2"></td></tr>
<tr><td>4</td><td colspan="2"></td><td colspan="2"></td><td colspan="2"></td></tr>
<tr><td>5</td><td colspan="2"></td><td colspan="2"></td><td colspan="2"></td></tr>
<tr><td>6</td><td colspan="2"></td><td colspan="2"></td><td colspan="2"></td></tr>
<tr><td>7</td><td colspan="2"></td><td colspan="2"></td><td colspan="2"></td></tr>
<tr><td>8</td><td colspan="2"></td><td colspan="2"></td><td colspan="2"></td></tr>
<tr><td>9</td><td colspan="2"></td><td colspan="2"></td><td colspan="2"></td></tr>
<tr><td>10</td><td colspan="2"></td><td colspan="2"></td><td colspan="2"></td></tr>
<tr><td>11</td><td colspan="2"></td><td colspan="2"></td><td colspan="2"></td></tr>
<tr><td>12</td><td colspan="2"></td><td colspan="2"></td><td colspan="2"></td></tr>
<tr><td>13</td><td colspan="2"></td><td colspan="2"></td><td colspan="2"></td></tr>
<tr><td>14</td><td colspan="2"></td><td colspan="2"></td><td colspan="2"></td></tr>
<tr><td>15</td><td colspan="2"></td><td colspan="2"></td><td colspan="2"></td></tr>
<tr><td>16</td><td colspan="2"></td><td colspan="2"></td><td colspan="2"></td></tr>
<tr><td>17</td><td colspan="2"></td><td colspan="2"></td><td colspan="2"></td></tr>
<tr><td>18</td><td colspan="2"></td><td colspan="2"></td><td colspan="2"></td></tr>
<tr><td>检查结论</td><td colspan="2">合格

项目专业技术负责人：×××
×年×月×日</td><td>验收结论</td><td colspan="3">同意验收

监理工程师：×××
（建设单位项目专业技术负责人）
×年×月×日</td></tr>
</table>

注：1. 本表由施工项目专业质量检查员填写，监理工程师（建设单位项目技术负责人）组织项目专业质量（技术）负责人等进行验收。

2. 记录中“符合规范要求”用✓标注，结论栏由本人签字。

涂料防水层工程检验批质量验收记录 GB 50208—2002

表 2-110

<table>
<tr><td colspan="2">工程名称</td><td colspan="12">××住宅楼</td><td>验收部位</td><td>基础墙外侧</td></tr>
<tr><td colspan="2">施工单位</td><td colspan="12">××建筑工程公司</td><td>项目经理</td><td>×××</td></tr>
<tr><td colspan="2">施工执行标准名称及编号</td><td colspan="12">地下防水工程施工工艺标准(XJJ 019—2005)</td><td>专业工长</td><td>×××</td></tr>
<tr><td colspan="2">分包单位</td><td colspan="2">—</td><td colspan="5">分包项目经理</td><td colspan="5">—</td><td>施工班组长</td><td>×××</td></tr>
<tr><td colspan="2" rowspan="2">主控项目</td><td rowspan="2">规范规定</td><td colspan="11">施工单位检查评定记录</td><td colspan="2" rowspan="2">监理(建设)单位验收记录</td></tr>
<tr><td>1</td><td>2</td><td>3</td><td>4</td><td>5</td><td>6</td><td>7</td><td>8</td><td>9</td><td colspan="2">10</td></tr>
<tr><td>1</td><td>材料质量及配合比</td><td>第4.4.7条</td><td colspan="11">✓见试验报告×</td><td colspan="2" rowspan="2">✓</td></tr>
<tr><td>2</td><td>转角处、变形缝、穿墙管道等细部做法</td><td>第4.4.8条</td><td colspan="11">✓</td></tr>
<tr><td colspan="2" rowspan="2">一般项目</td><td rowspan="2">规范规定</td><td colspan="11">施工单位检查评定记录</td><td colspan="2" rowspan="2">监理(建设)单位验收记录</td></tr>
<tr><td>1</td><td>2</td><td>3</td><td>4</td><td>5</td><td>6</td><td>7</td><td>8</td><td>9</td><td colspan="2">10</td></tr>
<tr><td>1</td><td>基层质量</td><td>第4.4.9条</td><td colspan="11">✓</td><td colspan="2" rowspan="4">✓</td></tr>
<tr><td>2</td><td>防水层与基层粘结牢固、表面平整、涂刷均匀</td><td>第4.4.10条</td><td colspan="11">✓</td></tr>
<tr><td>3</td><td>防水层平均厚度应符合设计要求，最小厚度≥80%设计厚度</td><td>第4.4.11条</td><td colspan="11">✓</td></tr>
<tr><td>4</td><td>侧墙保护层与防水层的粘结牢固、紧密、厚度均匀一致</td><td>第4.4.12条</td><td colspan="11">✓</td></tr>
<tr><td colspan="2">施工单位检查评定结果</td><td colspan="14">检验评定合格
项目专业质量检查员：×××
×年×月×日</td></tr>
<tr><td colspan="2">监理(建设)单位验收结论</td><td colspan="14">同意验收
监理工程师：×××
(建设单位项目专业技术负责人)
×年×月×日</td></tr>
</table>

注：1. 本表由施工项目专业质量检查员填写，监理工程师(建设单位项目技术负责人)组织项目专业质量(技术)负责人等进行验收。

2. 记录中定量项目填写数据，定性项目“符合规范要求”用✓标注，结果和结论栏由本人签字。

2. 主体分部工程验收记录

主体结构分部工程质量验收记录见表 2-111。

模板分项工程质量验收记录见表 2-112。

模板(现浇结构)工程检验批质量验收记录见表 2-113。

模板(拆除)工程检验批质量验收记录见表 2-114。

钢筋分项工程质量验收记录见表 2-115。

钢筋(原材料、加工)工程检验批质量验收记录见表 2-116。

钢筋(连接、安装)工程检验批质量验收记录见表 2-117。

混凝土分项工程质量验收记录见表 2-118。

混凝土原材料及配合比设计检验批质量验收记录见表 2-119。

混凝土(施工)工程检验批质量验收记录见表 2-120。

现浇结构分项工程质量验收记录见表 2-121。

现浇结构(外观及尺寸偏差)工程检验批质量验收记录见表 2-122。

砖砌体分项工程质量验收记录见表 2-123。

砖砌体工程检验批质量验收记录见表 2-124。

配筋砌体分项工程质量验收记录见表 2-125。

配筋砌体工程检验批质量验收记录见表 2-126。

填充墙分项工程质量验收记录见表 2-127。

填充墙砌体工程检验批质量验收记录见表 2-128。

主体结构分部工程质量验收记录

表 2-111

<table>
<tr><td>工程名称</td><td colspan="3">××住宅楼</td><td>结构类型</td><td>砖混</td><td>层数</td><td>五层</td></tr>
<tr><td>施工单位</td><td colspan="3">××建筑工程公司</td><td>技术部门负责人</td><td>×××</td><td>质量部门负责人</td><td>×××</td></tr>
<tr><td>分包单位</td><td colspan="3">—</td><td>分包单位负责人</td><td>—</td><td>分包技术负责人</td><td>—</td></tr>
<tr><td>序号</td><td colspan="2">分项工程名称</td><td>检验批数</td><td colspan="2">施工单位检查评定</td><td colspan="2">验收意见</td></tr>
<tr><td>1</td><td colspan="2">模板</td><td>10</td><td colspan="2">✓</td><td colspan="2" rowspan="18">同意验收</td></tr>
<tr><td>2</td><td colspan="2">钢筋</td><td>10</td><td colspan="2">✓</td></tr>
<tr><td>3</td><td colspan="2">混凝土</td><td>10</td><td colspan="2">✓</td></tr>
<tr><td>4</td><td colspan="2">现浇结构</td><td>5</td><td colspan="2">✓</td></tr>
<tr><td>5、</td><td colspan="2">砖砌体</td><td>6</td><td colspan="2">✓</td></tr>
<tr><td>6</td><td colspan="2">配筋砌体</td><td>6</td><td colspan="2">✓</td></tr>
<tr><td>7</td><td colspan="2">填充墙</td><td>2</td><td colspan="2">✓</td></tr>
<tr><td>8</td><td colspan="2"></td><td></td><td colspan="2"></td></tr>
<tr><td>9</td><td colspan="2"></td><td></td><td colspan="2"></td></tr>
<tr><td>10</td><td colspan="2"></td><td></td><td colspan="2"></td></tr>
<tr><td>11</td><td colspan="2"></td><td></td><td colspan="2"></td></tr>
<tr><td>12</td><td colspan="2"></td><td></td><td colspan="2"></td></tr>
<tr><td>13</td><td colspan="2"></td><td></td><td colspan="2"></td></tr>
<tr><td>14</td><td colspan="2"></td><td></td><td colspan="2"></td></tr>
<tr><td>15</td><td colspan="2"></td><td></td><td colspan="2"></td></tr>
<tr><td>16</td><td colspan="2"></td><td></td><td colspan="2"></td></tr>
<tr><td>17</td><td colspan="2"></td><td></td><td colspan="2"></td></tr>
<tr><td>18</td><td colspan="2"></td><td></td><td colspan="2"></td></tr>
<tr><td colspan="3">质量控制资料</td><td></td><td colspan="2">✓</td><td colspan="2">同意验收</td></tr>
<tr><td colspan="3">安全和功能检验(检测)报告</td><td></td><td colspan="2">✓</td><td colspan="2">同意验收</td></tr>
<tr><td colspan="3">观感质量验收</td><td colspan="5">综合评价好</td></tr>
<tr><td rowspan="5">验收单位</td><td>分包单位</td><td>—</td><td>项目经理</td><td colspan="2">—</td><td colspan="2">年 月 日</td></tr>
<tr><td>施工单位</td><td>××建筑工程公司</td><td>项目经理</td><td colspan="2">×××</td><td colspan="2">×年×月×日</td></tr>
<tr><td>勘察单位</td><td>××岩土勘察设计院</td><td>项目负责人</td><td colspan="2">×××</td><td colspan="2">×年×月×日</td></tr>
<tr><td>设计单位</td><td>××设计研究院</td><td>项目负责人</td><td colspan="2">×××</td><td colspan="2">×年×月×日</td></tr>
<tr><td>监理(建设)单位</td><td>××监理公司</td><td colspan="5">总监理工程师 ×××
(建设单位项目专业负责人)
×年×月×日</td></tr>
</table>

注：本表由总监理工程师(建设单位项目负责人)组织施工单位项目负责人和技术、质量负责人等进行验收；地基与基础、主体结构分部工程的勘察、设计单位工程项目负责人和施工单位技术、质量部门负责人也应参加相关分部工程验收。检查评定由施工单位填写，验收意见由监理单位填写，观感质量验收由验收各方共同商定，监理单位填写。“符合规范要求”用✓标注。

模板分项工程质量验收记录

表 2-112

<table>
<tr><td>工程名称</td><td colspan="2">××住宅楼</td><td>结构类型</td><td>砖混</td><td>检验批数</td><td>10</td></tr>
<tr><td>施工单位</td><td colspan="2">××建筑工程公司</td><td>项目经理</td><td>×××</td><td>项目技术负责人</td><td>×××</td></tr>
<tr><td>分包单位</td><td colspan="2">—</td><td>分包单位负责人</td><td>—</td><td>分包项目经理</td><td>—</td></tr>
<tr><td>序号</td><td colspan="2">检验批部位、区段</td><td colspan="2">施工单位检查评定结果</td><td colspan="2">监理(建设)单位验收结论</td></tr>
<tr><td>1</td><td colspan="2">一层板、梁安装</td><td colspan="2">✓</td><td colspan="2">✓</td></tr>
<tr><td>2</td><td colspan="2">一层板、梁拆除</td><td colspan="2">✓</td><td colspan="2">✓</td></tr>
<tr><td>3</td><td colspan="2">二层板、梁安装</td><td colspan="2">✓</td><td colspan="2">✓</td></tr>
<tr><td>4</td><td colspan="2">二层板、梁拆除</td><td colspan="2">✓</td><td colspan="2">✓</td></tr>
<tr><td>5</td><td colspan="2">三层板、梁安装</td><td colspan="2">✓</td><td colspan="2">✓</td></tr>
<tr><td>6</td><td colspan="2">三层板、梁拆除</td><td colspan="2">✓</td><td colspan="2">✓</td></tr>
<tr><td>7</td><td colspan="2">四层板、梁安装</td><td colspan="2">✓</td><td colspan="2">✓</td></tr>
<tr><td>8</td><td colspan="2">四层板、梁拆除</td><td colspan="2">✓</td><td colspan="2">✓</td></tr>
<tr><td>9</td><td colspan="2">五层板、梁安装</td><td colspan="2">✓</td><td colspan="2">✓</td></tr>
<tr><td>10</td><td colspan="2">五层板、梁拆除</td><td colspan="2">✓</td><td colspan="2">✓</td></tr>
<tr><td>11</td><td colspan="2"></td><td colspan="2"></td><td colspan="2"></td></tr>
<tr><td>12</td><td colspan="2"></td><td colspan="2"></td><td colspan="2"></td></tr>
<tr><td>13</td><td colspan="2"></td><td colspan="2"></td><td colspan="2"></td></tr>
<tr><td>14</td><td colspan="2"></td><td colspan="2"></td><td colspan="2"></td></tr>
<tr><td>15</td><td colspan="2"></td><td colspan="2"></td><td colspan="2"></td></tr>
<tr><td>16</td><td colspan="2"></td><td colspan="2"></td><td colspan="2"></td></tr>
<tr><td>17</td><td colspan="2"></td><td colspan="2"></td><td colspan="2"></td></tr>
<tr><td>18</td><td colspan="2"></td><td colspan="2"></td><td colspan="2"></td></tr>
<tr><td>检查结论</td><td colspan="2">合格

项目专业技术负责人：×××
×年×月×日</td><td>验收结论</td><td colspan="3">同意验收

监理工程师：×××
(建设单位项目专业技术负责人)
×年×月×日</td></tr>
</table>

注：1. 本表由施工项目专业质量检查员填写，监理工程师(建设单位项目技术负责人)组织项目专业质量(技术)负责人等进行验收。

2. 记录中“符合规范要求”用✓标注，结论栏由本人签字。

模板(现浇结构)工程检验批质量验收记录

表 2-113

工程名称	××住宅楼			验收部位	三层板、梁
施工单位	××建筑工程公司			项目经理	×××
施工执行标准名称及编号	混凝土结构工程施工工艺标准(XJJ 018—2005)			专业工长	×××
分包单位	—	分包项目经理	—	施工班组长	×××

序号	主控项目			规范规定	施工单位检查评定记录 1	2	3	4	5	6	7	8	9	10	监理(建设)单位验收记录
1	模板支撑、立柱位置和垫板			第 4.2.1 条					✓						✓
2	涂刷隔离剂			第 4.2.2 条					✓						
	一般项目			**规范规定**	**施工单位检查评定记录 1**	**2**	**3**	**4**	**5**	**6**	**7**	**8**	**9**	**10**	**监理(建设)单位验收记录**
1	模板安装			第 4.2.3 条					✓						✓
2	用作模板的地坪、胎模质量			第 4.2.4 条					—						
3	≥4m 的混凝土梁、板起拱			第 4.2.5 条					—						
4	预埋件和预留孔洞(mm)	预埋钢板中心线位置		3	—										
		预埋管预留孔中心线位置		3	—										
		插筋	中心线位置	5	—										
			外露长度	+10，0	—										
		预埋螺栓	中心线位置	2	—										
			外露长度	+10，0	—										
		预留洞	中心线位置	10	8	6	10								
			尺寸	+10，0	+6	+8	+4								
5	模板安装允许偏差项目(mm)	轴线位置		5	3	2	4								
		底模上表面标高		±5	+3	−2	0								
		截面内部尺寸	基础	±10	—										
			柱、墙、梁	+4，−5	+2	−3	−2								
		层高垂直度	不大于 5m	6	—										
			大于 5m	8	—										
		相邻两板表面高低差		2	③	0	1								
		表面平整度		5	2	1	3								

施工单位检查评定结果	检验评定合格 项目专业质量检查员：××× ×年×月×日
监理(建设)单位验收结论	同意验收 监理工程师：××× (建设单位项目专业技术负责人) ×年×月×日

注：1. 本表由施工项目专业质量检查员填写，监理工程师(建设单位项目技术负责人)组织项目专业质量(技术)负责人等进行验收。

2. 记录中定量项目填写数据，定性项目“符合规范要求”用✓标注，结果和结论栏由本人签字。

模板（拆除）工程检验批质量验收记录

表 2-114

工程名称	××住宅楼			验收部位	三层板、梁
施工单位	××建筑工程公司			项目经理	×××
施工执行标准名称及编号	混凝土结构工程施工工艺标准(XJJ 018—2005)			专业工长	×××
分包单位	—	分包项目经理	—	施工班组长	×××

主控项目				规范规定	施工单位检查评定记录（1 2 3 4 5 6 7 8 9 10）	监理（建设）单位验收记录
1	底模及支架拆除时的混凝土强度设计要求	构件类型	构件跨度(m)	达到设计强度的百分比率		✓
		板✓	≤2	≥50%		
			>2，≤8	≥75%✓	18.0MPa 见检测报告×	
			>8	≥100%		
		梁✓、拱、壳	≤8	≥75%	18.0MPa 见检测报告×	
			>8	≥100%		
		悬臂构件	—	≥100%	23.1MPa 见检测报告×	
2	后张法预应力混凝土构件侧模、底模拆除时间			第 4.3.2 条	—	
3	后浇带模板的拆除和支顶			第 4.3.3 条	—	

一般项目		规范规定	施工单位检查评定记录（1 2 3 4 5 6 7 8 9 10）	监理（建设）单位验收记录
1	侧模拆除的操作要求	第 4.3.4 条	✓	✓
2	模板的拆除、堆放及清运	第 4.3.5 条	✓	

施工单位检查评定结果	检验评定合格 项目专业质量检查员：××× ×年×月×日
监理（建设）单位验收结论	同意验收 监理工程师：　××× （建设单位项目专业技术负责人） ×年×月×日

注：1. 本表由施工项目专业质量检查员填写，监理工程师（建设单位项目技术负责人）组织项目专业质量（技术）负责人等进行验收。

2. 记录中定量项目填写数据，定性项目“符合规范要求”用✓标注，结果和结论栏由本人签字。

钢筋分项工程质量验收记录

表 2-115

工程名称	××住宅楼	结构类型	砖混	检验批数	10
施工单位	××建筑工程公司	项目经理	×××	项目技术负责人	×××
分包单位	—	分包单位负责人	—	分包项目经理	—

序号	检验批部位、区段	施工单位检查评定结果	监理（建设）单位验收结论
1	一层钢筋原材料、加工	✓	✓
2	一层钢筋连接、安装	✓	✓
3	二层钢筋原材料、加工	✓	✓
4	二层钢筋连接、安装	✓	✓
5	三层钢筋原材料、加工	✓	✓
6	三层钢筋连接、安装	✓	✓
7	四层钢筋原材料、加工	✓	✓
8	四层钢筋连接、安装	✓	✓
9	五层钢筋原材料、加工	✓	✓
10	五层钢筋连接、安装	✓	✓
11			
12			
13			
14			
15			
16			
17			
18			

检查结论	合格 项目专业技术负责人：××× ×年×月×日	验收结论	同意验收 监理工程师：××× （建设单位项目专业技术负责人） ×年×月×日

注：1. 本表由施工项目专业质量检查员填写，监理工程师（建设单位项目技术负责人）组织项目专业质量（技术）负责人等进行验收。

2. 记录中“符合规范要求”用✓标注，结论栏由本人签字。

钢筋(原材料、加工)工程检验批质量验收记录

表 2-116

<table>
<tr><td colspan="3">工程名称</td><td colspan="8">××住宅楼</td><td colspan="5">验收部位</td><td>三层</td></tr>
<tr><td colspan="3">施工单位</td><td colspan="8">××建筑工程公司</td><td colspan="5">项目经理</td><td>×××</td></tr>
<tr><td colspan="3">施工执行标准名称及编号</td><td colspan="8">混凝土结构工程施工工艺标准(XJJ 018—2005)</td><td colspan="5">专业工长</td><td>×××</td></tr>
<tr><td colspan="3">分包单位</td><td>—</td><td colspan="4">分包项目经理</td><td colspan="3">—</td><td colspan="5">施工班组长</td><td>×××</td></tr>
<tr><td colspan="3" rowspan="2">主控项目</td><td rowspan="2">规范规定</td><td colspan="10">施工单位检查评定记录</td><td colspan="3" rowspan="2">监理(建设)单位验收记录</td></tr>
<tr><td>1</td><td>2</td><td>3</td><td>4</td><td>5</td><td>6</td><td>7</td><td>8</td><td>9</td><td>10</td></tr>
<tr><td>1</td><td colspan="2">钢筋力学性能检验</td><td>第 5.2.1 条</td><td colspan="10">符合 GB 13013—91、GB 1499—1998
见检验报告×</td><td colspan="3" rowspan="5">✓</td></tr>
<tr><td>2</td><td colspan="2">抗震用钢筋强度实测值</td><td>第 5.2.2 条</td><td colspan="10">—</td></tr>
<tr><td>3</td><td colspan="2">化学成分或其他专项检验</td><td>第 5.2.3 条</td><td colspan="10">—</td></tr>
<tr><td>4</td><td colspan="2">受力钢筋的弯钩和弯折</td><td>第 5.3.1 条</td><td colspan="10">✓</td></tr>
<tr><td>5</td><td colspan="2">非焊接封闭环式箍筋弯钩</td><td>第 5.3.2 条</td><td colspan="10">✓</td></tr>
<tr><td colspan="3" rowspan="2">一般项目</td><td rowspan="2">规范规定</td><td colspan="10">施工单位检查评定记录</td><td colspan="3" rowspan="2">监理(建设)单位验收记录</td></tr>
<tr><td>1</td><td>2</td><td>3</td><td>4</td><td>5</td><td>6</td><td>7</td><td>8</td><td>9</td><td>10</td></tr>
<tr><td>1</td><td colspan="2">钢筋外观质量</td><td>第 5.2.4 条</td><td colspan="10">✓</td><td colspan="3" rowspan="5">✓</td></tr>
<tr><td>2</td><td colspan="2">钢筋的机械调直与冷拉</td><td>第 5.3.3 条</td><td colspan="10">✓</td></tr>
<tr><td rowspan="3">3</td><td rowspan="3">钢筋加工的形状、尺寸及偏差项目(mm)</td><td>受力钢筋顺长度方向全长的净尺寸</td><td>±10</td><td>+2</td><td>−10</td><td>+8</td><td>+6</td><td></td><td></td><td></td><td></td><td></td><td></td></tr>
<tr><td>弯起钢筋的弯折位置</td><td>±20</td><td>—</td><td></td><td></td><td></td><td></td><td></td><td></td><td></td><td></td><td></td></tr>
<tr><td>箍筋内净尺寸</td><td>±5</td><td>+3</td><td>−2</td><td>+4</td><td>−1</td><td></td><td></td><td></td><td></td><td></td><td></td></tr>
<tr><td colspan="3">施工单位检查评定结果</td><td colspan="14">检验评定合格
项目专业质量检查员：×××
×年×月×日</td></tr>
<tr><td colspan="3">监理(建设)单位验收结论</td><td colspan="14">同意验收
监理工程师：×××
(建设单位项目专业技术负责人)
×年×月×日</td></tr>
</table>

注：1. 本表由施工项目专业质量检查员填写，监理工程师(建设单位项目技术负责人)组织项目专业质量(技术)负责人等进行验收。

2. 记录中定量项目填写数据，定性项目“符合规范要求”用✓标注，结果和结论栏由本人签字。

钢筋(连接、安装)工程检验批质量验收记录

表 2-117

工程名称	××住宅楼			验收部位	三层
施工单位	××建筑工程公司			项目经理	×××
施工执行标准名称及编号	混凝土结构工程施工工艺标准(XJJ 018—2005)			专业工长	×××
分包单位	—	分包项目经理	—	施工班组长	×××

	主控项目	规范规定	施工单位检查评定记录										监理(建设)单位验收记录
			1	2	3	4	5	6	7	8	9	10	
1	纵向受力钢筋的连接方式	第 5.4.1 条	✓										✓
2	机械连接、焊接接头试件的力学性能检验	第 5.4.2 条	✓见检验报告×										
3	**受力钢筋的品种、级别、规格和数量**	**第 5.5.1 条**	HPB235、HRB335✓										
	一般项目	规范规定	施工单位检查评定记录										监理(建设)单位验收记录
			1	2	3	4	5	6	7	8	9	10	
1	接头位置和数量	第 5.4.3 条	✓										✓
2	机械连接、焊接接头的外观质量	第 5.4.4 条	✓										
3	机械连接、焊接接头的面积百分率	第 5.4.5 条	✓										
4	绑扎搭接接头面积百分率和搭接长度	第 5.4.6 条	✓										
5	搭接长度范围内的箍筋	第 5.4.7 条	✓										
6	钢筋安装位置的偏差项目(mm) 绑扎钢筋网 长、宽	±10	—										
	绑扎钢筋网 网眼尺寸	±20	—										
	绑扎钢筋骨架 长	±10	+7	−6	+5	−5							
	绑扎钢筋骨架 宽、高	±5	−3	+4	−2	−5							
	受力钢筋 间距	±10	+3	−4	−3	+8							
	受力钢筋 排距	±5	—										
	受力钢筋 保护层厚度 基础	±10	—										
	受力钢筋 保护层厚度 柱、梁	±5	+5	+3	−4	−3							
	受力钢筋 保护层厚度 板、墙、壳	±3	+2	−3	−2	+1							
	绑扎箍筋、横向钢筋间距(mm)	±20	+16	+14	−10	+8							
	钢筋弯起点位置(mm)	20	—										
	预埋件 中心线位置(mm)	5	2	3	4								
	预埋件 水平高差(mm)	+3，0	—										
施工单位检查评定结果	检验评定合格 项目专业质量检查员：××× ×年×月×日												
监理(建设)单位验收结论	同意验收 监理工程师：××× (建设单位项目专业技术负责人) ×年×月×日												

注：1. 本表由施工项目专业质量检查员填写，监理工程师(建设单位项目技术负责人)组织项目专业质量(技术)负责人等进行验收。
2. 记录中定量项目填写数据，定性项目“符合规范要求”用✓标注，结果和结论栏由本人签字。

混凝土分项工程质量验收记录

表 2-118

<table>
<tr><td>工程名称</td><td colspan="2">××住宅楼</td><td>结构类型</td><td>砖混</td><td>检验批数</td><td>10</td></tr>
<tr><td>施工单位</td><td colspan="2">××建筑工程公司</td><td>项目经理</td><td>×××</td><td>项目技术负责人</td><td>×××</td></tr>
<tr><td>分包单位</td><td colspan="2">—</td><td>分包单位负责人</td><td>—</td><td>分包项目经理</td><td>—</td></tr>
<tr><td>序号</td><td colspan="2">检验批部位、区段</td><td colspan="2">施工单位检查评定结果</td><td colspan="2">监理(建设)单位验收结论</td></tr>
<tr><td>1</td><td colspan="2">一层混凝土原材料、配合比设计</td><td colspan="2">✓</td><td colspan="2">✓</td></tr>
<tr><td>2</td><td colspan="2">一层混凝土施工</td><td colspan="2">✓</td><td colspan="2">✓</td></tr>
<tr><td>3</td><td colspan="2">二层混凝土原材料、配合比设计</td><td colspan="2">✓</td><td colspan="2">✓</td></tr>
<tr><td>4</td><td colspan="2">二层混凝土施工</td><td colspan="2">✓</td><td colspan="2">✓</td></tr>
<tr><td>5</td><td colspan="2">三层混凝土原材料、配合比设计</td><td colspan="2">✓</td><td colspan="2">✓</td></tr>
<tr><td>6</td><td colspan="2">三层混凝土施工</td><td colspan="2">✓</td><td colspan="2">✓</td></tr>
<tr><td>7</td><td colspan="2">四层混凝土原材料、配合比设计</td><td colspan="2">✓</td><td colspan="2">✓</td></tr>
<tr><td>8</td><td colspan="2">四层混凝土施工</td><td colspan="2">✓</td><td colspan="2">✓</td></tr>
<tr><td>9</td><td colspan="2">五层混凝土原材料、配合比设计</td><td colspan="2">✓</td><td colspan="2">✓</td></tr>
<tr><td>10</td><td colspan="2">五层混凝土施工</td><td colspan="2">✓</td><td colspan="2">✓</td></tr>
<tr><td>11</td><td colspan="2"></td><td colspan="2"></td><td colspan="2"></td></tr>
<tr><td>12</td><td colspan="2"></td><td colspan="2"></td><td colspan="2"></td></tr>
<tr><td>13</td><td colspan="2"></td><td colspan="2"></td><td colspan="2"></td></tr>
<tr><td>14</td><td colspan="2"></td><td colspan="2"></td><td colspan="2"></td></tr>
<tr><td>15</td><td colspan="2"></td><td colspan="2"></td><td colspan="2"></td></tr>
<tr><td>16</td><td colspan="2"></td><td colspan="2"></td><td colspan="2"></td></tr>
<tr><td>17</td><td colspan="2"></td><td colspan="2"></td><td colspan="2"></td></tr>
<tr><td>18</td><td colspan="2"></td><td colspan="2"></td><td colspan="2"></td></tr>
<tr><td>检查结论</td><td>混凝土强度符合要求
合格

项目专业技术负责人：×××
×年×月×日</td><td>验收结论</td><td colspan="4">同意验收

监理工程师：×××
(建设单位项目专业技术负责人)
×年×月×日</td></tr>
</table>

注：1. 本表由施工项目专业质量检查员填写，监理工程师(建设单位项目技术负责人)组织项目专业质量(技术)负责人等进行验收。

2. 记录中“符合规范要求”用✓标注，结论栏由本人签字。

混凝土原材料及配合比设计检验批质量验收记录

表 2-119

工程名称	××住宅楼			验收部位	三层
施工单位	××建筑工程公司			项目经理	×××
施工执行标准名称及编号	混凝土结构工程施工工艺标准(XJJ 018—2005)			专业工长	×××
分包单位	—	分包项目经理	—	施工班组长	×××

	主控项目	规范规定	施工单位检查评定记录 1 2 3 4 5 6 7 8 9 10	监理(建设)单位验收记录
1	**水泥品种、级别、包装、强度、安定性**	**第 7.2.1 条**	✓见水泥检验报告×	✓
2	**掺用外加剂的质量**	**第 7.2.2 条**	✓见早强减水剂检验报告×	
3	混凝土中氯化物和碱的总含量	第 7.2.3 条	✓见氯化物碱含量计算书	
4	根据混凝土强度等级、耐久性和工作性等进行的配合比设计	第 7.3.1 条	✓见配合比设计	
	一般项目	**规范规定**	**施工单位检查评定记录 1 2 3 4 5 6 7 8 9 10**	**监理(建设)单位验收记录**
1	混凝土中掺用矿物掺合料的质量	第 7.2.4 条	—	✓
2	普通混凝土所用的粗、细骨料的质量	第 7.2.5 条	✓见检验报告××	
3	拌制混凝土的水质	第 7.2.6 条	✓	
4	混凝土配合比首次开盘质量	第 7.3.2 条	—	
5	拌制前砂、石含水率、施工配合比	第 7.3.3 条	✓见施工配合比通知单×	

施工单位检查评定结果	检验评定合格 项目专业质量检查员：××× ×年×月×日
监理(建设)单位验收结论	同意验收 监理工程师：××× (建设单位项目专业技术负责人) ×年×月×日

注：1. 本表由施工项目专业质量检查员填写，监理工程师(建设单位项目技术负责人)组织项目专业质量(技术)负责人等进行验收。

2. 记录中定量项目填写数据，定性项目“符合规范要求”用✓标注，结果和结论栏由本人签字。

混凝土(施工)工程检验批质量验收记录

表 2-120

<table>
<tr><td colspan="2">工程名称</td><td colspan="12">××住宅楼</td><td>验收部位</td><td>三层梁、板、楼梯</td></tr>
<tr><td colspan="2">施工单位</td><td colspan="12">××建筑工程公司</td><td>项目经理</td><td>×××</td></tr>
<tr><td colspan="2">施工执行标准名称及编号</td><td colspan="12">混凝土结构工程施工工艺标准(XJJ 018—2005)</td><td>专业工长</td><td>×××</td></tr>
<tr><td colspan="2">分包单位</td><td colspan="2">—</td><td colspan="5">分包项目经理</td><td colspan="5">—</td><td>施工班组长</td><td>×××</td></tr>
<tr><td colspan="3" rowspan="2">主控项目</td><td rowspan="2">规范规定</td><td colspan="10">施工单位检查评定记录</td><td colspan="2" rowspan="2">监理(建设)单位验收记录</td></tr>
<tr><td>1</td><td>2</td><td>3</td><td>4</td><td>5</td><td>6</td><td>7</td><td>8</td><td>9</td><td>10</td></tr>
<tr><td>1</td><td colspan="2">结构混凝土强度等级及试件的取样和留置</td><td>第 7.4.1 条</td><td colspan="10">标养2组，同条件2组，编号×</td><td colspan="2" rowspan="6">✓</td></tr>
<tr><td>2</td><td colspan="2">混凝土结构的抗渗及试件的取样和留置</td><td>第 7.4.2 条</td><td colspan="10">—</td></tr>
<tr><td rowspan="3">3</td><td rowspan="3">混凝土原材料每盘称量的偏差项目</td><td>水泥、掺合料</td><td>±2%</td><td>+2</td><td>-1.5</td><td></td><td></td><td></td><td></td><td></td><td></td><td></td><td></td></tr>
<tr><td>粗、细骨料</td><td>±3%</td><td>+2</td><td>-3</td><td></td><td></td><td></td><td></td><td></td><td></td><td></td><td></td></tr>
<tr><td>水、外加剂</td><td>±2%</td><td>+1</td><td>+1.8</td><td></td><td></td><td></td><td></td><td></td><td></td><td></td><td></td></tr>
<tr><td>4</td><td colspan="2">初凝时间控制、施工缝的处理</td><td>第 7.4.4 条</td><td colspan="10">✓</td></tr>
<tr><td colspan="3" rowspan="2">一般项目</td><td rowspan="2">规范规定</td><td colspan="10">施工单位检查评定记录</td><td colspan="2" rowspan="2">监理(建设)单位验收记录</td></tr>
<tr><td>1</td><td>2</td><td>3</td><td>4</td><td>5</td><td>6</td><td>7</td><td>8</td><td>9</td><td>10</td></tr>
<tr><td>1</td><td colspan="2">施工缝的位置与处理</td><td>第 7.4.5 条</td><td colspan="10">—</td><td colspan="2" rowspan="3">✓</td></tr>
<tr><td>2</td><td colspan="2">后浇带的留置位置和浇筑</td><td>第 7.4.6 条</td><td colspan="10">—</td></tr>
<tr><td>3</td><td colspan="2">混凝土的养护措施</td><td>第 7.4.7 条</td><td colspan="10">✓</td></tr>
<tr><td colspan="2">施工单位检查评定结果</td><td colspan="14">检验评定合格
项目专业质量检查员：×××
×年×月×日</td></tr>
<tr><td colspan="2">监理(建设)单位验收结论</td><td colspan="14">同意验收
监理工程师：×××
(建设单位项目专业技术负责人)
×年×月×日</td></tr>
</table>

注：1. 本表由施工项目专业质量检查员填写，监理工程师(建设单位项目技术负责人)组织项目专业质量(技术)负责人等进行验收。

2. 记录中定量项目填写数据，定性项目“符合规范要求”用✓标注，结果和结论栏由本人签字。

现浇结构分项工程质量验收记录

表 2-121

<table>
<tr><td>工程名称</td><td colspan="2">××住宅楼</td><td>结构类型</td><td>砖混</td><td>检验批数</td><td>5</td></tr>
<tr><td>施工单位</td><td colspan="2">××建筑工程公司</td><td>项目经理</td><td>×××</td><td>项目技术负责人</td><td>×××</td></tr>
<tr><td>分包单位</td><td colspan="2">—</td><td>分包单位负责人</td><td>—</td><td>分包项目经理</td><td>—</td></tr>
<tr><td>序号</td><td colspan="2">检验批部位、区段</td><td colspan="2">施工单位检查评定结果</td><td colspan="2">监理（建设）单位验收结论</td></tr>
<tr><td>1</td><td colspan="2">一层</td><td colspan="2">✓</td><td colspan="2">✓</td></tr>
<tr><td>2</td><td colspan="2">二层</td><td colspan="2">✓</td><td colspan="2">✓</td></tr>
<tr><td>3</td><td colspan="2">三层</td><td colspan="2">✓</td><td colspan="2">✓</td></tr>
<tr><td>4</td><td colspan="2">四层</td><td colspan="2">✓</td><td colspan="2">✓</td></tr>
<tr><td>5</td><td colspan="2">五层</td><td colspan="2">✓</td><td colspan="2">✓</td></tr>
<tr><td>6</td><td colspan="2"></td><td colspan="2">✓</td><td colspan="2">✓</td></tr>
<tr><td>7</td><td colspan="2"></td><td colspan="2">✓</td><td colspan="2">✓</td></tr>
<tr><td>8</td><td colspan="2"></td><td colspan="2">✓</td><td colspan="2">✓</td></tr>
<tr><td>9</td><td colspan="2"></td><td colspan="2">✓</td><td colspan="2">✓</td></tr>
<tr><td>10</td><td colspan="2"></td><td colspan="2">✓</td><td colspan="2">✓</td></tr>
<tr><td>11</td><td colspan="2"></td><td colspan="2"></td><td colspan="2"></td></tr>
<tr><td>12</td><td colspan="2"></td><td colspan="2"></td><td colspan="2"></td></tr>
<tr><td>13</td><td colspan="2"></td><td colspan="2"></td><td colspan="2"></td></tr>
<tr><td>14</td><td colspan="2"></td><td colspan="2"></td><td colspan="2"></td></tr>
<tr><td>15</td><td colspan="2"></td><td colspan="2"></td><td colspan="2"></td></tr>
<tr><td>16</td><td colspan="2"></td><td colspan="2"></td><td colspan="2"></td></tr>
<tr><td>17</td><td colspan="2"></td><td colspan="2"></td><td colspan="2"></td></tr>
<tr><td>18</td><td colspan="2"></td><td colspan="2"></td><td colspan="2"></td></tr>
<tr><td>检查结论</td><td>合格

项目专业技术负责人：×××
×年×月×日</td><td>验收结论</td><td colspan="4">同意验收

监理工程师：×××
（建设单位项目专业技术负责人）
×年×月×日</td></tr>
</table>

注：1. 本表由施工项目专业质量检查员填写，监理工程师（建设单位项目技术负责人）组织项目专业质量（技术）负责人等进行验收。

2. 记录中“符合规范要求”用✓标注，结论栏由本人签字。

现浇结构(外观及尺寸偏差)工程检验批质量验收记录

表 2-122

工程名称	××住宅楼			验收部位	三层梁、板
施工单位	××建筑工程公司			项目经理	×××
施工执行标准名称及编号	混凝土结构工程施工工艺标准(XJJ 018—2005)			专业工长	×××
分包单位	—	分包项目经理	—	施工班组长	×××

	主控项目	规范规定	施工单位检查评定记录										监理(建设)单位验收记录
			1	2	3	4	5	6	7	8	9	10	
1	**现浇结构外观质量或严重缺陷处理**	**第 8.2.1 条**	✓										✓
2	**影响结构性能、使用功能和设备安装的尺寸偏差**	**第 8.3.1 条**	✓										
	一般项目	规范规定	施工单位检查评定记录										监理(建设)单位验收记录
			1	2	3	4	5	6	7	8	9	10	
1	现浇结构外观质量或一般缺陷处理	第 8.2.2 条	✓										
2	现浇结构尺寸允许偏差项目(mm) 轴线位置 基础	15	—										
	轴线位置 独立基础	10	—										
	轴线位置 墙、柱、梁	8	5	3	2								
	轴线位置 剪力墙	5	—										
	垂直度 层高 ≤5m	8	—										
	垂直度 层高 >5m	10	—										
	垂直度 全高(*H*)	*H*/1000 且≤30	—										
	标高 层高	±10	+8	+5	−2								
	标高 全高	±30	—										
	截面尺寸	+8，−5	−5	−3	+8								
	电梯井 井筒长、宽对定位中心线	+25，0	—										
	电梯井 井筒全高(*H*)垂直度	*H*/1000 且≤30	—										
	表面平整度	8	3	4	5								
	预埋设施中心线位置 预埋件	10	5	2	3								
	预埋设施中心线位置 预埋螺栓	5	—										
	预埋设施中心线位置 预埋管	5	—										
	预留洞中心线位置	15	7	14	12								
施工单位检查评定结果	检验评定合格 项目专业质量检查员：××× ×年×月×日												
监理(建设)单位验收结论	同意验收 监理工程师：××× (建设单位项目专业技术负责人) ×年×月×日												

注：1. 本表由施工项目专业质量检查员填写，监理工程师(建设单位项目技术负责人)组织项目专业质量(技术)负责人等进行验收。

2. 记录中定量项目填写数据，定性项目“符合规范要求”用✓标注，结果和结论栏由本人签字。

砖砌体分项工程质量验收记录

表 2-123

<table>
<tr><td>工程名称</td><td colspan="2">××住宅楼</td><td>结构类型</td><td>砖混</td><td>检验批数</td><td>6</td></tr>
<tr><td>施工单位</td><td colspan="2">××建筑工程公司</td><td>项目经理</td><td>×××</td><td>项目技术负责人</td><td>×××</td></tr>
<tr><td>分包单位</td><td colspan="2">—</td><td>分包单位负责人</td><td>—</td><td>分包项目经理</td><td>—</td></tr>
<tr><td>序号</td><td colspan="2">检验批部位、区段</td><td colspan="2">施工单位检查评定结果</td><td colspan="2">监理(建设)单位验收结论</td></tr>
<tr><td>1</td><td colspan="2">一层</td><td colspan="2">✓</td><td colspan="2">✓</td></tr>
<tr><td>2</td><td colspan="2">二层</td><td colspan="2">✓</td><td colspan="2">✓</td></tr>
<tr><td>3</td><td colspan="2">三层</td><td colspan="2">✓</td><td colspan="2">✓</td></tr>
<tr><td>4</td><td colspan="2">四层</td><td colspan="2">✓</td><td colspan="2">✓</td></tr>
<tr><td>5</td><td colspan="2">五层</td><td colspan="2">✓</td><td colspan="2">✓</td></tr>
<tr><td>6</td><td colspan="2">女儿墙</td><td colspan="2">✓</td><td colspan="2">✓</td></tr>
<tr><td>7</td><td colspan="2"></td><td colspan="2"></td><td colspan="2"></td></tr>
<tr><td>8</td><td colspan="2"></td><td colspan="2"></td><td colspan="2"></td></tr>
<tr><td>9</td><td colspan="2"></td><td colspan="2"></td><td colspan="2"></td></tr>
<tr><td>10</td><td colspan="2"></td><td colspan="2"></td><td colspan="2"></td></tr>
<tr><td>11</td><td colspan="2"></td><td colspan="2"></td><td colspan="2"></td></tr>
<tr><td>12</td><td colspan="2"></td><td colspan="2"></td><td colspan="2"></td></tr>
<tr><td>13</td><td colspan="2"></td><td colspan="2"></td><td colspan="2"></td></tr>
<tr><td>14</td><td colspan="2"></td><td colspan="2"></td><td colspan="2"></td></tr>
<tr><td>15</td><td colspan="2"></td><td colspan="2"></td><td colspan="2"></td></tr>
<tr><td>16</td><td colspan="2"></td><td colspan="2"></td><td colspan="2"></td></tr>
<tr><td>17</td><td colspan="2"></td><td colspan="2"></td><td colspan="2"></td></tr>
<tr><td>18</td><td colspan="2"></td><td colspan="2"></td><td colspan="2"></td></tr>
<tr><td>检查结论</td><td>全高垂直度符合要求和砂浆强度均符合要求
合格
项目专业技术负责人：×××
×年×月×日</td><td>验收结论</td><td colspan="4">同意验收
监理工程师：×××
(建设单位项目专业技术负责人)
×年×月×日</td></tr>
</table>

注：1. 本表由施工项目专业质量检查员填写，监理工程师(建设单位项目技术负责人)组织项目专业质量(技术)负责人等进行验收。

2. 记录中“符合规范要求”用✓标注，结论栏由本人签字。

砖砌体工程检验批质量验收记录

表 2-124

工程名称	××住宅楼			验收部位	三层
施工单位	××建筑工程公司			项目经理	×××
施工执行标准名称及编号	砌体工程施工工艺标准(XJJ 017—2005)			专业工长	×××
分包单位	—	分包项目经理	—	施工班组长	×××

	主控项目	规范规定	施工单位检查评定记录										监理(建设)单位验收记录
1	砖强度等级	设计要求 MU10	13.1MPa 见试验报告×										✓
	砂浆强度等级	设计要求 M10	见试件编号×										
2	斜槎留置	第 5.2.3 条	—										
3	直槎拉结钢筋及接槎处理	第 5.2.4 条	—										
4	砂浆饱满度	≥80%	82	86	85	90	87						
5	位置及垂直度(mm) 轴线位移	10	8/3	5/2	3/5	6	2	0	1	2	4	3	
	垂直度 每层	5	4	2	3	5	1	3	2	4	1	3	
	垂直度 全高 ≤10m	10	—										
	垂直度 全高 >10m	20											
	一般项目	**规范规定**	**施工单位检查评定记录**										**监理(建设)单位验收记录**
1	组砌方法	第 5.3.1 条	✓										✓
2	水平灰缝厚度	第 5.3.2 条	✓										
3	砖砌体一般尺寸允许偏差项目(mm) 顶(楼)面标高	±15	+10	+12	+8	+5	−1	−2					
	表面平整度 清水	5	—										
	表面平整度 混水	8	6	3	5	7	2	⑨					
	门窗洞口	±5	−3	−5	+2	+1	+3	+4					
	外墙上下窗口偏移	20	12	10	4	2	3	7					
	水平灰缝平直度 清水	7	—										
	水平灰缝平直度 混水	10	5	6	3	2	4	8					
	清水墙游丁走缝	20	—										

施工单位检查评定结果	检验评定合格 项目专业质量检查员：××× ×年×月×日
监理(建设)单位验收结论	除砂浆强度外，主控项目和一般项目经抽查合格。同意验收 监理工程师：××× (建设单位项目专业技术负责人) ×年×月×日

注：1. 本表由施工项目专业质量检查员填写，监理工程师(建设单位项目技术负责人)组织项目专业质量(技术)负责人等进行验收。

2. 记录中定量项目填写数据，定性项目“符合规范要求”用✓标注，结果和结论栏由本人签字。

配筋砌体分项工程质量验收记录

表 2-125

<table>
<tr><td colspan="2">工程名称</td><td>××住宅楼</td><td colspan="2">结构类型</td><td>砖混</td><td>检验批数</td><td>6</td></tr>
<tr><td colspan="2">施工单位</td><td>××建筑工程公司</td><td colspan="2">项目经理</td><td>×××</td><td>项目技术负责人</td><td>×××</td></tr>
<tr><td colspan="2">分包单位</td><td>—</td><td colspan="2">分包单位负责人</td><td>—</td><td>分包项目经理</td><td>—</td></tr>
<tr><td>序号</td><td colspan="2">检验批部位、区段</td><td colspan="3">施工单位检查评定结果</td><td colspan="2">监理(建设)单位验收结论</td></tr>
<tr><td>1</td><td colspan="2">一层</td><td colspan="3">✓</td><td colspan="2">✓</td></tr>
<tr><td>2</td><td colspan="2">二层</td><td colspan="3">✓</td><td colspan="2">✓</td></tr>
<tr><td>3</td><td colspan="2">三层</td><td colspan="3">✓</td><td colspan="2">✓</td></tr>
<tr><td>4</td><td colspan="2">四层</td><td colspan="3">✓</td><td colspan="2">✓</td></tr>
<tr><td>5</td><td colspan="2">五层</td><td colspan="3">✓</td><td colspan="2">✓</td></tr>
<tr><td>6</td><td colspan="2">女儿墙</td><td colspan="3">✓</td><td colspan="2">✓</td></tr>
<tr><td>7</td><td colspan="2"></td><td colspan="3"></td><td colspan="2"></td></tr>
<tr><td>8</td><td colspan="2"></td><td colspan="3"></td><td colspan="2"></td></tr>
<tr><td>9</td><td colspan="2"></td><td colspan="3"></td><td colspan="2"></td></tr>
<tr><td>10</td><td colspan="2"></td><td colspan="3"></td><td colspan="2"></td></tr>
<tr><td>11</td><td colspan="2"></td><td colspan="3"></td><td colspan="2"></td></tr>
<tr><td>12</td><td colspan="2"></td><td colspan="3"></td><td colspan="2"></td></tr>
<tr><td>13</td><td colspan="2"></td><td colspan="3"></td><td colspan="2"></td></tr>
<tr><td>14</td><td colspan="2"></td><td colspan="3"></td><td colspan="2"></td></tr>
<tr><td>15</td><td colspan="2"></td><td colspan="3"></td><td colspan="2"></td></tr>
<tr><td>16</td><td colspan="2"></td><td colspan="3"></td><td colspan="2"></td></tr>
<tr><td>17</td><td colspan="2"></td><td colspan="3"></td><td colspan="2"></td></tr>
<tr><td>18</td><td colspan="2"></td><td colspan="3"></td><td colspan="2"></td></tr>
<tr><td>检查结论</td><td colspan="2">混凝土强度符合要求
合格

项目专业技术负责人：×××
×年×月×日</td><td>验收结论</td><td colspan="4">同意验收

监理工程师：×××
(建设单位项目专业技术负责人)
×年×月×日</td></tr>
</table>

注：1. 本表由施工项目专业质量检查员填写，监理工程师(建设单位项目技术负责人)组织项目专业质量(技术)负责人等进行验收。

2. 记录中“符合规范要求”用✓标注，结论栏由本人签字。

配筋砌体工程检验批质量验收记录

表 2-126

工程名称	××住宅楼			验收部位	三层
施工单位	××建筑工程公司			项目经理	×××
施工执行标准名称及编号	砌体工程施工工艺标准(XJJ 017—2005)			专业工长	×××
分包单位	—	分包项目经理	—	施工班组长	×××

主控项目			规范规定	施工单位检查评定记录										监理(建设)单位验收记录
				1	2	3	4	5	6	7	8	9	10	
1	**钢筋品种规格数量**		**设计要求** HPB235	✓见检验报告×										
2	混凝土或砂浆强度等级		设计要求 C20	见试件编号×										
3	马牙槎、拉结筋		第 8.2.3 条	✓										
4	芯柱		贯通截面不削弱	—										
5	柱中心线位置(mm)		10	4	3	5	2	8						✓
6	柱层间错位(mm)		8	5	3	2	1	1						
7	柱垂直度(mm)	每层	10	8	6	7	5	3						
		全高≤10m	15	—										
		全高>10m	20											
一般项目			规范规定	施工单位检查评定记录										监理(建设)单位验收记录
				1	2	3	4	5	6	7	8	9	10	
1	水平灰缝内钢筋		第 8.3.1 条	✓										
2	钢筋防腐保护		第 8.3.2 条	—										
3	网状配筋及位置		第 8.3.3 条	—										✓
4	组合砌体拉结筋		第 8.3.4 条	—										
5	砌块砌体钢筋搭接		第 8.3.5 条	—										

施工单位检查评定结果	检验评定合格 项目专业质量检查员：××× ×年×月×日
监理(建设)单位验收结论	除砂浆和混凝土强度外，主控项目和一般项目经抽查合格，同意验收 监理工程师：××× (建设单位项目专业技术负责人) ×年×月×日

注：1. 本表由施工项目专业质量检查员填写，监理工程师(建设单位项目技术负责人)组织项目专业质量(技术)负责人等进行验收。

2. 记录中定量项目填写数据，定性项目“符合规范要求”用✓标注，结果和结论栏由本人签字。

填充墙分项工程质量验收记录

表 2-127

<table>
<tr><td>工程名称</td><td colspan="2">××住宅楼</td><td>结构类型</td><td>砖混</td><td>检验批数</td><td>2</td></tr>
<tr><td>施工单位</td><td colspan="2">××建筑工程公司</td><td>项目经理</td><td>×××</td><td>项目技术负责人</td><td>×××</td></tr>
<tr><td>分包单位</td><td colspan="2">—</td><td>分包单位负责人</td><td>—</td><td>分包项目经理</td><td>—</td></tr>
<tr><td>序号</td><td colspan="2">检验批部位、区段</td><td colspan="2">施工单位检查评定结果</td><td colspan="2">监理(建设)单位验收结论</td></tr>
<tr><td>1</td><td colspan="2">一～三层120隔墙</td><td colspan="2">✓</td><td colspan="2">✓</td></tr>
<tr><td>2</td><td colspan="2">四、五层隔墙</td><td colspan="2">✓</td><td colspan="2">✓</td></tr>
<tr><td>3</td><td colspan="2"></td><td colspan="2"></td><td colspan="2"></td></tr>
<tr><td>4</td><td colspan="2"></td><td colspan="2"></td><td colspan="2"></td></tr>
<tr><td>5</td><td colspan="2"></td><td colspan="2"></td><td colspan="2"></td></tr>
<tr><td>6</td><td colspan="2"></td><td colspan="2"></td><td colspan="2"></td></tr>
<tr><td>7</td><td colspan="2"></td><td colspan="2"></td><td colspan="2"></td></tr>
<tr><td>8</td><td colspan="2"></td><td colspan="2"></td><td colspan="2"></td></tr>
<tr><td>9</td><td colspan="2"></td><td colspan="2"></td><td colspan="2"></td></tr>
<tr><td>10</td><td colspan="2"></td><td colspan="2"></td><td colspan="2"></td></tr>
<tr><td>11</td><td colspan="2"></td><td colspan="2"></td><td colspan="2"></td></tr>
<tr><td>12</td><td colspan="2"></td><td colspan="2"></td><td colspan="2"></td></tr>
<tr><td>13</td><td colspan="2"></td><td colspan="2"></td><td colspan="2"></td></tr>
<tr><td>14</td><td colspan="2"></td><td colspan="2"></td><td colspan="2"></td></tr>
<tr><td>15</td><td colspan="2"></td><td colspan="2"></td><td colspan="2"></td></tr>
<tr><td>16</td><td colspan="2"></td><td colspan="2"></td><td colspan="2"></td></tr>
<tr><td>17</td><td colspan="2"></td><td colspan="2"></td><td colspan="2"></td></tr>
<tr><td>18</td><td colspan="2"></td><td colspan="2"></td><td colspan="2"></td></tr>
<tr><td>检查结论</td><td>砂浆强度符合要求
合格

项目专业技术负责人：×××
×年×月×日</td><td>验收结论</td><td colspan="4">同意验收

监理工程师：×××
(建设单位项目专业技术负责人)
×年×月×日</td></tr>
</table>

注：1. 本表由施工项目专业质量检查员填写，监理工程师(建设单位项目技术负责人)组织项目专业质量(技术)负责人等进行验收。

2. 记录中“符合规范要求”用✓标注，结论栏由本人签字。

填充墙砌体工程检验批质量验收记录

表 2-128

工程名称	××住宅楼			验收部位	一至三层120隔墙
施工单位	××建筑工程公司			项目经理	×××
施工执行标准名称及编号	砌体工程施工工艺标准(XJJ 017—2005)			专业工长	×××
分包单位	—	分包项目经理	—	施工班组长	×××

	主控项目	规范规定	施工单位检查评定记录										监理(建设)单位验收记录
			1	2	3	4	5	6	7	8	9	10	
1	块材强度等级	设计要求MU10	12.1MPa 见砖检验报告×										✓
2	砂浆强度等级	设计要求M10	见试验编号×										

	一般项目			规范规定	施工单位检查评定记录										监理(建设)单位验收记录
					1	2	3	4	5	6	7	8	9	10	
1	一般尺寸(mm)	轴线位移		10	8	4	2								✓
		垂直度	≤3m	5	4	1	5								
			>3m	10	—										
		表面平整度		8	6	⑨	4								
		门窗洞口高、宽(后塞口)		±5	+3	+1	+2								
		上下窗口偏移		20	—										
2	无混砌现象			第9.3.2条	—										
3	砂浆饱满度			≥80%	87	90	91	85	82	93	91	86	89	84	
4	拉结钢筋或网片位置			第9.3.4条	✓										
5	错缝搭砌			第9.3.5条	✓										
6	灰缝厚度、宽度			第9.3.6条	✓										
7	梁底砌法			第9.3.7条	✓										

施工单位检查评定结果	检验评定合格 项目专业质量检查员：××× ×年×月×日
监理(建设)单位验收结论	同意验收 监理工程师：××× (建设单位项目专业技术负责人) ×年×月×日

注：1. 本表由施工项目专业质量检查员填写，监理工程师(建设单位项目技术负责人)组织项目专业质量(技术)负责人等进行验收。

2. 记录中定量项目填写数据，定性项目“符合规范要求”用✓标注，结果和结论栏由本人签字。

3. 建筑屋面分部工程验收记录

建筑屋面分部工程质量验收记录见表 2-129。

屋面保温层分项工程质量验收记录见表 2-130。

卷材防水屋面保温层工程检验批质量验收记录见表 2-131。

屋面找平层分项工程质量验收记录见表 2-132。

卷材防水层屋面找平层工程检验批质量验收记录见表 2-133。

卷材防水层分项工程质量验收记录见表 2-134。

屋面卷材防水层工程检验批质量验收记录见表 2-135。

细部构造分项工程质量验收记录见表 2-136。

细部构造工程检验批质量验收记录见表 2-137。

建筑屋面分部(~~子分部~~)工程质量验收记录

表 2-129

工程名称	××住宅楼	结构类型	砖混	层数	五层
施工单位	××建筑工程公司	技术部门负责人	×××	质量部门负责人	×××
分包单位	—	分包单位负责人	—	分包技术负责人	—

序号	分项工程名称	检验批数	施工单位检查评定	验收意见
1	保温层	1	✓	同意验收
2	找平层	1	✓	
3	卷材防水	1	✓	
4	细部构造	1	✓	
5				
6				
7				
8				
9				
10				
11				
12				
13				
14				
15				
16				
17				
18				
质量控制资料			✓	同意验收
安全和功能检验(检测)报告			✓	同意验收
观感质量验收			综合评价好	

验收单位	单位		职务	签字	日期
验收单位	分包单位	—	项目经理	—	年 月 日
	施工单位	××建筑工程公司	项目经理	×××	×年×月×日
	勘察单位	—	项目负责人	—	年 月 日
	设计单位	—	项目负责人	—	年 月 日
	监理(建设)单位	××监理公司	总监理工程师 (建设单位项目专业负责人)	×××	×年×月×日

注：本表由总监理工程师(建设单位项目负责人)组织施工单位项目负责人和技术、质量负责人等进行验收；地基与基础、主体结构分部工程的勘察、设计单位工程项目负责人和施工单位技术、质量部门负责人也应参加相关分部工程验收。检查评定由施工单位填写，验收意见由监理单位填写，观感质量验收由验收各方共同商定，监理单位填写。"符合规范要求"用✓标注。

屋面保温层分项工程质量验收记录

表 2-130

工程名称	××住宅楼		结构类型	砖混	检验批数	1
施工单位	××建筑工程公司		项目经理	×××	项目技术负责人	×××
分包单位	—		分包单位负责人	—	分包项目经理	—
序号	检验批部位、区段		施工单位检查评定结果		监理（建设）单位验收结论	
1	屋面保温层		✓		✓	
2						
3						
4						
5						
6						
7						
8						
9						
10						
11						
12						
13						
14						
15						
16						
17						
18						
检查结论	合格 项目专业技术负责人：××× ×年×月×日		验收结论	同意验收 监理工程师：××× （建设单位项目专业技术负责人） ×年×月×日		

注：1. 本表由施工项目专业质量检查员填写，监理工程师（建设单位项目技术负责人）组织项目专业质量（技术）负责人等进行验收。

2. 记录中“符合规范要求”用✓标注，结论栏由本人签字。

卷材、涂膜防水屋面保温层工程检验批质量验收记录

表 2-131

工程名称	××住宅楼			验收部位	屋面
施工单位	××建筑工程公司			项目经理	×××
施工执行标准名称及编号	屋面工程施工工艺标准(XJJ 021—2005)			专业工长	×××
分包单位	—	分包项目经理	—	施工班组长	×××

主控项目			规范规定	施工单位检查评定记录										监理(建设)单位验收记录
				1	2	3	4	5	6	7	8	9	10	
1	堆积密度或表观密度，导热系数以及板材的强度、吸水率		第 4.2.8 条	✓										✓
2	**保温层的含水率**		**第 4.2.9 条**	—										
一般项目			规范规定	施工单位检查评定记录										监理(建设)单位验收记录
				1	2	3	4	5	6	7	8	9	10	
1	保温层的铺设		第 4.2.10 条	✓										✓
2	保温层厚度	松散保温材料和整体现浇保温层	+10%，−5%	—										
		板状保温材料	±5%且≤4mm	+3	−2	−3								
3	倒置式屋面保护层采用卵石铺压时的要求		第 4.2.12 条	—										
施工单位检查评定结果	主控项目合格 一般项目满足规范要求 项目专业质量检查员：××× ×年×月×日													
监理(建设)单位验收结论	同意验收 监理工程师：××× (建设单位项目专业技术负责人) ×年×月×日													

注：1. 本表由施工项目专业质量检查员填写，监理工程师(建设单位项目技术负责人)组织项目专业质量(技术)负责人等进行验收。

2. 记录中定量项目填写数据，定性项目“符合规范要求”用✓标注，结果和结论栏由本人签字。

屋面找平层分项工程质量验收记录

表 2-132

<table>
<tr><td>工程名称</td><td>××住宅楼</td><td>结构类型</td><td>砖混</td><td>检验批数</td><td>1</td></tr>
<tr><td>施工单位</td><td>××建筑工程公司</td><td>项目经理</td><td>×××</td><td>项目技术负责人</td><td>×××</td></tr>
<tr><td>分包单位</td><td>—</td><td>分包单位负责人</td><td>—</td><td>分包项目经理</td><td>—</td></tr>
<tr><td>序号</td><td>检验批部位、区段</td><td colspan="2">施工单位检查评定结果</td><td colspan="2">监理(建设)单位验收结论</td></tr>
<tr><td>1</td><td>屋面找平层</td><td colspan="2">✓</td><td colspan="2">✓</td></tr>
<tr><td>2</td><td></td><td colspan="2"></td><td colspan="2"></td></tr>
<tr><td>3</td><td></td><td colspan="2"></td><td colspan="2"></td></tr>
<tr><td>4</td><td></td><td colspan="2"></td><td colspan="2"></td></tr>
<tr><td>5</td><td></td><td colspan="2"></td><td colspan="2"></td></tr>
<tr><td>6</td><td></td><td colspan="2"></td><td colspan="2"></td></tr>
<tr><td>7</td><td></td><td colspan="2"></td><td colspan="2"></td></tr>
<tr><td>8</td><td></td><td colspan="2"></td><td colspan="2"></td></tr>
<tr><td>9</td><td></td><td colspan="2"></td><td colspan="2"></td></tr>
<tr><td>10</td><td></td><td colspan="2"></td><td colspan="2"></td></tr>
<tr><td>11</td><td></td><td colspan="2"></td><td colspan="2"></td></tr>
<tr><td>12</td><td></td><td colspan="2"></td><td colspan="2"></td></tr>
<tr><td>13</td><td></td><td colspan="2"></td><td colspan="2"></td></tr>
<tr><td>14</td><td></td><td colspan="2"></td><td colspan="2"></td></tr>
<tr><td>15</td><td></td><td colspan="2"></td><td colspan="2"></td></tr>
<tr><td>16</td><td></td><td colspan="2"></td><td colspan="2"></td></tr>
<tr><td>17</td><td></td><td colspan="2"></td><td colspan="2"></td></tr>
<tr><td>18</td><td></td><td colspan="2"></td><td colspan="2"></td></tr>
<tr><td>检查结论</td><td>合格

项目专业技术负责人：×××
×年×月×日</td><td>验收结论</td><td colspan="3">同意验收

监理工程师：×××
(建设单位项目专业技术负责人)
×年×月×日</td></tr>
</table>

注：1. 本表由施工项目专业质量检查员填写，监理工程师(建设单位项目技术负责人)组织项目专业质量(技术)负责人等进行验收。

2. 记录中“符合规范要求”用✓标注，结论栏由本人签字。

卷材、涂膜防水屋面找平层工程检验批质量验收记录

表 2-133

<table>
<tr><td colspan="2">工程名称</td><td colspan="3">××住宅楼</td><td colspan="8"></td><td>验收部位</td><td>屋面</td></tr>
<tr><td colspan="2">施工单位</td><td colspan="3">××建筑工程公司</td><td colspan="8"></td><td>项目经理</td><td>×××</td></tr>
<tr><td colspan="2">施工执行标准名称及编号</td><td colspan="11">屋面工程施工工艺标准(XJJ 021—2005)</td><td>专业工长</td><td>×××</td></tr>
<tr><td colspan="2">分包单位</td><td colspan="2">—</td><td colspan="4">分包项目经理</td><td colspan="5">—</td><td>施工班组长</td><td>×××</td></tr>
<tr><td colspan="2" rowspan="2">主控项目</td><td rowspan="2">规范规定</td><td colspan="10">施工单位检查评定记录</td><td colspan="2" rowspan="2">监理(建设)单位验收记录</td></tr>
<tr><td>1</td><td>2</td><td>3</td><td>4</td><td>5</td><td>6</td><td>7</td><td>8</td><td>9</td><td>10</td></tr>
<tr><td>1</td><td>材料质量及配合比</td><td>第 4.1.7 条</td><td colspan="10">✓</td><td colspan="2" rowspan="2">✓</td></tr>
<tr><td>2</td><td>排水坡度</td><td>第 4.1.8 条</td><td colspan="10">—</td></tr>
<tr><td colspan="2" rowspan="2">一般项目</td><td rowspan="2">规范规定</td><td colspan="10">施工单位检查评定记录</td><td colspan="2" rowspan="2">监理(建设)单位验收记录</td></tr>
<tr><td>1</td><td>2</td><td>3</td><td>4</td><td>5</td><td>6</td><td>7</td><td>8</td><td>9</td><td>10</td></tr>
<tr><td>1</td><td>基层与突出屋面结构的交接处和基层转角处细部处理</td><td>第 4.1.9 条</td><td colspan="10">✓</td><td colspan="2" rowspan="4">✓</td></tr>
<tr><td>2</td><td>水泥砂浆，细石混凝土找平层表面质量</td><td>第 4.1.10 条</td><td colspan="10">✓</td></tr>
<tr><td>3</td><td>分格缝的位置和间距</td><td>第 4.1.11 条</td><td colspan="10">✓</td></tr>
<tr><td>4</td><td>表面平整度(mm)</td><td>5</td><td>4</td><td>3</td><td>2</td><td></td><td></td><td></td><td></td><td></td><td></td><td></td></tr>
<tr><td colspan="2">施工单位检查评定结果</td><td colspan="13">主控项目合格
一般项目满足规范要求

项目专业质量检查员：×××
×年×月×日</td></tr>
<tr><td colspan="2">监理(建设)单位验收结论</td><td colspan="13">同意验收

监理工程师：×××
(建设单位项目专业技术负责人)
×年×月×日</td></tr>
</table>

注：1. 本表由施工项目专业质量检查员填写，监理工程师(建设单位项目技术负责人)组织项目专业质量(技术)负责人等进行验收。

2. 记录中定量项目填写数据，定性项目“符合规范要求”用✓标注，结果和结论栏由本人签字。

卷材防水层分项工程质量验收记录

表 2-134

<table>
<tr><td>工程名称</td><td colspan="2">××住宅楼</td><td>结构类型</td><td>砖混</td><td>检验批数</td><td>1</td></tr>
<tr><td>施工单位</td><td colspan="2">××建筑工程公司</td><td>项目经理</td><td>×××</td><td>项目技术负责人</td><td>×××</td></tr>
<tr><td>分包单位</td><td colspan="2">—</td><td>分包单位负责人</td><td>—</td><td>分包项目经理</td><td>—</td></tr>
<tr><td>序号</td><td colspan="2">检验批部位、区段</td><td colspan="2">施工单位检查评定结果</td><td colspan="2">监理(建设)单位验收结论</td></tr>
<tr><td>1</td><td colspan="2">屋面找平层</td><td colspan="2">✓</td><td colspan="2">✓</td></tr>
<tr><td>2</td><td colspan="2"></td><td colspan="2"></td><td colspan="2"></td></tr>
<tr><td>3</td><td colspan="2"></td><td colspan="2"></td><td colspan="2"></td></tr>
<tr><td>4</td><td colspan="2"></td><td colspan="2"></td><td colspan="2"></td></tr>
<tr><td>5</td><td colspan="2"></td><td colspan="2"></td><td colspan="2"></td></tr>
<tr><td>6</td><td colspan="2"></td><td colspan="2"></td><td colspan="2"></td></tr>
<tr><td>7</td><td colspan="2"></td><td colspan="2"></td><td colspan="2"></td></tr>
<tr><td>8</td><td colspan="2"></td><td colspan="2"></td><td colspan="2"></td></tr>
<tr><td>9</td><td colspan="2"></td><td colspan="2"></td><td colspan="2"></td></tr>
<tr><td>10</td><td colspan="2"></td><td colspan="2"></td><td colspan="2"></td></tr>
<tr><td>11</td><td colspan="2"></td><td colspan="2"></td><td colspan="2"></td></tr>
<tr><td>12</td><td colspan="2"></td><td colspan="2"></td><td colspan="2"></td></tr>
<tr><td>13</td><td colspan="2"></td><td colspan="2"></td><td colspan="2"></td></tr>
<tr><td>14</td><td colspan="2"></td><td colspan="2"></td><td colspan="2"></td></tr>
<tr><td>15</td><td colspan="2"></td><td colspan="2"></td><td colspan="2"></td></tr>
<tr><td>16</td><td colspan="2"></td><td colspan="2"></td><td colspan="2"></td></tr>
<tr><td>17</td><td colspan="2"></td><td colspan="2"></td><td colspan="2"></td></tr>
<tr><td>18</td><td colspan="2"></td><td colspan="2"></td><td colspan="2"></td></tr>
<tr><td>检查结论</td><td>合格

项目专业技术负责人：×××
×年×月×日</td><td>验收结论</td><td colspan="4">同意验收

监理工程师：×××
(建设单位项目专业技术负责人)
×年×月×日</td></tr>
</table>

注：1. 本表由施工项目专业质量检查员填写，监理工程师(建设单位项目技术负责人)组织项目专业质量(技术)负责人等进行验收。

2. 记录中“符合规范要求”用✓标注，结论栏由本人签字。

屋面卷材防水层工程检验批质量验收记录

表 2-135

<table>
<tr><td colspan="3">工程名称</td><td colspan="12">××住宅楼</td><td>验收部位</td><td>屋面</td></tr>
<tr><td colspan="3">施工单位</td><td colspan="12">××建筑工程公司</td><td>项目经理</td><td>×××</td></tr>
<tr><td colspan="3">施工执行标准名称及编号</td><td colspan="12">屋面工程施工工艺标准(XJJ 021—2005)</td><td>专业工长</td><td>×××</td></tr>
<tr><td colspan="3">分包单位</td><td colspan="2">—</td><td colspan="4">分包项目经理</td><td colspan="6">—</td><td>施工班组长</td><td>×××</td></tr>
<tr><td colspan="3" rowspan="2">主控项目</td><td rowspan="2">规范规定</td><td colspan="10">施工单位检查评定记录</td><td colspan="3" rowspan="2">监理(建设)单位验收记录</td></tr>
<tr><td>1</td><td>2</td><td>3</td><td>4</td><td>5</td><td>6</td><td>7</td><td>8</td><td>9</td><td>10</td></tr>
<tr><td>1</td><td colspan="2">卷材防水层及其配套材料质量</td><td>第 4.3.15 条</td><td colspan="10">✓见检验报告×</td><td colspan="3" rowspan="3">✓</td></tr>
<tr><td>2</td><td colspan="2">防水层不得有渗漏或积水现象</td><td>第 4.3.16 条</td><td colspan="10">✓见蓄水检验报告×</td></tr>
<tr><td>3</td><td colspan="2">防水层的防水构造要求</td><td>第 4.3.17 条</td><td colspan="10">✓</td></tr>
<tr><td colspan="3" rowspan="2">一般项目</td><td rowspan="2">规范规定</td><td colspan="10">施工单位检查评定记录</td><td colspan="3" rowspan="2">监理(建设)单位验收记录</td></tr>
<tr><td>1</td><td>2</td><td>3</td><td>4</td><td>5</td><td>6</td><td>7</td><td>8</td><td>9</td><td>10</td></tr>
<tr><td>1</td><td colspan="2">防水层的搭接缝与收头质量</td><td>第 4.3.18 条</td><td colspan="10">✓</td><td colspan="3" rowspan="5">✓</td></tr>
<tr><td>2</td><td colspan="2">撒布材料或浅色涂料保护层、隔离层设置，分格缝留置</td><td>第 4.3.19 条</td><td colspan="10">✓</td></tr>
<tr><td>3</td><td colspan="2">排气屋面的排气道设置和排气管的安装</td><td>第 4.3.20 条</td><td colspan="10">—</td></tr>
<tr><td rowspan="2">4</td><td rowspan="2">卷材的铺贴</td><td>方向</td><td>第 4.3.21 条</td><td colspan="10">✓</td></tr>
<tr><td>搭接宽度(mm)</td><td>−10</td><td>−4</td><td>−5</td><td>−2</td><td></td><td></td><td></td><td></td><td></td><td></td><td></td></tr>
<tr><td colspan="2">施工单位检查评定结果</td><td colspan="15">主控项目合格
一般项目满足规范要求

项目专业质量检查员：×××
×年×月×日</td></tr>
<tr><td colspan="2">监理(建设)单位验收结论</td><td colspan="15">同意验收

监理工程师：×××
(建设单位项目专业技术负责人)
×年×月×日</td></tr>
</table>

注：1. 本表由施工项目专业质量检查员填写，监理工程师(建设单位项目技术负责人)组织项目专业质量(技术)负责人等进行验收。

2. 记录中定量项目填写数据，定性项目“符合规范要求”用✓标注，结果和结论栏由本人签字。

细部构造分项工程质量验收记录

表 2-136

<table>
<tr><td>工程名称</td><td colspan="2">××住宅楼</td><td>结构类型</td><td>砖混</td><td>检验批数</td><td>1</td></tr>
<tr><td>施工单位</td><td colspan="2">××建筑工程公司</td><td>项目经理</td><td>×××</td><td>项目技术负责人</td><td>×××</td></tr>
<tr><td>分包单位</td><td colspan="2">—</td><td>分包单位负责人</td><td>—</td><td>分包项目经理</td><td>—</td></tr>
<tr><td>序号</td><td colspan="2">检验批部位、区段</td><td colspan="2">施工单位检查评定结果</td><td colspan="2">监理(建设)单位验收结论</td></tr>
<tr><td>1</td><td colspan="2">屋面细部构造</td><td colspan="2">✓</td><td colspan="2">✓</td></tr>
<tr><td>2</td><td colspan="2"></td><td colspan="2"></td><td colspan="2"></td></tr>
<tr><td>3</td><td colspan="2"></td><td colspan="2"></td><td colspan="2"></td></tr>
<tr><td>4</td><td colspan="2"></td><td colspan="2"></td><td colspan="2"></td></tr>
<tr><td>5</td><td colspan="2"></td><td colspan="2"></td><td colspan="2"></td></tr>
<tr><td>6</td><td colspan="2"></td><td colspan="2"></td><td colspan="2"></td></tr>
<tr><td>7</td><td colspan="2"></td><td colspan="2"></td><td colspan="2"></td></tr>
<tr><td>8</td><td colspan="2"></td><td colspan="2"></td><td colspan="2"></td></tr>
<tr><td>9</td><td colspan="2"></td><td colspan="2"></td><td colspan="2"></td></tr>
<tr><td>10</td><td colspan="2"></td><td colspan="2"></td><td colspan="2"></td></tr>
<tr><td>11</td><td colspan="2"></td><td colspan="2"></td><td colspan="2"></td></tr>
<tr><td>12</td><td colspan="2"></td><td colspan="2"></td><td colspan="2"></td></tr>
<tr><td>13</td><td colspan="2"></td><td colspan="2"></td><td colspan="2"></td></tr>
<tr><td>14</td><td colspan="2"></td><td colspan="2"></td><td colspan="2"></td></tr>
<tr><td>15</td><td colspan="2"></td><td colspan="2"></td><td colspan="2"></td></tr>
<tr><td>16</td><td colspan="2"></td><td colspan="2"></td><td colspan="2"></td></tr>
<tr><td>17</td><td colspan="2"></td><td colspan="2"></td><td colspan="2"></td></tr>
<tr><td>18</td><td colspan="2"></td><td colspan="2"></td><td colspan="2"></td></tr>
<tr><td>检查结论</td><td colspan="2">合格

项目专业技术负责人：×××
×年×月×日</td><td>验收结论</td><td colspan="3">同意验收

监理工程师：×××
(建设单位项目专业技术负责人)
×年×月×日</td></tr>
</table>

注：1. 本表由施工项目专业质量检查员填写，监理工程师(建设单位项目技术负责人)组织项目专业质量(技术)负责人等进行验收。

2. 记录中“符合规范要求”用✓标注，结论栏由本人签字。

细部构造工程检验批质量验收记录

表 2-137

工程名称	××住宅楼												验收部位	屋面
施工单位	××建筑工程公司												项目经理	×××
施工执行标准名称及编号	屋面工程施工工艺标准(XJJ 021—2005)												专业工长	×××
分包单位	—			分包项目经理			—						施工班组长	×××
主控项目		规范规定	施工单位检查评定记录										监理(建设)单位验收记录	
			1	2	3	4	5	6	7	8	9	10		
1	天沟、檐沟的排水坡度	第 9.0.10 条	—										✓	
2	**天沟、檐沟、檐口、水落口、泛水、变形缝和伸出屋面管道的防水构造**	**第 9.0.11 条**	✓											
施工单位检查评定结果	主控项目合格 一般项目满足规范要求 项目专业质量检查员：××× ×年×月×日													
监理(建设)单位验收结论	同意验收 监理工程师： ××× (建设单位项目专业技术负责人) ×年×月×日													

注：1. 本表由施工项目专业质量检查员填写，监理工程师(建设单位项目技术负责人)组织项目专业质量(技术)负责人等进行验收。

2. 记录中定量项目填写数据，定性项目“符合规范要求”用✓标注，结果和结论栏由本人签字。

4. 建筑装饰装修分部工程验收记录

建筑装饰装修分部工程质量验收记录见表2-138。

一般抹灰分项工程质量验收记录见表2-139。

一般抹灰工程检验批质量验收记录(二层室内)见表2-140。

一般抹灰工程检验批质量验收记录(室外墙面)见表2-141。

木门窗制作与安装分项工程质量验收记录见表2-142。

木门窗(安装)工程检验批质量验收记录见表2-143。

金属门窗安装分项工程质量验收记录见表2-144。

金属(钢)门窗安装工程检验批质量验收记录见表2-145。

塑料门窗安装分项工程质量验收记录见表2-146。

塑料门窗安装工程检验批质量验收记录见表2-147。

特种门窗分项工程质量验收记录见表2-148。

特种门安装工程检验批质量验收记录见表2-149。

玻璃安装分项工程质量验收记录见表2-150。

门窗玻璃安装工程检验批质量验收记录(一至五层客厅)见表2-151。

门窗玻璃安装工程检验批质量验收记录(地下室)见表2-152。

饰面砖粘贴分项工程质量验收记录见表2-153。

饰面砖粘贴工程检验批质量验收记录见表2-154。

水性涂料涂饰分项工程质量验收记录见表2-155。

水性涂料涂饰工程检验批质量验收记录见表2-156。

溶剂型涂料涂饰分项工程质量验收记录见表2-157。

溶剂型涂料涂饰工程检验批质量验收记录见表2-158。

填充层分项工程质量验收记录见表2-159。

填充层工程检验批质量验收记录见表2-160。

水泥砂浆面层分项工程质量验收记录见表2-161。

水泥砂浆面层工程检验批质量验收记录(二层地面)见表2-162。

水泥砂浆面层工程检验批质量验收记录(一单元楼梯间)见表2-163。

找平层分项工程质量验收记录见表2-164。

找平层工程检验批质量验收记录见表2-165。

隔离层分项工程质量验收记录见表2-166。

隔离层工程检验批质量验收记录见表2-167。

砖面层分项工程质量验收记录见表2-168。

砖面层工程检验批质量验收记录见表2-169。

基土分项工程质量验收记录见表2-170。

基土垫层工程检验批质量验收记录(地下室)见表2-171。

基土垫层工程检验批质量验收记录(室外散水、台阶)见表2-172。

水泥混凝土面层分项工程质量验收记录见表2-173。

水泥混凝土面层工程检验批质量验收记录(地下室地面)见表2-174。

水泥混凝土面层工程检验批质量验收记录(室外散水、台阶)见表2-175。

护栏和扶手制作分项工程质量验收记录见表2-176。

护栏和扶手制作与安装工程检验批质量验收记录见表2-177。

建筑装饰装修分部(~~子分部~~)工程质量验收记录

表 2-138

<table>
<tr><td>工程名称</td><td colspan="2">××住宅楼</td><td>结构类型</td><td>砖混</td><td>层数</td><td>五层</td></tr>
<tr><td>施工单位</td><td colspan="2">××建筑工程公司</td><td>技术部门负责人</td><td>×××</td><td>质量部门负责人</td><td>×××</td></tr>
<tr><td>分包单位</td><td colspan="2">—</td><td>分包单位负责人</td><td>—</td><td>分包技术负责人</td><td>—</td></tr>
<tr><td>序号</td><td>分项工程名称</td><td>检验批数</td><td colspan="2">施工单位检查评定</td><td colspan="2">验收意见</td></tr>
<tr><td>1</td><td>一般抹灰</td><td>7</td><td colspan="2">✓</td><td colspan="2" rowspan="19">同意验收</td></tr>
<tr><td>2</td><td>木门窗制作与安装</td><td>1</td><td colspan="2">✓</td></tr>
<tr><td>3</td><td>钢门窗安装</td><td>1</td><td colspan="2">✓</td></tr>
<tr><td>4</td><td>塑料门窗安装</td><td>4</td><td colspan="2">✓</td></tr>
<tr><td>5</td><td>特种门安装</td><td>1</td><td colspan="2">✓</td></tr>
<tr><td>6</td><td>玻璃安装</td><td>5</td><td colspan="2">✓</td></tr>
<tr><td>7</td><td>饰面砖粘贴</td><td>1</td><td colspan="2">✓</td></tr>
<tr><td>8</td><td>水性涂料涂饰</td><td>7</td><td colspan="2">✓</td></tr>
<tr><td>9</td><td>溶剂型涂料涂饰</td><td>2</td><td colspan="2">✓</td></tr>
<tr><td>10</td><td>填充层</td><td>5</td><td colspan="2">✓</td></tr>
<tr><td>11</td><td>水泥砂浆面层</td><td>7</td><td colspan="2">✓</td></tr>
<tr><td>12</td><td>找平层</td><td>1</td><td colspan="2">✓</td></tr>
<tr><td>13</td><td>隔离层</td><td>1</td><td colspan="2">✓</td></tr>
<tr><td>14</td><td>砖面层</td><td>1</td><td colspan="2">✓</td></tr>
<tr><td>15</td><td>基土</td><td>2</td><td colspan="2">✓</td></tr>
<tr><td>16</td><td>水泥混凝土面层</td><td>2</td><td colspan="2">✓</td></tr>
<tr><td>17</td><td>护栏和扶手制作</td><td>1</td><td colspan="2">✓</td></tr>
<tr><td>18</td><td></td><td></td><td colspan="2"></td></tr>
<tr><td>19</td><td></td><td></td><td colspan="2"></td></tr>
<tr><td colspan="3">质量控制资料</td><td colspan="2">✓</td><td colspan="2">同意验收</td></tr>
<tr><td colspan="3">安全和功能检验(检测)报告</td><td colspan="2">✓</td><td colspan="2">同意验收</td></tr>
<tr><td colspan="2">观感质量验收</td><td colspan="5">综合评价好</td></tr>
<tr><td rowspan="5">验收单位</td><td>分包单位　—</td><td colspan="2">项目经理</td><td>—</td><td colspan="2">年　月　日</td></tr>
<tr><td>施工单位　××建筑工程公司</td><td colspan="2">项目经理</td><td>×××</td><td colspan="2">×年×月×日</td></tr>
<tr><td>勘察单位　—</td><td colspan="2">项目负责人</td><td>—</td><td colspan="2">年　月　日</td></tr>
<tr><td>设计单位　—</td><td colspan="2">项目负责人</td><td>—</td><td colspan="2">年　月　日</td></tr>
<tr><td>监理(建设)单位　××监理公司</td><td colspan="5">总监理工程师　×××
(建设单位项目专业负责人)
×年×月×日</td></tr>
</table>

注：本表由总监理工程师(建设单位项目负责人)组织施工单位项目负责人和技术、质量负责人等进行验收；地基与基础、主体结构分部工程的勘察、设计单位工程项目负责人和施工单位技术、质量部门负责人也应参加相关分部工程验收。检查评定由施工单位填写，验收意见由监理单位填写，观感质量验收由验收各方共同商定，监理单位填写。“符合规范要求”用✓标注。

一般抹灰分项工程质量验收记录

表 2-139

<table>
<tr><td>工程名称</td><td colspan="2">××住宅楼</td><td>结构类型</td><td>砖混</td><td>检验批数</td><td>7</td></tr>
<tr><td>施工单位</td><td colspan="2">××建筑工程公司</td><td>项目经理</td><td>×××</td><td>项目技术负责人</td><td>×××</td></tr>
<tr><td>分包单位</td><td colspan="2">—</td><td>分包单位负责人</td><td>—</td><td>分包项目经理</td><td>—</td></tr>
<tr><td>序号</td><td colspan="2">检验批部位、区段</td><td colspan="2">施工单位检查评定结果</td><td colspan="2">监理(建设)单位验收结论</td></tr>
<tr><td>1</td><td colspan="2">一层室内</td><td colspan="2">✓</td><td colspan="2">✓</td></tr>
<tr><td>2</td><td colspan="2">二层室内</td><td colspan="2">✓</td><td colspan="2">✓</td></tr>
<tr><td>3</td><td colspan="2">三层室内</td><td colspan="2">✓</td><td colspan="2">✓</td></tr>
<tr><td>4</td><td colspan="2">四层室内</td><td colspan="2">✓</td><td colspan="2">✓</td></tr>
<tr><td>5</td><td colspan="2">五层室内</td><td colspan="2">✓</td><td colspan="2">✓</td></tr>
<tr><td>6</td><td colspan="2">地下室</td><td colspan="2">✓</td><td colspan="2">✓</td></tr>
<tr><td>7</td><td colspan="2">室外墙面</td><td colspan="2">✓</td><td colspan="2">✓</td></tr>
<tr><td>8</td><td colspan="2"></td><td colspan="2"></td><td colspan="2"></td></tr>
<tr><td>9</td><td colspan="2"></td><td colspan="2"></td><td colspan="2"></td></tr>
<tr><td>10</td><td colspan="2"></td><td colspan="2"></td><td colspan="2"></td></tr>
<tr><td>11</td><td colspan="2"></td><td colspan="2"></td><td colspan="2"></td></tr>
<tr><td>12</td><td colspan="2"></td><td colspan="2"></td><td colspan="2"></td></tr>
<tr><td>13</td><td colspan="2"></td><td colspan="2"></td><td colspan="2"></td></tr>
<tr><td>14</td><td colspan="2"></td><td colspan="2"></td><td colspan="2"></td></tr>
<tr><td>15</td><td colspan="2"></td><td colspan="2"></td><td colspan="2"></td></tr>
<tr><td>16</td><td colspan="2"></td><td colspan="2"></td><td colspan="2"></td></tr>
<tr><td>17</td><td colspan="2"></td><td colspan="2"></td><td colspan="2"></td></tr>
<tr><td>18</td><td colspan="2"></td><td colspan="2"></td><td colspan="2"></td></tr>
<tr><td>检查结论</td><td>合格

项目专业技术负责人：×××
×年×月×日</td><td>验收结论</td><td colspan="4">同意验收

监理工程师：×××
（建设单位项目专业技术负责人）
×年×月×日</td></tr>
</table>

注：1. 本表由施工项目专业质量检查员填写，监理工程师(建设单位项目技术负责人)组织项目专业质量(技术)负责人等进行验收。

2. 记录中“符合规范要求”用✓标注，结论栏由本人签字。

一般抹灰工程检验批质量验收记录

表 2-140

<table>
<tr><td colspan="2">工程名称</td><td colspan="9">××住宅楼</td><td colspan="3">验收部位</td><td>二层室内</td></tr>
<tr><td colspan="2">施工单位</td><td colspan="9">××建筑工程公司</td><td colspan="3">项目经理</td><td>×××</td></tr>
<tr><td colspan="2">施工执行标准名称及编号</td><td colspan="9">建筑装饰装修工程施工工艺标准(XJJ 023—2005)</td><td colspan="3">专业工长</td><td>×××</td></tr>
<tr><td colspan="2">分包单位</td><td colspan="4">—</td><td colspan="3">分包项目经理</td><td colspan="2">—</td><td colspan="3">施工班组长</td><td>×××</td></tr>
<tr><td colspan="2" rowspan="2">主控项目</td><td colspan="2" rowspan="2">规范规定</td><td colspan="10">施工单位检查评定记录</td><td rowspan="2">监理(建设)单位验收记录</td></tr>
<tr><td>1</td><td>2</td><td>3</td><td>4</td><td>5</td><td>6</td><td>7</td><td>8</td><td>9</td><td>10</td></tr>
<tr><td>1</td><td>基层表面清理并洒水润湿</td><td colspan="2">第 4.2.2 条</td><td colspan="10">✓</td><td rowspan="4">✓</td></tr>
<tr><td>2</td><td>材料品种和性能，砂浆配合比</td><td colspan="2">第 4.2.3 条</td><td colspan="10">✓</td></tr>
<tr><td>3</td><td>抹灰分层进行及质量</td><td colspan="2">第 4.2.4 条</td><td colspan="10">✓</td></tr>
<tr><td>4</td><td>抹灰层之间粘结，抹灰层与面层质量</td><td colspan="2">第 4.2.5 条</td><td colspan="10">✓</td></tr>
<tr><td colspan="2" rowspan="2">一般项目</td><td colspan="2" rowspan="2">规范规定</td><td colspan="10">施工单位检查评定记录</td><td rowspan="2">监理(建设)单位验收记录</td></tr>
<tr><td>1</td><td>2</td><td>3</td><td>4</td><td>5</td><td>6</td><td>7</td><td>8</td><td>9</td><td>10</td></tr>
<tr><td>1</td><td>表面质量</td><td colspan="2">第 4.2.6 条</td><td colspan="10">✓</td><td rowspan="13">✓</td></tr>
<tr><td>2</td><td>护角、孔洞、槽、盒和管道后抹灰质量</td><td colspan="2">第 4.2.7 条</td><td colspan="10">✓</td></tr>
<tr><td>3</td><td>抹灰层总厚度及抹灰相关要求</td><td colspan="2">第 4.2.8 条</td><td colspan="10">✓</td></tr>
<tr><td>4</td><td>分格条(缝)设置及宽度、深度</td><td colspan="2">第 4.2.9 条</td><td colspan="10">—</td></tr>
<tr><td>5</td><td>滴水线(槽)</td><td colspan="2">第 4.2.10 条</td><td colspan="10">—</td></tr>
<tr><td rowspan="7">6</td><td rowspan="2">允许偏差项目</td><td colspan="2">允许偏差值(mm)</td><td colspan="10" rowspan="2">实测值(mm)</td></tr>
<tr><td>普通✓</td><td>高级</td></tr>
<tr><td>立面垂直度</td><td>4</td><td>3</td><td>4</td><td>3</td><td>3</td><td>4</td><td></td><td></td><td></td><td></td><td></td><td></td></tr>
<tr><td>表面平整度</td><td>4</td><td>3</td><td>2</td><td>3</td><td>2</td><td>1</td><td></td><td></td><td></td><td></td><td></td><td></td></tr>
<tr><td>阴阳角方正</td><td>4</td><td>3</td><td>—</td><td></td><td></td><td></td><td></td><td></td><td></td><td></td><td></td><td></td></tr>
<tr><td>分格条(缝)直线度</td><td>4</td><td>3</td><td>—</td><td></td><td></td><td></td><td></td><td></td><td></td><td></td><td></td><td></td></tr>
<tr><td>墙裙、勒脚上口直线度</td><td>4</td><td>3</td><td>—</td><td></td><td></td><td></td><td></td><td></td><td></td><td></td><td></td><td></td></tr>
<tr><td colspan="2">施工单位检查评定结果</td><td colspan="13">主控项目合格
一般项目满足规范要求
项目专业质量检查员：×××
×年×月×日</td></tr>
<tr><td colspan="2">监理(建设)单位验收结论</td><td colspan="13">同意验收
监理工程师：×××
(建设单位项目专业技术负责人)
×年×月×日</td></tr>
</table>

注：1. 本表由施工项目专业质量检查员填写，监理工程师(建设单位项目技术负责人)组织项目专业质量(技术)负责人等进行验收。

2. 记录中定量项目填写数据，定性项目“符合规范要求”用✓标注，结果和结论栏由本人签字。

一般抹灰工程检验批质量验收记录

表 2-141

工程名称	××住宅楼			验收部位	室外墙面
施工单位	××建筑工程公司			项目经理	×××
施工执行标准名称及编号	建筑装饰装修工程施工工艺标准(XJJ 023—2005)			专业工长	×××
分包单位	—	分包项目经理	—	施工班组长	×××

主控项目		规范规定	施工单位检查评定记录	监理(建设)单位验收记录
			1 2 3 4 5 6 7 8 9 10	
1	基层表面清理并洒水润湿	第 4.2.2 条	✓	✓
2	材料品种和性能，砂浆配合比	第 4.2.3 条	✓	
3	抹灰分层进行及质量	第 4.2.4 条	✓	
4	抹灰层之间粘结，抹灰层与面层质量	第 4.2.5 条	✓	

一般项目		规范规定	施工单位检查评定记录	监理(建设)单位验收记录
			1 2 3 4 5 6 7 8 9 10	
1	表面质量	第 4.2.6 条	✓	
2	护角、孔洞、槽、盒和管道后抹灰质量	第 4.2.7 条	—	
3	抹灰层总厚度及抹灰相关要求	第 4.2.8 条	✓	
4	分格条(缝)设置及宽度、深度	第 4.2.9 条	✓	
5	滴水线(槽)	第 4.2.10 条	✓	

	允许偏差项目	允许偏差值(mm) 普通	高级	实测值(mm)									
6	立面垂直度	4	3	4	3	⑤	3						
	表面平整度	4	3	4	2	2	3						
	阴阳角方正	4	3	—									
	分格条(缝)直线度	4	3	4	2	2	1						
	墙裙、勒脚上口直线度	4	3	3	2	2	1						

施工单位检查评定结果	主控项目合格 一般项目满足规范要求 项目专业质量检查员：××× ×年×月×日
监理(建设)单位验收结论	同意验收 监理工程师：××× (建设单位项目专业技术负责人) ×年×月×日

注：1. 本表由施工项目专业质量检查员填写，监理工程师(建设单位项目技术负责人)组织项目专业质量(技术)负责人等进行验收。

2. 记录中定量项目填写数据，定性项目“符合规范要求”用✓标注，结果和结论栏由本人签字。

木门窗制作与安装分项工程质量验收记录

表 2-142

工程名称	××住宅楼		结构类型	砖混	检验批数	1
施工单位	××建筑工程公司		项目经理	×××	项目技术负责人	×××
分包单位	—		分包单位负责人	—	分包项目经理	—
序号	检验批部位、区段		施工单位检查评定结果		监理（建设）单位验收结论	
1	一至五层户内门安装		✓		✓	
2						
3						
4						
5						
6						
7						
8						
9						
10						
11						
12						
13						
14						
15						
16						
17						
18						
检查结论	合格 项目专业技术负责人：××× ×年×月×日	验收结论	同意验收 监理工程师：××× （建设单位项目专业技术负责人） ×年×月×日			

注：1. 本表由施工项目专业质量检查员填写，监理工程师（建设单位项目技术负责人）组织项目专业质量（技术）负责人等进行验收。

2. 记录中“符合规范要求”用✓标注，“不符合规范要求”用×标注，结论栏由本人签字。

木门窗(安装)工程检验批质量验收记录

表 2-143

工程名称	××住宅楼			验收部位	一至五层
施工单位	××建筑工程公司			项目经理	×××
施工执行标准名称及编号	建筑装饰装修工程施工工艺标准(XJJ 023—2005)			专业工长	×××
分包单位	—	分包项目经理	—	施工班组长	×××

	主控项目	规范规定	施工单位检查评定记录										监理(建设)单位验收记录
			1	2	3	4	5	6	7	8	9	10	
1	门窗质量	第 5.2.8 条	✓										✓
2	框的安装固定，木砖防腐、数量、位置	第 5.2.9 条	✓										
3	门窗扇安装	第 5.2.10 条	✓										
4	配件质量及安装	第 5.2.11 条	✓										

	一般项目	规范规定	施工单位检查评定记录										监理(建设)单位验收记录
			1	2	3	4	5	6	7	8	9	10	
1	框与墙体缝隙的填嵌材料及填嵌要求	第 5.2.15 条	✓										
2	批水、盖口条、压缝条、密封条安装	第 5.2.16 条	—										

	允许偏差项目		留缝限值(mm)		允许偏差(mm)		实测值(mm)									
			普通✓	高级	普通✓	高级										
3	门窗槽口对角线长度差		—	—	3	2	2	1	3							
	门窗框正、侧面垂直度		—	—	2	1	1	2	③							
	框与扇、扇与扇接缝高低差		—	—	2	1	2	1	1							
	门窗扇对口缝		1～2.5	1.5～2	—	—	—									
	工业厂房双扇门对口缝		2～5	—	—	—	—									
	门窗扇与上框间留缝		1～2	1～1.5	—	—	1	2	③							
	门窗扇与侧框间留缝		1～2.5	1～1.5	—	—	1	2	2							
	窗扇与下框间留缝		2～3	2～2.5	—	—	—									
	门扇与下框间留缝		3～5	3～4	—	—	—									
	双层门窗内外框间距		—	—	4	3	—									
	无下框时门扇与地面间留缝	外门	4～7	5～6	—	—	—									
		内门	5～8	6～7	—	—	5	7	7							
		卫生间门	8～12	8～10	—	—	9	8	8							
		厂房大门	10～20	—	—	—	—									

施工单位检查评定结果	主控项目合格 一般项目满足规范要求 项目专业质量检查员：××× ×年×月×日
监理(建设)单位验收结论	同意验收 监理工程师：××× (建设单位项目专业技术负责人) ×年×月×日

注：1. 本表由施工项目专业质量检查员填写，监理工程师(建设单位项目技术负责人)组织项目专业质量(技术)负责人等进行验收。

2. 记录中定量项目填写数据，定性项目“符合规范要求”用✓标注，结果和结论栏由本人签字。

金属门窗安装分项工程质量验收记录

表 2-144

<table>
<tr><td>工程名称</td><td colspan="2">××住宅楼工程</td><td>结构类型</td><td>砖混</td><td>检验批数</td><td>1</td></tr>
<tr><td>施工单位</td><td colspan="2">××建筑工程公司</td><td>项目经理</td><td>×××</td><td>项目技术负责人</td><td>×××</td></tr>
<tr><td>分包单位</td><td colspan="2">—</td><td>分包单位负责人</td><td>—</td><td>分包项目经理</td><td>—</td></tr>
<tr><td>序号</td><td colspan="2">检验批部位、区段</td><td colspan="2">施工单位检查评定结果</td><td colspan="2">监理(建设)单位验收结论</td></tr>
<tr><td>1</td><td colspan="2">地下室</td><td colspan="2">✓</td><td colspan="2">✓</td></tr>
<tr><td>2</td><td colspan="2"></td><td colspan="2"></td><td colspan="2"></td></tr>
<tr><td>3</td><td colspan="2"></td><td colspan="2"></td><td colspan="2"></td></tr>
<tr><td>4</td><td colspan="2"></td><td colspan="2"></td><td colspan="2"></td></tr>
<tr><td>5</td><td colspan="2"></td><td colspan="2"></td><td colspan="2"></td></tr>
<tr><td>6</td><td colspan="2"></td><td colspan="2"></td><td colspan="2"></td></tr>
<tr><td>7</td><td colspan="2"></td><td colspan="2"></td><td colspan="2"></td></tr>
<tr><td>8</td><td colspan="2"></td><td colspan="2"></td><td colspan="2"></td></tr>
<tr><td>9</td><td colspan="2"></td><td colspan="2"></td><td colspan="2"></td></tr>
<tr><td>10</td><td colspan="2"></td><td colspan="2"></td><td colspan="2"></td></tr>
<tr><td>11</td><td colspan="2"></td><td colspan="2"></td><td colspan="2"></td></tr>
<tr><td>12</td><td colspan="2"></td><td colspan="2"></td><td colspan="2"></td></tr>
<tr><td>13</td><td colspan="2"></td><td colspan="2"></td><td colspan="2"></td></tr>
<tr><td>14</td><td colspan="2"></td><td colspan="2"></td><td colspan="2"></td></tr>
<tr><td>15</td><td colspan="2"></td><td colspan="2"></td><td colspan="2"></td></tr>
<tr><td>16</td><td colspan="2"></td><td colspan="2"></td><td colspan="2"></td></tr>
<tr><td>17</td><td colspan="2"></td><td colspan="2"></td><td colspan="2"></td></tr>
<tr><td>18</td><td colspan="2"></td><td colspan="2"></td><td colspan="2"></td></tr>
<tr><td>检查结论</td><td colspan="2">合格

项目专业技术负责人：×××
×年×月×日</td><td>验收结论</td><td colspan="3">同意验收

监理工程师：×××
(建设单位项目专业技术负责人)
×年×月×日</td></tr>
</table>

注：1. 本表由施工项目专业质量检查员填写，监理工程师(建设单位项目技术负责人)组织项目专业质量(技术)负责人等进行验收。

2. 记录中“符合规范要求”用✓标注，结论栏由本人签字。

金属(钢)门窗安装工程检验批质量验收记录

表 2-145

<table>
<tr><td colspan="2">工程名称</td><td colspan="12">××住宅楼</td><td>验收部位</td><td>地下室</td></tr>
<tr><td colspan="2">施工单位</td><td colspan="12">××建筑工程公司</td><td>项目经理</td><td>×××</td></tr>
<tr><td colspan="2">施工执行标准名称及编号</td><td colspan="12">建筑装饰装修工程施工工艺标准(XJJ 023—2005)</td><td>专业工长</td><td>×××</td></tr>
<tr><td colspan="2">分包单位</td><td colspan="3">—</td><td colspan="5">分包项目经理</td><td colspan="4">—</td><td>施工班组长</td><td>×××</td></tr>
<tr><td colspan="3" rowspan="2">主控项目</td><td rowspan="2">规范规定</td><td colspan="10">施工单位检查评定记录</td><td colspan="2" rowspan="2">监理(建设)单位验收记录</td></tr>
<tr><td>1</td><td>2</td><td>3</td><td>4</td><td>5</td><td>6</td><td>7</td><td>8</td><td>9</td><td>10</td></tr>
<tr><td>1</td><td colspan="2">门窗质量</td><td>第 5.3.2 条</td><td colspan="10">✓</td><td colspan="2" rowspan="4">✓</td></tr>
<tr><td>2</td><td colspan="2">框、副框安装、预埋件埋设、连接方式</td><td>第 5.3.3 条</td><td colspan="10">✓</td></tr>
<tr><td>3</td><td colspan="2">门窗扇的安装</td><td>第 5.3.4 条</td><td colspan="10">✓</td></tr>
<tr><td>4</td><td colspan="2">配件质量及安装</td><td>第 5.3.5 条</td><td colspan="10">✓</td></tr>
<tr><td colspan="3" rowspan="2">一般项目</td><td rowspan="2">规范规定</td><td colspan="10">施工单位检查评定记录</td><td colspan="2" rowspan="2">监理(建设)单位验收记录</td></tr>
<tr><td>1</td><td>2</td><td>3</td><td>4</td><td>5</td><td>6</td><td>7</td><td>8</td><td>9</td><td>10</td></tr>
<tr><td>1</td><td colspan="2">表面质量</td><td>第 5.3.6 条</td><td colspan="10">✓</td><td colspan="2" rowspan="17"></td></tr>
<tr><td>2</td><td colspan="2">框与墙体缝隙填嵌、密封</td><td>第 5.3.8 条</td><td colspan="10">✓</td></tr>
<tr><td>3</td><td colspan="2">密封条安装</td><td>第 5.3.9 条</td><td colspan="10">—</td></tr>
<tr><td>4</td><td colspan="2">门窗排水孔位置和数量</td><td>第 5.3.10 条</td><td colspan="10">—</td></tr>
<tr><td rowspan="13">5</td><td colspan="2">允许偏差项目</td><td>留缝限值(mm)</td><td>允许偏差(mm)</td><td colspan="10">实测值(mm)</td></tr>
<tr><td rowspan="2">门窗槽口宽度、高度</td><td>≤1500mm</td><td>—</td><td>2.5</td><td>2</td><td>1</td><td>2</td><td></td><td></td><td></td><td></td><td></td><td></td><td></td></tr>
<tr><td>>1500mm</td><td>—</td><td>3.5</td><td>—</td><td></td><td></td><td></td><td></td><td></td><td></td><td></td><td></td><td></td></tr>
<tr><td rowspan="2">门窗槽口对角线长度差</td><td>≤2000mm</td><td>—</td><td>5</td><td>3</td><td>4</td><td>3</td><td></td><td></td><td></td><td></td><td></td><td></td><td></td></tr>
<tr><td>>2000mm</td><td>—</td><td>6</td><td>—</td><td></td><td></td><td></td><td></td><td></td><td></td><td></td><td></td><td></td></tr>
<tr><td colspan="2">门窗框的正、侧面垂直度</td><td>—</td><td>3</td><td>3</td><td>2</td><td>④</td><td></td><td></td><td></td><td></td><td></td><td></td><td></td></tr>
<tr><td colspan="2">门窗横框的水平度</td><td>—</td><td>3</td><td>—</td><td></td><td></td><td></td><td></td><td></td><td></td><td></td><td></td><td></td></tr>
<tr><td colspan="2">门窗横框标高</td><td>—</td><td>5</td><td>—</td><td></td><td></td><td></td><td></td><td></td><td></td><td></td><td></td><td></td></tr>
<tr><td colspan="2">门窗框竖向偏离中心</td><td>—</td><td>4</td><td>3</td><td>4</td><td>2</td><td></td><td></td><td></td><td></td><td></td><td></td><td></td></tr>
<tr><td colspan="2">双层门窗内外框间距</td><td>—</td><td>5</td><td>—</td><td></td><td></td><td></td><td></td><td></td><td></td><td></td><td></td><td></td></tr>
<tr><td colspan="2">门窗框、扇配合间隙</td><td>≤2</td><td>—</td><td>2</td><td>1</td><td>1</td><td></td><td></td><td></td><td></td><td></td><td></td><td></td></tr>
<tr><td colspan="2">无下框时门扇与地面间留缝</td><td>4～8</td><td>—</td><td>—</td><td></td><td></td><td></td><td></td><td></td><td></td><td></td><td></td><td></td></tr>
<tr><td colspan="2">施工单位检查评定结果</td><td colspan="14">主控项目合格
一般项目满足规范要求
项目专业质量检查员：×××
×年×月×日</td></tr>
<tr><td colspan="2">监理(建设)单位验收结论</td><td colspan="14">同意验收
监理工程师：×××
(建设单位项目专业技术负责人)
×年×月×日</td></tr>
</table>

注：1. 本表由施工项目专业质量检查员填写，监理工程师(建设单位项目技术负责人)组织项目专业质量(技术)负责人等进行验收。

2. 记录中定量项目填写数据，定性项目“符合规范要求”用✓标注，结果和结论栏由本人签字。

塑料门窗安装分项工程质量验收记录

表 2-146

<table>
<tr><td>工程名称</td><td colspan="2">××住宅楼</td><td>结构类型</td><td>砖混</td><td>检验批数</td><td>4</td></tr>
<tr><td>施工单位</td><td colspan="2">××建筑工程公司</td><td>项目经理</td><td>×××</td><td>项目技术负责人</td><td>×××</td></tr>
<tr><td>分包单位</td><td colspan="2">—</td><td>分包单位负责人</td><td>—</td><td>分包项目经理</td><td>—</td></tr>
<tr><td>序号</td><td colspan="2">检验批部位、区段</td><td colspan="2">施工单位检查评定结果</td><td colspan="2">监理(建设)单位验收结论</td></tr>
<tr><td>1</td><td colspan="2">一至五层客厅</td><td colspan="2">✓</td><td colspan="2">✓</td></tr>
<tr><td>2</td><td colspan="2">一至五层主卧室及厨房</td><td colspan="2">✓</td><td colspan="2">✓</td></tr>
<tr><td>3</td><td colspan="2">一至五层次卧室</td><td colspan="2">✓</td><td colspan="2">✓</td></tr>
<tr><td>4</td><td colspan="2">一、二单元楼梯间</td><td colspan="2">✓</td><td colspan="2">✓</td></tr>
<tr><td>5</td><td colspan="2"></td><td colspan="2"></td><td colspan="2"></td></tr>
<tr><td>6</td><td colspan="2"></td><td colspan="2"></td><td colspan="2"></td></tr>
<tr><td>7</td><td colspan="2"></td><td colspan="2"></td><td colspan="2"></td></tr>
<tr><td>8</td><td colspan="2"></td><td colspan="2"></td><td colspan="2"></td></tr>
<tr><td>9</td><td colspan="2"></td><td colspan="2"></td><td colspan="2"></td></tr>
<tr><td>10</td><td colspan="2"></td><td colspan="2"></td><td colspan="2"></td></tr>
<tr><td>11</td><td colspan="2"></td><td colspan="2"></td><td colspan="2"></td></tr>
<tr><td>12</td><td colspan="2"></td><td colspan="2"></td><td colspan="2"></td></tr>
<tr><td>13</td><td colspan="2"></td><td colspan="2"></td><td colspan="2"></td></tr>
<tr><td>14</td><td colspan="2"></td><td colspan="2"></td><td colspan="2"></td></tr>
<tr><td>15</td><td colspan="2"></td><td colspan="2"></td><td colspan="2"></td></tr>
<tr><td>16</td><td colspan="2"></td><td colspan="2"></td><td colspan="2"></td></tr>
<tr><td>17</td><td colspan="2"></td><td colspan="2"></td><td colspan="2"></td></tr>
<tr><td>18</td><td colspan="2"></td><td colspan="2"></td><td colspan="2"></td></tr>
<tr><td>检查结论</td><td>合格

项目专业技术负责人：×××
×年×月×日</td><td>验收结论</td><td colspan="4">同意验收

监理工程师：×××
(建设单位项目专业技术负责人)
×年×月×日</td></tr>
</table>

注：1. 本表由施工项目专业质量检查员填写，监理工程师(建设单位项目技术负责人)组织项目专业质量(技术)负责人等进行验收。

2. 记录中“符合规范要求”用✓标注，结论栏由本人签字。

塑料门窗安装工程检验批质量验收记录

表 2-147

工程名称	××住宅楼			验收部位	一至五层客厅
施工单位	××建筑工程公司			项目经理	×××
施工执行标准名称及编号	建筑装饰装修工程施工工艺标准(XJJ 023—2005)			专业工长	×××
分包单位	—	分包项目经理	—	施工班组长	×××

主控项目		规范规定	施工单位检查评定记录	监理(建设)单位验收记录
1	门窗质量	第5.4.2条	✓	✓
2	框、副框和扇安装连接方式及固定位置	第5.4.3条	✓	
3	拼樘料与框连接	第5.4.4条	✓	
4	门窗扇安装	第5.4.5条	✓	
5	配件质量及安装	第5.4.6条	✓	
6	框与墙体填嵌、密封胶粘结及表面质量	第5.4.7条	✓	

一般项目		规范规定	施工单位检查评定记录	监理(建设)单位验收记录
1	门窗表面	第5.4.8条	✓	
2	密封条、旋转窗间隙	第5.4.9条	✓	
3	门窗扇开关力	第5.4.10条	✓	
4	玻璃密封条与玻璃及槽口的接缝	第5.4.11条	✓	
5	排水孔位置和数量	第5.4.12条	✓	

	允许偏差项目		允许偏差值(mm)	实测值(mm) 1	2	3	4	5	6	7	8	9	10
6	门窗槽口宽度、高度	≤1500mm	2	2	1	1	2						
		>1500mm	3	—									
	门窗槽口对角线长度差	≤2000mm	3✓	2	2	3	2						
		>2000mm		5	—								
	门窗框的正侧面垂直度		3	2	3	④	2						
	门窗横框的水平度		3	3	2	2	1						
	门窗横框标高		5	5	4	4	3						
	门窗竖向偏离中心		5	4	4	3	4						
	双层门窗内外框间距		4	—									
	同樘平开门窗相邻扇高度差		2	2	1	1	③						
	平开门窗铰链部位配合间隙		+2；-1	+2	0	-1	+1						
	推拉门窗扇与框搭接量		+1.5；-2.5	—									
	推拉门窗扇与竖框平行度		2	—									

施工单位检查评定结果	主控项目合格 一般项目满足规范要求 项目专业质量检查员：××× ×年×月×日
监理(建设)单位验收结论	同意验收 监理工程师：××× (建设单位项目专业技术负责人) ×年×月×日

注：1. 本表由施工项目专业质量检查员填写，监理工程师(建设单位项目技术负责人)组织项目专业质量(技术)负责人等进行验收。

2. 记录中定量项目填写数据，定性项目“符合规范要求”用✓标注，结果和结论栏由本人签字。

特种门安装分项工程质量验收记录

表 2-148

<table>
<tr><td>工程名称</td><td colspan="2">××住宅楼</td><td>结构类型</td><td>砖混</td><td>检验批数</td><td>1</td></tr>
<tr><td>施工单位</td><td colspan="2">××建筑工程公司</td><td>项目经理</td><td>×××</td><td>项目技术负责人</td><td>×××</td></tr>
<tr><td>分包单位</td><td colspan="2">—</td><td>分包单位负责人</td><td>—</td><td>分包项目经理</td><td>—</td></tr>
<tr><td>序号</td><td colspan="2">检验批部位、区段</td><td colspan="2">施工单位检查评定结果</td><td colspan="2">监理(建设)单位验收结论</td></tr>
<tr><td>1</td><td colspan="2">一至五层分户门、单元门</td><td colspan="2">✓</td><td colspan="2">✓</td></tr>
<tr><td>2</td><td colspan="2"></td><td colspan="2"></td><td colspan="2"></td></tr>
<tr><td>3</td><td colspan="2"></td><td colspan="2"></td><td colspan="2"></td></tr>
<tr><td>4</td><td colspan="2"></td><td colspan="2"></td><td colspan="2"></td></tr>
<tr><td>5</td><td colspan="2"></td><td colspan="2"></td><td colspan="2"></td></tr>
<tr><td>6</td><td colspan="2"></td><td colspan="2"></td><td colspan="2"></td></tr>
<tr><td>7</td><td colspan="2"></td><td colspan="2"></td><td colspan="2"></td></tr>
<tr><td>8</td><td colspan="2"></td><td colspan="2"></td><td colspan="2"></td></tr>
<tr><td>9</td><td colspan="2"></td><td colspan="2"></td><td colspan="2"></td></tr>
<tr><td>10</td><td colspan="2"></td><td colspan="2"></td><td colspan="2"></td></tr>
<tr><td>11</td><td colspan="2"></td><td colspan="2"></td><td colspan="2"></td></tr>
<tr><td>12</td><td colspan="2"></td><td colspan="2"></td><td colspan="2"></td></tr>
<tr><td>13</td><td colspan="2"></td><td colspan="2"></td><td colspan="2"></td></tr>
<tr><td>14</td><td colspan="2"></td><td colspan="2"></td><td colspan="2"></td></tr>
<tr><td>15</td><td colspan="2"></td><td colspan="2"></td><td colspan="2"></td></tr>
<tr><td>16</td><td colspan="2"></td><td colspan="2"></td><td colspan="2"></td></tr>
<tr><td>17</td><td colspan="2"></td><td colspan="2"></td><td colspan="2"></td></tr>
<tr><td>18</td><td colspan="2"></td><td colspan="2"></td><td colspan="2"></td></tr>
<tr><td>检查结论</td><td>合格

项目专业技术负责人：×××
×年×月×日</td><td>验收结论</td><td colspan="4">同意验收

监理工程师：×××
(建设单位项目专业技术负责人)
×年×月×日</td></tr>
</table>

注：1. 本表由施工项目专业质量检查员填写，监理工程师(建设单位项目技术负责人)组织项目专业质量(技术)负责人等进行验收。

2. 记录中“符合规范要求”用✓标注，结论栏由本人签字。

特种门安装工程检验批质量验收记录

表 2-149

<table>
<tr><td>工程名称</td><td colspan="3">××住宅楼</td><td>验收部位</td><td>一至五层分户门、单元门</td></tr>
<tr><td>施工单位</td><td colspan="3">××建筑工程公司</td><td>项目经理</td><td>×××</td></tr>
<tr><td>施工执行标准名称及编号</td><td colspan="3">建筑装饰装修工程施工工艺标准(XJJ 023—2005)</td><td>专业工长</td><td>×××</td></tr>
<tr><td>分包单位</td><td>—</td><td>分包项目经理</td><td>—</td><td>施工班组长</td><td>×××</td></tr>
</table>

<table>
<tr><th colspan="4" rowspan="2">主控项目</th><th rowspan="2">规范规定</th><th colspan="10">施工单位检查评定记录</th><th rowspan="2">监理(建设)单位验收记录</th></tr>
<tr><th>1</th><th>2</th><th>3</th><th>4</th><th>5</th><th>6</th><th>7</th><th>8</th><th>9</th><th>10</th></tr>
<tr><td>1</td><td colspan="3">特种门质量和各项性能</td><td>第 5.5.2 条</td><td colspan="10">✓</td><td rowspan="5">✓</td></tr>
<tr><td>2</td><td colspan="3">品种、类型、规格、尺寸、开启方向、安装位置及防腐处理</td><td>第 5.5.3 条</td><td colspan="10">✓</td></tr>
<tr><td>3</td><td colspan="3">机械、自动或智能化装置的功能</td><td>第 5.5.4 条</td><td colspan="10">—</td></tr>
<tr><td>4</td><td colspan="3">安装、预埋件埋设、连接方式</td><td>第 5.5.5 条</td><td colspan="10">✓</td></tr>
<tr><td>5</td><td colspan="3">配件、位置、安装、功能及各项性能</td><td>第 5.5.6 条</td><td colspan="10">✓</td></tr>
<tr><th colspan="4" rowspan="2">一般项目</th><th rowspan="2">规范规定</th><th colspan="10">施工单位检查评定记录</th><th rowspan="2">监理(建设)单位验收记录</th></tr>
<tr><th>1</th><th>2</th><th>3</th><th>4</th><th>5</th><th>6</th><th>7</th><th>8</th><th>9</th><th>10</th></tr>
<tr><td>1</td><td colspan="3">表面装饰</td><td>第 5.5.7 条</td><td colspan="10">✓</td><td rowspan="17"></td></tr>
<tr><td>2</td><td colspan="3">表面质量</td><td>第 5.5.8 条</td><td colspan="10">✓</td></tr>
<tr><td rowspan="11">3</td><td colspan="2">允许偏差项目</td><td>留缝限值(mm)</td><td>允许偏差(mm)</td><td colspan="10">实测值(mm)</td></tr>
<tr><td rowspan="2">门槽口宽度、高度</td><td>≤1500mm</td><td>—</td><td>1.5</td><td>—</td><td></td><td></td><td></td><td></td><td></td><td></td><td></td><td></td><td></td></tr>
<tr><td>>1500mm</td><td>—</td><td>2</td><td>—</td><td></td><td></td><td></td><td></td><td></td><td></td><td></td><td></td><td></td></tr>
<tr><td rowspan="2">门槽口对角线长度</td><td>≤2000mm</td><td>—</td><td>2</td><td>—</td><td></td><td></td><td></td><td></td><td></td><td></td><td></td><td></td><td></td></tr>
<tr><td>>2000mm</td><td>—</td><td>2.5</td><td>—</td><td></td><td></td><td></td><td></td><td></td><td></td><td></td><td></td><td></td></tr>
<tr><td colspan="2">门框的正、侧面垂直度</td><td>—</td><td>1</td><td>—</td><td></td><td></td><td></td><td></td><td></td><td></td><td></td><td></td><td></td></tr>
<tr><td colspan="2">门构件装配间隙</td><td>—</td><td>0.3</td><td>—</td><td></td><td></td><td></td><td></td><td></td><td></td><td></td><td></td><td></td></tr>
<tr><td colspan="2">门梁导轨水平度</td><td>—</td><td>1</td><td>—</td><td></td><td></td><td></td><td></td><td></td><td></td><td></td><td></td><td></td></tr>
<tr><td colspan="2">下导轨与门梁导轨平行度</td><td>—</td><td>1.5</td><td>—</td><td></td><td></td><td></td><td></td><td></td><td></td><td></td><td></td><td></td></tr>
<tr><td colspan="2">门扇与侧框间留缝</td><td>1.2～1.8</td><td>—</td><td>—</td><td></td><td></td><td></td><td></td><td></td><td></td><td></td><td></td><td></td></tr>
<tr><td colspan="2">门扇对口缝</td><td>1.2～1.8</td><td>—</td><td>—</td><td></td><td></td><td></td><td></td><td></td><td></td><td></td><td></td><td></td></tr>
<tr><td rowspan="4">4</td><td colspan="2">感应时间限值项目</td><td colspan="2">感应时间限值(s)</td><td colspan="10">实测值(s)</td></tr>
<tr><td colspan="2">开门响应时间</td><td colspan="2">≤0.5</td><td>—</td><td></td><td></td><td></td><td></td><td></td><td></td><td></td><td></td><td></td></tr>
<tr><td colspan="2">堵门保护延时</td><td colspan="2">16～20</td><td>—</td><td></td><td></td><td></td><td></td><td></td><td></td><td></td><td></td><td></td></tr>
<tr><td colspan="2">门扇全开启后保持时间</td><td colspan="2">13～17</td><td>—</td><td></td><td></td><td></td><td></td><td></td><td></td><td></td><td></td><td></td></tr>
<tr><td colspan="2">施工单位检查评定结果</td><td colspan="14">主控项目合格
一般项目满足规范要求
项目专业质量检查员：×××
×年×月×日</td></tr>
<tr><td colspan="2">监理(建设)单位验收结论</td><td colspan="14">同意验收
监理工程师：×××
(建设单位项目专业技术负责人)
×年×月×日</td></tr>
</table>

注：1. 本表由施工项目专业质量检查员填写，监理工程师(建设单位项目技术负责人)组织项目专业质量(技术)负责人等进行验收。

2. 记录中定量项目填写数据，定性项目“符合规范要求”用✓标注，结果和结论栏由本人签字。

玻璃安装分项工程质量验收记录

表 2-150

<table>
<tr><td>工程名称</td><td colspan="2">××住宅楼</td><td>结构类型</td><td>砖混</td><td>检验批数</td><td>5</td></tr>
<tr><td>施工单位</td><td colspan="2">××建筑工程公司</td><td>项目经理</td><td>×××</td><td>项目技术负责人</td><td>×××</td></tr>
<tr><td>分包单位</td><td colspan="2">—</td><td>分包单位负责人</td><td>—</td><td>分包项目经理</td><td>—</td></tr>
<tr><td>序号</td><td colspan="2">检验批部位、区段</td><td colspan="2">施工单位检查评定结果</td><td colspan="2">监理(建设)单位验收结论</td></tr>
<tr><td>1</td><td colspan="2">一至五层客厅</td><td colspan="2">✓</td><td colspan="2">✓</td></tr>
<tr><td>2</td><td colspan="2">一至五层主卧室及厨房</td><td colspan="2">✓</td><td colspan="2">✓</td></tr>
<tr><td>3</td><td colspan="2">一至五层次卧室</td><td colspan="2">✓</td><td colspan="2">✓</td></tr>
<tr><td>4</td><td colspan="2">一、 二单元楼梯间</td><td colspan="2">✓</td><td colspan="2">✓</td></tr>
<tr><td>5</td><td colspan="2">地下室</td><td colspan="2">✓</td><td colspan="2">✓</td></tr>
<tr><td>6</td><td colspan="2"></td><td colspan="2"></td><td colspan="2"></td></tr>
<tr><td>7</td><td colspan="2"></td><td colspan="2"></td><td colspan="2"></td></tr>
<tr><td>8</td><td colspan="2"></td><td colspan="2"></td><td colspan="2"></td></tr>
<tr><td>9</td><td colspan="2"></td><td colspan="2"></td><td colspan="2"></td></tr>
<tr><td>10</td><td colspan="2"></td><td colspan="2"></td><td colspan="2"></td></tr>
<tr><td>11</td><td colspan="2"></td><td colspan="2"></td><td colspan="2"></td></tr>
<tr><td>12</td><td colspan="2"></td><td colspan="2"></td><td colspan="2"></td></tr>
<tr><td>13</td><td colspan="2"></td><td colspan="2"></td><td colspan="2"></td></tr>
<tr><td>14</td><td colspan="2"></td><td colspan="2"></td><td colspan="2"></td></tr>
<tr><td>15</td><td colspan="2"></td><td colspan="2"></td><td colspan="2"></td></tr>
<tr><td>16</td><td colspan="2"></td><td colspan="2"></td><td colspan="2"></td></tr>
<tr><td>17</td><td colspan="2"></td><td colspan="2"></td><td colspan="2"></td></tr>
<tr><td>18</td><td colspan="2"></td><td colspan="2"></td><td colspan="2"></td></tr>
<tr><td>检查结论</td><td colspan="2">合格

项目专业技术负责人：×××
×年×月×日</td><td>验收结论</td><td colspan="3">同意验收

监理工程师：×××
(建设单位项目专业技术负责人)
×年×月×日</td></tr>
</table>

注：1. 本表由施工项目专业质量检查员填写，监理工程师(建设单位项目技术负责人)组织项目专业质量(技术)负责人等进行验收。

2. 记录中“符合规范要求”用✓标注，结论栏由本人签字。

门窗玻璃安装工程检验批质量验收记录

表 2-151

<table>
<tr><td colspan="2">工程名称</td><td colspan="12">××住宅楼</td><td>验收部位</td><td>一至五层客厅</td></tr>
<tr><td colspan="2">施工单位</td><td colspan="12">××建筑工程公司</td><td>项目经理</td><td>×××</td></tr>
<tr><td colspan="2">施工执行标准名称及编号</td><td colspan="12">建筑装饰装修工程施工工艺标准(XJJ 023—2005)</td><td>专业工长</td><td>×××</td></tr>
<tr><td colspan="2">分包单位</td><td colspan="2">—</td><td colspan="5">分包项目经理</td><td colspan="5">—</td><td>施工班组长</td><td>×××</td></tr>
<tr><td colspan="2" rowspan="2">主控项目</td><td rowspan="2">规范规定</td><td colspan="10">施工单位检查评定记录</td><td colspan="3" rowspan="2">监理(建设)单位验收记录</td></tr>
<tr><td>1</td><td>2</td><td>3</td><td>4</td><td>5</td><td>6</td><td>7</td><td>8</td><td>9</td><td>10</td></tr>
<tr><td>1</td><td>玻璃品种、规格、尺寸、色彩、图案和涂膜朝向</td><td>第 5.6.2 条</td><td colspan="10">✓</td><td colspan="3" rowspan="6">✓</td></tr>
<tr><td>2</td><td>裁割尺寸及安装质量</td><td>第 5.6.3 条</td><td colspan="10">✓</td></tr>
<tr><td>3</td><td>安装方法，钉子或钢丝卡的数量及规格</td><td>第 5.6.4 条</td><td colspan="10">✓</td></tr>
<tr><td>4</td><td>木压条裁口连接、割角</td><td>第 5.6.5 条</td><td colspan="10">—</td></tr>
<tr><td>5</td><td>密封条、密封胶与玻璃、玻璃槽口的装设</td><td>第 5.6.6 条</td><td colspan="10">✓</td></tr>
<tr><td>6</td><td>玻璃压条</td><td>第 5.6.7 条</td><td colspan="10">✓</td></tr>
<tr><td colspan="2" rowspan="2">一般项目</td><td rowspan="2">规范规定</td><td colspan="10">施工单位检查评定记录</td><td colspan="3" rowspan="2">监理(建设)单位验收记录</td></tr>
<tr><td>1</td><td>2</td><td>3</td><td>4</td><td>5</td><td>6</td><td>7</td><td>8</td><td>9</td><td>10</td></tr>
<tr><td>1</td><td>玻璃表面及中空玻璃内外表面</td><td>第 5.6.8 条</td><td colspan="10">✓</td><td colspan="3" rowspan="3">✓</td></tr>
<tr><td>2</td><td>门窗玻璃的安装要求</td><td>第 5.6.9 条</td><td colspan="10">✓</td></tr>
<tr><td>3</td><td>腻子、固定卡子</td><td>第 5.6.10 条</td><td colspan="10">—</td></tr>
<tr><td colspan="2">施工单位检查评定结果</td><td colspan="14">主控项目合格
一般项目满足规范要求

项目专业质量检查员：×××
×年×月×日</td></tr>
<tr><td colspan="2">监理(建设)单位验收结论</td><td colspan="14">同意验收

监理工程师：×××
(建设单位项目专业技术负责人)
×年×月×日</td></tr>
</table>

注：1. 本表由施工项目专业质量检查员填写，监理工程师(建设单位项目技术负责人)组织项目专业质量(技术)负责人等进行验收。

2. 记录中定量项目填写数据，定性项目“符合规范要求”用✓标注，结果和结论栏由本人签字。

门窗玻璃安装工程检验批质量验收记录

表 2-152

<table>
<tr><td colspan="2">工程名称</td><td colspan="12">××住宅楼</td><td>验收部位</td><td>地下室</td></tr>
<tr><td colspan="2">施工单位</td><td colspan="12">××建筑工程公司</td><td>项目经理</td><td>×××</td></tr>
<tr><td colspan="2">施工执行标准名称及编号</td><td colspan="12">建筑装饰装修工程施工工艺标准(XJJ 023—2005)</td><td>专业工长</td><td>×××</td></tr>
<tr><td colspan="2">分包单位</td><td colspan="2">—</td><td colspan="5">分包项目经理</td><td colspan="5">—</td><td>施工班组长</td><td>×××</td></tr>
<tr><td colspan="2" rowspan="2">主控项目</td><td rowspan="2">规范规定</td><td colspan="10">施工单位检查评定记录</td><td colspan="3" rowspan="2">理(建设)单位验收记录</td></tr>
<tr><td>1</td><td>2</td><td>3</td><td>4</td><td>5</td><td>6</td><td>7</td><td>8</td><td>9</td><td>10</td></tr>
<tr><td>1</td><td>玻璃品种、规格、尺寸、色彩、图案和涂膜朝向</td><td>第5.6.2条</td><td colspan="10">✓</td><td colspan="3" rowspan="6">✓</td></tr>
<tr><td>2</td><td>裁割尺寸及安装质量</td><td>第5.6.3条</td><td colspan="10">✓</td></tr>
<tr><td>3</td><td>安装方法，钉子或钢丝卡的数量规格</td><td>第5.6.4条</td><td colspan="10">—</td></tr>
<tr><td>4</td><td>木压条裁口连接、割角</td><td>第5.6.5条</td><td colspan="10">—</td></tr>
<tr><td>5</td><td>密封条、密封胶与玻璃、玻璃槽口的装设</td><td>第5.6.6条</td><td colspan="10">✓</td></tr>
<tr><td>6</td><td>带密封条的玻璃压条装设</td><td>第5.6.7条</td><td colspan="10">—</td></tr>
<tr><td colspan="2" rowspan="2">一般项目</td><td rowspan="2">规范规定</td><td colspan="10">施工单位检查评定记录</td><td colspan="3" rowspan="2">监理(建设)单位验收记录</td></tr>
<tr><td>1</td><td>2</td><td>3</td><td>4</td><td>5</td><td>6</td><td>7</td><td>8</td><td>9</td><td>10</td></tr>
<tr><td>1</td><td>玻璃表面及中空玻璃内外表面</td><td>第5.6.8条</td><td colspan="10">✓</td><td colspan="3" rowspan="3">✓</td></tr>
<tr><td>2</td><td>门窗玻璃的安装要求</td><td>第5.6.9条</td><td colspan="10">✓</td></tr>
<tr><td>3</td><td>腻子、固定卡子</td><td>第5.6.10条</td><td colspan="10">—</td></tr>
<tr><td colspan="2">施工单位检查评定结果</td><td colspan="14">主控项目合格
一般项目满足规范要求
项目专业质量检查员：×××
×年×月×日</td></tr>
<tr><td colspan="2">监理(建设)单位验收结论</td><td colspan="14">同意验收
监理工程师：×××
(建设单位项目专业技术负责人)
×年×月×日</td></tr>
</table>

注：1. 本表由施工项目专业质量检查员填写，监理工程师(建设单位项目技术负责人)组织项目专业质量(技术)负责人等进行验收。

2. 记录中定量项目填写数据，定性项目“符合规范要求”用✓标注，结果和结论栏由本人签字。

饰面砖粘贴分项工程质量验收记录

表 1-153

工程名称	××住宅楼	结构类型	砖混	检验批数	1
施工单位	××建筑工程公司	项目经理	×××	项目技术负责人	×××
分包单位	—	分包单位负责人	—	分包项目经理	—

序号	检验批部位、区段	施工单位检查评定结果	监理(建设)单位验收结论
1	一至五层厨房、卫生间墙面	✓	✓
2			
3			
4			
5			
6			
7			
8			
9			
10			
11			
12			
13			
14			
15			
16			
17			
18			

检查结论	合格 项目专业技术负责人：××× ×年×月×日	验收结论	同意验收 监理工程师： ××× (建设单位项目专业技术负责人) ×年×月×日

注：1. 本表由施工项目专业质量检查员填写，监理工程师(建设单位项目技术负责人)组织项目专业质量(技术)负责人等进行验收。

2. 记录中“符合规范要求”用✓标注，结论栏由本人签字。

饰面砖粘贴工程检验批质量验收记录

表 2-154

工程名称	××住宅楼			验收部位	一至五层厨房、卫生间
施工单位	××建筑工程公司			项目经理	×××
施工执行标准名称及编号	建筑装饰装修工程施工工艺标准(XJJ 023—2005)			专业工长	×××
分包单位	—	分包项目经理	—	施工班组长	×××

主控项目		规范规定	施工单位检查评定记录										监理（建设）单位验收记录
			1	2	3	4	5	6	7	8	9	10	
1	饰面砖品种、规格、图案、颜色和性能	第 8.3.2 条					✓						
2	饰面砖粘贴施工工艺及方法	第 8.3.3 条					✓						✓
3	**饰面砖粘贴必须牢固**	**第 8.3.4 条**					✓						
4	满粘法施工的饰面砖工程应无空鼓、裂缝	第 8.3.5 条					✓						

一般项目			规范规定		施工单位检查评定记录										监理（建设）单位验收记录
					1	2	3	4	5	6	7	8	9	10	
1	饰面砖表面质量		第 8.3.6 条						✓						
2	阴阳角处搭接方式，非整砖使用部位		第 8.3.7 条						✓						
3	墙面突出物周围的饰面砖应整砖套割吻合		第 8.3.8 条						✓						
4	饰面砖接缝、填嵌、宽深		第 8.3.9 条						✓						
5	滴水线(槽)		第 8.3.10 条						—						✓
6	饰面砖允许偏差项目	允许偏差(mm)			实测值(mm)										
		外墙面砖	内墙面砖												
	立面垂直度	3	2		2	1	2	2							
	表面平整度	4	3		1	1	3	2							
	阴阳角方正	3	3		3	④	2	3							
	接缝直线度	3	2		2	1	1	2							
	接缝高低差	1	0.5		0.3	0.2	0.5	0.3							
	接缝宽度	1	1		1	0.6	0.8	②							

施工单位检查评定结果	主控项目合格 一般项目满足规范要求 项目专业质量检查员：××× ×年×月×日
监理(建设)单位验收结论	同意验收 监理工程师：××× (建设单位项目专业技术负责人) ×年×月×日

注：1. 本表由施工项目专业质量检查员填写，监理工程师(建设单位项目技术负责人)组织项目专业质量(技术)负责人等进行验收。

2. 记录中定量项目填写数据，定性项目“符合规范要求”用✓标注，结果和结论栏由本人签字。

水性涂料涂饰分项工程质量验收记录

表 2-155

工程名称	××住宅楼	结构类型	砖混	检验批数	7
施工单位	××建筑工程公司	项目经理	×××	项目技术负责人	×××
分包单位	—	分包单位负责人	—	分包项目经理	—

序号	检验批部位、区段	施工单位检查评定结果	监理(建设)单位验收结论
1	一层内墙面	✓	✓
2	二层内墙面	✓	✓
3	三层内墙面	✓	✓
4	四层内墙面	✓	✓
5	五层内墙面	✓	✓
6	地下室内墙面	✓	✓
7	室外墙面	✓	✓
8			
9			
10			
11			
12			
13			
14			
15			
16			
17			
18			

检查结论	合格 项目专业技术负责人：××× ×年×月×日	验收结论	同意验收 监理工程师：××× (建设单位项目专业技术负责人) ×年×月×日

注：1. 本表由施工项目专业质量检查员填写，监理工程师(建设单位项目技术负责人)组织项目专业质量(技术)负责人等进行验收。

2. 记录中“符合规范要求”用✓标注，结论栏由本人签字。

水性涂料涂饰工程检验批质量验收录

表 2-156

<table>
<tr><td colspan="3">工程名称</td><td colspan="10">××住宅楼</td><td colspan="2">验收部位</td><td>二层室内墙面</td></tr>
<tr><td colspan="3">施工单位</td><td colspan="10">××建筑工程公司</td><td colspan="2">项目经理</td><td>×××</td></tr>
<tr><td colspan="3">施工执行标准名称及编号</td><td colspan="10">建筑装饰装修工程施工工艺标准(XJJ 023—2005)</td><td colspan="2">专业工长</td><td>×××</td></tr>
<tr><td colspan="3">分包单位</td><td colspan="2">—</td><td colspan="4">分包项目经理</td><td colspan="4">—</td><td colspan="2">施工班组长</td><td>×××</td></tr>
<tr><td colspan="3" rowspan="2">主控项目</td><td colspan="2" rowspan="2">规范规定</td><td colspan="10">施工单位检查评定记录</td><td rowspan="2">监理(建设)单位验收记录</td></tr>
<tr><td>1</td><td>2</td><td>3</td><td>4</td><td>5</td><td>6</td><td>7</td><td>8</td><td>9</td><td>10</td></tr>
<tr><td>1</td><td colspan="2">涂料的品种、型号和性能</td><td colspan="2">第 10.2.2 条</td><td colspan="10">✓见检验记录×</td><td rowspan="4">✓</td></tr>
<tr><td>2</td><td colspan="2">颜色、图案</td><td colspan="2">第 10.2.3 条</td><td colspan="10">✓</td></tr>
<tr><td>3</td><td colspan="2">涂料涂饰质量</td><td colspan="2">第 10.2.4 条</td><td colspan="10">✓</td></tr>
<tr><td>4</td><td colspan="2">基层处理</td><td colspan="2">第 10.2.5 条</td><td colspan="10">✓</td></tr>
<tr><td colspan="3" rowspan="2">一般项目</td><td colspan="2">规范规定</td><td colspan="10">施工单位检查评定记录</td><td rowspan="2">监理(建设)单位验收记录</td></tr>
<tr><td>普通✓</td><td>高级</td><td>1</td><td>2</td><td>3</td><td>4</td><td>5</td><td>6</td><td>7</td><td>8</td><td>9</td><td>10</td></tr>
<tr><td rowspan="5">1</td><td rowspan="5">薄涂料涂饰质量</td><td>颜色</td><td>均匀一致</td><td>均匀一致</td><td colspan="10">✓</td><td rowspan="12">✓</td></tr>
<tr><td>泛碱、咬色</td><td>允许少量轻微</td><td>不允许</td><td colspan="10">✓</td></tr>
<tr><td>流坠、疙瘩</td><td>允许少量轻微</td><td>不允许</td><td colspan="10">✓</td></tr>
<tr><td>砂眼、刷纹</td><td>允许少量轻微</td><td>无</td><td colspan="10">✓</td></tr>
<tr><td>装饰线、分色线直线度(mm)</td><td>2</td><td>1</td><td colspan="10">—</td></tr>
<tr><td rowspan="3">2</td><td rowspan="3">厚涂料</td><td>颜色</td><td>均匀一致</td><td>均匀一致</td><td colspan="10">—</td></tr>
<tr><td>泛碱、咬色</td><td>允许少量轻微</td><td>不允许</td><td colspan="10">—</td></tr>
<tr><td>点状分布</td><td>—</td><td>疏密均匀</td><td colspan="10">—</td></tr>
<tr><td rowspan="3">3</td><td rowspan="3">复层涂料</td><td>颜色</td><td colspan="2">均匀一致</td><td colspan="10">—</td></tr>
<tr><td>泛碱、咬色</td><td colspan="2">不允许</td><td colspan="10">—</td></tr>
<tr><td>喷点疏密程度</td><td colspan="2">均匀、不允许连片</td><td colspan="10">—</td></tr>
<tr><td>4</td><td colspan="2">涂层与其他装修材料和设备衔接处</td><td colspan="2">第 10.2.9 条</td><td colspan="10">✓</td></tr>
<tr><td colspan="3">施工单位检查评定结果</td><td colspan="13">主控项目合格
一般项目满足规范要求
项目专业质量检查员：×××
×年×月×日</td></tr>
<tr><td colspan="3">监理(建设)单位验收结论</td><td colspan="13">同意验收
监理工程师：×××
(建设单位项目专业技术负责人)
×年×月×日</td></tr>
</table>

注：1. 本表由施工项目专业质量检查员填写，监理工程师(建设单位项目技术负责人)组织项目专业质量(技术)负责人等进行验收。

2. 记录中定量项目填写数据，定性项目“符合规范要求”用✓标注，结果和结论栏由本人签字。

溶剂型涂料涂饰分项工程质量验收记录

表 2-157

<table>
<tr><td>工程名称</td><td>××住宅楼</td><td>结构类型</td><td>砖混</td><td>检验批数</td><td>2</td></tr>
<tr><td>施工单位</td><td>××建筑工程公司</td><td>项目经理</td><td>×××</td><td>项目技术负责人</td><td>×××</td></tr>
<tr><td>分包单位</td><td>—</td><td>分包单位负责人</td><td>—</td><td>分包项目经理</td><td>—</td></tr>
<tr><td>序号</td><td>检验批部位、区段</td><td colspan="2">施工单位检查评定结果</td><td colspan="2">监理(建设)单位验收结论</td></tr>
<tr><td>1</td><td>一至五层木门</td><td colspan="2">✓</td><td colspan="2">✓</td></tr>
<tr><td>2</td><td>地下室钢门</td><td colspan="2">✓</td><td colspan="2">✓</td></tr>
<tr><td>3</td><td></td><td colspan="2"></td><td colspan="2"></td></tr>
<tr><td>4</td><td></td><td colspan="2"></td><td colspan="2"></td></tr>
<tr><td>5</td><td></td><td colspan="2"></td><td colspan="2"></td></tr>
<tr><td>6</td><td></td><td colspan="2"></td><td colspan="2"></td></tr>
<tr><td>7</td><td></td><td colspan="2"></td><td colspan="2"></td></tr>
<tr><td>8</td><td></td><td colspan="2"></td><td colspan="2"></td></tr>
<tr><td>9</td><td></td><td colspan="2"></td><td colspan="2"></td></tr>
<tr><td>10</td><td></td><td colspan="2"></td><td colspan="2"></td></tr>
<tr><td>11</td><td></td><td colspan="2"></td><td colspan="2"></td></tr>
<tr><td>12</td><td></td><td colspan="2"></td><td colspan="2"></td></tr>
<tr><td>13</td><td></td><td colspan="2"></td><td colspan="2"></td></tr>
<tr><td>14</td><td></td><td colspan="2"></td><td colspan="2"></td></tr>
<tr><td>15</td><td></td><td colspan="2"></td><td colspan="2"></td></tr>
<tr><td>16</td><td></td><td colspan="2"></td><td colspan="2"></td></tr>
<tr><td>17</td><td></td><td colspan="2"></td><td colspan="2"></td></tr>
<tr><td>18</td><td></td><td colspan="2"></td><td colspan="2"></td></tr>
<tr><td>检查结论</td><td>合格

项目专业技术负责人：×××
×年×月×日</td><td>验收结论</td><td colspan="3">同意验收

监理工程师：×××
（建设单位项目专业技术负责人）
×年×月×日</td></tr>
</table>

注：1. 本表由施工项目专业质量检查员填写，监理工程师(建设单位项目技术负责人)组织项目专业质量(技术)负责人等进行验收。

2. 记录中“符合规范要求”用✓标注，结论栏由本人签字。

溶剂型涂料涂饰工程检验批质量验收记录

表 2-158

<table>
<tr><td colspan="3">工程名称</td><td colspan="11">××住宅楼</td><td>验收部位</td><td>一至五层木门</td></tr>
<tr><td colspan="3">施工单位</td><td colspan="11">××建筑工程公司</td><td>项目经理</td><td>×××</td></tr>
<tr><td colspan="3">施工执行标准名称及编号</td><td colspan="11">建筑装饰装修工程施工工艺标准(XJJ 023—2005)</td><td>专业工长</td><td>×××</td></tr>
<tr><td colspan="3">分包单位</td><td colspan="2">—</td><td colspan="5">分包项目经理</td><td colspan="4">—</td><td>施工班组长</td><td>×××</td></tr>
<tr><td colspan="3" rowspan="2">主控项目</td><td colspan="2" rowspan="2">规范规定</td><td colspan="10">施工单位检查评定记录</td><td colspan="2" rowspan="2">监理(建设)单位验收记录</td></tr>
<tr><td>1</td><td>2</td><td>3</td><td>4</td><td>5</td><td>6</td><td>7</td><td>8</td><td>9</td><td>10</td></tr>
<tr><td>1</td><td colspan="2">涂料的质量</td><td colspan="2">第 10.3.2 条</td><td colspan="10">✓</td><td colspan="2" rowspan="4">✓</td></tr>
<tr><td>2</td><td colspan="2">颜色、光泽、图案</td><td colspan="2">第 10.3.3 条</td><td colspan="10">✓</td></tr>
<tr><td>3</td><td colspan="2">涂料涂饰质量</td><td colspan="2">第 10.3.4 条</td><td colspan="10">✓</td></tr>
<tr><td>4</td><td colspan="2">基层处理</td><td colspan="2">第 10.3.5 条</td><td colspan="10">✓</td></tr>
<tr><td colspan="3" rowspan="2">一般项目</td><td colspan="2">规范规定</td><td colspan="10">施工单位检查评定记录</td><td colspan="2" rowspan="2">监理(建设)单位验收记录</td></tr>
<tr><td>普通✓</td><td>高级</td><td>1</td><td>2</td><td>3</td><td>4</td><td>5</td><td>6</td><td>7</td><td>8</td><td>9</td><td>10</td></tr>
<tr><td rowspan="5">1</td><td rowspan="5">色漆涂饰质量</td><td>颜色</td><td>均匀一致</td><td>均匀一致</td><td colspan="10">✓</td><td colspan="2" rowspan="11">✓</td></tr>
<tr><td>光泽、光滑</td><td>光泽基本均匀光滑无挡手感</td><td>光泽基本均匀光滑</td><td colspan="10">✓</td></tr>
<tr><td>刷纹</td><td>刷纹通顺</td><td>无刷纹</td><td colspan="10">✓</td></tr>
<tr><td>裹棱、流坠、皱皮</td><td>明显处不允许</td><td>不允许</td><td colspan="10">✓</td></tr>
<tr><td>装饰线、分色线直线度(mm)</td><td>2</td><td>1</td><td colspan="10">—</td></tr>
<tr><td rowspan="5">2</td><td rowspan="5">清漆涂饰质量</td><td>颜色</td><td>基本一致</td><td>均匀一致</td><td colspan="10">—</td></tr>
<tr><td>木纹</td><td>棕眼刮平、木纹清楚</td><td>棕眼刮平、木纹清楚</td><td colspan="10">—</td></tr>
<tr><td>光泽、光滑</td><td>光泽基本均匀光滑无挡手感</td><td>光泽基本均匀光滑</td><td colspan="10">—</td></tr>
<tr><td>刷纹</td><td>无刷纹</td><td>无刷纹</td><td colspan="10">—</td></tr>
<tr><td>裹棱、流坠、皱皮</td><td>明显处不允许</td><td>不允许</td><td colspan="10">—</td></tr>
<tr><td>3</td><td colspan="2">涂层与其他装修材料和设备衔接处</td><td colspan="2">第 10.3.8 条</td><td colspan="10">✓</td></tr>
<tr><td colspan="3">施工单位检查评定结果</td><td colspan="14">主控项目合格
一般项目满足规范要求
项目专业质量检查员：×××
×年×月×日</td></tr>
<tr><td colspan="3">监理(建设)单位验收结论</td><td colspan="14">同意验收
监理工程师：×××
(建设单位项目专业技术负责人)
×年×月×日</td></tr>
</table>

注：1. 本表由施工项目专业质量检查员填写，监理工程师(建设单位项目技术负责人)组织项目专业质量(技术)负责人等进行验收。

2. 记录中定量项目填写数据，定性项目“符合规范要求”用✓标注，结果和结论栏由本人签字。

填充层分项工程质量验收记录

表 2-159

<table>
<tr><td>工程名称</td><td colspan="2">××住宅楼</td><td>结构类型</td><td>砖混</td><td>检验批数</td><td>5</td></tr>
<tr><td>施工单位</td><td colspan="2">××建筑工程公司</td><td>项目经理</td><td>×××</td><td>项目技术负责人</td><td>×××</td></tr>
<tr><td>分包单位</td><td colspan="2">—</td><td>分包单位负责人</td><td>—</td><td>分包项目经理</td><td>—</td></tr>
<tr><td>序号</td><td colspan="2">检验批部位、区段</td><td colspan="2">施工单位检查评定结果</td><td colspan="2">监理(建设)单位验收结论</td></tr>
<tr><td>1</td><td colspan="2">一层地面CL10陶粒混凝土填充层</td><td colspan="2">✓</td><td colspan="2">✓</td></tr>
<tr><td>2</td><td colspan="2">二层地面CL10陶粒混凝土填充层</td><td colspan="2">✓</td><td colspan="2">✓</td></tr>
<tr><td>3</td><td colspan="2">三层地面CL10陶粒混凝土填充层</td><td colspan="2">✓</td><td colspan="2">✓</td></tr>
<tr><td>4</td><td colspan="2">四层地面CL10陶粒混凝土填充层</td><td colspan="2">✓</td><td colspan="2">✓</td></tr>
<tr><td>5</td><td colspan="2">五层地面CL10陶粒混凝土填充层</td><td colspan="2">✓</td><td colspan="2">✓</td></tr>
<tr><td>6</td><td colspan="2"></td><td colspan="2"></td><td colspan="2"></td></tr>
<tr><td>7</td><td colspan="2"></td><td colspan="2"></td><td colspan="2"></td></tr>
<tr><td>8</td><td colspan="2"></td><td colspan="2"></td><td colspan="2"></td></tr>
<tr><td>9</td><td colspan="2"></td><td colspan="2"></td><td colspan="2"></td></tr>
<tr><td>10</td><td colspan="2"></td><td colspan="2"></td><td colspan="2"></td></tr>
<tr><td>11</td><td colspan="2"></td><td colspan="2"></td><td colspan="2"></td></tr>
<tr><td>12</td><td colspan="2"></td><td colspan="2"></td><td colspan="2"></td></tr>
<tr><td>13</td><td colspan="2"></td><td colspan="2"></td><td colspan="2"></td></tr>
<tr><td>14</td><td colspan="2"></td><td colspan="2"></td><td colspan="2"></td></tr>
<tr><td>15</td><td colspan="2"></td><td colspan="2"></td><td colspan="2"></td></tr>
<tr><td>16</td><td colspan="2"></td><td colspan="2"></td><td colspan="2"></td></tr>
<tr><td>17</td><td colspan="2"></td><td colspan="2"></td><td colspan="2"></td></tr>
<tr><td>18</td><td colspan="2"></td><td colspan="2"></td><td colspan="2"></td></tr>
<tr><td>检查结论</td><td colspan="2">陶粒混凝土强度符合要求
合格

项目专业技术负责人：×××
×年×月×日</td><td>验收结论</td><td colspan="3">同意验收

监理工程师：×××
(建设单位项目专业技术负责人)
×年×月×日</td></tr>
</table>

注：1. 本表由施工项目专业质量检查员填写，监理工程师(建设单位项目技术负责人)组织项目专业质量(技术)负责人等进行验收。

2. 记录中“符合规范要求”用✓标注，结论栏由本人签字。

填充层工程检验批质量验收记录

表 2-160

<table>
<tr><td>工程名称</td><td colspan="4">××住宅楼</td><td>验收部位</td><td>二层室内</td></tr>
<tr><td>施工单位</td><td colspan="4">××建筑工程公司</td><td>项目经理</td><td>×××</td></tr>
<tr><td>施工执行标准名称及编号</td><td colspan="4">建筑地面工程施工工艺标准(XJJ 022—2005)</td><td>专业工长</td><td>×××</td></tr>
<tr><td>分包单位</td><td>—</td><td>分包项目经理</td><td colspan="2">—</td><td>施工班组长</td><td>×××</td></tr>
</table>

<table>
<tr><td colspan="4" rowspan="2">主控项目</td><td rowspan="2">规范规定</td><td colspan="10">施工单位检查评定记录</td><td rowspan="2">监理(建设)单位验收记录</td></tr>
<tr><td>1</td><td>2</td><td>3</td><td>4</td><td>5</td><td>6</td><td>7</td><td>8</td><td>9</td><td>10</td></tr>
<tr><td>1</td><td colspan="3">填充层的材料质量</td><td>第 4.11.5 条</td><td colspan="10">✓见水泥、陶粒检验报告××</td><td rowspan="2">✓</td></tr>
<tr><td>2</td><td colspan="3">填充层的配合比</td><td>第 4.11.6 条</td><td colspan="10">✓见配合比通知单×</td></tr>
<tr><td colspan="4" rowspan="2">一般项目</td><td rowspan="2">规范规定</td><td colspan="10">施工单位检查评定记录</td><td rowspan="2">监理(建设)单位验收记录</td></tr>
<tr><td>1</td><td>2</td><td>3</td><td>4</td><td>5</td><td>6</td><td>7</td><td>8</td><td>9</td><td>10</td></tr>
<tr><td>1</td><td colspan="3">松散材料铺设密实，板块材料压实</td><td>第 4.11.7 条</td><td colspan="10">—</td><td rowspan="7">✓</td></tr>
<tr><td rowspan="6">2</td><td rowspan="6">允许偏差项目(mm)</td><td rowspan="2">表面平整度</td><td>松散材料✓</td><td>7</td><td>5</td><td>2</td><td>4</td><td></td><td></td><td></td><td></td><td></td><td></td><td></td></tr>
<tr><td>板、块材料</td><td>5</td><td>—</td><td></td><td></td><td></td><td></td><td></td><td></td><td></td><td></td><td></td></tr>
<tr><td rowspan="2">标高</td><td>松散材料✓</td><td rowspan="2">±4</td><td>−2</td><td>0</td><td>+3</td><td></td><td></td><td></td><td></td><td></td><td></td><td></td></tr>
<tr><td>板、块材料</td><td>—</td><td></td><td></td><td></td><td></td><td></td><td></td><td></td><td></td><td></td></tr>
<tr><td colspan="2">坡度</td><td>≥房间相应尺寸的 2/1000，且≥30</td><td>4</td><td>2</td><td>3</td><td></td><td></td><td></td><td></td><td></td><td></td><td></td></tr>
<tr><td colspan="2">厚度</td><td>个别地方≥设计厚度的 1/10</td><td>4</td><td>⑥</td><td>3</td><td></td><td></td><td></td><td></td><td></td><td></td><td></td></tr>
<tr><td colspan="3">施工单位检查评定结果</td><td colspan="13">主控项目合格
一般项目满足规范要求

项目专业质量检查员：×××
×年×月×日</td></tr>
<tr><td colspan="3">监理(建设)单位验收结论</td><td colspan="13">同意验收

监理工程师：×××
(建设单位项目专业技术负责人)
×年×月×日</td></tr>
</table>

注：1. 本表由施工项目专业质量检查员填写，监理工程师(建设单位项目技术负责人)组织项目专业质量(技术)负责人等进行验收。

2. 记录中定量项目填写数据，定性项目“符合规范要求”用✓标注，结果和结论栏由本人签字。

水泥砂浆面层分项工程质量验收记录

表 2-161

工程名称	××住宅楼	结构类型	砖混	检验批数	7
施工单位	××建筑工程公司	项目经理	×××	项目技术负责人	×××
分包单位	—	分包单位负责人	—	分包项目经理	—

序号	检验批部位、区段	施工单位检查评定结果	监理（建设）单位验收结论
1	一层水泥砂浆地面	✓	✓
2	二层水泥砂浆地面	✓	✓
3	三层水泥砂浆地面	✓	✓
4	四层水泥砂浆地面	✓	✓
5	五层水泥砂浆地面	✓	✓
6	一单元楼梯间水泥砂浆地面	✓	✓
7	二单元楼梯间水泥砂浆地面	✓	✓
8			
9			
10			
11			
12			
13			
14			
15			
16			
17			
18			

检查结论	砂浆强度符合要求 合格 项目专业技术负责人：××× ×年×月×日	验收结论	同意验收 监理工程师：××× （建设单位项目专业技术负责人） ×年×月×日

注：1. 本表由施工项目专业质量检查员填写，监理工程师（建设单位项目技术负责人）组织项目专业质量（技术）负责人等进行验收。

2. 记录中“符合规范要求”用✓标注，结论栏由本人签字。

水泥砂浆面层工程检验批质量验收记录

表 2-162

<table>
<tr><td colspan="3">工程名称</td><td colspan="10">××住宅楼</td><td>验收部位</td><td>二层地面</td></tr>
<tr><td colspan="3">施工单位</td><td colspan="10">××建筑工程公司</td><td>项目经理</td><td>×××</td></tr>
<tr><td colspan="3">施工执行标准名称及编号</td><td colspan="10">建筑地面工程施工工艺标准(XJJ 022—2005)</td><td>专业工长</td><td>×××</td></tr>
<tr><td colspan="3">分包单位</td><td colspan="3">—</td><td colspan="4">分包项目经理</td><td colspan="3">—</td><td>施工班组长</td><td>×××</td></tr>
<tr><td colspan="3" rowspan="2">主控项目</td><td rowspan="2">规范规定</td><td colspan="10">施工单位检查评定记录</td><td rowspan="2">监理(建设)单位验收记录</td></tr>
<tr><td>1</td><td>2</td><td>3</td><td>4</td><td>5</td><td>6</td><td>7</td><td>8</td><td>9</td><td>10</td></tr>
<tr><td>1</td><td colspan="2">水泥品种强度等级、粗骨料质量</td><td>第 5.3.2 条</td><td colspan="10">✓见水泥、砂检验报告××</td><td rowspan="3">✓</td></tr>
<tr><td>2</td><td colspan="2">水泥砂浆面层的体积比</td><td>第 5.3.3 条</td><td colspan="10">✓见配合比单、试件编号××</td></tr>
<tr><td>3</td><td colspan="2">面层与下一层结合牢固</td><td>第 5.3.4 条</td><td colspan="10">✓</td></tr>
<tr><td colspan="3" rowspan="2">一般项目</td><td rowspan="2">规范规定</td><td colspan="10">施工单位检查评定记录</td><td rowspan="2">监理(建设)单位验收记录</td></tr>
<tr><td>1</td><td>2</td><td>3</td><td>4</td><td>5</td><td>6</td><td>7</td><td>8</td><td>9</td><td>10</td></tr>
<tr><td>1</td><td colspan="2">表面坡度</td><td>第 5.3.5 条</td><td colspan="10">✓</td><td rowspan="8">✓</td></tr>
<tr><td>2</td><td colspan="2">面层表面质量</td><td>第 5.3.6 条</td><td colspan="10">✓</td></tr>
<tr><td>3</td><td colspan="2">踢脚线与墙面结合、高度、厚度</td><td>第 5.3.7 条</td><td colspan="10">✓</td></tr>
<tr><td>4</td><td colspan="2">楼梯踏步宽度、高度、齿角和防滑条</td><td>第 5.3.8 条</td><td colspan="10">—</td></tr>
<tr><td rowspan="4">5</td><td rowspan="4">允许偏差项目(mm)</td><td>表面平整度</td><td>4</td><td>2</td><td>2</td><td>3</td><td></td><td></td><td></td><td></td><td></td><td></td><td></td></tr>
<tr><td>踢脚线上口平直</td><td>4</td><td>3</td><td>2</td><td>1</td><td></td><td></td><td></td><td></td><td></td><td></td><td></td></tr>
<tr><td>缝格平直</td><td>3</td><td>—</td><td></td><td></td><td></td><td></td><td></td><td></td><td></td><td></td><td></td></tr>
<tr><td>旋转楼梯踏步两端宽度</td><td>5</td><td>—</td><td></td><td></td><td></td><td></td><td></td><td></td><td></td><td></td><td></td></tr>
<tr><td colspan="3">施工单位检查评定结果</td><td colspan="12">主控项目合格
一般项目满足规范要求
项目专业质量检查员：×××
×年×月×日</td></tr>
<tr><td colspan="3">监理(建设)单位验收结论</td><td colspan="12">同意验收
监理工程师：×××
(建设单位项目技术负责人)
×年×月×日</td></tr>
</table>

注：1. 本表由施工项目专业质量检查员填写，监理工程师(建设单位项目技术负责人)组织项目专业质量(技术)负责人等进行验收。

2. 记录中定量项目填写数据，定性项目“符合规范要求”用✓标注，结果和结论栏由本人签字。

水泥砂浆面层工程检验批质量验收记录

表 2-163

工程名称	××住宅楼			验收部位	一单元楼梯间
施工单位	×××建筑工程公司			项目经理	×××
施工执行标准名称及编号	建筑地面工程施工工艺标准(XJJ 022—2005)			专业工长	×××
分包单位	—	分包项目经理	—	施工班组长	×××

	主控项目		规范规定	施工单位检查评定记录										监理(建设)单位验收记录
				1	2	3	4	5	6	7	8	9	10	
1	水泥品种强度等级、粗骨料质量		第5.3.2条	✓见水泥、砂检验报告××										✓
2	水泥砂浆面层的体积比		第5.3.3条	✓见配合比单、试件编号××										
3	面层与下一层结合牢固		第5.3.4条	✓										
	一般项目		规范规定	施工单位检查评定记录										监理(建设)单位验收记录
				1	2	3	4	5	6	7	8	9	10	
1	表面坡度		第5.3.5条	✓										✓
2	面层表面质量		第5.3.6条	✓										
3	踢脚线与墙面结合、高度、厚度		第5.3.7条	✓										
4	楼梯踏步宽度、高度、齿角和防滑条		第5.3.8条	✓										
5	允许偏差项目(mm)	表面平整度	4	2	3	1								
		踢脚线上口平直	4	2	2	3								
		缝格平直	3	—										
		旋转楼梯踏步两端宽度	5	—										

施工单位检查评定结果	主控项目合格 一般项目满足规范要求 项目专业质量检查员：××× ×年×月×日
监理(建设)单位验收结论	同意验收 监理工程师：××× (建设单位项目专业技术负责人) ×年×月×日

注：1. 本表由施工项目专业质量检查员填写，监理工程师(建设单位项目技术负责人)组织项目专业质量(技术)负责人等进行验收。

2. 记录中定量项目填写数据，定性项目“符合规范要求”用✓标注，结果和结论栏由本人签字。

找平层分项工程质量验收记录

表 2-164

<table>
<tr><td>工程名称</td><td colspan="2">××住宅楼</td><td>结构类型</td><td>砖混</td><td>检验批数</td><td>1</td></tr>
<tr><td>施工单位</td><td colspan="2">××建筑工程公司</td><td>项目经理</td><td>×××</td><td>项目技术负责人</td><td>×××</td></tr>
<tr><td>分包单位</td><td colspan="2">—</td><td>分包单位负责人</td><td>—</td><td>分包项目经理</td><td>—</td></tr>
<tr><td>序号</td><td colspan="2">检验批部位、区段</td><td colspan="2">施工单位检查评定结果</td><td colspan="2">监理(建设)单位验收结论</td></tr>
<tr><td>1</td><td colspan="2">一至五层卫生间、厨房地面</td><td colspan="2">✓</td><td colspan="2">✓</td></tr>
<tr><td>2</td><td colspan="2"></td><td colspan="2"></td><td colspan="2"></td></tr>
<tr><td>3</td><td colspan="2"></td><td colspan="2"></td><td colspan="2"></td></tr>
<tr><td>4</td><td colspan="2"></td><td colspan="2"></td><td colspan="2"></td></tr>
<tr><td>5</td><td colspan="2"></td><td colspan="2"></td><td colspan="2"></td></tr>
<tr><td>6</td><td colspan="2"></td><td colspan="2"></td><td colspan="2"></td></tr>
<tr><td>7</td><td colspan="2"></td><td colspan="2"></td><td colspan="2"></td></tr>
<tr><td>8</td><td colspan="2"></td><td colspan="2"></td><td colspan="2"></td></tr>
<tr><td>9</td><td colspan="2"></td><td colspan="2"></td><td colspan="2"></td></tr>
<tr><td>10</td><td colspan="2"></td><td colspan="2"></td><td colspan="2"></td></tr>
<tr><td>11</td><td colspan="2"></td><td colspan="2"></td><td colspan="2"></td></tr>
<tr><td>12</td><td colspan="2"></td><td colspan="2"></td><td colspan="2"></td></tr>
<tr><td>13</td><td colspan="2"></td><td colspan="2"></td><td colspan="2"></td></tr>
<tr><td>14</td><td colspan="2"></td><td colspan="2"></td><td colspan="2"></td></tr>
<tr><td>15</td><td colspan="2"></td><td colspan="2"></td><td colspan="2"></td></tr>
<tr><td>16</td><td colspan="2"></td><td colspan="2"></td><td colspan="2"></td></tr>
<tr><td>17</td><td colspan="2"></td><td colspan="2"></td><td colspan="2"></td></tr>
<tr><td>18</td><td colspan="2"></td><td colspan="2"></td><td colspan="2"></td></tr>
<tr><td>检查结论</td><td colspan="2">砂浆强度符合要求
合格

项目专业技术负责人：×××
×年×月×日</td><td>验收结论</td><td colspan="3">同意验收

监理工程师：×××
(建设单位项目专业技术负责人)
×年×月×日</td></tr>
</table>

注：1. 本表由施工项目专业质量检查员填写，监理工程师(建设单位项目技术负责人)组织项目专业质量(技术)负责人等进行验收。

2. 记录中“符合规范要求”用✓标注，结论栏由本人签字。

找平层工程检验批质量验收记录

表 2-165

工程名称	××住宅楼	验收部位	一至五层厨房、卫生间
施工单位	××建筑工程公司	项目经理	×××
施工执行标准名称及编号	建筑地面工程施工工艺标准(XJJ 022—2005)	专业工长	×××
分包单位	— 分包项目经理 —	施工班组长	×××

	主控项目	规范规定	施工单位检查评定记录 1	2	3	4	5	6	7	8	9	10	监理(建设)单位验收记录
1	骨料的粒径及含泥量	第4.9.6条	✓见砂检验报告×××										✓
2	水泥砂浆体积比或混凝土强度等级	第4.9.7条	✓见配合比单、试件编号×××										
3	有防水要求立管、套管、地漏	第4.9.8条	✓										
	一般项目	**规范规定**	施工单位检查评定记录 1	2	3	4	5	6	7	8	9	10	监理(建设)单位验收记录
1	找平层与下层结合	第4.9.9条	✓										✓
2	找平层表面应密实	第4.9.10条	✓										
3	允许偏差项目：毛地板、其他种类面层 表面平整度	5	—										
	毛地板、其他种类面层 标高	±8	—										
	表面平整度、标高：用胶粘剂做结合层，铺拼花木板、塑料板、复合木地板、竹地板面层(mm) 表面平整度	2	—										
	用胶粘剂做结合层，铺拼花木板、塑料板、复合木地板、竹地板面层(mm) 标高	±4	—										
	用沥青玛𤧛脂做结合层铺拼花木板、板块面层及毛地板铺木地板(mm) 表面平整度	3	—										
	用沥青玛𤧛脂做结合层铺拼花木板、板块面层及毛地板铺木地板(mm) 标高	±5	—										
	用水泥砂浆做结合层，铺板块面层，其他种类面层(mm) 表面平整度	5	3	2	2	4							
	用水泥砂浆做结合层，铺板块面层，其他种类面层(mm) 标高	±8	+3	0	−3	+4							
	坡度(mm)	≥房间相应尺寸的2/1000，且≥30	3	3	2	3							
	厚度(mm)	个别地方≥设计厚度的1/10	—										

施工单位检查评定结果	主控项目合格 一般项目满足规范要求 项目专业质量检查员：××× ×年×月×日
监理(建设)单位验收结论	同意验收 监理工程师：××× (建设单位项目技术负责人) ×年×月×日

注：1. 本表由施工项目专业质量检查员填写，监理工程师(建设单位项目技术负责人)组织项目专业质量(技术)负责人等进行验收。
2. 记录中定量项目填写数据，定性项目“符合规范要求”用✓标注，结果和结论栏由本人签字。

隔离层分项工程质量验收记录

表 2-166

<table>
<tr><td>工程名称</td><td colspan="2">××住宅楼</td><td>结构类型</td><td>砖混</td><td>检验批数</td><td>5</td></tr>
<tr><td>施工单位</td><td colspan="2">××建筑工程公司</td><td>项目经理</td><td>×××</td><td>项目技术负责人</td><td>×××</td></tr>
<tr><td>分包单位</td><td colspan="2">—</td><td>分包单位负责人</td><td>—</td><td>分包项目经理</td><td>—</td></tr>
<tr><td>序号</td><td colspan="2">检验批部位、区段</td><td colspan="2">施工单位检查评定结果</td><td colspan="2">监理(建设)单位验收结论</td></tr>
<tr><td>1</td><td colspan="2">一至五层卫生间</td><td colspan="2">✓</td><td colspan="2">✓</td></tr>
<tr><td>2</td><td colspan="2"></td><td colspan="2"></td><td colspan="2"></td></tr>
<tr><td>3</td><td colspan="2"></td><td colspan="2"></td><td colspan="2"></td></tr>
<tr><td>4</td><td colspan="2"></td><td colspan="2"></td><td colspan="2"></td></tr>
<tr><td>5</td><td colspan="2"></td><td colspan="2"></td><td colspan="2"></td></tr>
<tr><td>6</td><td colspan="2"></td><td colspan="2"></td><td colspan="2"></td></tr>
<tr><td>7</td><td colspan="2"></td><td colspan="2"></td><td colspan="2"></td></tr>
<tr><td>8</td><td colspan="2"></td><td colspan="2"></td><td colspan="2"></td></tr>
<tr><td>9</td><td colspan="2"></td><td colspan="2"></td><td colspan="2"></td></tr>
<tr><td>10</td><td colspan="2"></td><td colspan="2"></td><td colspan="2"></td></tr>
<tr><td>11</td><td colspan="2"></td><td colspan="2"></td><td colspan="2"></td></tr>
<tr><td>12</td><td colspan="2"></td><td colspan="2"></td><td colspan="2"></td></tr>
<tr><td>13</td><td colspan="2"></td><td colspan="2"></td><td colspan="2"></td></tr>
<tr><td>14</td><td colspan="2"></td><td colspan="2"></td><td colspan="2"></td></tr>
<tr><td>15</td><td colspan="2"></td><td colspan="2"></td><td colspan="2"></td></tr>
<tr><td>16</td><td colspan="2"></td><td colspan="2"></td><td colspan="2"></td></tr>
<tr><td>17</td><td colspan="2"></td><td colspan="2"></td><td colspan="2"></td></tr>
<tr><td>18</td><td colspan="2"></td><td colspan="2"></td><td colspan="2"></td></tr>
<tr><td>检查结论</td><td>合格

项目专业技术负责人：×××
×年×月×日</td><td>验收结论</td><td colspan="4">同意验收

监理工程师：×××
(建设单位项目专业技术负责人)
×年×月×日</td></tr>
</table>

注：1. 本表由施工项目专业质量检查员填写，监理工程师(建设单位项目技术负责人)组织项目专业质量(技术)负责人等进行验收。

2. 记录中“符合规范要求”用✓标注，结论栏由本人签字。

隔离层工程检验批质量验收记录

表 2-167

<table>
<tr><td colspan="3">工程名称</td><td colspan="9">××住宅楼</td><td colspan="2">验收部位</td><td>一至五层卫生间</td></tr>
<tr><td colspan="3">施工单位</td><td colspan="9">××建筑工程公司</td><td colspan="2">项目经理</td><td>×××</td></tr>
<tr><td colspan="3">施工执行标准名称及编号</td><td colspan="9">建筑地面工程施工工艺标准(XJJ 022—2005)</td><td colspan="2">专业工长</td><td>×××</td></tr>
<tr><td colspan="3">分包单位</td><td colspan="2">—</td><td colspan="4">分包项目经理</td><td colspan="3">—</td><td colspan="2">施工班组长</td><td>×××</td></tr>
<tr><td colspan="3" rowspan="2">主控项目</td><td rowspan="2">规范规定</td><td colspan="10">施工单位检查评定记录</td><td rowspan="2">监理(建设)单位验收记录</td></tr>
<tr><td>1</td><td>2</td><td>3</td><td>4</td><td>5</td><td>6</td><td>7</td><td>8</td><td>9</td><td>10</td></tr>
<tr><td>1</td><td colspan="2">隔离层的材质</td><td>第 4.10.7 条</td><td colspan="10">✓见检验报告×</td><td rowspan="4">✓</td></tr>
<tr><td>2</td><td colspan="2">防水隔离层的设置</td><td>第 4.10.8 条</td><td colspan="10">✓</td></tr>
<tr><td>3</td><td colspan="2">水泥类防水隔离层防水性能和强度等级</td><td>第 4.10.9 条</td><td colspan="10">✓</td></tr>
<tr><td>4</td><td colspan="2">防水隔离层严禁渗漏</td><td>第 4.10.10 条</td><td colspan="10">✓见蓄水试验报告×</td></tr>
<tr><td colspan="3" rowspan="2">一般项目</td><td rowspan="2">规范规定</td><td colspan="10">施工单位检查评定记录</td><td rowspan="2">监理(建设)单位验收记录</td></tr>
<tr><td>1</td><td>2</td><td>3</td><td>4</td><td>5</td><td>6</td><td>7</td><td>8</td><td>9</td><td>10</td></tr>
<tr><td>1</td><td colspan="2">隔离层厚度</td><td>第 4.10.11 条</td><td colspan="10">✓</td><td rowspan="6">✓</td></tr>
<tr><td>2</td><td colspan="2">隔离层与下一层粘结</td><td>第 4.10.12 条</td><td colspan="10">✓</td></tr>
<tr><td rowspan="4">3</td><td rowspan="4">允许偏差项目(mm)</td><td>表面平整度(mm)</td><td>3</td><td>2</td><td>1</td><td>2</td><td>2</td><td>1</td><td></td><td></td><td></td><td></td><td></td></tr>
<tr><td>标高(mm)</td><td>±4</td><td>+1</td><td>0</td><td>−1</td><td>+2</td><td>−3</td><td></td><td></td><td></td><td></td><td></td></tr>
<tr><td>坡度(mm)</td><td>≥房间相应尺寸的 2/1000，且≥30</td><td>4</td><td>3</td><td>3</td><td>4</td><td>5</td><td></td><td></td><td></td><td></td><td></td></tr>
<tr><td>厚度(mm)</td><td>个别地方≥设计厚度的 1/10</td><td>—</td><td></td><td></td><td></td><td></td><td></td><td></td><td></td><td></td><td></td></tr>
<tr><td colspan="3">施工单位检查评定结果</td><td colspan="12">主控项目合格
一般项目满足规范要求
项目专业质量检查员：×××
×年×月×日</td></tr>
<tr><td colspan="3">监理(建设)单位验收结论</td><td colspan="12">同意验收
监理工程师：×××
(建设单位项目专业技术负责人)
×年×月×日</td></tr>
</table>

注：1. 本表由施工项目专业质量检查员填写，监理工程师(建设单位项目技术负责人)组织项目专业质量(技术)负责人等进行验收。

2. 记录中定量项目填写数据，定性项目“符合规范要求”用✓标注，结果和结论栏由本人签字。

砖面层分项工程质量验收记录

表 2-168

<table>
<tr><td>工程名称</td><td colspan="2">××住宅楼</td><td>结构类型</td><td>砖混</td><td>检验批数</td><td>1</td></tr>
<tr><td>施工单位</td><td colspan="2">××建筑工程公司</td><td>项目经理</td><td>×××</td><td>项目技术负责人</td><td>×××</td></tr>
<tr><td>分包单位</td><td colspan="2">—</td><td>分包单位负责人</td><td>—</td><td>分包项目经理</td><td>—</td></tr>
<tr><td>序号</td><td colspan="2">检验批部位、区段</td><td colspan="2">施工单位检查评定结果</td><td colspan="2">监理(建设)单位验收结论</td></tr>
<tr><td>1</td><td colspan="2">一至五层厨房、卫生间地面</td><td colspan="2">✓</td><td colspan="2">✓</td></tr>
<tr><td>2</td><td colspan="2"></td><td colspan="2"></td><td colspan="2"></td></tr>
<tr><td>3</td><td colspan="2"></td><td colspan="2"></td><td colspan="2"></td></tr>
<tr><td>4</td><td colspan="2"></td><td colspan="2"></td><td colspan="2"></td></tr>
<tr><td>5</td><td colspan="2"></td><td colspan="2"></td><td colspan="2"></td></tr>
<tr><td>6</td><td colspan="2"></td><td colspan="2"></td><td colspan="2"></td></tr>
<tr><td>7</td><td colspan="2"></td><td colspan="2"></td><td colspan="2"></td></tr>
<tr><td>8</td><td colspan="2"></td><td colspan="2"></td><td colspan="2"></td></tr>
<tr><td>9</td><td colspan="2"></td><td colspan="2"></td><td colspan="2"></td></tr>
<tr><td>10</td><td colspan="2"></td><td colspan="2"></td><td colspan="2"></td></tr>
<tr><td>11</td><td colspan="2"></td><td colspan="2"></td><td colspan="2"></td></tr>
<tr><td>12</td><td colspan="2"></td><td colspan="2"></td><td colspan="2"></td></tr>
<tr><td>13</td><td colspan="2"></td><td colspan="2"></td><td colspan="2"></td></tr>
<tr><td>14</td><td colspan="2"></td><td colspan="2"></td><td colspan="2"></td></tr>
<tr><td>15</td><td colspan="2"></td><td colspan="2"></td><td colspan="2"></td></tr>
<tr><td>16</td><td colspan="2"></td><td colspan="2"></td><td colspan="2"></td></tr>
<tr><td>17</td><td colspan="2"></td><td colspan="2"></td><td colspan="2"></td></tr>
<tr><td>18</td><td colspan="2"></td><td colspan="2"></td><td colspan="2"></td></tr>
<tr><td>检查结论</td><td colspan="2">合格

项目专业技术负责人：×××
×年×月×日</td><td>验收结论</td><td colspan="3">同意验收

监理工程师：×××
(建设单位项目专业技术负责人)
×年×月×日</td></tr>
</table>

注：1. 本表由施工项目专业质量检查员填写，监理工程师(建设单位项目技术负责人)组织项目专业质量(技术)负责人等进行验收。

2. 记录中“符合规范要求”用✓标注，结论栏由本人签字。

砖面层工程检验批质量验收记录

表 2-169

工程名称	××住宅楼			验收部位	一至五层厨、卫间
施工单位	××建筑工程公司			项目经理	×××
施工执行标准名称及编号	建筑地面工程施工工艺标准(XJJ 022—2005)			专业工长	×××
分包单位	—	分包项目经理	—	施工班组长	×××

	主控项目		规范规定	施工单位检查评定记录										监理(建设)单位验收记录
				1	2	3	4	5	6	7	8	9	10	
1	板块的品种、质量		设计要求	✓										✓
2	面层与下一层结合		第6.2.8条	✓										
	一般项目		规范规定	施工单位检查评定记录										监理(建设)单位验收记录
				1	2	3	4	5	6	7	8	9	10	
1	砖面层的表面质量		第6.2.9条	✓										✓
2	面层邻接处的镶边用料及尺寸		第6.2.10条	✓										
3	踢脚线与墙面结合、高度和厚度		第6.2.11条	—										
4	楼梯踏步相邻高差≤10mm		第6.2.12条	—										
5	表面坡度，不得有倒泛水和积水现象		第6.2.13条	✓										
6	允许偏差项目(mm) 表面平整度(mm)	缸砖	4.0	—										
		水泥花砖	3.0	—										
		陶瓷锦砖、陶瓷地砖	2.0	1	1	2	1	2						
	缝格平直(mm)		3.0	1	2	④	1	3						
	接缝高低差(mm)	陶瓷锦砖、陶瓷地砖、水泥花砖	0.5	0.2	0.1	0.3	0.4	0.5						
		缸砖	1.5	—										
	踢脚线上口平直(mm)	陶瓷锦砖、陶瓷地砖、水泥花砖	3.0	—										
		缸砖	4.0	—										
	板块间隙宽度(mm)		2.0	1	0.5	0.8	1	1.2						

施工单位检查评定结果	主控项目合格 一般项目满足规范要求 项目专业质量检查员：××× ×年×月×日
监理(建设)单位验收结论	同意验收 监理工程师：××× (建设单位项目专业技术负责人) ×年×月×日

注：1. 本表由施工项目专业质量检查员填写，监理工程师(建设单位项目技术负责人)组织项目专业质量(技术)负责人等进行验收。

2. 记录中定量项目填写数据，定性项目“符合规范要求”用✓标注，结果和结论栏由本人签字。

基土分项工程质量验收记录

表 2-170

<table>
<tr><td>工程名称</td><td colspan="2">××住宅楼</td><td>结构类型</td><td>砖混</td><td>检验批数</td><td>2</td></tr>
<tr><td>施工单位</td><td colspan="2">××建筑工程公司</td><td>项目经理</td><td>×××</td><td>项目技术负责人</td><td>×××</td></tr>
<tr><td>分包单位</td><td colspan="2">—</td><td>分包单位负责人</td><td>—</td><td>分包项目经理</td><td>—</td></tr>
<tr><td>序号</td><td colspan="2">检验批部位、区段</td><td colspan="2">施工单位检查评定结果</td><td colspan="2">监理(建设)单位验收结论</td></tr>
<tr><td>1</td><td colspan="2">地下室</td><td colspan="2">✓</td><td colspan="2">✓</td></tr>
<tr><td>2</td><td colspan="2">室外散水、台阶</td><td colspan="2">✓</td><td colspan="2">✓</td></tr>
<tr><td>3</td><td colspan="2"></td><td colspan="2"></td><td colspan="2"></td></tr>
<tr><td>4</td><td colspan="2"></td><td colspan="2"></td><td colspan="2"></td></tr>
<tr><td>5</td><td colspan="2"></td><td colspan="2"></td><td colspan="2"></td></tr>
<tr><td>6</td><td colspan="2"></td><td colspan="2"></td><td colspan="2"></td></tr>
<tr><td>7</td><td colspan="2"></td><td colspan="2"></td><td colspan="2"></td></tr>
<tr><td>8</td><td colspan="2"></td><td colspan="2"></td><td colspan="2"></td></tr>
<tr><td>9</td><td colspan="2"></td><td colspan="2"></td><td colspan="2"></td></tr>
<tr><td>10</td><td colspan="2"></td><td colspan="2"></td><td colspan="2"></td></tr>
<tr><td>11</td><td colspan="2"></td><td colspan="2"></td><td colspan="2"></td></tr>
<tr><td>12</td><td colspan="2"></td><td colspan="2"></td><td colspan="2"></td></tr>
<tr><td>13</td><td colspan="2"></td><td colspan="2"></td><td colspan="2"></td></tr>
<tr><td>14</td><td colspan="2"></td><td colspan="2"></td><td colspan="2"></td></tr>
<tr><td>15</td><td colspan="2"></td><td colspan="2"></td><td colspan="2"></td></tr>
<tr><td>16</td><td colspan="2"></td><td colspan="2"></td><td colspan="2"></td></tr>
<tr><td>17</td><td colspan="2"></td><td colspan="2"></td><td colspan="2"></td></tr>
<tr><td>18</td><td colspan="2"></td><td colspan="2"></td><td colspan="2"></td></tr>
<tr><td>检查结论</td><td colspan="2">合格

项目专业技术负责人：×××
×年×月×日</td><td>验收结论</td><td colspan="3">同意验收

监理工程师：×××
(建设单位项目专业技术负责人)
×年×月×日</td></tr>
</table>

注：1. 本表由施工项目专业质量检查员填写，监理工程师(建设单位项目技术负责人)组织项目专业质量(技术)负责人等进行验收。

2. 记录中“符合规范要求”用✓标注，结论栏由本人签字。

基土垫层工程检验批质量验收记录

表 2-171

工程名称	××住宅楼			验收部位	地下室
施工单位	××建筑工程公司			项目经理	×××
施工执行标准名称及编号	建筑地面工程施工工艺标准(XJJ 022—2005)			专业工长	×××
分包单位	—	分包项目经理	—	施工班组长	×××

主控项目		规范规定	施工单位检查评定记录										监理(建设)单位验收记录
			1	2	3	4	5	6	7	8	9	10	
1	基土土质	第4.2.4条	✓										✓
2	基土均匀密实，压实系数符合设计，设计无要求时，不应小于0.90	第4.2.5条	✓见回填土检测记录×										
一般项目		规范规定(mm)	施工单位检查评定记录										监理(建设)单位验收记录
			1	2	3	4	5	6	7	8	9	10	
允许偏差项目(mm)	表面平整度	15	7	7	13	10							✓
	标高	0，−50	−30	−20	−18	−14							
	坡度	≥房间相应尺寸的2/1000，且≥30	—										
	厚度	个别地方≥设计厚度的1/10	—										

施工单位检查评定结果	主控项目合格 一般项目满足规范要求 项目专业质量检查员：××× ×年×月×日
监理(建设)单位验收结论	同意验收 监理工程师：××× (建设单位项目专业技术负责人) ×年×月×日

注：1. 本表由施工项目专业质量检查员填写，监理工程师(建设单位项目技术负责人)组织项目专业质量(技术)负责人等进行验收。

2. 记录中定量项目填写数据，定性项目“符合规范要求”用✓标注，结果和结论栏由本人签字。

基土垫层工程检验批质量验收记录

表 2-172

工程名称	××住宅楼			验收部位	室外散水、台阶
施工单位	××建筑工程公司			项目经理	×××
施工执行标准名称及编号	建筑地面工程施工工艺标准(XJJ 022—2005)			专业工长	×××
分包单位	—	分包项目经理	—	施工班组长	×××

主控项目		规范规定	施工单位检查评定记录										监理(建设)单位验收记录
			1	2	3	4	5	6	7	8	9	10	
1	基土土质	第4.2.4条	✓										✓
2	基土均匀密实及压实系数	第4.2.5条	✓见回填土检测记录×										
一般项目		规范规定(mm)	施工单位检查评定记录										监理(建设)单位验收记录
			1	2	3	4	5	6	7	8	9	10	
允许偏差项目	表面平整度	15	10	8	7	6							✓
	标高	0，−50	−10	−20	−18	−14							
	坡度	≥房间相应尺寸的2/1000，且≥30	—										
	厚度	个别地方≥设计厚度的1/10	—										
施工单位检查评定结果	主控项目合格 一般项目满足规范要求 项目专业质量检查员：××× ×年×月×日												
监理(建设)单位验收结论	同意验收 监理工程师：××× (建设单位项目专业技术负责人) ×年×月×日												

注：1. 本表由施工项目专业质量检查员填写，监理工程师(建设单位项目技术负责人)组织项目专业质量(技术)负责人等进行验收。

2. 记录中定量项目填写数据，定性项目“符合规范要求”用✓标注，结果和结论栏由本人签字。

水泥混凝土面层分项工程质量验收记录

表 2-173

<table>
<tr><td>工程名称</td><td colspan="2">××住宅楼</td><td>结构类型</td><td>砖混</td><td>检验批数</td><td>2</td></tr>
<tr><td>施工单位</td><td colspan="2">××建筑工程公司</td><td>项目经理</td><td>×××</td><td>项目技术负责人</td><td>×××</td></tr>
<tr><td>分包单位</td><td colspan="2">—</td><td>分包单位负责人</td><td>—</td><td>分包项目经理</td><td>—</td></tr>
<tr><td>序号</td><td colspan="2">检验批部位、区段</td><td colspan="2">施工单位检查评定结果</td><td colspan="2">监理(建设)单位验收结论</td></tr>
<tr><td>1</td><td colspan="2">地下室地面</td><td colspan="2">✓</td><td colspan="2">✓</td></tr>
<tr><td>2</td><td colspan="2">室外散水、台阶</td><td colspan="2">✓</td><td colspan="2">✓</td></tr>
<tr><td>3</td><td colspan="2"></td><td colspan="2"></td><td colspan="2"></td></tr>
<tr><td>4</td><td colspan="2"></td><td colspan="2"></td><td colspan="2"></td></tr>
<tr><td>5</td><td colspan="2"></td><td colspan="2"></td><td colspan="2"></td></tr>
<tr><td>6</td><td colspan="2"></td><td colspan="2"></td><td colspan="2"></td></tr>
<tr><td>7</td><td colspan="2"></td><td colspan="2"></td><td colspan="2"></td></tr>
<tr><td>8</td><td colspan="2"></td><td colspan="2"></td><td colspan="2"></td></tr>
<tr><td>9</td><td colspan="2"></td><td colspan="2"></td><td colspan="2"></td></tr>
<tr><td>10</td><td colspan="2"></td><td colspan="2"></td><td colspan="2"></td></tr>
<tr><td>11</td><td colspan="2"></td><td colspan="2"></td><td colspan="2"></td></tr>
<tr><td>12</td><td colspan="2"></td><td colspan="2"></td><td colspan="2"></td></tr>
<tr><td>13</td><td colspan="2"></td><td colspan="2"></td><td colspan="2"></td></tr>
<tr><td>14</td><td colspan="2"></td><td colspan="2"></td><td colspan="2"></td></tr>
<tr><td>15</td><td colspan="2"></td><td colspan="2"></td><td colspan="2"></td></tr>
<tr><td>16</td><td colspan="2"></td><td colspan="2"></td><td colspan="2"></td></tr>
<tr><td>17</td><td colspan="2"></td><td colspan="2"></td><td colspan="2"></td></tr>
<tr><td>18</td><td colspan="2"></td><td colspan="2"></td><td colspan="2"></td></tr>
<tr><td>检查结论</td><td colspan="2">混凝土强度符合要求
合格

项目专业技术负责人：×××
×年×月×日</td><td>验收结论</td><td colspan="3">同意验收

监理工程师：×××
（建设单位项目专业技术负责人）
×年×月×日</td></tr>
</table>

注：1. 本表由施工项目专业质量检查员填写，监理工程师(建设单位项目技术负责人)组织项目专业质量(技术)负责人等进行验收。

2. 记录中“符合规范要求”用✓标注，结论栏由本人签字。

水泥混凝土面层工程检验批质量验收记录

表 2-174

<table>
<tr><td colspan="2">工程名称</td><td colspan="11">××住宅楼</td><td>验收部位</td><td>地下室地面</td></tr>
<tr><td colspan="2">施工单位</td><td colspan="11">××建筑工程公司</td><td>项目经理</td><td>×××</td></tr>
<tr><td colspan="2">施工执行标准名称及编号</td><td colspan="11">建筑地面工程施工工艺标准(XJJ 022—2005)</td><td>专业工长</td><td>×××</td></tr>
<tr><td colspan="2">分包单位</td><td colspan="2">—</td><td colspan="4">分包项目经理</td><td colspan="5">—</td><td>施工班组长</td><td>×××</td></tr>
<tr><td colspan="2" rowspan="2">主控项目</td><td rowspan="2">规范规定</td><td colspan="10">施工单位检查评定记录</td><td colspan="2" rowspan="2">监理(建设)单位验收记录</td></tr>
<tr><td>1</td><td>2</td><td>3</td><td>4</td><td>5</td><td>6</td><td>7</td><td>8</td><td>9</td><td>10</td></tr>
<tr><td>1</td><td>粗骨料的粒径</td><td>第 5.2.3 条</td><td colspan="10">✓见粗骨料检验报告×</td><td colspan="2" rowspan="3">✓</td></tr>
<tr><td>2</td><td>面层的强度等级</td><td>设计要求</td><td colspan="10">✓强度检验报告×</td></tr>
<tr><td>3</td><td>面层与下一层结合</td><td>第 5.2.5 条</td><td colspan="10">✓</td></tr>
<tr><td colspan="2" rowspan="2">一般项目</td><td rowspan="2">规范规定</td><td colspan="10">施工单位检查评定记录</td><td colspan="2" rowspan="2">监理(建设)单位验收记录</td></tr>
<tr><td>1</td><td>2</td><td>3</td><td>4</td><td>5</td><td>6</td><td>7</td><td>8</td><td>9</td><td>10</td></tr>
<tr><td>1</td><td>面层表面质量</td><td>第 5.2.6 条</td><td colspan="10">✓</td><td colspan="2" rowspan="7">✓</td></tr>
<tr><td>2</td><td>表面坡度，不得有倒泛水和积水现象</td><td>第 5.2.7 条</td><td colspan="10">✓</td></tr>
<tr><td>3</td><td>踢脚线与墙面结合、高度、厚度</td><td>第 5.2.8 条</td><td colspan="10">—</td></tr>
<tr><td>4</td><td>楼梯踏步宽度、高度、齿角和防滑条</td><td>第 5.2.9 条</td><td colspan="10">—</td></tr>
<tr><td rowspan="3">5</td><td>允许偏差项目 表面平整度(mm)</td><td>5</td><td>4</td><td>2</td><td>2</td><td>5</td><td></td><td></td><td></td><td></td><td></td><td></td></tr>
<tr><td>允许偏差项目 踢脚线上口平直(mm)</td><td>4</td><td>—</td><td></td><td></td><td></td><td></td><td></td><td></td><td></td><td></td><td></td></tr>
<tr><td>允许偏差项目 缝格平直(mm)</td><td>3</td><td>—</td><td></td><td></td><td></td><td></td><td></td><td></td><td></td><td></td><td></td></tr>
<tr><td colspan="2">施工单位检查评定结果</td><td colspan="13">主控项目合格
一般项目满足规范要求
项目专业质量检查员：×××
×年×月×日</td></tr>
<tr><td colspan="2">监理(建设)单位验收结论</td><td colspan="13">同意验收
监理工程师：×××
(建设单位项目专业技术负责人)
×年×月×日</td></tr>
</table>

注：1. 本表由施工项目专业质量检查员填写，监理工程师(建设单位项目技术负责人)组织项目专业质量(技术)负责人等进行验收。

2. 记录中定量项目填写数据，定性项目“符合规范要求”用✓标注，结果和结论栏由本人签字。

水泥混凝土面层工程检验批质量验收记录

表 2-175

工程名称	××住宅楼			验收部位	室外散水、台阶
施工单位	××建筑工程公司			项目经理	×××
施工执行标准名称及编号	建筑地面工程施工工艺标准(XJJ 022—2005)			专业工长	×××
分包单位	—	分包项目经理	—	施工班组长	×××

	主控项目	规范规定	施工单位检查评定记录										监理(建设)单位验收记录
			1	2	3	4	5	6	7	8	9	10	
1	粗骨料的粒径	第5.2.3条	√见粗骨料检验报告×										√
2	面层的强度等级	设计要求	√强度检验报告×										
3	面层与下一层结合牢固	第5.2.5条	√										

	一般项目		规范规定	施工单位检查评定记录										监理(建设)单位验收记录
				1	2	3	4	5	6	7	8	9	10	
1	面层表面质量		第5.2.6条	√										√
2	表面坡度，不得有倒泛水和积水现象		第5.2.7条	√										
3	踢脚线与墙面结合、高度、厚度		第5.2.8条	—										
4	楼梯踏步宽度、高度、齿角和防滑条		第5.2.9条	√										
5	允许偏差项目	表面平整度(mm)	5	3	2	4	1							
		踢脚线上口平直(mm)	4	—										
		缝格平直(mm)	3	—										

施工单位检查评定结果	主控项目合格 一般项目满足规范要求 项目专业质量检查员：××× ×年×月×日
监理(建设)单位验收结论	同意验收 监理工程师：××× (建设单位项目专业技术负责人) ×年×月×日

注：1. 本表由施工项目专业质量检查员填写，监理工程师(建设单位项目技术负责人)组织项目专业质量(技术)负责人等进行验收。

2. 记录中定量项目填写数据，定性项目“符合规范要求”用√标注，结果和结论栏由本人签字。

护栏和扶手制作分项工程质量验收记录

表 2-176

<table>
<tr><td>工程名称</td><td colspan="2">××住宅楼</td><td>结构类型</td><td>砖混</td><td>检验批数</td><td>1</td></tr>
<tr><td>施工单位</td><td colspan="2">××建筑工程公司</td><td>项目经理</td><td>×××</td><td>项目技术负责人</td><td>×××</td></tr>
<tr><td>分包单位</td><td colspan="2">—</td><td>分包单位负责人</td><td>—</td><td>分包项目经理</td><td>—</td></tr>
<tr><td>序号</td><td colspan="2">检验批部位、区段</td><td colspan="2">施工单位检查评定结果</td><td colspan="2">监理(建设)单位验收结论</td></tr>
<tr><td>1</td><td colspan="2">一、二单元楼梯间</td><td colspan="2">✓</td><td colspan="2">✓</td></tr>
<tr><td>2</td><td colspan="2"></td><td colspan="2"></td><td colspan="2"></td></tr>
<tr><td>3</td><td colspan="2"></td><td colspan="2"></td><td colspan="2"></td></tr>
<tr><td>4</td><td colspan="2"></td><td colspan="2"></td><td colspan="2"></td></tr>
<tr><td>5</td><td colspan="2"></td><td colspan="2"></td><td colspan="2"></td></tr>
<tr><td>6</td><td colspan="2"></td><td colspan="2"></td><td colspan="2"></td></tr>
<tr><td>7</td><td colspan="2"></td><td colspan="2"></td><td colspan="2"></td></tr>
<tr><td>8</td><td colspan="2"></td><td colspan="2"></td><td colspan="2"></td></tr>
<tr><td>9</td><td colspan="2"></td><td colspan="2"></td><td colspan="2"></td></tr>
<tr><td>10</td><td colspan="2"></td><td colspan="2"></td><td colspan="2"></td></tr>
<tr><td>11</td><td colspan="2"></td><td colspan="2"></td><td colspan="2"></td></tr>
<tr><td>12</td><td colspan="2"></td><td colspan="2"></td><td colspan="2"></td></tr>
<tr><td>13</td><td colspan="2"></td><td colspan="2"></td><td colspan="2"></td></tr>
<tr><td>14</td><td colspan="2"></td><td colspan="2"></td><td colspan="2"></td></tr>
<tr><td>15</td><td colspan="2"></td><td colspan="2"></td><td colspan="2"></td></tr>
<tr><td>16</td><td colspan="2"></td><td colspan="2"></td><td colspan="2"></td></tr>
<tr><td>17</td><td colspan="2"></td><td colspan="2"></td><td colspan="2"></td></tr>
<tr><td>18</td><td colspan="2"></td><td colspan="2"></td><td colspan="2"></td></tr>
<tr><td>检查结论</td><td>合格

项目专业技术负责人：×××
×年×月×日</td><td>验收结论</td><td colspan="4">同意验收

监理工程师：×××
（建设单位项目专业技术负责人）
×年×月×日</td></tr>
</table>

注：1. 本表由施工项目专业质量检查员填写，监理工程师(建设单位项目技术负责人)组织项目专业质量(技术)负责人等进行验收。

2. 记录中“符合规范要求”用✓标注，结论栏由本人签字。

护栏和扶手制作与安装工程检验批质量验收记录

表 2-177

工程名称	××住宅楼			验收部位	一、二单元楼梯间
施工单位	××建筑工程公司			项目经理	×××
施工执行标准名称及编号	建筑装饰装修工程施工工艺标准(XJJ 023—2005)			专业工长	×××
分包单位	—	分包项目经理	—	施工班组长	×××

主控项目		规范规定	施工单位检查评定记录										监理(建设)单位验收记录
			1	2	3	4	5	6	7	8	9	10	
1	材料的材质、规格、数量、性能	第12.5.3条					✓						✓
2	造型、尺寸、安装位置	第12.5.4条					✓						
3	安装预埋件数量、规格、位置、连接节点	第12.5.5条					✓						
4	**护栏高度、栏杆间距、安装位置、牢固**	**第12.5.6条**					✓						
5	护栏玻璃的品种、规格	第12.5.7条					✓						
一般项目		规范规定	施工单位检查评定记录										监理(建设)单位验收记录
			1	2	3	4	5	6	7	8	9	10	
1	护栏、扶手转角弧度、接缝及表面质量	第12.5.8条					✓						✓
2 护栏和扶手安装允许偏差项目	护栏垂直度	3	2	1	④	3	2						
	栏杆间距	3	2	④	1	2	2						
	扶手直线度	4	3	3	2	1	2						
	扶手高度	3	2	④	3	2	1						

施工单位检查评定结果	主控项目合格 一般项目满足规范要求 项目专业质量检查员：××× ×年×月×日
监理(建设)单位验收结论	同意验收 监理工程师：××× (建设单位项目专业技术负责人) ×年×月×日

注：1. 本表由施工项目专业质量检查员填写，监理工程师(建设单位项目技术负责人)组织项目专业质量(技术)负责人等进行验收。

2. 记录中定量项目填写数据，定性项目“符合规范要求”用✓标注，结果和结论栏由本人签字。

第10节　建筑与结构工程安全和功能检验及主要功能抽查记录

工程安全和功能检验及主要功能的抽查结果应符合最终的综合性的使用功能要求，如室内环境检测、屋面淋水检测、建筑物垂直度、标高全高测量等，只有最终抽测项目效果不佳，或其他原因，必须进行中间过程有关项目的检测时，施工单位要与有关单位共同制定检测方案，并要制定成品保护措施，采取完善的保护措施后进行。总之，主要功能抽测项目的进行，不要损坏建筑成品。

一、屋面淋水试验记录

屋面工程完工后，应对屋面进行淋水试验。重点是高出屋面的烟、风道、出气管、女儿墙、出入孔根部防水层上口，屋面防水层应进行持续2h的淋水试验，应无渗漏。做蓄水检查的屋面，蓄水时间不得少于24h。

本工程有屋面淋水试验记录1份(表2-178)。

二、地下室防水效果检查记录

地下工程验收时，应对地下室防水工程有无渗漏现象进行外观检查。内容包括裂缝、渗漏部位、大小、渗漏情况和处理意见等。发现渗漏情况应制作“背水内表面结构工程展开图”。

本工程有地下室防水效果检查记录1份(表2-179)。

三、有防水要求的地面蓄水试验记录

凡厕浴间等有防水要求的房间，必须有防水层及安装后的蓄水检验记录。蓄水时间不少于24h，蓄水最浅水位不应低于20mm，无渗漏及积水现象。

本工程对有防水要求的20间卫生间地面分别进行了蓄水试验，有试验记录1份(表2-180)。

四、建筑物垂直度、标高全高测量记录

为了保证结构工程质量，控制建筑物的垂直度，施工单位应在结构工程完工后，分别对建筑物的垂直度和标高进行测量检查。对超出允许偏差并且影响结构性能的部位，要有技术处理方案和具体补救措施。其技术处理方案和具体补救措施要经建设单位或监理单位认可后进行处理。

本工程主体工程完工后，对建筑物垂直度、标高全高进行了测量，有测量记录1份(表2-181)。

五、抽气(风)道检查记录

对烟道、风道做通(抽)风和漏风、串风实验，要求100％进行检查，烟道、风道通畅、无倒灌现象。

本工程对全楼20户烟道和排风道进行了检查，有检查记录1份(表2-182)。

六、外窗气密性、水密性、耐风压检测报告

外窗气密性、水密性、耐风压、保温性能检测报告是对外窗产品安全与功能效果的检测记录，该试验应委托有资质的检测机构检测并提供检测报告。

本工程对SPC1.8×1.5规格的塑钢窗进行了检测，有检测报告1份(表2-183)。

七、室内环境检测报告

室内环境检测是工程完工后，对室内甲醛、苯、氡、氨、TOVC含量进行的检测，在工程完工至少7d以后、工程交付使用前对室内环境进行质量验收。室内环境检测应由施工单位委托有关部门认可的检测机构进行，并出具室内环境污染物浓度检测报告。

本工程有室内环境检测报告1份(表2-184)。

屋面淋水试验记录

表 2-178

<table>
<tr><td>工程名称</td><td colspan="3">××住宅楼</td><td colspan="2">建设单位</td><td colspan="2">××公司</td></tr>
<tr><td>施工单位</td><td colspan="3">××建筑工程公司</td><td colspan="2">监理单位</td><td colspan="2">××监理公司</td></tr>
<tr><td>屋面面积</td><td>276m²</td><td>试验日期</td><td colspan="2">×年×月×日</td><td colspan="2">淋水时间</td><td>×时－×时</td></tr>
<tr><td>淋水记录</td><td colspan="7">沿屋面A轴和D轴布置两根同长度的花管(钢管直径38mm，管上部钻4mm的孔，孔距1000mm)，用有压力的自来水管接通进行持续淋水(呈人工降水状)2h。经检查：
1. 屋面及水落口、伸出屋面管道细部无渗漏
2. 无积水现象
3. 屋面排水通畅</td></tr>
<tr><td rowspan="2">施工单位检查结果</td><td colspan="7">淋水试验合格
项目专业质量检查员：×××
×年×月×日</td></tr>
<tr><td colspan="2">项目专业技术负责人</td><td colspan="2">×××</td><td colspan="2">专业工长(施工员)</td><td>×××</td></tr>
<tr><td>监理(建设)单位结论</td><td colspan="7">符合规范要求
监理工程师：×××
(建设单位项目专业技术负责人)
×年×月×日</td></tr>
</table>

地下室防水效果检查记录

表 2-179

<table>
<tr><td>工程名称</td><td colspan="3">××住宅楼</td><td colspan="2">建设单位</td><td colspan="2">××公司</td></tr>
<tr><td>施工单位</td><td colspan="3">××建筑工程公司</td><td colspan="2">监理单位</td><td colspan="2">××监理公司</td></tr>
<tr><td>施工部位</td><td>地下室墙面和地面</td><td>防水等级</td><td colspan="2">×级</td><td colspan="2">检查日期</td><td>×年×月×日</td></tr>
<tr><td>检查记录</td><td colspan="7">地下室外墙内侧表面及素混凝土地面干燥，无湿渍现象</td></tr>
<tr><td rowspan="2">施工单位检查结果</td><td colspan="7">防水效果满足地下防水工程施工质量验收规范(GB 50208—2002)3.0.1条、附录C第C.0.1条规定

项目专业质量检查员：×××
×年×月×日</td></tr>
<tr><td colspan="2">项目专业技术负责人</td><td colspan="2">×××</td><td colspan="2">专业工长(施工员)</td><td>×××</td></tr>
<tr><td>监理(建设)单位结论</td><td colspan="7">符合规范要求

监理工程师：×××
(建设单位项目专业技术负责人)
×年×月×日</td></tr>
</table>

有防水要求的地面蓄水试验记录

表 2-180

<table>
<tr><td>工程名称</td><td colspan="2">××住宅楼</td><td>建设单位</td><td colspan="2">××公司</td></tr>
<tr><td>施工单位</td><td colspan="2">××建筑工程公司</td><td>监理单位</td><td colspan="2">××监理公司</td></tr>
<tr><td>试验项目</td><td colspan="5">卫生间地面蓄水试验</td></tr>
<tr><td>检查记录</td><td colspan="5">将卫生间门口做围挡高 5cm，封堵地漏口，从 20 日上午 9：00 时自五层卫生间开始放水，10：00 时 20 间卫生间放水完毕，蓄水最浅水位 20mm，蓄水至 21 日上午 10：00，蓄水时间 24h。经检查：
地面、立管、套管和地漏与楼板节点处以及沿墙周边均无渗漏痕迹。泄水后，卫生间地面排水通畅，无积水现象</td></tr>
<tr><td rowspan="2">施工单位
检查结果</td><td colspan="5">卫生间地面坡向地漏， 地面无渗漏
项目专业质量检查员：×××
×年×月×日</td></tr>
<tr><td>项目专业技术负责人</td><td>×××</td><td>专业工长(施工员)</td><td colspan="2">×××</td></tr>
<tr><td>监理(建设)
单位结论</td><td colspan="5">符合规范要求
监理工程师： ×××
(建设单位项目专业技术负责人)
×年×月×日</td></tr>
</table>

建筑物垂直度、标高全高测量记录

表 2-181

<table>
<tr><td colspan="2">工程名称</td><td colspan="2">××住宅楼</td><td>建设单位</td><td>××公司</td></tr>
<tr><td colspan="2">施工单位</td><td colspan="2">××建筑工程公司</td><td>监理单位</td><td>××监理公司</td></tr>
<tr><td colspan="2">设计总高</td><td colspan="2">15100mm</td><td>标准垂直度</td><td>20mm</td></tr>
<tr><td rowspan="9">测量记录</td><td colspan="2">垂直度测量</td><td colspan="3">标高测量</td></tr>
<tr><td>测量点</td><td>实测偏差(mm)</td><td colspan="2">测量点</td><td>实测偏差(mm)</td></tr>
<tr><td>1# 西北角</td><td>18</td><td colspan="2">A 北侧西端檐口</td><td>+14</td></tr>
<tr><td>2# 东北角</td><td>12</td><td colspan="2">B 东侧北端檐口</td><td>+10</td></tr>
<tr><td>3# 东南角</td><td>17</td><td colspan="2">C 南侧东端檐口</td><td>+13</td></tr>
<tr><td>4# 西南角</td><td>20</td><td colspan="2">D 西侧南端檐口</td><td>+7</td></tr>
<tr><td></td><td></td><td colspan="2"></td><td></td></tr>
<tr><td></td><td></td><td colspan="2"></td><td></td></tr>
<tr><td colspan="5">测量点示意图：
N
1 ×A　B× 2 (D)
9600
4 ×D　C× 3 (A)
28800
(1)　(13)</td></tr>
<tr><td colspan="2">施工单位
检查结果</td><td colspan="4">实测偏差值符合砌体工程施工质量验收规范(GB 50203—2002)、建筑变形测量规程(JGJ/T 8—87)规定

项目专业质量检查员：×××
×年×月×日</td></tr>
<tr><td colspan="2"></td><td>项目专业技术负责人</td><td>×××</td><td>测量人</td><td>×××</td></tr>
<tr><td colspan="2">监理(建设)
单位结论</td><td colspan="4">符合规范要求

监理工程师：×××
(建设单位项目专业技术负责人)
×年×月×日</td></tr>
</table>

抽气(风)道检查记录

表 2-182

<table>
<tr><td>工程名称</td><td colspan="2">××住宅楼</td><td colspan="2">建设单位</td><td colspan="2">××公司</td></tr>
<tr><td>施工单位</td><td colspan="2">××建筑工程公司</td><td colspan="2">监理单位</td><td colspan="2">××监理公司</td></tr>
<tr><td rowspan="2">检查日期</td><td rowspan="2" colspan="2">验收楼层及具体位置</td><td colspan="2">密封</td><td colspan="2">畅通</td></tr>
<tr><td>是</td><td>否</td><td>是</td><td>否</td></tr>
<tr><td>×年×月×日</td><td colspan="2">一单元左户一层</td><td>✓</td><td></td><td>✓</td><td></td></tr>
<tr><td>×年×月×日</td><td colspan="2">一单元左户二层</td><td>✓</td><td></td><td>✓</td><td></td></tr>
<tr><td>×年×月×日</td><td colspan="2">一单元左户三层</td><td>✓</td><td></td><td>✓</td><td></td></tr>
<tr><td>×年×月×日</td><td colspan="2">一单元左户四层</td><td>✓</td><td></td><td>✓</td><td></td></tr>
<tr><td>×年×月×日</td><td colspan="2">一单元左户五层</td><td>✓</td><td></td><td>✓</td><td></td></tr>
<tr><td>×年×月×日</td><td colspan="2">一单元右户一层</td><td>✓</td><td></td><td>✓</td><td></td></tr>
<tr><td>×年×月×日</td><td colspan="2">一单元右户二层</td><td>✓</td><td></td><td>✓</td><td></td></tr>
<tr><td>×年×月×日</td><td colspan="2">一单元右户三层</td><td>✓</td><td></td><td>✓</td><td></td></tr>
<tr><td>×年×月×日</td><td colspan="2">一单元右户四层</td><td>✓</td><td></td><td>✓</td><td></td></tr>
<tr><td>×年×月×日</td><td colspan="2">一单元右户五层</td><td>✓</td><td></td><td>✓</td><td></td></tr>
<tr><td>×年×月×日</td><td colspan="2">二单元左户一层</td><td>✓</td><td></td><td>✓</td><td></td></tr>
<tr><td>×年×月×日</td><td colspan="2">二单元左户二层</td><td>✓</td><td></td><td>✓</td><td></td></tr>
<tr><td>×年×月×日</td><td colspan="2">二单元左户三层</td><td>✓</td><td></td><td>✓</td><td></td></tr>
<tr><td>×年×月×日</td><td colspan="2">二单元左户四层</td><td>✓</td><td></td><td>✓</td><td></td></tr>
<tr><td>×年×月×日</td><td colspan="2">二单元左户五层</td><td>✓</td><td></td><td>✓</td><td></td></tr>
<tr><td>×年×月×日</td><td colspan="2">二单元右户一层</td><td>✓</td><td></td><td>✓</td><td></td></tr>
<tr><td>×年×月×日</td><td colspan="2">二单元右户二层</td><td>✓</td><td></td><td>✓</td><td></td></tr>
<tr><td>×年×月×日</td><td colspan="2">二单元右户三层</td><td>✓</td><td></td><td>✓</td><td></td></tr>
<tr><td>×年×月×日</td><td colspan="2">二单元右户四层</td><td>✓</td><td></td><td>✓</td><td></td></tr>
<tr><td>×年×月×日</td><td colspan="2">二单元右户五层</td><td>✓</td><td></td><td>✓</td><td></td></tr>
<tr><td rowspan="2">施工单位
检查结果</td><td colspan="6">烟道、排气道通畅，无倒灌现象

项目专业质量检查员：×××
×年×月×日</td></tr>
<tr><td>项目专业技术负责人</td><td>×××</td><td colspan="2">专业工长(施工员)</td><td colspan="2">×××</td></tr>
<tr><td>监理(建设)
单位结论</td><td colspan="6">符合规范要求

监理工程师：×××
(建设单位项目专业技术负责人)
×年×月×日</td></tr>
</table>

注：排烟(气)道通畅，无倒灌现象，检查合格记✓。

门窗检验报告

表 2-183

产品名称	PVC塑料窗	规格、型号	SPC1.8×1.5
工程名称	××住宅楼	商标	××
工程部位	外窗	报告编号	×××
委托单位	××建筑工程公司	委托日期	×年×月×日
见证单位	—	见证人	—
生产单位	××厂	送样人	×××
样品数量	3樘	委托项目	抗风压、气密性、水密性、保温性能
代表批量	88樘		
试件面积	2.7m^2	检验类别	委托检验
开启缝长	5.44m	受力杆测点间距	1720mm
玻璃品种	平板	玻璃最大尺寸	700mm×1000mm
挡水高度	1.8cm	开启密封条材料	橡皮条
五金配件	双锁点	镶嵌材料	压条
样品状态	未发现影响测试的缺陷	镶嵌方法	干法
检验依据	建筑外窗抗风压性能分级及检测方法(GB/T 7106—2002) 建筑外窗气密性能分级及检测方法(GB/T 7107—2002) 建筑外窗水密性能分级及检测方法(GB/T 7108—2002) 建筑外窗保温性能分级及检测方法(GB/T 8484—2002)		
检验结论	该样品经检验，水密性能达到GB/T 7108—2002标准规定的Ⅰ级窗要求；抗风压性能达到GB/T 7106—2002标准规定的4级窗要求；气密性能正压、负压均达到GB/T 7107—2002标准规定的4级窗要求；建筑外窗保温性能符合设计要求 ××检测站 (检验专用章) 签发日期：×年×月×日		
备注			

批准	×××	审核	×××	主检	×××

续表

检验项目			计量单位	实测值			单项判定	
				第一樘	第二樘	第三樘		
建筑外窗的气密性能	10Pa 下单缝长空气渗透量	正压	$m^3/(m \cdot h)$	0.7	0.61	0.68	0.7	4级
		负压		0.57	0.56	0.56	0.6	4级
	10Pa 下单位面积空气渗透量	正压	$m^3/(m \cdot h)$	1.94	1.70	1.90	1.8	4级
		负压		1.58	1.57	1.55	1.6	4级
建筑外窗水密性能			Pa	100	100	100	100	1级
建筑外窗抗风压性能			kPa	2.9	2.5	2.7	2.5	4级
建筑外窗保温性能			$W/(m^2 \cdot k)$	2.40	2.45	2.30	符合设计要求	

备注	

批准	×××	审核	×××	主检	×××

室内环境污染物检测报告

表 2-184

检验项目		氡	游离甲醛	苯	氨	TVOC	单项判定
计量单位		Bq/m^3	mg/m^3	mg/m^3	mg/m^3	mg/m^3	
质量指标	Ⅰ	≤200	≤0.08	≤0.09	≤0.2	≤0.5	
	Ⅱ	≤400	≤0.12	≤0.09	≤0.5	≤0.6	
检测结果	101(客厅)	26	0.06	未检出	0.2	0.2	符合
	106(大卧室)	24	0.05	未检出	0.2	0.1	符合
	210(小卧室)	24	0.04	未检出	0.1	0.2	符合
	203(大卧室)	20	0.06	未检出	0.1	0.2	符合
	—	—	—	—	—	—	—
	—	—	—	—	—	—	—
	—	—	—	—	—	—	—
	—	—	—	—	—	—	—
	—	—	—	—	—	—	—
	—	—	—	—	—	—	—
	—	—	—	—	—	—	—
	—	—	—	—	—	—	—

第三章　给水排水与采暖

第1节　给水排水与采暖文件目录

在单位工程质量控制资料核查记录中，给水排水与采暖质量控制核查资料有7项，本住宅工程施工过程中发生了全部7项，分七节说明。

单位工程安全和功能检验资料核查及主要功能抽查记录中，给水排水与采暖专业有5项，本住宅工程施工过程中发生了4项，未发生消防管道、燃气管道压力试验项目，有关内容在第八节中说明。

给水排水与采暖工程施工资料目录见表3-1。

给水排水与采暖文件目录

表3-1

序号	施工文件	份数	备注
一	**图纸会审、设计变更、洽商记录**		
1	图纸会审	1	
二	**材料、配件出厂合格证书及进场检(试)验报告**		
1	材料、配件、设备进场检验记录	5	
2	塑料排水管(PVC-V)及配件	10	
3	铸铁排水管及配件	10	
4	焊接钢管	14	
5	铸铁四柱散热器 TZ-6-5 型	2	
6	热镀锌管	12	
7	阀门	14	
8	卫生器具	6	
9	水嘴 *DN*15	1	
10	水表 *DN*15	2	其中1份为20张检定证书
11	热表	4	其中2份为20张检定证书
三	**管道、设备强度试验、严密性试验记录**		
1	给水管道水压试验	1	
2	阀门强度及严密性试验	1	
3	暖气管道、散热器压力试验	1	

续表

序号	施工文件	份数	备注
四	**隐蔽工程验收记录**		
1	一单元排水与雨水管道地下部分隐蔽	1	
2	二单元排水与雨水管道地下部分隐蔽	1	
五	**系统清洗、灌水、通水、通球试验记录**		
1	给水系统清洗试验记录	1	
2	采暖系统清洗试验记录	1	
3	埋地排水管道灌(满)水试验记录	1	
4	雨水管道满水试验记录	1	
六	**施工记录**		
1	给水管道及配件安装施工记录	1	
2	排水管道及配件安装施工记录	1	
3	卫生器具安装施工记录	1	
4	采暖管道及配件安装施工记录	1	
七	**分项、分部工程质量验收记录**		
1	给水排水与采暖分部工程验收记录	1	
2	室内给水管道及配件安装	6	
3	室内排水管道及配件安装	9	
4	雨水管道及配件安装	3	
5	卫生器具安装	5	
6	卫生器具给水配件安装	5	
7	卫生器具排水管道安装	5	
8	室内采暖管道及配件安装	6	
9	室内采暖辅助设备及散热器安装	5	
10	室内采暖系统水压试验及调试	6	
八	**给水排水与采暖工程安全和功能检验及主要功能抽查记录**		
1	给水管道通水试验记录	1	
2	暖气管道、散热器压力试验记录	1	
3	排水干管通球试验记录	1	
4	卫生器具满水试验记录	1	

续表

序号	施工文件	份数	备注

第 2 节　图纸会审、设计变更、洽商记录

有关图纸会审、设计变更、洽商记录要求详见建筑与结构部分。

本工程给水排水与采暖专业图纸会审记录 1 份(见表 3-2)，无设计变更和洽商记录。

图 纸 会 审 记 录

表 3-2

<table>
<tr><td colspan="2">工程名称</td><td>××住宅楼</td><td>会审时间</td><td>×年×月×日</td></tr>
<tr><td colspan="2">专业名称</td><td>给水排水与采暖</td><td>会审地点</td><td>××会议室</td></tr>
<tr><td rowspan="4">参加人员
会签栏</td><td>建设单位</td><td colspan="3">×××　×××</td></tr>
<tr><td>设计单位</td><td colspan="3">×××　×××</td></tr>
<tr><td>施工单位</td><td colspan="3">×××　×××</td></tr>
<tr><td>监理单位</td><td colspan="3">×××　×××</td></tr>
<tr><td colspan="5">会审内容：
1. 每户的采暖供回水立管是否设阀门，设在何处？
答：在地下室增设阀门。
2. 给水支管的标高在通过厨房间时，距地 1m 吗？
答：改为距地 0.15m。
3. 卫生器具采用何种型号？
答：采用普通型。
4. 给水进户阀门采用何种型号？
答：闸阀</td></tr>
<tr><td colspan="2">建筑单位盖章：

×年×月×日</td><td>设计单位盖章：

×年×月×日</td><td>监理单位盖章：

×年×月×日</td><td>施工单位盖章：

×年×月×日</td></tr>
</table>

第3节　材料、配件出厂合格证书及进场检(试)验报告

建筑给水排水及采暖工程所用的主要材料、配件进场应有产品质量证明文件。材料、构配件进场后，对所使用的材料、配件进行检查验收，填写材料、配件进场检验记录，检验工作以施工单位为主，监理单位确认。主要检查内容包括材料和配件的品种、规格、外观、数量出厂质量证明文件及出厂检验报告，对质量有异议的，需进行抽检的材料、配件，按规定比例抽检，并做好记录。经检查合格后，由施工单位向监理(建设)单位报请验收。

建筑给水排水及采暖产品合格证收集整理按如下原则：

(1) 材料、设备合格证应按不同厂家、不同规格、型号，按施工文件归档和合同需求的份数收集。

(2) 产品出厂检验报告与所提供的材料、配件、设备型号、规格相对应。

(3) 质量证明文件的抄件(复印件)应与原件内容一致，加盖原件存放单位公章、注明原件存放处，并有经办人签字。

本工程所用的主要材料、构配件出厂合格证书及进场检(试)验报告，均由生产厂家提供。因此，只列目录，不再举例，仅对材料、配件、设备进场检验记录附实例1份(表3-3)，详见给水排水及采暖材料配件合格证、检验报告汇总表(表3-4)。

材料、配件、设备进场检验记录

表 3-3

<table>
<tr><td>工程名称</td><td>××住宅楼</td><td></td><td>检验日期</td><td>×年×月×日</td></tr>
<tr><td>序号</td><td>名称规格品种</td><td>进场数量</td><td>检查项目</td><td>检验结果</td></tr>
<tr><td>1</td><td>塑料排水管 XPG-110</td><td>70m</td><td>1. 1份产品合格证书
2. 1份出厂检验报告
3. 外观无损伤，管径、壁厚抽样检测，符合产品标准</td><td>符合要求</td></tr>
<tr><td>2</td><td>塑料排水管 XPG-50</td><td>20m</td><td>1. 1份产品合格证书
2. 1份出厂检验报告
3. 外观无损伤，管径、壁厚抽样检测，符合产品标准</td><td>符合要求</td></tr>
<tr><td>3</td><td>铸铁排水管 DN100</td><td>132m</td><td>1. 1份产品合格证书
2. 1份出厂检验报告
3. 外观无损伤，管径、壁厚抽样检测，符合产品标准</td><td>符合要求</td></tr>
<tr><td>4</td><td>铸铁排水管 DN50</td><td>30m</td><td>1. 1份产品合格证书
2. 1份出厂检验报告
3. 外观无损伤，管径、壁厚抽样检测，符合产品标准</td><td>符合要求</td></tr>
<tr><td>施工单位
检查结果</td><td colspan="4">按照 GB 50242—2002 规范 3.2 检验，排水管质量符合材料设备管理规定

项目专业质量检查员：×××
×年×月×日</td></tr>
<tr><td></td><td>项目专业技术负责人</td><td>×××</td><td>专业工长(施工员)</td><td>×××</td></tr>
<tr><td>监理(建设)
单位结论</td><td colspan="4">产品质量符合设计要求和现行标准规定

监理工程师：×××
(建设单位项目专业技术负责人)
×年×月×日</td></tr>
</table>

给水排水及采暖材料配件合格证、检(试)验报告汇总表

表 3-4

工程名称	××住宅楼							
序号	名称	规格品种	数量	进场时间	出厂合格证检验报告	编号	试验报告编号	见证取样
一	塑料排水管及配件							
1	塑料排水管	XPG-110	70m	×××	×× ××			
2	塑料排水管	XPG-50	20m	×××	×× ××			
3	三通	*DN*110×*DN*50	20个	×××	××			
4	弯头	45°*DN*50	40个	×××	××			
5	补偿器	*DN*110	20个	×××	××			
6	地漏	*DN*50	20个	×××	××			
7	检查孔	*DN*110	10个	×××	××			
8	变径接头	*DN*110×*DN*50	20个	×××	××			
二	铸铁排水管及配件							
1	铸铁排水管	*DN*100	132m	×××	×× ××			
2	铸铁排水管	*DN*50	30m	×××	×× ××			
3	三通	*DN*100× *DN*100	40个	×××	××			
4	三通	*DN*50×*DN*5	20个	×××	××			
5	弯头	45°*DN*100	16个	×××	××			
6	弯头	45°*DN*50	40个	×××	××			
7	地漏	*DN*50	20个	×××	××			
8	检查孔	*DN*100	10个	×××	××			
三	焊接钢管							
填表人	×××							

续表

工程名称	××住宅楼							
序号	名称	规格品种	数量	进场时间	出厂合格证检验报告	编号	试验报告编号	见证取样
1	焊接钢管	DN100	35m	×××		×× ××		
2	焊接钢管	DN70	15m	×××		×× ××		
3	焊接钢管	DN50	25m	×××		×× ××		
4	焊接钢管	DN40	65m	×××		×× ××		
5	焊接钢管	DN32	45m	×××		×× ××		
6	焊接钢管	DN25	145m	×××		×× ××		
7	焊接钢管	DN20	180m	×××		×× ××		
四	铸铁四柱散热器	TZ4-6-5 型	1360 片	×××		×× ××		
五	热镀锌管							
1	热镀锌管	DN50	15m	×××		×× ××		
2	热镀锌管	DN40	30m	×××		×× ××		
3	热镀锌管	DN32	40m	×××		×× ××		
4	热镀锌管	DN25	25m	×××		×× ××		
5	热镀锌管	DN20	12m	×××		×× ××		
6	热镀锌管	DN15	120m	×××		×× ××		
六	阀门							
1	闸阀	Z15T-16，DN70	2个	×××		×× ××	见阀门强度严密性试验记录	
2	闸阀	Z15T-16，DN50	1个	×××		×× ××	见阀门强度严密性试验记录	
3	闸阀	Z15T-16，DN40	8个	×××		×× ××	见阀门强度严密性试验记录	
填表人	×××							

续表

工程名称	××住宅楼							
序号	名称	规格品种	数量	进场时间	出厂合格证检验报告	编号	试验报告编号	见证取样
4	闸阀	Z15T-16，*DN*25	16个	×××	×× ××		见阀门强度严密性试验记录	
5	闸阀	Z15T-16，*DN*20	24个	×××	×× ××		见阀门强度严密性试验记录	
6	截止阀	J15T-16，*DN*32	4个	×××	×× ××		见阀门强度严密性试验记录	
7	截止阀	J15T-16，*DN*15	60个	×××	×× ××		见阀门强度严密性试验记录	
七	卫生器具							
1	坐便器		20套	×××	×× ××			
2	2#洗脸盆		20套	×××	×× ××			
3	2#洗涤盆		20套	×××	×× ××			
八	水嘴	*DN*15	60个	×××	××			
九	水表	*DN*15	20只	×××	××		检定证书编号××-××	
十	热表							
1	热表	*DN*25	8个	×××	××		检定证书编号××-××	
2	热表	*DN*20	12个	×××	××		检定证书编号××-××	
填表人	×××							

第4节　管道、设备强度试验、严密性试验记录

一、给水管道水压试验记录

《建筑给水排水及采暖工程施工质量验收规范》GB 50242—2002 第 4.2.1 条规定，室内给水管道的水压试验必须符合设计要求。当设计未作说明时，各种材质的给水管道系统试验压力均为工作压力的 1.5 倍，但不得小于 0.6MPa，压力持续时间按规范规定执行。一般按规范和设计要求分部位、分系统进行。

本工程给水管道系统水压试验按系统分别测试，有记录 1 份(见表 3-5)。

二、阀门强度及严密性试验记录

阀门在安装前应做强度和严密性试验，应符合《建筑给水排水及采暖工程施工质量验收规范》第 3.2.5 条规定：阀门的强度试验压力为公称压力的 1.5 倍；严密性试验压力为公称压力的 1.1 倍；试验压力在试验持续时间内应保持不变，且壳体填料及阀瓣密封面无渗漏，压力持续时间按规范规定执行。检验数量应符合规范第 3.2.4 条要求：每批数量抽查 10%，且不少于 1 个。安装在主干管上起切断作用的闭路阀门，逐个试验。

本工程阀门强度及严密性试验按规范要求，按照阀门使用总量，分别对不同型号规格阀门抽查，有记录 1 份(见表 3-6)。

三、散热器压力试验记录

《建筑给水排水及采暖工程施工质量验收规范》第 8.3.1 条强制性条文规定，散热器组对后，以及整组出厂的散热器在安装之前应做水压试验。试验压力如设计无要求时，应为工作压力的 1.5 倍，但不小于 0.6MPa。试验时间为 2～3min，压力不降且不渗漏。

本工程对所有组对的散热器打压试验，有散热器压力试验记录 1 份(见表 3-7)。

给水管道水压试验记录

表 3-5

工程名称	××住宅楼			施工单位	××建筑工程公司
建设单位	××公司			分项名称	给水管道系统
图号	设施-×	试验类别	给水管道水压试验	试验日期	×年×月×日

管道编号	金属及复合管					塑料管						
	工作压力(MPa)	1.5 倍工作压力			渗漏情况	1.5 倍工作压力			1.15 倍工作压力			渗漏情况
		试验压力(MPa)	持续时间(min)	压力降(MPa)		试验压力(MPa)	持续时间(min)	压力降(MPa)	试验压力(MPa)	持续时间(min)	压力降(MPa)	
JL1	0.5	0.75	10	0.01	不渗不漏							
JL2	0.5	0.75	10	0.01	不渗不漏							
JL3	0.5	0.75	10	0.01	不渗不漏							
JL4	0.5	0.75	10	0.01	不渗不漏							
地下室干管	0.5	0.75	10	0.01	不渗不漏							

施工单位检查结果	试验满足建筑给水排水及采暖工程施工质量验收规范(GB 50242—2002)第 4.2.1 条规定 项目专业质量检查员：××× ×年×月×日		
项目专业技术负责人	×××	专业工长(施工员)	×××
监理(建设)单位结论	符合规范要求 监理工程师：××× (建设单位项目专业技术负责人) ×年×月×日		

阀门强度及严密性试验记录

表 3-6

工程名称	××住宅楼				施工单位	××建筑工程公司			
建设单位	××公司				分项名称	管道阀门			
图号	设施-×				试验类别	强度及严密性试验			
阀门类型	型号规格	抽查数量	安装部位	公称压力(MPa)	强度试验		严密性试验		试验结果
					试验压力(MPa)	持续时间(s)	试验压力(MPa)	持续时间(s)	
闸阀	Z15T-16，*DN*50	1	给水干管	1.6	2.4	15	1.76	15	不渗不漏
截止阀	J15T-16，*DN*32	4	给水立管	1.6	2.4	15	1.76	15	不渗不漏
截止阀	J15T-16，*DN*15	6	给水支管	1.6	2.4	15	1.76	15	不渗不漏
闸阀	Z15T-16，*DN*70	2	暖气干管	1.6	2.4	60	1.76	30	不渗不漏
闸阀	Z15T-16，*DN*40	8	暖气立管	1.6	2.4	15	1.76	15	不渗不漏
闸阀	Z15T-16，*DN*25	2	暖气支管	1.6	2.4	15	1.76	15	不渗不漏
闸阀	Z15T-16，*DN*20	3	暖气支管	1.6	2.4	15	1.76	15	不渗不漏

施工单位检查结果	试验结果满足建筑给水排水及采暖工程施工质量验收规范(GB 50242—2002)第 3.2.5 条规定 项目专业质量检查员：××× ×年×月×日					
	项目专业技术负责人	×××	专业工长(施工员)	×××	测试人	××× ×××
监理(建设)单位结论	符合规范要求 监理工程师：××× (建设单位项目专业技术负责人) ×年×月×日					

散热器压力试验记录

表 3-7

<table>
<tr><td>工程名称</td><td>××住宅楼</td><td>建设单位</td><td colspan="3">××公司</td></tr>
<tr><td>施工单位</td><td>××建筑工程公司</td><td>监理单位</td><td colspan="3">××监理公司</td></tr>
<tr><td>试验项目</td><td>管道 □　散热器 ☑　综合试验 □</td><td>材质规格</td><td colspan="3">铸铁四柱760型散热器</td></tr>
<tr><td>试验要求</td><td colspan="5">散热器组对后，以及整组出厂的散热器在安装之前应做水压试验，试验压力如设计无要求时应为工作压力的1.5倍，但不小于0.6MPa；
试验时间为2～3min，压力不降且不渗不漏</td></tr>
<tr><td>试验情况</td><td colspan="5">1. 将组对好的散热器安装在试验台上，固定好临时丝堵和补心，安装排气阀和手动试压泵；
2. 接好试压管道，开启进水阀门向散热器内充水，同时开启排气阀，排净散热器内的空气，待水灌满后，关闭排气阀；
3. 缓慢升压至试验压力0.6MPa，关闭进水阀门，稳压3min，压力不降且不渗不漏为合格；
自10：00时起，将20户的100组散热器组对后逐组进行水压试验，压力为0.6MPa，稳压3min，各组散热器压力表读数仍为0.6MPa，均无渗漏现象；至20：00时，试验结束</td></tr>
<tr><td rowspan="2">施工单位检查结果</td><td colspan="5">试验结果满足建筑给水排水及采暖工程施工质量验收规范(GB 50242—2002)第8.3.1条规定

项目专业质量检查员：×××
×年×月×日</td></tr>
<tr><td>项目专业技术负责人</td><td>×××</td><td>专业工长(施工员)</td><td>×××</td><td>测试人　×××　×××</td></tr>
<tr><td>监理(建设)单位结论</td><td colspan="5">符合规范要求

监理工程师：　×××
(建设单位项目专业技术负责人)
×年×月×日</td></tr>
</table>

第 5 节　隐蔽工程验收记录

隐蔽工程检查是指对工程中被下一道工序掩盖的部位，在隐蔽前进行的检查。把好隐蔽工程检查关是保证工程质量的重要措施之一。在施工过程中，隐蔽工程应在隐蔽前经验收各方检验合格并形成记录后，才能进行下道工序施工。隐蔽工程检查记录是评定工程内在质量优劣的依据。给水排水及采暖隐蔽工程检查项目的划分，一般按系统、安装部位和时间、工序进行。

《建筑工程施工质量验收强制性条文应用技术要点》对给水排水与采暖工程主要隐蔽验收项目(部位)见表 3-8。

给水排水及采暖工程隐蔽验收内容　　**表 3-8**

分部工程	隐蔽验收内容
给水排水及采暖	给排水管道地下部分
	暗装干支立管、保温管道(包括隐蔽在顶棚内的管道)
	采暖地沟干管

本工程的隐蔽记录如下：

一单元排水与雨水管道地下部分隐蔽记录 1 份(见表 3-9)。

隐蔽工程验收记录

表 3-9

<table>
<tr><td>工程名称</td><td colspan="4">××住宅楼</td><td>建设单位</td><td colspan="2">××公司</td></tr>
<tr><td>施工单位</td><td colspan="4">××建筑工程公司</td><td>监理单位</td><td colspan="2">××监理公司</td></tr>
<tr><td>验收部位</td><td colspan="2">一单元排水、雨水管道埋地部分</td><td>验收日期</td><td colspan="2">×年×月×日</td><td>图号</td><td>设施-×</td></tr>
<tr><td>隐蔽检查内容</td><td colspan="7">1. 本工程一单元共有4根排水管，1根雨水管，分别是PL1、PL2、PL3、PL4和YL1，在地下室和阳台下通往距室外墙面3m的检查井。
2. 埋地管道管径均为DN100，管道坐标、标高符合设计图纸设施-×，埋地管道标高为−2.4m，坡度为2%，坡向室外检查井。
3. 埋地管道均为铸铁排水管，承插口连接，石棉水泥打口。
4. 灌水试验前接口已达到强度，管外壁及接口均保持干燥。埋地排水管道按规范GB 50242第5.2.1条规定进行灌水试验，试验结果合格(见灌水试验记录)。
试验顺序：
封闭排水出口—向管内灌水—检查渗漏—第二次灌水—做试验记录。
5. 管道外壁采用热沥青刷两道，管底土方已夯实</td></tr>
<tr><td rowspan="2">施工单位检查结果</td><td colspan="7">埋地管道安装符合规范要求

项目专业质量检查员：×××
×年×月×日</td></tr>
<tr><td colspan="2">项目专业技术负责人</td><td colspan="2">×××</td><td colspan="2">专业工长(施工员)</td><td>×××</td></tr>
<tr><td>监理(建设)单位结论</td><td colspan="7">同意进行下道工序施工

监理工程师：×××
(建设单位项目专业技术负责人)
×年×月×日</td></tr>
</table>

第6节　系统清洗、灌水试验记录

一、给水系统冲洗试验记录

《建筑给水排水及采暖工程施工质量验收规范》第 4.2.3 条强制性条文规定，生活给水系统管道在交付使用前必须冲洗和消毒，并经有关部门取样检验，符合国家《生活饮用水标准》方可使用。管道冲洗应采用设计要求的流量或不小于 1.0m/s 的流速连续进行，直至出水口处水的浊度、色度与入口处冲洗水浊度、色度相同为止。冲洗时应保证排水管道畅通安全。一般按规范、设计要求分部位、分系统进行。

本工程给水系统清洗试验按全楼系统统一冲洗和消毒，有冲洗试验记录 1 份(见表 3-10)。

二、采暖系统冲洗试验记录

《建筑给水排水及采暖工程施工质量验收规范》第 8.6.2 条规定，试压合格后，应对采暖系统进行冲洗，直至排出水不含泥砂、铁屑等杂质，且水色不浑浊。一般按规范、设计要求分部位、分系统进行。

本工程采暖系统冲洗试验按单元分支系统依次进行，有冲洗试验记录 1 份(见表 3-11)。

三、埋地排水管道灌水试验记录

《建筑给水排水及采暖工程施工质量验收规范》第 5.2.1 条强制性条文规定，隐蔽或埋地的排水管道在隐蔽前必须做灌水试验，其灌水高度不应低于底层卫生器具的上边缘或底层地面高度。满水 15min 水面下降后，再灌满观察 5min，液面不下降，管道及接口无渗漏为合格。一般按规范、设计要求分部位、分系统进行。

本工程埋地排水管道灌水试验对 8 根排水管和 2 根雨水管按系统依次灌水，有灌(满)水试验记录 1 份(见表 3-12)。

四、雨水管道灌水试验记录

《建筑给水排水及采暖工程施工质量验收规范》第 5.3.1 条规定，安装在室内的雨水管道安装后应做灌水试验，灌水高度必须到每根立管上部的雨水斗。灌水试验应持续 1h，不渗不漏。一般按规范、设计要求分部位、分系统进行。

本工程雨水管道灌水试验按系统对 2 根雨水管进行测试，有灌水试验记录 1 份(见表 3-13)。

给水系统冲洗试验记录

表 3-10

<table>
<tr><td colspan="2">工程名称</td><td colspan="2">××住宅楼</td><td>试验部位</td><td colspan="2">全楼各系统</td></tr>
<tr><td colspan="2">施工单位</td><td colspan="2">××建筑工程公司</td><td>试验日期</td><td colspan="2">×年×月×日</td></tr>
<tr><td colspan="2">图　　号</td><td colspan="2">设施-×</td><td>试验类别</td><td colspan="2">给水管道冲洗及消毒</td></tr>
<tr><td>安装前清除污垢杂物的情况</td><td colspan="2">管道在安装前已将管内的污垢及杂物清理干净，进行安装</td><td>饮水管道消毒情况</td><td colspan="3">冲洗后用氯离子浓度 20mg/L 的清洁水充满管道浸泡 24h 后，再用清洁水冲洗，经取样化验水质符合《生活饮用水标准》</td></tr>
<tr><td rowspan="11">安装完毕冲洗除垢记录情况</td><td>试验管段</td><td colspan="2">起止层次</td><td colspan="2">清除情况</td><td>清洗日期</td></tr>
<tr><td>JL1</td><td colspan="2">一～五层</td><td colspan="2">出口处水的浊度、色度与入口处冲洗水的相同</td><td>×年×月×日</td></tr>
<tr><td>JL2</td><td colspan="2">一～五层</td><td colspan="2">出口处水的浊度、色度与入口处冲洗水的相同</td><td>×年×月×日</td></tr>
<tr><td>JL3</td><td colspan="2">一～五层</td><td colspan="2">出口处水的浊度、色度与入口处冲洗水的相同</td><td>×年×月×日</td></tr>
<tr><td>JL4</td><td colspan="2">一～五层</td><td colspan="2">出口处水的浊度、色度与入口处冲洗水的相同</td><td>×年×月×日</td></tr>
<tr><td>地下室管道</td><td colspan="2">地下室～五层</td><td colspan="2">出口处水的浊度、色度与入口处冲洗水的相同</td><td>×年×月×日</td></tr>
<tr><td></td><td colspan="2"></td><td colspan="2"></td><td></td></tr>
<tr><td></td><td colspan="2"></td><td colspan="2"></td><td></td></tr>
<tr><td></td><td colspan="2"></td><td colspan="2"></td><td></td></tr>
<tr><td></td><td colspan="2"></td><td colspan="2"></td><td></td></tr>
<tr><td></td><td colspan="2"></td><td colspan="2"></td><td></td></tr>
<tr><td colspan="2" rowspan="2">施工单位检查结果</td><td colspan="5">试验满足建筑给水排水及采暖工程施工质量验收规范(GB 50242—2002)第 4.2.3 条规定

项目专业质量检查员：×××
×年×月×日</td></tr>
<tr><td>项目专业技术负责人</td><td>×××</td><td colspan="2">专业工长(施工员)</td><td>×××</td></tr>
<tr><td colspan="2">监理(建设)单位结论</td><td colspan="5">符合规范要求

监理工程师：×××
(建设单位项目专业技术负责人)
×年×月×日</td></tr>
</table>

采暖系统冲洗试验记录

表 3-11

<table>
<tr><td>工程名称</td><td colspan="2">××住宅楼</td><td>试验部位</td><td colspan="2">全楼各系统</td></tr>
<tr><td>施工单位</td><td colspan="2">××建筑工程公司</td><td>试验日期</td><td colspan="2">×年×月×日</td></tr>
<tr><td>图　　号</td><td colspan="2">设施-×</td><td>试验类别</td><td colspan="2">采暖管道清洗</td></tr>
<tr><td>安装前清除污垢杂物的情况</td><td colspan="2">管道在安装前已将管内的污垢及杂物饮水管道消毒情况清理干净，进行安装</td><td>饮水管道消毒情况</td><td colspan="2">/</td></tr>
<tr><td rowspan="11">安装完毕冲洗除垢记录情况</td><td>试验管段</td><td>起止层次</td><td colspan="2">清除情况</td><td>清洗日期</td></tr>
<tr><td>一单元 G1～H1</td><td>一～五层</td><td colspan="2">出口水质无泥砂、铁屑</td><td>×年×月×日</td></tr>
<tr><td>一单元 G2～H2</td><td>一～五层</td><td colspan="2">出口水质无泥砂、铁屑</td><td>×年×月×日</td></tr>
<tr><td>二单元 G3～H3</td><td>一～五层</td><td colspan="2">出口水质无泥砂、铁屑</td><td>×年×月×日</td></tr>
<tr><td>二单元 G4～H4</td><td>一～五层</td><td colspan="2">出口水质无泥砂、铁屑</td><td>×年×月×日</td></tr>
<tr><td>地下室管道</td><td>地下室</td><td colspan="2">出口水质无泥砂、铁屑</td><td>×年×月×日</td></tr>
<tr><td></td><td></td><td colspan="2"></td><td></td></tr>
<tr><td></td><td></td><td colspan="2"></td><td></td></tr>
<tr><td></td><td></td><td colspan="2"></td><td></td></tr>
<tr><td></td><td></td><td colspan="2"></td><td></td></tr>
<tr><td></td><td></td><td colspan="2"></td><td></td></tr>
<tr><td rowspan="2">施工单位检查结果</td><td colspan="5">试验满足建筑给水排水及采暖工程质量验收规范(GB 50242—2002)第 8.6.2 条规定

项目专业质量检查员：×××
×年×月×日</td></tr>
<tr><td>项目专业技术负责人</td><td>×××</td><td colspan="2">专业工长(施工员)</td><td>×××</td></tr>
<tr><td>监理(建设)单位结论</td><td colspan="5">符合规范要求

监理工程师：×××
(建设单位项目专业技术负责人)
×年×月×日</td></tr>
</table>

排水管道灌水试验记录

表 3-12

<table>
<tr><td colspan="2">工程名称</td><td colspan="2">××住宅楼</td><td>施工单位</td><td colspan="2">××建筑工程公司</td></tr>
<tr><td colspan="2">分项名称</td><td colspan="2">排水管道</td><td>建设单位</td><td colspan="2">××公司</td></tr>
<tr><td rowspan="18">灌水试验内容</td><td rowspan="2">试验管段</td><td rowspan="2">灌水高度</td><td colspan="2">持续时间(min)</td><td rowspan="2">结果</td><td rowspan="2">日期</td></tr>
<tr><td>满水时间</td><td>观察时间</td></tr>
<tr><td>PL1</td><td>底层地面</td><td>15</td><td>5</td><td>不渗不漏</td><td>×年×月×日</td></tr>
<tr><td>PL2</td><td>底层地面</td><td>15</td><td>5</td><td>不渗不漏</td><td>×年×月×日</td></tr>
<tr><td>PL3</td><td>底层地面</td><td>15</td><td>5</td><td>不渗不漏</td><td>×年×月×日</td></tr>
<tr><td>PL4</td><td>底层地面</td><td>15</td><td>5</td><td>不渗不漏</td><td>×年×月×日</td></tr>
<tr><td>PL5</td><td>底层地面</td><td>15</td><td>5</td><td>不渗不漏</td><td>×年×月×日</td></tr>
<tr><td>PL6</td><td>底层地面</td><td>15</td><td>5</td><td>不渗不漏</td><td>×年×月×日</td></tr>
<tr><td>PL7</td><td>底层地面</td><td>15</td><td>5</td><td>不渗不漏</td><td>×年×月×日</td></tr>
<tr><td>PL8</td><td>底层地面</td><td>15</td><td>5</td><td>不渗不漏</td><td>×年×月×日</td></tr>
<tr><td>YL1</td><td>底层地面</td><td>15</td><td>5</td><td>不渗不漏</td><td>×年×月×日</td></tr>
<tr><td>YL2</td><td>底层地面</td><td>15</td><td>5</td><td>不渗不漏</td><td>×年×月×日</td></tr>
<tr><td></td><td></td><td></td><td></td><td></td><td></td></tr>
<tr><td></td><td></td><td></td><td></td><td></td><td></td></tr>
<tr><td></td><td></td><td></td><td></td><td></td><td></td></tr>
<tr><td></td><td></td><td></td><td></td><td></td><td></td></tr>
<tr><td></td><td></td><td></td><td></td><td></td><td></td></tr>
<tr><td></td><td></td><td></td><td></td><td></td><td></td></tr>
<tr><td rowspan="2">施工单位
检查结果</td><td colspan="6">试验满足建筑给水排水及采暖工程质量验收规范(GB 50242—2002)第 5.2.1 条规定

项目专业质量检查员：×××
×年×月×日</td></tr>
<tr><td colspan="2">项目专业技术负责人</td><td>×××</td><td colspan="2">专业工长(施工员)</td><td>×××</td></tr>
<tr><td>监理(建设)
单位结论</td><td colspan="6">符合规范要求

监理工程师：×××
(建设单位项目专业技术负责人)
×年×月×日</td></tr>
</table>

雨水管道灌水试验记录

表 3-13

工程名称	××住宅楼	施工单位	××建筑工程公司
分项名称	雨水管道	建设单位	××公司

	试验管段	灌水高度	持续时间(min)		结果	日期
			满水时间	观察时间		
灌水试验内容	YL1	至雨水斗	60	—	不渗不漏	×年×月×日
	YL2	至雨水斗	60	—	不渗不漏	×年×月×日

施工单位检查结果	试验满足建筑给水排水及采暖工程质量验收规范(GB 50242—2002)第 5.3.1 条规定 项目专业质量检查员：××× ×年×月×日		
	项目专业技术负责人	×××	专业工长(施工员) ×××
监理(建设)单位结论	符合规范要求 监理工程师：××× (建设单位项目专业技术负责人) ×年×月×日		

第7节 施 工 记 录

施工记录是对分项工程施工的过程记录。对本工程所用的材料、施工过程、质量控制作简要明确的描述，说明对施工过程中发生质量问题及处理结果，施工记录的内容应达到能满足检验批验收的需要。

本工程施工记录4份。本实例摘录室内排水管道及配件安装施工记录1份(见表3-14)。

室内排水管道及配件安装施工记录

表3-14

工程名称	××住宅楼	分项工程名称	排水管道及配件安装
施工单位	××建筑工程公司	施工部位	全楼
主要事项记录： 本工程排水管道在安装前，认真查阅施工图纸，了解设计意图，将所用材料作了详细计划，按照规范施工，对进场材料作外观检查，合格后才能安装。排水管先安装埋地部分，组织8名人员，两人1根立管进行安装，当天将埋地部分施工完毕。在隐蔽之前，对8根管道做灌水试验，在试验时，发现二单元左户卫生间的排水管道有一个承插接口出现渗水现象，将管道内的水排出，及时修理，重新灌水、检查、没有发现接口渗漏，其余7根管道灌水试验一次合格。在埋地管道试验合格后，进行了通球检验，并通过了验收，随后进行了隐蔽回填土方。 对雨水管埋地管道也进行了灌水试验及相关检查，均符合规范要求。 厨、卫间抹灰工程结束后，进行立、支管安装，在立管安装前，检查核对预留洞，并弹出立管安装位置线，在一单元一层右户安装了一个样板间，然后照此进行大面积施工。在安装间断时，对敞口管道做了临时封闭，并对成品保护。所有管道安装完后，采用70mm外径的木球，对8根立管做了通球试验，7根立管球体顺利通过，只有一单元右户卫生间立管球体没有通过，经检查，是在地下室弯头处堵塞，并疏通，重新通球，球体顺利通过。符合施工规范要求。 由××班组进行管道安装，自×月×日至×月×日安装完毕 ×年×月×日			
项目专业技术负责人	×××	记录人	×××

第8节　分部分项工程质量验收记录

建筑给水、排水及采暖分部工程由室内给水系统、室内排水系统、卫生器具安装和室内采暖系统工程4部分组成，含10个分项工程，按照《建筑给水排水及采暖工程施工质量验收规范》第3.1.5条规定，建筑给水、排水及采暖工程的分项工程应划分成若干个检验批验收，按系统共划分为41个检验批。

一、分项工程检验批划分

(1) 室内给水系统工程

室内给水系统仅含1个给水道管及配件安装分项工程，按子系统划分为5个检验批。子系统划分原则为每单元每户垂直上下为一个子系统，共4个子系统，每个子系统以一层阀门为分界。地下室管线至进户闸阀为1个子系统。

(2) 室内排水系统工程

室内排水系统含2个分项工程，按子系统划分为10个检验批。室内排水每单元每户厨房和卫生间垂直上下各为1个子系统，共8个子系统。屋面排水为内排水，按照设计文件要求，有2个水落口，雨水管道为2个子系统。

1) 排水管道及配件安装分项工程划分为8个检验批；

2) 雨水管道及配件安装分项工程划分为2个检验批。

(3) 卫生器具安装工程

卫生器具安装工程含3个分项工程，按子系统划分为12个检验批。卫生器具设置在每户卫生间，为了便于施工安装和检查验收，卫生间排水子系统划分为4个子系统。

1) 卫生器具安装分项工程划分为4个检验批；

2) 卫生器具给水配件安装分项工程划分为4个检验批；

3) 卫生器具排水管道安装分项工程划分为4个检验批。

(4) 室内采暖系统工程

室内采暖系统工程含3个分项工程，按子系统划分为14个检验批。子系统划分原则为每单元每户垂直上下为一个子系统，共4个子系统。每个子系统以立管阀门为分界。地下室管线至进出户闸阀为1个子系统。

1) 管道及配件安装分项工程按系统划分为5个检验批；

2) 辅助设备及散热器安装分项工程按系统划分为4个检验批；

3) 系统水压试验分项工程划分为5个检验批。

建筑给水、排水及采暖分部分项工程检验批划分见表3-15。

建筑给水、排水及采暖分部分项工程检验批划分表　　**表3-15**

序号	子分部工程	分项工程名称	检验批数量
1	室内给水系统	给水管道及配件安装	5
2	室内排水系统	排水管道及配件安装	8
		雨水管道及配件安装	2

续表

序号	子分部工程	分项工程名称	检验批数量
3	卫生器具安装	卫生器具安装	4
		卫生器具给水配件安装	4
		卫生器具排水管道安装	4
4	室内采暖系统	管道及配件安装	5
		辅助设备及散热器安装	4
		系统水压试验	5
合计		分项工程数量 9，检验批数量 41 个	

二、分部、分项、检验批质量验收记录

分部、分项、检验批质量验收记录的填写要求详见建筑与结构分部、分项、检验批质量验收记录。本住宅工程建筑给水、排水及采暖分部工程质量验收记录 1 份(表 3-16)，分项工程验收记录 9 份，检验批验收记录 41 份，合计 51 份。

由于分项工程检验批涉及的验收记录重复检查内容较多，本住宅工程只列举不同分项工程检验批验收记录。

主要有：

室内给水管道及配件安装分项工程质量验收记录见表 3-17。

给水管道及配件安装工程检验批质量验收记录(地下室)见表 3-18。

给水管道及配件安装工程检验批质量验收记录(一单元左户)见表 3-19。

室内排水管道及配件安装分项工程质量验收记录见表 3-20。

室内排水管道及配件安装工程检验批质量验收记录见表 3-21。

雨水管道及配件安装分项工程质量验收记录见表 3-22。

雨水管道及配件安装工程检验批质量验收记录见表 3-23。

卫生器具安装分项工程质量验收记录见表 3-24。

卫生器具安装工程检验批质量验收记录见表 3-25。

卫生器具给水配件安装分项工程质量验收记录见表 3-26。

卫生器具给水配件安装工程检验批质量验收记录见表 3-27。

卫生器具排水管道安装分项工程质量验收记录见表 3-28。

卫生器具排水管道安装工程检验批质量验收记录见表 3-29。

室内采暖管道及配件安装分项工程质量验收记录见表 3-30。

室内采暖管道及配件安装工程检验批质量验收记录(地下室)见表 3-31。

室内采暖管道及配件安装工程检验批质量验收记录(一单元左户)见表 3-32。

室内采暖辅助设备及散热器安装分项工程质量验收记录见表 3-33。

室内采暖辅助设备及散热器安装工程检验批质量验收记录见表 3-34。

室内采暖系统水压试验及调试分项工程质量验收记录见表 3-35。

室内采暖水压试验及调试检验批质量验收记录见表 3-36。

建筑给水、排水及采暖分部工程质量验收记录

表 3-16

<table>
<tr><td colspan="2">工程名称</td><td colspan="2">××住宅楼</td><td>结构类型</td><td>砖混</td><td>层数</td><td>五层</td></tr>
<tr><td colspan="2">施工单位</td><td colspan="2">××建筑工程公司</td><td>技术部门负责人</td><td>×××</td><td>质量部门负责人</td><td>×××</td></tr>
<tr><td colspan="2">分包单位</td><td colspan="2">—</td><td>分包单位负责人</td><td>—</td><td>分包技术负责人</td><td>—</td></tr>
<tr><td>序号</td><td colspan="2">分项工程名称</td><td>检验批数</td><td colspan="2">施工单位检查评定</td><td colspan="2">验收意见</td></tr>
<tr><td>1</td><td colspan="2">室内给水管道及配件安装</td><td>5</td><td colspan="2">✓</td><td colspan="2" rowspan="18">同意验收</td></tr>
<tr><td>2</td><td colspan="2">室内排水管道及配件安装</td><td>8</td><td colspan="2">✓</td></tr>
<tr><td>3</td><td colspan="2">雨水管道及配件安装</td><td>2</td><td colspan="2">✓</td></tr>
<tr><td>4</td><td colspan="2">卫生器具安装</td><td>4</td><td colspan="2">✓</td></tr>
<tr><td>5</td><td colspan="2">卫生器具给水配件安装</td><td>4</td><td colspan="2">✓</td></tr>
<tr><td>6</td><td colspan="2">卫生器具排水管道安装</td><td>4</td><td colspan="2">✓</td></tr>
<tr><td>7</td><td colspan="2">室内采暖管道及配件安装</td><td>5</td><td colspan="2">✓</td></tr>
<tr><td>8</td><td colspan="2">室内采暖辅助设备及散热器安装</td><td>4</td><td colspan="2">✓</td></tr>
<tr><td>9</td><td colspan="2">室内采暖系统水压试验及调试</td><td>5</td><td colspan="2">✓</td></tr>
<tr><td>10</td><td colspan="2"></td><td></td><td colspan="2"></td></tr>
<tr><td>11</td><td colspan="2"></td><td></td><td colspan="2"></td></tr>
<tr><td>12</td><td colspan="2"></td><td></td><td colspan="2"></td></tr>
<tr><td>13</td><td colspan="2"></td><td></td><td colspan="2"></td></tr>
<tr><td>14</td><td colspan="2"></td><td></td><td colspan="2"></td></tr>
<tr><td>15</td><td colspan="2"></td><td></td><td colspan="2"></td></tr>
<tr><td>16</td><td colspan="2"></td><td></td><td colspan="2"></td></tr>
<tr><td>17</td><td colspan="2"></td><td></td><td colspan="2"></td></tr>
<tr><td>18</td><td colspan="2"></td><td></td><td colspan="2"></td></tr>
<tr><td colspan="4">质量控制资料</td><td colspan="2">✓</td><td colspan="2">同意验收</td></tr>
<tr><td colspan="4">安全和功能检验(检测)报告</td><td colspan="2">✓</td><td colspan="2">同意验收</td></tr>
<tr><td colspan="4">观感质量验收</td><td colspan="4">综合评价好</td></tr>
<tr><td rowspan="5">验收单位</td><td>分包单位</td><td colspan="2">—</td><td>项目经理</td><td>—</td><td colspan="2">年 月 日</td></tr>
<tr><td>施工单位</td><td colspan="2">××建筑工程公司</td><td>项目经理</td><td>×××</td><td colspan="2">×年×月×日</td></tr>
<tr><td>勘察单位</td><td colspan="2">—</td><td>项目负责人</td><td>—</td><td colspan="2">年 月 日</td></tr>
<tr><td>设计单位</td><td colspan="2">—</td><td>项目负责人</td><td>—</td><td colspan="2">年 月 日</td></tr>
<tr><td>监理(建设)单位</td><td colspan="2">××监理公司</td><td colspan="4">总监理工程师 ×××
(建设单位项目专业负责人)
×年×月×日</td></tr>
</table>

注：本表由总监理工程师(建设单位项目负责人)组织施工单位项目负责人和技术、质量负责人等进行验收；地基与基础、主体结构分部工程的勘察、设计单位工程项目负责人和施工单位技术、质量部门负责人也应参加相关分部工程验收。检查评定由施工单位填写，验收意见由监理单位填写，观感质量验收由验收各方共同商定，监理单位填写，“符合规范要求”用✓标注。

室内给水管道及配件安装分项工程质量验收记录

表 3-17

<table>
<tr><td colspan="2">工程名称</td><td>××住宅楼</td><td>结构类型</td><td>砖混</td><td>检验批数</td><td>5</td></tr>
<tr><td colspan="2">施工单位</td><td>××建筑工程公司</td><td>项目经理</td><td>×××</td><td>项目技术负责人</td><td>×××</td></tr>
<tr><td colspan="2">分包单位</td><td>—</td><td>分包单位负责人</td><td>—</td><td>分包项目经理</td><td>—</td></tr>
<tr><td>序号</td><td colspan="2">检验批部位、区段</td><td colspan="2">施工单位检查评定结果</td><td colspan="2">监理(建设)单位验收结论</td></tr>
<tr><td>1</td><td colspan="2">一单元左户</td><td colspan="2">✓</td><td colspan="2">✓</td></tr>
<tr><td>2</td><td colspan="2">一单元右户</td><td colspan="2">✓</td><td colspan="2">✓</td></tr>
<tr><td>3</td><td colspan="2">二单元左户</td><td colspan="2">✓</td><td colspan="2">✓</td></tr>
<tr><td>4</td><td colspan="2">二单元右户</td><td colspan="2">✓</td><td colspan="2">✓</td></tr>
<tr><td>5</td><td colspan="2">地下室</td><td colspan="2">✓</td><td colspan="2">✓</td></tr>
<tr><td>6</td><td colspan="2"></td><td colspan="2"></td><td colspan="2"></td></tr>
<tr><td>7</td><td colspan="2"></td><td colspan="2"></td><td colspan="2"></td></tr>
<tr><td>8</td><td colspan="2"></td><td colspan="2"></td><td colspan="2"></td></tr>
<tr><td>9</td><td colspan="2"></td><td colspan="2"></td><td colspan="2"></td></tr>
<tr><td>10</td><td colspan="2"></td><td colspan="2"></td><td colspan="2"></td></tr>
<tr><td>11</td><td colspan="2"></td><td colspan="2"></td><td colspan="2"></td></tr>
<tr><td>12</td><td colspan="2"></td><td colspan="2"></td><td colspan="2"></td></tr>
<tr><td>13</td><td colspan="2"></td><td colspan="2"></td><td colspan="2"></td></tr>
<tr><td>14</td><td colspan="2"></td><td colspan="2"></td><td colspan="2"></td></tr>
<tr><td>15</td><td colspan="2"></td><td colspan="2"></td><td colspan="2"></td></tr>
<tr><td>16</td><td colspan="2"></td><td colspan="2"></td><td colspan="2"></td></tr>
<tr><td>17</td><td colspan="2"></td><td colspan="2"></td><td colspan="2"></td></tr>
<tr><td>18</td><td colspan="2"></td><td colspan="2"></td><td colspan="2"></td></tr>
<tr><td>检查结论</td><td colspan="2">合格

项目专业技术负责人：×××
×年×月×日</td><td>验收结论</td><td colspan="3">同意验收

监理工程师：×××
(建设单位项目专业技术负责人)
×年×月×日</td></tr>
</table>

注：1. 本表由施工项目专业质量检查员填写，监理工程师(建设单位项目技术负责人)组织项目专业质量(技术)负责人等进行验收。

2. 记录中"符合规范要求"用✓标注，结论栏由本人签字。

给水管道及配件安装工程检验批质量验收记录

表 3-18

工程名称	××住宅楼			验收部位	地下室
施工单位	××建筑工程公司			项目经理	×××
施工执行标准名称及编号	建筑给水排水及采暖工程施工工艺标准(XJJ 024—2005)			专业工长	×××
分包单位	—	分包项目经理	—	施工班组长	×××

序号	主控项目	规范规定	施工单位检查评定记录 1	2	3	4	5	6	7	8	9	10	监理(建设)单位验收记录
1	给水管道水压试验	第 4.2.1 条	✓见系统试压记录										✓
2	给水系统通水试验	第 4.2.2 条	✓见通水试验记录										
3	**管道冲洗、消毒和取样检验**	**第 4.2.3 条**	✓见检测报告										
4	直埋给水管道防腐处理	第 4.2.4 条	—										

序号	一般项目	规范规定	施工单位检查评定记录 1	2	3	4	5	6	7	8	9	10	监理(建设)单位验收记录
1	给排水管道平行、交叉敷设	第 4.2.5 条	—										✓
2	管道及管件焊接的焊缝表面质量	第 4.2.6 条	—										
3	水平管道有 2‰～5‰坡度坡向泄水装置	第 4.2.7 条	✓										
4	管道的支、吊架安装及其间距	第 4.2.9 条	✓										
5	水表安装	第 4.2.10 条	—										
6	管道和阀门安装允许偏差(mm) 水平管道纵横方向弯曲 钢管 每米 / 全长 25m 以上	1 / ≥25	1	0.7	0.8								
	水平管道纵横方向弯曲 塑料管复合管 每米 / 全长 25m 以上	1.5 / ≥25	—										
	水平管道纵横方向弯曲 铸铁管 每米 / 全长 25m 以上	2 / ≥25	—										
	立管垂直度 钢管 每米 / 5m 以上	3 / ≥8	3	1									
	立管垂直度 塑料管复合管 每米 / 5m 以上	2 / ≥8	—										
	立管垂直度 铸铁管 每米 / 5m 以上	3 / ≥10	—										
	成排管段和成排阀门 在同一平面上间距	3	—										

施工单位检查评定结果	检查评定合格 项目专业质量检查员：××× ×年×月×日
监理(建设)单位验收结论	同意验收 监理工程师：××× (建设单位项目专业技术负责人) ×年×月×日

注：1. 本表由施工项目专业质量检查员填写，监理工程师(建设单位项目技术负责人)组织项目专业质量(技术)负责人等进行验收。

2. 记录中定量项目填写数据，定性项目“符合规范要求”用✓标注，结果和结论栏由本人签字。

给水管道及配件安装工程检验批质量验收记录

表 3-19

工程名称	××住宅楼			验收部位	一单元左户
施工单位	××建筑工程公司			项目经理	×××
施工执行标准名称及编号	建筑给水排水及采暖工程施工工艺标准(XJJ 024—2005)			专业工长	×××
分包单位	—	分包项目经理	—	施工班组长	×××

	主控项目	规范规定	施工单位检查评定记录 1	2	3	4	5	6	7	8	9	10	监理(建设)单位验收记录
1	给水管道水压试验	第 4.2.1 条	✓见系统试压记录										✓
2	给水系统通水试验	第 4.2.2 条	✓见通水试验记录										
3	**管道冲洗、消毒和取样检验**	**第 4.2.3 条**	✓见检测报告										
4	直埋给水管道防腐处理	第 4.2.4 条	—										

	一般项目	规范规定	施工单位检查评定记录 1	2	3	4	5	6	7	8	9	10	监理(建设)单位验收记录
1	给排水管道平行、交叉敷设	第 4.2.5 条	—										✓
2	管道及管件焊接的焊缝表面质量	第 4.2.6 条	—										
3	水平管道有 2‰～5‰坡度坡向泄水装置	第 4.2.7 条	✓										
4	管道的支、吊架安装及其间距	第 4.2.9 条	✓										
5	水表安装	第 4.2.10 条	✓										
6	管道和阀门安装允许偏差(mm)：水平管道纵横方向弯曲 钢管 每米 全长 25m 以上	1 ≥25	0.5	0.5	1	1	0.3						
	水平管道纵横方向弯曲 塑料管复合管 每米 全长 25m 以上	1.5 ≥25	—										
	水平管道纵横方向弯曲 铸铁管 每米 全长 25m 以上	2 ≥25	—										
	立管垂直度 钢管 每米 5m 以上	3 ≥8	3	2	1	2	1						
	立管垂直度 塑料管复合管 每米 5m 以上	2 ≥8	—										
	立管垂直度 铸铁管 每米 5m 以上	3 ≥10	—										
	成排管段和成排阀门 在同一平面上间距	3	—										

施工单位检查评定结果	检查评定合格 项目专业质量检查员：××× ×年×月×日
监理(建设)单位验收结论	同意验收 监理工程师：××× (建设单位项目专业技术负责人) ×年×月×日

注：1. 本表由施工项目专业质量检查员填写，监理工程师(建设单位项目技术负责人)组织项目专业质量(技术)负责人等进行验收。

2. 记录中定量项目填写数据，定性项目“符合规范要求”用✓标注，结果和结论栏由本人签字。

室内排水管道及配件安装分项工程质量验收记录

表 3-20

工程名称		××住宅楼	结构类型	砖混	检验批数	8
施工单位		××建筑工程公司	项目经理	×××	项目技术负责人	×××
分包单位		—	分包单位负责人	—	分包项目经理	—
序号	检验批部位、区段		施工单位检查评定结果		监理（建设）单位验收结论	
1	一单元左户厨房		✓		✓	
2	一单元左户卫生间		✓		✓	
3	一单元右户厨房		✓		✓	
4	一单元右户卫生间		✓		✓	
5	二单元左户厨房		✓		✓	
6	二单元左户卫生间		✓		✓	
7	二单元右户厨房		✓		✓	
8	二单元右户卫生间		✓		✓	
9						
10						
11						
12						
13						
14						
15						
16						
17						
18						
检查结论	合格 项目专业技术负责人：××× ×年×月×日		验收结论	同意验收 监理工程师：××× （建设单位项目专业技术负责人） ×年×月×日		

注：1. 本表由施工项目专业质量检查员填写，监理工程师（建设单位项目技术负责人）组织项目专业质量（技术）负责人等进行验收。

2. 记录中“符合规范要求”用✓标注，结论栏由本人签字。

室内排水管道及配件安装工程检验批质量验收记录

表 3-21

工程名称	××住宅楼														验收部位	一单元左户厨房
施工单位	××建筑工程公司														项目经理	×××
施工执行标准名称及编号	建筑给水排水及采暖工程施工工艺标准(XJJ 024—2005)														专业工长	×××
分包单位	—			分包项目经理			—								施工班组长	×××
主控项目		规范规定	施工单位检查评定记录												监理(建设)单位验收记录	
			1	2	3	4	5	6	7	8	9	10				
1	隐蔽或埋地排水管道的灌水试验	第 5.2.1 条	✓见试验记录												✓	
2	生活污水铸铁管道的坡道	第 5.2.2 条	—													
3	生活污水塑料管管道的坡道	第 5.2.3 条	✓													
4	排水塑料管装设伸缩节	第 5.2.4 条	✓													
5	主立管及水平干管管道通球试验	第 5.2.5 条	✓见通球试验记录													
一般项目		规范规定	施工单位检查评定记录												监理(建设)单位验收记录	
			1	2	3	4	5	6	7	8	9	10				
1	生活污水管道检查口或清扫口	第 5.2.6 条	✓												✓	
2	埋在地下或地板下的排水管道检查口设置	第 5.2.7 条	—													
3	金属排水管道上吊钩或卡箍	第 5.2.8 条	—													
4	排水塑料管道支、吊架间距	第 5.2.9 条	✓													
5	排水通气管安装	第 5.2.10 条	✓													
6	安装未经消毒处理的医院含菌污水管道的要求	第 5.2.11 条	—													
7	饮食业工艺设备引出的排水管及饮用水水箱的溢流管连接要求	第 5.2.12 条	—													
8	通向室外的排水管穿过墙壁或基础下返时连接要求	第 5.2.13 条	✓													
9	室内通向室外排水检查井的排水管，井内引入管的要求	第 5.2.14 条	✓													
10	水平管道、立管的连接要求	第 5.2.15 条	✓													

续表

序号	一般项目					规范规定(mm)	1	2	3	4	5	6	7	8	9	10	监理(建设)单位验收记录
11	室内排水和雨水管道安装的允许偏差(mm)	坐标				15	5	8	7								✓
		标高				±15	+13	−10	+14								
		横管纵横方向弯曲	铸铁管	每米		≥1	—										
				全长(25m以上)		≥25	—										
			钢管	每米	管径≤100	1	—										
					管径>100	1.5	—										
				全长(25m以上)	管径≤100	≥25	—										
					管径>100	≥38	—										
			塑料管	每米		1.5	—										
				全长(25m以上)		≥38	—										
			钢筋混凝土管，混凝土管	每米		3	—										
				全长(25m以上)		≥75	—										
		立管垂直度	铸铁管	每米		3	—										
				全长(5m以上)		≥15	—										
			钢管	每米		3	—										
				全长(5m以上)		≥10	—										
			塑料管	每米		3	2	1	2	2	1						
				全长(5m以上)		≥15	—										

施工单位检查评定结果	检查评定合格 项目专业质量检查员：××× ×年×月×日
监理(建设)单位验收结论	同意验收 监理工程师：××× (建设单位项目专业技术负责人) ×年×月×日

注：1. 本表由施工项目专业质量检查员填写，监理工程师(建设单位项目技术负责人)组织项目专业质量(技术)负责人等进行验收。

2. 记录中定量项目填写数据，定性项目“符合规范要求”用✓标注，结果和结论栏由本人签字。

雨水管道及配件安装分项工程质量验收记录

表 3-22

<table>
<tr><td>工程名称</td><td colspan="2">××住宅楼</td><td>结构类型</td><td>砖混</td><td>检验批数</td><td>2</td></tr>
<tr><td>施工单位</td><td colspan="2">××建筑工程公司</td><td>项目经理</td><td>×××</td><td>项目技术负责人</td><td>×××</td></tr>
<tr><td>分包单位</td><td colspan="2">—</td><td>分包单位负责人</td><td>—</td><td>分包项目经理</td><td>—</td></tr>
<tr><td>序号</td><td colspan="2">检验批部位、区段</td><td colspan="2">施工单位检查评定结果</td><td colspan="2">监理(建设)单位验收结论</td></tr>
<tr><td>1</td><td colspan="2">一单元</td><td colspan="2">✓</td><td colspan="2">✓</td></tr>
<tr><td>2</td><td colspan="2">二单元</td><td colspan="2">✓</td><td colspan="2">✓</td></tr>
<tr><td>3</td><td colspan="2"></td><td colspan="2"></td><td colspan="2"></td></tr>
<tr><td>4</td><td colspan="2"></td><td colspan="2"></td><td colspan="2"></td></tr>
<tr><td>5</td><td colspan="2"></td><td colspan="2"></td><td colspan="2"></td></tr>
<tr><td>6</td><td colspan="2"></td><td colspan="2"></td><td colspan="2"></td></tr>
<tr><td>7</td><td colspan="2"></td><td colspan="2"></td><td colspan="2"></td></tr>
<tr><td>8</td><td colspan="2"></td><td colspan="2"></td><td colspan="2"></td></tr>
<tr><td>9</td><td colspan="2"></td><td colspan="2"></td><td colspan="2"></td></tr>
<tr><td>10</td><td colspan="2"></td><td colspan="2"></td><td colspan="2"></td></tr>
<tr><td>11</td><td colspan="2"></td><td colspan="2"></td><td colspan="2"></td></tr>
<tr><td>12</td><td colspan="2"></td><td colspan="2"></td><td colspan="2"></td></tr>
<tr><td>13</td><td colspan="2"></td><td colspan="2"></td><td colspan="2"></td></tr>
<tr><td>14</td><td colspan="2"></td><td colspan="2"></td><td colspan="2"></td></tr>
<tr><td>15</td><td colspan="2"></td><td colspan="2"></td><td colspan="2"></td></tr>
<tr><td>16</td><td colspan="2"></td><td colspan="2"></td><td colspan="2"></td></tr>
<tr><td>17</td><td colspan="2"></td><td colspan="2"></td><td colspan="2"></td></tr>
<tr><td>18</td><td colspan="2"></td><td colspan="2"></td><td colspan="2"></td></tr>
<tr><td>检查结论</td><td colspan="2">合格

项目专业技术负责人：×××
×年×月×日</td><td>验收结论</td><td colspan="3">同意验收

监理工程师：×××
(建设单位项目专业技术负责人)
×年×月×日</td></tr>
</table>

注：1. 本表由施工项目专业质量检查员填写，监理工程师(建设单位项目技术负责人)组织项目专业质量(技术)负责人等进行验收。

2. 记录中“符合规范要求”用✓标注，结论栏由本人签字。

雨水管道及配件安装工程检验批质量验收记录

表 3-23

工程名称	××住宅楼			验收部位	一单元
施工单位	××建筑工程公司			项目经理	×××
施工执行标准名称及编号	建筑给水排水及采暖工程施工工艺标准(XJJ 024—2005)			专业工长	×××
分包单位	—	分包项目经理	—	施工班组长	×××

主控项目			规范规定	施工单位检查评定记录										监理(建设)单位验收记录
				1	2	3	4	5	6	7	8	9	10	
1	雨水管道灌水试验		第 5.3.1 条	✓见试验记录										✓
2	塑料雨水管伸缩节的安装		第 5.3.2 条	—										
3	地下埋设雨水管道最小坡度	(1) 50m 长	20‰	—										
		(2) 75m 长	15‰	—										
		(3) 100m 长	8‰	9										
		(4) 125m 长	6‰	—										
		(5) 150m 长	5‰	—										
		(6) 200～400m 长	4‰	—										
		(7) 悬吊雨水管最小坡度	≤5‰	—										

一般项目					规范规定	施工单位检查评定记录										监理(建设)单位验收记录
						1	2	3	4	5	6	7	8	9	10	
1	雨水管不得与生活污水管道相连接				第 5.3.4 条	✓										✓
2	雨水斗管的连接				第 5.3.5 条	✓										
3	悬吊前检查口间距			$d≤150$	≥15m	—										
				$d≥200$	≥20m	—										
4	管道安装允许偏差(mm)	坐标			15	6	4	3								
		标高			±15	—										
		横管纵横方向弯曲	铸铁管	每米	≥1	0										
				全长(25m 以上)	≥25	—										
			钢管	每米 管径≤100	1	—										
				每米 管径>100	1.5	—										
				全长(25m 以上) 管径≤100	≥25	—										
				全长(25m 以上) 管径>100	≥38	—										
			塑料管	每米	1.5	—										
				全长(25m 以上)	≥38	—										
			钢筋混凝土管 混凝土管	每米	3	—										
				全长(25m 以上)	≥75	—										

续表

一般项目					规范规定(mm)	施工单位检查评定记录										监理(建设)单位验收记录
						1	2	3	4	5	6	7	8	9	10	
4	管道安装允许偏差(mm)	立管垂直度	铸铁管	每米	3	—										
				全长(5m以上)	≥15	—										
			钢管	每米	3	2	1	1	2	1						
				全长(5m以上)	≥10	—										
			塑料管	每米	3	—										
				全长(5m以上)	≥15	—										
5	管道焊口允许偏差项目	焊口平直度		管壁厚10mm以内	管壁厚1/4	0.2										✓
		焊缝加强面		高度	+1	+0.5										
				宽度	+1	+0.5										
				深度	小于0.5	0.3										
		咬边	长度	连续长度	25	10										
				总长度(两侧)	小于焊缝长度的10%	15										
施工单位检查评定结果	检查评定合格 项目专业质量检查员：××× ×年×月×日															
监理(建设)单位验收结论	同意验收 监理工程师：××× (建设单位项目专业技术负责人) ×年×月×日															

注：1. 本表由施工项目专业质量检查员填写，监理工程师(建设单位项目技术负责人)组织项目专业质量(技术)负责人等进行验收。

2. 记录中定量项目填写数据，定性项目“符合规范要求”用✓标注，结果和结论栏由本人签字。

卫生器具安装分项工程质量验收记录

表 3-24

<table>
<tr><td>工程名称</td><td colspan="2">××住宅楼</td><td>结构类型</td><td>砖混</td><td>检验批数</td><td>4</td></tr>
<tr><td>施工单位</td><td colspan="2">××建筑工程公司</td><td>项目经理</td><td>×××</td><td>项目技术负责人</td><td>×××</td></tr>
<tr><td>分包单位</td><td colspan="2">—</td><td>分包单位负责人</td><td>—</td><td>分包项目经理</td><td>—</td></tr>
<tr><td>序号</td><td colspan="2">检验批部位、区段</td><td colspan="2">施工单位检查评定结果</td><td colspan="2">监理(建设)单位验收结论</td></tr>
<tr><td>1</td><td colspan="2">一单元左户</td><td colspan="2">✓</td><td colspan="2">✓</td></tr>
<tr><td>2</td><td colspan="2">一单元右户</td><td colspan="2">✓</td><td colspan="2">✓</td></tr>
<tr><td>3</td><td colspan="2">二单元左户</td><td colspan="2">✓</td><td colspan="2">✓</td></tr>
<tr><td>4</td><td colspan="2">二单元右户</td><td colspan="2">✓</td><td colspan="2">✓</td></tr>
<tr><td>5</td><td colspan="2"></td><td colspan="2"></td><td colspan="2"></td></tr>
<tr><td>6</td><td colspan="2"></td><td colspan="2"></td><td colspan="2"></td></tr>
<tr><td>7</td><td colspan="2"></td><td colspan="2"></td><td colspan="2"></td></tr>
<tr><td>8</td><td colspan="2"></td><td colspan="2"></td><td colspan="2"></td></tr>
<tr><td>9</td><td colspan="2"></td><td colspan="2"></td><td colspan="2"></td></tr>
<tr><td>10</td><td colspan="2"></td><td colspan="2"></td><td colspan="2"></td></tr>
<tr><td>11</td><td colspan="2"></td><td colspan="2"></td><td colspan="2"></td></tr>
<tr><td>12</td><td colspan="2"></td><td colspan="2"></td><td colspan="2"></td></tr>
<tr><td>13</td><td colspan="2"></td><td colspan="2"></td><td colspan="2"></td></tr>
<tr><td>14</td><td colspan="2"></td><td colspan="2"></td><td colspan="2"></td></tr>
<tr><td>15</td><td colspan="2"></td><td colspan="2"></td><td colspan="2"></td></tr>
<tr><td>16</td><td colspan="2"></td><td colspan="2"></td><td colspan="2"></td></tr>
<tr><td>17</td><td colspan="2"></td><td colspan="2"></td><td colspan="2"></td></tr>
<tr><td>18</td><td colspan="2"></td><td colspan="2"></td><td colspan="2"></td></tr>
<tr><td>检查结论</td><td colspan="2">合格

项目专业技术负责人：×××
×年×月×日</td><td>验收结论</td><td colspan="3">同意验收

监理工程师：×××
(建设单位项目专业技术负责人)
×年×月×日</td></tr>
</table>

注：1. 本表由施工项目专业质量检查员填写，监理工程师(建设单位项目技术负责人)组织项目专业质量(技术)负责人等进行验收。

2. 记录中“符合规范要求”用✓标注，结论栏由本人签字。

卫生器具安装工程检验批质量验收记录

表 3-25

<table>
<tr><td>工程名称</td><td colspan="4">××住宅楼</td><td>验收部位</td><td>一单元左户</td></tr>
<tr><td>施工单位</td><td colspan="4">××建筑工程公司</td><td>项目经理</td><td>×××</td></tr>
<tr><td>施工执行标准名称及编号</td><td colspan="4">建筑给水排水及采暖工程施工工艺标准(XJJ 024—2005)</td><td>专业工长</td><td>×××</td></tr>
<tr><td>分包单位</td><td colspan="2">—</td><td>分包项目经理</td><td>—</td><td>施工班组长</td><td>×××</td></tr>
</table>

<table>
<tr><td colspan="4" rowspan="2">主控项目</td><td rowspan="2">规范规定</td><td colspan="10">施工单位检查评定记录</td><td rowspan="2">监理(建设)单位验收记录</td></tr>
<tr><td>1</td><td>2</td><td>3</td><td>4</td><td>5</td><td>6</td><td>7</td><td>8</td><td>9</td><td>10</td></tr>
<tr><td>1</td><td colspan="3">排水栓和地漏的安装</td><td>第 7.2.1 条</td><td colspan="10">✓</td><td rowspan="2">✓</td></tr>
<tr><td>2</td><td colspan="3">卫生器具满水和通水试验</td><td>第 7.2.2 条</td><td colspan="10">✓见试验记录</td></tr>
<tr><td colspan="4" rowspan="2">一般项目</td><td rowspan="2">规范规定</td><td colspan="10">施工单位检查评定记录</td><td rowspan="2">监理(建设)单位验收记录</td></tr>
<tr><td>1</td><td>2</td><td>3</td><td>4</td><td>5</td><td>6</td><td>7</td><td>8</td><td>9</td><td>10</td></tr>
<tr><td>1</td><td colspan="3">饰面浴盆的排水口检修门</td><td>第 7.2.4 条</td><td colspan="10">—</td><td rowspan="9">✓</td></tr>
<tr><td>2</td><td colspan="3">小便槽冲洗管材质和冲洗孔朝向</td><td>第 7.2.5 条</td><td colspan="10">—</td></tr>
<tr><td>3</td><td colspan="3">卫生器具的支、托架防腐和安装</td><td>第 7.2.6 条</td><td colspan="10">✓</td></tr>
<tr><td rowspan="6">4</td><td rowspan="6">卫生器具安装允许偏差(mm)</td><td rowspan="2">坐标(mm)</td><td>单独器具</td><td>10</td><td>5</td><td>8</td><td>5</td><td>4</td><td>6</td><td></td><td></td><td></td><td></td><td></td></tr>
<tr><td>成排器具</td><td>5</td><td>—</td><td></td><td></td><td></td><td></td><td></td><td></td><td></td><td></td><td></td></tr>
<tr><td rowspan="2">标高(mm)</td><td>单独器具</td><td>±15</td><td>+12</td><td>+10</td><td>+5</td><td>−6</td><td>−10</td><td></td><td></td><td></td><td></td><td></td></tr>
<tr><td>成排器具</td><td>±10</td><td>—</td><td></td><td></td><td></td><td></td><td></td><td></td><td></td><td></td><td></td></tr>
<tr><td colspan="2">器具水平度</td><td>2</td><td>1</td><td>1</td><td>1</td><td>2</td><td>1</td><td></td><td></td><td></td><td></td><td></td></tr>
<tr><td colspan="2">器具垂直度</td><td>3</td><td>2</td><td>1</td><td>2</td><td>1</td><td>1</td><td></td><td></td><td></td><td></td><td></td></tr>
<tr><td colspan="2">施工单位检查评定结果</td><td colspan="14">检查评定合格

项目专业质量检查员：×××
×年×月×日</td></tr>
<tr><td colspan="2">监理(建设)单位验收结论</td><td colspan="14">同意验收

监理工程师：×××
(建设单位项目专业技术负责人)
×年×月×日</td></tr>
</table>

注：1. 本表由施工项目专业质量检查员填写，监理工程师(建设单位项目技术负责人)组织项目专业质量(技术)负责人等进行验收。

2. 记录中定量项目填写数据，定性项目“符合规范要求”用✓标注，结果和结论栏由本人签字。

卫生器具给水配件安装分项工程质量验收记录

表 3-26

工程名称	××住宅楼	结构类型	砖混	检验批数	4
施工单位	××建筑工程公司	项目经理	×××	项目技术负责人	×××
分包单位	—	分包单位负责人	—	分包项目经理	—

序号	检验批部位、区段	施工单位检查评定结果	监理(建设)单位验收结论
1	一单元左户	✓	✓
2	一单元右户	✓	✓
3	二单元左户	✓	✓
4	二单元右户	✓	✓
5			
6			
7			
8			
9			
10			
11			
12			
13			
14			
15			
16			
17			
18			
检查结论	合格 项目专业技术负责人：××× ×年×月×日	验收结论	同意验收 监理工程师：××× (建设单位项目专业技术负责人) ×年×月×日

注：1. 本表由施工项目专业质量检查员填写，监理工程师(建设单位项目技术负责人)组织项目专业质量(技术)负责人等进行验收。

2. 记录中“符合规范要求”用✓标注，结论栏由本人签字。

卫生器具给水配件安装工程检验批质量验收记录

表 3-27

<table>
<tr><td>工程名称</td><td colspan="4">××住宅楼</td><td colspan="10">验收部位</td><td>一单元左户</td></tr>
<tr><td>施工单位</td><td colspan="4">××建筑工程公司</td><td colspan="10">项目经理</td><td>×××</td></tr>
<tr><td>施工执行标准名称及编号</td><td colspan="4">建筑给水排水及采暖工程施工工艺标准(XJJ 024—2005)</td><td colspan="10">专业工长</td><td>×××</td></tr>
<tr><td>分包单位</td><td colspan="2">—</td><td>分包项目经理</td><td>—</td><td colspan="10">施工班组长</td><td>×××</td></tr>
<tr><td colspan="3" rowspan="2">主控项目</td><td rowspan="2">规范规定</td><td colspan="10">施工单位检查评定记录</td><td colspan="2" rowspan="2">监理(建设)单位验收记录</td></tr>
<tr><td>1</td><td>2</td><td>3</td><td>4</td><td>5</td><td>6</td><td>7</td><td>8</td><td>9</td><td>10</td></tr>
<tr><td colspan="3">卫生器具给水配件的完好、接口和启闭</td><td>第 7.3.1 条</td><td colspan="10">✓</td><td colspan="2">✓</td></tr>
<tr><td colspan="3" rowspan="2">一般项目</td><td rowspan="2">规范规定</td><td colspan="10">施工单位检查评定记录</td><td colspan="2" rowspan="2">监理(建设)单位验收记录</td></tr>
<tr><td>1</td><td>2</td><td>3</td><td>4</td><td>5</td><td>6</td><td>7</td><td>8</td><td>9</td><td>10</td></tr>
<tr><td>1</td><td colspan="2">浴盆软管淋浴器挂钩的高度</td><td>第 7.3.3 条</td><td colspan="10">—</td><td colspan="2" rowspan="5">✓</td></tr>
<tr><td rowspan="4">2</td><td rowspan="4">卫生器具安装标高允许偏差(mm)</td><td>大便器高低水箱角阀及截止阀</td><td>±10</td><td>+5</td><td>−8</td><td>+10</td><td>+2</td><td>−4</td><td></td><td></td><td></td><td></td><td></td></tr>
<tr><td>水嘴</td><td>±10</td><td>−5</td><td>−6</td><td>+8</td><td>+4</td><td>+2</td><td></td><td></td><td></td><td></td><td></td></tr>
<tr><td>淋浴器喷头下沿</td><td>±15</td><td>—</td><td></td><td></td><td></td><td></td><td></td><td></td><td></td><td></td><td></td></tr>
<tr><td>浴盆软管淋浴器挂钩</td><td>±20</td><td>—</td><td></td><td></td><td></td><td></td><td></td><td></td><td></td><td></td><td></td></tr>
<tr><td>施工单位检查评定结果</td><td colspan="15">检查评定合格

项目专业质量检查员：×××
×年×月×日</td></tr>
<tr><td>监理(建设)单位验收结论</td><td colspan="15">同意验收

监理工程师：　×××
(建设单位项目专业技术负责人)
×年×月×日</td></tr>
</table>

注：1. 本表由施工项目专业质量检查员填写，监理工程师(建设单位项目技术负责人)组织项目专业质量(技术)负责人等进行验收。

2. 记录中定量项目填写数据，定性项目“符合规范要求”用✓标注，结果和结论栏由本人签字。

卫生器具排水管道安装分项工程质量验收记录

表 3-28

<table>
<tr><td>工程名称</td><td colspan="2">××住宅楼工程</td><td>结构类型</td><td>砖混</td><td>检验批数</td><td>4</td></tr>
<tr><td>施工单位</td><td colspan="2">××建筑工程公司</td><td>项目经理</td><td>×××</td><td>项目技术负责人</td><td>×××</td></tr>
<tr><td>分包单位</td><td colspan="2">—</td><td>分包单位负责人</td><td>—</td><td>分包项目经理</td><td>—</td></tr>
<tr><td>序号</td><td colspan="2">检验批部位、区段</td><td colspan="2">施工单位检查评定结果</td><td colspan="2">监理(建设)单位验收结论</td></tr>
<tr><td>1</td><td colspan="2">一单元左户</td><td colspan="2">✓</td><td colspan="2">✓</td></tr>
<tr><td>2</td><td colspan="2">一单元右户</td><td colspan="2">✓</td><td colspan="2">✓</td></tr>
<tr><td>3</td><td colspan="2">二单元左户</td><td colspan="2">✓</td><td colspan="2">✓</td></tr>
<tr><td>4</td><td colspan="2">二单元右户</td><td colspan="2">✓</td><td colspan="2">✓</td></tr>
<tr><td>5</td><td colspan="2"></td><td colspan="2"></td><td colspan="2"></td></tr>
<tr><td>6</td><td colspan="2"></td><td colspan="2"></td><td colspan="2"></td></tr>
<tr><td>7</td><td colspan="2"></td><td colspan="2"></td><td colspan="2"></td></tr>
<tr><td>8</td><td colspan="2"></td><td colspan="2"></td><td colspan="2"></td></tr>
<tr><td>9</td><td colspan="2"></td><td colspan="2"></td><td colspan="2"></td></tr>
<tr><td>10</td><td colspan="2"></td><td colspan="2"></td><td colspan="2"></td></tr>
<tr><td>11</td><td colspan="2"></td><td colspan="2"></td><td colspan="2"></td></tr>
<tr><td>12</td><td colspan="2"></td><td colspan="2"></td><td colspan="2"></td></tr>
<tr><td>13</td><td colspan="2"></td><td colspan="2"></td><td colspan="2"></td></tr>
<tr><td>14</td><td colspan="2"></td><td colspan="2"></td><td colspan="2"></td></tr>
<tr><td>15</td><td colspan="2"></td><td colspan="2"></td><td colspan="2"></td></tr>
<tr><td>16</td><td colspan="2"></td><td colspan="2"></td><td colspan="2"></td></tr>
<tr><td>17</td><td colspan="2"></td><td colspan="2"></td><td colspan="2"></td></tr>
<tr><td>18</td><td colspan="2"></td><td colspan="2"></td><td colspan="2"></td></tr>
<tr><td>检查结论</td><td colspan="2">合格

项目专业技术负责人：×××
×年×月×日</td><td>验收结论</td><td colspan="3">同意验收

监理工程师：×××
(建设单位项目专业技术负责人)
×年×月×日</td></tr>
</table>

注：1. 本表由施工项目专业质量检查员填写，监理工程师(建设单位项目技术负责人)组织项目专业质量(技术)负责人等进行验收。

2. 记录中“符合规范要求”用✓标注，结论栏由本人签字。

卫生器具排水管道安装工程检验批质量验收记录

表 3-29

工程名称	××住宅楼	验收部位	一单元左户
施工单位	××建筑工程公司	项目经理	×××
施工执行标准名称及编号	建筑给水排水及采暖工程施工工艺标准(XJJ 024—2005)	专业工长	×××
分包单位	— 分包项目经理 —	施工班组长	×××

主控项目				规范规定	施工单位检查评定记录										监理(建设)单位验收记录
					1	2	3	4	5	6	7	8	9	10	
1	受水口和立管的固定，管道与楼板接合处防渗漏措施			第 7.4.1 条	✓										✓
2	连接接口，固定支架			第 7.4.2 条	✓										
一般项目				规范规定	施工单位检查评定记录										监理(建设)单位验收记录
					1	2	3	4	5	6	7	8	9	10	
1	管道安装允许偏差(mm)	横管弯曲度	每米	2	—										
			长度≤10m，全长	<8	—										
			长度>10m，全长	10	—										
		卫生器具的排水管口及横支管的纵横坐标	单独器具	10	8	10	5								
			成排器具	5	—										
		卫生器具的接口标高	单独器具	±10	−5	+7	+8								
			成排器具	±5	—										
2	排水管道最小坡度	污水盆(池)	50mm	25‰	—										
		单、双格洗涤盆(池)	50mm	25‰	25	27	26								
		洗手盆、洗脸盆	32～50mm	20‰	21	25	23								✓
		浴盆	50mm	20‰	—										
		淋浴器	50mm	20‰	—										
		大便器 高低水箱	100mm	12‰	15	14	16								
		大便器 自闭式冲洗阀	100mm	12‰	—										
		大便器 拉管式冲洗阀	100mm	12‰	—										
		小便器 冲洗阀	40～50mm	20‰	—										
		小便器 自动冲洗水箱	40～50mm	20‰	—										
		化验盆(无塞)	40～50mm	25‰	—										
		净身器	40～50mm	20‰	—										
		饮水机	20～50mm	10‰～20‰	—										

施工单位检查评定结果	检查评定合格 项目专业质量检查员：××× ×年×月×日
监理(建设)单位验收结论	同意验收 监理工程师：××× (建设单位项目专业技术负责人) ×年×月×日

注：1. 本表由施工项目专业质量检查员填写，监理工程师(建设单位项目技术负责人)组织项目专业质量(技术)负责人等进行验收。

2. 记录中定量项目填写数据，定性项目“符合规范要求”用✓标注，结果和结论栏由本人签字。

室内采暖管道及配件安装分项工程质量验收记录

表 3-30

<table>
<tr><td>工程名称</td><td colspan="2">××住宅楼</td><td>结构类型</td><td>砖混</td><td>检验批数</td><td>5</td></tr>
<tr><td>施工单位</td><td colspan="2">××建筑工程公司</td><td>项目经理</td><td>×××</td><td>项目技术负责人</td><td>×××</td></tr>
<tr><td>分包单位</td><td colspan="2">—</td><td>分包单位负责人</td><td>—</td><td>分包项目经理</td><td>—</td></tr>
<tr><td>序号</td><td colspan="2">检验批部位、区段</td><td colspan="2">施工单位检查评定结果</td><td colspan="2">监理（建设）单位验收结论</td></tr>
<tr><td>1</td><td colspan="2">一单元左户</td><td colspan="2">✓</td><td colspan="2">✓</td></tr>
<tr><td>2</td><td colspan="2">一单元右户</td><td colspan="2">✓</td><td colspan="2">✓</td></tr>
<tr><td>3</td><td colspan="2">二单元左户</td><td colspan="2">✓</td><td colspan="2">✓</td></tr>
<tr><td>4</td><td colspan="2">二单元右户</td><td colspan="2">✓</td><td colspan="2">✓</td></tr>
<tr><td>5</td><td colspan="2">地下室</td><td colspan="2">✓</td><td colspan="2">✓</td></tr>
<tr><td>6</td><td colspan="2"></td><td colspan="2"></td><td colspan="2"></td></tr>
<tr><td>7</td><td colspan="2"></td><td colspan="2"></td><td colspan="2"></td></tr>
<tr><td>8</td><td colspan="2"></td><td colspan="2"></td><td colspan="2"></td></tr>
<tr><td>9</td><td colspan="2"></td><td colspan="2"></td><td colspan="2"></td></tr>
<tr><td>10</td><td colspan="2"></td><td colspan="2"></td><td colspan="2"></td></tr>
<tr><td>11</td><td colspan="2"></td><td colspan="2"></td><td colspan="2"></td></tr>
<tr><td>12</td><td colspan="2"></td><td colspan="2"></td><td colspan="2"></td></tr>
<tr><td>13</td><td colspan="2"></td><td colspan="2"></td><td colspan="2"></td></tr>
<tr><td>14</td><td colspan="2"></td><td colspan="2"></td><td colspan="2"></td></tr>
<tr><td>15</td><td colspan="2"></td><td colspan="2"></td><td colspan="2"></td></tr>
<tr><td>16</td><td colspan="2"></td><td colspan="2"></td><td colspan="2"></td></tr>
<tr><td>17</td><td colspan="2"></td><td colspan="2"></td><td colspan="2"></td></tr>
<tr><td>18</td><td colspan="2"></td><td colspan="2"></td><td colspan="2"></td></tr>
<tr><td>检查结论</td><td colspan="2">合格

项目专业技术负责人：×××
×年×月×日</td><td>验收结论</td><td colspan="3">同意验收

监理工程师：×××
（建设单位项目专业技术负责人）
×年×月×日</td></tr>
</table>

注：1. 本表由施工项目专业质量检查员填写，监理工程师(建设单位项目技术负责人)组织项目专业质量(技术)负责人等进行验收。

2. 记录中“符合规范要求”用✓标注，结论栏由本人签字。

室内采暖管道及配件安装工程检验批质量验收记录

表 3-31

工程名称	××住宅楼			验收部位	地下室
施工单位	××建筑工程公司			项目经理	×××
施工执行标准名称及编号	建筑给水排水及采暖工程施工工艺标准(XJJ 024—2005)			专业工长	×××
分包单位	—	分包项目经理	—	施工班组长	×××

	主控项目	规范规定	施工单位检查评定记录 1 2 3 4 5 6 7 8 9 10	监理(建设)单位验收记录
1	管道安装坡度	第 8.2.1 条	✓	✓
2	补偿器的型号、安装位置及预拉伸和固定支架的构造及安装	第 8.2.2 条	—	
3	平衡阀及调节阀型号、规格、公称压力及安装位置	第 8.2.3 条	—	
4	蒸汽减压阀、安全阀的型号、规格、公称压力及安装位置	第 8.2.4 条	—	
5	方形补偿器制作	第 8.2.5 条	—	
6	方形补偿器安装	第 8.2.6 条	—	

	一般项目	规范规定	施工单位检查评定记录 1 2 3 4 5 6 7 8 9 10	监理(建设)单位验收记录
1	热量表、疏水器、除污器、过滤器及阀门的型号、规格、公称压力及安装位置	第 8.2.7 条	✓	✓
2	采暖系统入口装置及分户热计量系统入户装置	第 8.2.9 条	—	
3	散热器支管安装管卡要求	第 8.2.10 条	—	
4	热水干管变径连接方法	第 8.2.11 条	✓	
5	管道干管上焊接分支管要求	第 8.2.12 条	✓	
6	膨胀管及循环管上不得安装阀门	第 8.2.13 条	—	
7	采暖热媒为高温水时管道可拆卸接头方法	第 8.2.14 条	—	
8	管道转弯弯曲方式	第 8.2.15 条	✓	
9	管道、金属支架和设备的防腐和涂漆	第 8.2.16 条	✓	

续表

一般项目					规范规定（mm）	施工单位检查评定记录										监理（建设）单位验收记录
						1	2	3	4	5	6	7	8	9	10	
10	焊口尺寸	焊口平直度	管壁厚 10mm 以内		管壁厚 1/4	0.3	0.2	0.4								
		焊缝加强面	高度		+1	0.5	0.5	1								
			宽度		+1	1	1	0.5								
			深度		小于 0.5	0.3	0.2	0.4								
		咬边	长度	连续长度	25	10	12	8								
				总长度（两侧）	小于焊缝长度的 10%	13	10	11								
11	保温层	，	厚度 δ(40)		+0.1δ，−0.05δ	+3	+4	−2								
		表面平整度	卷材		5	3	5	5								✓
			涂抹		10	—										
12	管道安装允许偏差（mm）	横管道纵横方向弯曲	每 1m	管径≤100	1	0.4	0.3	0.5								
				管径>100	1.5	—										
			全长（25m 以上）	管径≤100	≥13	—										
				管径>100	≥25	—										
		立管垂直度	每米		2	—										
			全长（5m 以上）		≥10	—										
		弯管 椭圆率	管径≤100		10%	—										
			管径>100		8%	—										
		弯管 折皱不平度	管径≤100		4	—										
			管径>100		5	—										

施工单位检查评定结果	检查评定合格 项目专业质量检查员：××× ×年×月×日
监理（建设）单位验收结论	同意验收 监理工程师：××× （建设单位项目专业技术负责人） ×年×月×日

注：1. 本表由施工项目专业质量检查员填写，监理工程师（建设单位项目技术负责人）组织项目专业质量（技术）负责人等进行验收。

2. 记录中定量项目填写数据，定性项目“符合规范要求”用✓标注，结果和结论栏由本人签字。

室内采暖管道及配件安装工程检验批质量验收记录

表 3-32

工程名称	××住宅楼												验收部位	一单元左户
施工单位	××建筑工程公司												项目经理	×××
施工执行标准名称及编号	建筑给水排水及采暖工程施工工艺标准(XJJ 024—2005)												专业工长	×××
分包单位	—		分包项目经理				—						施工班组长	×××
主控项目		规范规定	施工单位检查评定记录										监理(建设)单位验收记录	
			1	2	3	4	5	6	7	8	9	10		
1	管道安装坡度	第8.2.1条	✓										✓	
2	补偿器的型号、安装位置及预拉伸和固定支架的构造及安装	第8.2.2条	—											
3	平衡阀及调节阀型号、规格、公称压力及安装位置	第8.2.3条	—											
4	蒸汽减压阀、安全阀的型号、规格、公称压力及安装位置	第8.2.4条	—											
5	方形补偿器制作	第8.2.5条	—											
6	方形补偿器安装	第8.2.6条	—											
一般项目		规范规定	施工单位检查评定记录										监理(建设)单位验收记录	
			1	2	3	4	5	6	7	8	9	10		
1	热量表、疏水器、除污器、过滤器及阀门的型号、规格、公称压力及安装位置	第8.2.7条	—										✓	
2	采暖系统入口装置及分户热计量系统入户装置	第8.2.9条	✓											
3	散热器支管安装管卡要求	第8.2.10条	✓											
4	热水干管变径连接方法	第8.2.11条	✓											
5	管道干管上焊接分支管要求	第8.2.12条	✓											
6	膨胀管及循环管上不得安装阀门	第8.2.13条	—											
7	采暖热媒为高温水时管道可拆卸接头方法	第8.2.14条	—											
8	管道转弯弯曲方式	第8.2.15条	✓											
9	管道、金属支架和设备的防腐和涂漆	第8.2.16条	✓											

续表

一般项目					规范规定（mm）	施工单位检查评定记录										监理（建设）单位验收记录
						1	2	3	4	5	6	7	8	9	10	
10	焊口尺寸	焊口平直度	管壁厚 10mm 以内		管壁厚 1/4	0.6	0.2									
		焊缝加强面	高度		+1	+0.5	+1									
			宽度		+1	+1	+0.5									
			深度		小于 0.5	0.2	0.3									
		咬边	长度	连续长度	25	10	15									
				总长度（两侧）	小于焊缝长度的 10%	5	10									
11	保温层	厚度 δ(40)			+0.1δ，−0.05δ	—										
		表面平整度	卷材		5	—										
			涂抹		10	—										
12	管道安装允许偏差（mm）	横管道纵横方向弯曲	每米	管径≤100	1	0.5	0.3	0.2	0	0.4						
				管径＞100	1.5	—										
			全长（25m 以上）	管径≤100	≥13	—										
				管径＞100	≥25	—										
		立管垂直度	每米		2	2	1	1	1	1						
			全长（5m 以上）		≥10	—										
		弯管	椭圆率	管径≤100	10%	6	5	4	7	8						
				管径＞100	8%	—										
			折皱不平度	管径≤100	4	2	4	2	1	3						
				管径＞100	5	—										
施工单位检查评定结果	检查评定合格 项目专业质量检查员：××× ×年×月×日															
监理（建设）单位验收结论	同意验收 监理工程师：××× （建设单位项目专业技术负责人） ×年×月×日															

注：1. 本表由施工项目专业质量检查员填写，监理工程师（建设单位项目技术负责人）组织项目专业质量（技术）负责人等进行验收。

2. 记录中定量项目填写数据，定性项目“符合规范要求”用✓标注，结果和结论栏由本人签字。

室内采暖辅助设备及散热器安装分项工程质量验收记录

表 3-33

<table>
<tr><td>工程名称</td><td colspan="2">××住宅楼</td><td>结构类型</td><td>砖混</td><td>检验批数</td><td>4</td></tr>
<tr><td>施工单位</td><td colspan="2">××建筑工程公司</td><td>项目经理</td><td>×××</td><td>项目技术负责人</td><td>×××</td></tr>
<tr><td>分包单位</td><td colspan="2">—</td><td>分包单位负责人</td><td>—</td><td>分包项目经理</td><td>—</td></tr>
<tr><td>序号</td><td colspan="2">检验批部位、区段</td><td colspan="2">施工单位检查评定结果</td><td colspan="2">监理(建设)单位验收结论</td></tr>
<tr><td>1</td><td colspan="2">一单元左户</td><td colspan="2">✓</td><td colspan="2">✓</td></tr>
<tr><td>2</td><td colspan="2">一单元右户</td><td colspan="2">✓</td><td colspan="2">✓</td></tr>
<tr><td>3</td><td colspan="2">二单元左户</td><td colspan="2">✓</td><td colspan="2">✓</td></tr>
<tr><td>4</td><td colspan="2">二单元右户</td><td colspan="2">✓</td><td colspan="2">✓</td></tr>
<tr><td>5</td><td colspan="2"></td><td colspan="2"></td><td colspan="2"></td></tr>
<tr><td>6</td><td colspan="2"></td><td colspan="2"></td><td colspan="2"></td></tr>
<tr><td>7</td><td colspan="2"></td><td colspan="2"></td><td colspan="2"></td></tr>
<tr><td>8</td><td colspan="2"></td><td colspan="2"></td><td colspan="2"></td></tr>
<tr><td>9</td><td colspan="2"></td><td colspan="2"></td><td colspan="2"></td></tr>
<tr><td>10</td><td colspan="2"></td><td colspan="2"></td><td colspan="2"></td></tr>
<tr><td>11</td><td colspan="2"></td><td colspan="2"></td><td colspan="2"></td></tr>
<tr><td>12</td><td colspan="2"></td><td colspan="2"></td><td colspan="2"></td></tr>
<tr><td>13</td><td colspan="2"></td><td colspan="2"></td><td colspan="2"></td></tr>
<tr><td>14</td><td colspan="2"></td><td colspan="2"></td><td colspan="2"></td></tr>
<tr><td>15</td><td colspan="2"></td><td colspan="2"></td><td colspan="2"></td></tr>
<tr><td>16</td><td colspan="2"></td><td colspan="2"></td><td colspan="2"></td></tr>
<tr><td></td><td colspan="2"></td><td colspan="2"></td><td colspan="2"></td></tr>
<tr><td></td><td colspan="2"></td><td colspan="2"></td><td colspan="2"></td></tr>
<tr><td>检查结论</td><td>合格

项目专业技术负责人：×××
×年×月×日</td><td>验收结论</td><td colspan="4">同意验收

监理工程师：×××
(建设单位项目专业技术负责人)
×年×月×日</td></tr>
</table>

注：1. 本表由施工项目专业质量检查员填写，监理工程师(建设单位项目技术负责人)组织项目专业质量(技术)负责人等进行验收。

2. 记录中“符合规范要求”用✓标注，结论栏由本人签字。

室内采暖辅助设备及散热器安装工程检验批质量验收记录

表 3-34

<table>
<tr><td colspan="3">工程名称</td><td colspan="8">××住宅楼</td><td colspan="3">验收部位</td><td colspan="2">一单元左户</td></tr>
<tr><td colspan="3">施工单位</td><td colspan="8">××建筑工程公司</td><td colspan="3">项目经理</td><td colspan="2">×××</td></tr>
<tr><td colspan="3">施工执行标准名称及编号</td><td colspan="8">建筑给水排水及采暖工程施工工艺标准(XJJ 024—2005)</td><td colspan="3">专业工长</td><td colspan="2">×××</td></tr>
<tr><td colspan="3">分包单位</td><td colspan="3">—</td><td colspan="4">分包项目经理</td><td>—</td><td colspan="3">施工班组长</td><td colspan="2">×××</td></tr>
<tr><td colspan="4" rowspan="2">主控项目</td><td rowspan="2">规范规定</td><td colspan="10">施工单位检查评定记录</td><td rowspan="2">监理(建设)单位验收记录</td></tr>
<tr><td>1</td><td>2</td><td>3</td><td>4</td><td>5</td><td>6</td><td>7</td><td>8</td><td>9</td><td>10</td></tr>
<tr><td>1</td><td colspan="3">散热器组对后及整组出厂的水压试验</td><td>第8.3.1条</td><td colspan="10">✓见试压记录</td><td rowspan="2">✓</td></tr>
<tr><td>2</td><td colspan="3">水泵、水箱、热交换器等辅助设备安装的质量检验与验收</td><td>第8.3.2条</td><td colspan="10">—</td></tr>
<tr><td colspan="4" rowspan="2">一般项目</td><td rowspan="2">规范规定</td><td colspan="10">施工单位检查评定记录</td><td rowspan="2">监理(建设)单位验收记录</td></tr>
<tr><td>1</td><td>2</td><td>3</td><td>4</td><td>5</td><td>6</td><td>7</td><td>8</td><td>9</td><td>10</td></tr>
<tr><td>1</td><td colspan="3">组对散热器的垫片</td><td>第8.3.4条</td><td colspan="10">✓</td><td rowspan="11">✓</td></tr>
<tr><td>2</td><td colspan="3">散热器支架、托架的位置、埋设、数量</td><td>第8.3.5条</td><td colspan="10">✓</td></tr>
<tr><td>3</td><td colspan="3">散热器背面与装饰后的墙内表面安装距离</td><td>第8.3.6条</td><td colspan="10">✓</td></tr>
<tr><td>4</td><td colspan="3">铸铁或钢制散热器表面的防腐及面漆</td><td>第8.3.8条</td><td colspan="10">✓</td></tr>
<tr><td rowspan="4">5</td><td rowspan="4">组对平直度允许偏差(mm)</td><td rowspan="2">长翼型</td><td>2~4片</td><td>4</td><td>—</td><td></td><td></td><td></td><td></td><td></td><td></td><td></td><td></td><td></td></tr>
<tr><td>5~7片</td><td>6</td><td>—</td><td></td><td></td><td></td><td></td><td></td><td></td><td></td><td></td><td></td></tr>
<tr><td>铸铁片式</td><td>3~15片</td><td>4</td><td>3</td><td>3</td><td>2</td><td></td><td></td><td></td><td></td><td></td><td></td><td></td></tr>
<tr><td>钢制片式</td><td>16~25片</td><td>6</td><td>4</td><td>3</td><td></td><td></td><td></td><td></td><td></td><td></td><td></td><td></td></tr>
<tr><td rowspan="3">6</td><td rowspan="3">安装允许偏差(mm)</td><td colspan="2">散热器背面与墙内表面距离</td><td>3</td><td>3</td><td>2</td><td>1</td><td>0</td><td>1</td><td></td><td></td><td></td><td></td><td></td></tr>
<tr><td colspan="2">与窗中心线或设计定位尺寸</td><td>20</td><td>10</td><td>15</td><td>12</td><td>5</td><td>4</td><td></td><td></td><td></td><td></td><td></td></tr>
<tr><td colspan="2">散热器垂直度</td><td>3</td><td>3</td><td>2</td><td>2</td><td>1</td><td>1</td><td></td><td></td><td></td><td></td><td></td></tr>
<tr><td colspan="3">施工单位检查评定结果</td><td colspan="13">检查评定合格
项目专业质量检查员：×××
×年×月×日</td></tr>
<tr><td colspan="3">监理(建设)单位验收结论</td><td colspan="13">同意验收
监理工程师：×××
(建设单位项目专业技术负责人)
×年×月×日</td></tr>
</table>

注：1. 本表由施工项目专业质量检查员填写，监理工程师(建设单位项目技术负责人)组织项目专业质量(技术)负责人等进行验收。

2. 记录中定量项目填写数据，定性项目“符合规范要求”用✓标注，结果和结论栏由本人签字。

室内采暖系统水压试验及调试分项工程质量验收记录

表 3-35

工程名称	××住宅楼	结构类型	砖混	检验批数	5
施工单位	××建筑工程公司	项目经理	×××	项目技术负责人	×××
分包单位	—	分包单位负责人	—	分包项目经理	—

序号	检验批部位、区段	施工单位检查评定结果	监理(建设)单位验收结论
1	一单元左户	✓	✓
2	一单元右户	✓	✓
3	二单元左户	✓	✓
4	二单元右户	✓	✓
5	地下室	✓	✓
6			
7			
8			
9			
10			
11			
12			
13			
14			
15			
16			
17			
18			

检查结论	合格 项目专业技术负责人：××× ×年×月×日	验收结论	同意验收 监理工程师：××× （建设单位项目专业技术负责人） ×年×月×日

注：1. 本表由施工项目专业质量检查员填写，监理工程师(建设单位项目技术负责人)组织项目专业质量(技术)负责人等进行验收。

2. 记录中“符合规范要求”用✓标注，结论栏由本人签字。

室内采暖水压试验及调试检验批质量验收记录

表 3-36

工程名称	××住宅楼												验收部位	一单元左户
施工单位	××建筑工程公司												项目经理	×××
施工执行标准名称及编号	建筑给水排水及采暖工程施工工艺标准(XJJ 024—2005)												专业工长	×××
分包单位	—		分包项目经理	—									施工班组长	×××
主控项目		规范规定	施工单位检查评定记录										监理(建设)单位验收记录	
			1	2	3	4	5	6	7	8	9	10		
1	系统的冲洗和清扫过滤器和防污器	第8.6.2条	✓见系统冲洗记录										✓	
2	系统冲洗完毕应充水、加热，进行试运行和调试	第8.6.3条	因不具备通热试运行条件，通暖前补作											
施工单位检查评定结果	检查评定合格 项目专业质量检查员：××× ×年×月×日													
监理(建设)单位验收结论	同意验收 监理工程师：××× (建设单位项目专业技术负责人) ×年×月×日													

注：1. 本表由施工项目专业质量检查员填写，监理工程师(建设单位项目技术负责人)组织项目专业质量(技术)负责人等进行验收。

2. 记录中定量项目填写数据，定性项目“符合规范要求”用✓标注，结果和结论栏由本人签字。

第9节　给水排水与采暖工程安全和功能检验及主要功能抽查记录

一、给水管道通水试验记录

《建筑给水排水及采暖工程施工质量验收规范》第4.2.2条规定，给水系统交付使用前必须做通水试验并做好记录。一般按规范和设计要求分部位、分系统进行试验。

本工程给水管道通水试验按系统进行测试，有记录1份(见表3-37)。

二、暖气管道、散热器压力试验记录

《建筑给水排水及采暖工程施工质量验收规范》第8.6.1条强制性条文规定，采暖系统安装完毕，管道保温之前应做水压试验，试验压力应符合设计要求及规范规定。一般按规范和设计要求分部位、分系统进行。

本工程暖气管道、散热器压力试验按系统进行测试，有记录1份(见表3-38)。

三、卫生器具满水试验记录

《建筑给水排水及采暖工程施工质量验收规范》第7.2.2、7.4.2条规定，卫生器具及其排水管道交付使用前应做满水试验，满水后各连接件不渗不漏，排水畅通。

本工程卫生器具满水试验全楼同时进行检查，有满水试验记录1份(见表3-39)。

四、排水干管通球试验记录

《建筑给水排水及采暖工程施工质量验收规范》第5.2.5条规定，排水干管应做通球试验，通球率必须达到100%。通球试验应在室内排水及卫生器具等安装全部完毕，通水检查合格后进行。一般按规范和设计要求分部位、分系统进行。

本工程排水干管通球试验按系统分别对8根排水立管进行检查，有记录1份(见表3-40)。

给水管道通水试验记录

表 3-37

工程名称	××住宅楼	建设单位	××公司
施工单位	××建筑工程公司	监理单位	××监理公司
试验部位	给水系统	通水压力或流速	(／)MPa 或(1.0)m/s
供水方式	正式水源 □	临时水源 □	

通水情况：

将室内给水系统阀门全部开启，用正式水源进行通水，同时开放1/3配水点，共计20个水嘴，经过对给水点放水观察后，供水压力流量正常，能满足使用要求。

经检查，各户阀门、水嘴开户灵活，系统各部位无渗漏现象

施工单位检查结果	试验满足《建筑给水排水及采暖工程质量验收规范》(GB 50242—2002)第4.2.1条规定 项目专业质量检查员：××× ×年×月×日		
	项目专业技术负责人	×××	专业工长(施工员) ×××
监理(建设)单位结论	符合规范要求 监理工程师：××× (建设单位项目专业技术负责人) ×年×月×日		

压力试验记录

表 3-38

<table>
<tr><td>工程名称</td><td colspan="3">××住宅楼</td><td>试验部位</td><td>全楼采暖系统</td></tr>
<tr><td>施工单位</td><td colspan="3">××建筑工程公司</td><td>试验日期</td><td>×年×月×日</td></tr>
<tr><td>试验项目</td><td colspan="3">管道 □　散热器 □　综合试验 ☑</td><td>材质及规格</td><td>钢管及铸铁四柱760型散热器</td></tr>
<tr><td>试验要求</td><td colspan="5">热水采暖系统，应以顶点工作压力加0.1MPa做水压试验，同时在系统顶点的试验压力不小于0.3MPa。在试验压力下10min内压力降不大于0.02MPa做水压试验，降至工作压力后检查，不渗、不漏</td></tr>
<tr><td>试验情况</td><td colspan="5">自上午10：00时起，将进出户管用闸阀关闭严密，打开一单元左户各分户的阀门，关闭立管阀门用自来水给系统注满水，再用泵对系统进行打压，压力为0.5MPa，10min表压下降0.015MPa，降至工作压力0.3MPa后，经查一至五层采暖管道及接口和散热器不渗不漏。
依次用同样的方法对一单元右户、二单元左户、二单元右户及地下室暖气系统注水打压，压力降分别为0.01MPa、0.01MPa、0.015MPa、0.01MPa，采暖管道及接口和散热器不渗不漏。至16：00时，试验结束
测试人：×××　×××</td></tr>
<tr><td rowspan="2">施工单位检查结果</td><td colspan="5">试验满足建筑给水排水及采暖工程质量验收规范(GB 50242—2002)第8.6.1条规定
项目专业质量检查员：×××
×年×月×日</td></tr>
<tr><td>项目专业技术负责人</td><td>×××</td><td>专业工长(施工员)</td><td colspan="2">×××</td></tr>
<tr><td>监理(建设)单位结论</td><td colspan="5">符合规范要求
监理工程师：×××
(建设单位项目专业技术负责人)
×年×月×日</td></tr>
</table>

卫生器具满水试验记录

表 3-39

<table>
<tr><td colspan="2">工程名称</td><td>××住宅楼</td><td colspan="2">建设单位</td><td>××公司</td></tr>
<tr><td colspan="2">施工单位</td><td>××建筑工程公司</td><td colspan="2">监理单位</td><td>××监理公司</td></tr>
<tr><td colspan="2">试验部位</td><td>厨房、卫生间</td><td colspan="2">试验人员</td><td>×××</td></tr>
<tr><td colspan="3">卫生器具</td><td colspan="3">满水试验情况</td></tr>
<tr><td>序号</td><td colspan="2">试验项目</td><td colspan="2">满水试验情况</td><td>试验日期</td></tr>
<tr><td>1</td><td colspan="2">洗涤盆</td><td colspan="2">满水后各连接件不渗不漏，给水排水通畅</td><td>×年×月×日</td></tr>
<tr><td>2</td><td colspan="2">洗脸(手)盆</td><td colspan="2">满水后各连接件不渗不漏，给水排水通畅</td><td>×年×月×日</td></tr>
<tr><td>3</td><td colspan="2"></td><td colspan="2"></td><td></td></tr>
<tr><td>4</td><td colspan="2"></td><td colspan="2"></td><td></td></tr>
<tr><td>5</td><td colspan="2"></td><td colspan="2"></td><td></td></tr>
<tr><td>6</td><td colspan="2"></td><td colspan="2"></td><td></td></tr>
<tr><td>7</td><td colspan="2"></td><td colspan="2"></td><td></td></tr>
<tr><td>8</td><td colspan="2"></td><td colspan="2"></td><td></td></tr>
<tr><td colspan="2" rowspan="2">施工单位
检查结果</td><td colspan="4">试验满足建筑给水排水及采暖工程质量验收规范(GB 50242—2002)规范第 7.2.2 条的规定

项目专业质量检查员：×××
×年×月×日</td></tr>
<tr><td>项目专业技术负责人</td><td>×××</td><td>专业工长(施工员)</td><td>×××</td></tr>
<tr><td colspan="2">监理(建设)
单位结论</td><td colspan="4">符合规范要求

监理工程师：　×××
(建设单位项目专业技术负责人)
×年×月×日</td></tr>
</table>

排水干管通球试验记录

表 3-40

工程名称	××住宅楼	施工单位	××建筑工程公司
分项名称	排水干管	管材质	厨房 PVC 管、卫生间铸铁管

管道编号	管径	球外径	试验情况	试验日期	管道编号	管径	球外径	试验情况	试验日期
PL1	XPG-100	70mm	✓	×年×月×日					
PL2	*DN*100	70mm	✓	×年×月×日					
PL3	XPG-100	70mm	✓	×年×月×日					
PL4	*DN*100	70mm	✓	×年×月×日					
PL5	XPG-100	70mm	✓	×年×月×日					
PL6	*DN*100	70mm	✓	×年×月×日					
PL7	XPG-100	70mm	✓	×年×月×日					
PL8	*DN*100	70mm	✓	×年×月×日					

通球试验共	8 根	顺利通球共	8 根	通球率	100%

试验结果及堵塞处理	通过对 8 根排水干管的依次通球试验，木球均顺利地从室外检查井排水口流出，符合规范规定
施工单位检查结果	试验满足建筑给水排水及采暖工程质量验收规范(GB 50242—2002)第 5.2.5 条规定 项目专业质量检查员：××× ×年×月×日

项目专业技术负责人	×××	专业工长(施工员)	×××

监理(建设)单位结论	符合规范要求 监理工程师：××× (建设单位项目专业技术负责人) ×年×月×日

注："木球顺利通过"用"✓"标注。

第四章 建 筑 电 气

第1节 建筑电气文件目录

在单位工程质量控制资料核查记录中，建筑电气质量控制核查资料有7项，本住宅工程施工过程中发生了6项，分六节进行说明。

单位工程安全和功能检验资料核查及主要功能抽查记录中，建筑电气专业有4项，本住宅工程施工过程中发生了3项，未发生大型灯具牢固试验项目，有关内容在第八节中进行说明。

建筑电气工程施工资料文件目录见表4-1。

建筑电气文件目录

表4-1

序号	施工文件	份数	备注
一	**图纸会审、设计变更、洽商记录**		
1	图纸会审	1	
二	**材料、配件出厂合格证书及进场检(试)验报告**		
1	材料、配件、设备进场检验记录	4	
2	电线、电缆	8	
3	导管与接线盒	7	
4	配电箱	6	
5	电度表	4	其中2份 为21张检定证书
6	开关、灯具、插座	8	
7	热镀锌角铁及扁铁	3	
三	**接地、绝缘电阻测试记录**		
1	电气接地电阻测试记录	1	
2	电气绝缘电阻测试记录	6	

续表

序号	施工文件	份数	备注
四	**隐蔽工程验收记录**		
1	导管敷设隐蔽验收记录	1	
2	等电位工程隐蔽验收记录	6	
3	电气接地装置隐蔽工程验收记录	1	
五	**施工记录**		
1	电线导管、电缆导管、线槽敷设施工记录	6	
2	电线、电缆穿管施工记录	2	
3	配电箱、灯具、器具安装施工记录	2	
4	照明全负荷试验施工记录	1	
六	**分项、分部工程质量验收记录**		
1	建筑电气分部工程验收记录	1	
2	成套配电柜、控制柜(屏、台)和动力、照明配电箱(盘)安装	3	
3	电线导管、电缆导管和线槽敷设	7	
4	电线、电缆穿管和线槽敷线	3	
5	电缆头制作、接线和线路绝缘测试	3	
6	普通灯具安装	3	
7	开关、插座、风扇安装	3	
8	建筑照明通电试运行	3	
9	接地装置安装	2	
10	建筑等电位联结	2	
七	**电气工程安全和功能检验及主要功能抽查**		
1	照明全负荷试验记录	1	
2	线路、插座、开关接线检验记录	2	

第2节　图纸会审、设计变更、洽商记录

有关图纸会审、设计变更、洽商记录要求详见建筑与结构部分。

本工程电气专业图纸会审记录1份(见表4-2)，无设计变更及洽商记录。

图纸会审记录

表 4-2

<table>
<tr><td colspan="2">工程名称</td><td>××住宅楼</td><td>会审时间</td><td>×年×月×日</td></tr>
<tr><td colspan="2">专业名称</td><td>建筑电气</td><td>会审地点</td><td>××会议室</td></tr>
<tr><td rowspan="4">参加人员会签栏</td><td>建设单位</td><td colspan="3">××× ×××</td></tr>
<tr><td>设计单位</td><td colspan="3">××× ×××</td></tr>
<tr><td>施工单位</td><td colspan="3">××× ×××</td></tr>
<tr><td>监理单位</td><td colspan="3">××× ×××</td></tr>
<tr><td colspan="5">会审内容：
1. 卫生间开关现改为防水开关。
2. 卫生间灯具改为瓷质座灯头，吸顶安装。
3. 所有室内灯具改为胶质座灯头，吸顶安装。
4. 总等电位与局部等电位具体做法详 02D501—02 图集第 11 页和第 16 页</td></tr>
</table>

建筑单位盖章：	设计单位盖章：	监理单位盖章：	施工单位盖章：
×年×月×日	×年×月×日	×年×月×日	×年×月×日

第 3 节　材料、配件出厂合格书及进场检(试)验报告

建筑电气工程所用的主要材料、配件进场应有产品质量证明文件。材料、构配件进场后，应对所使用的材料、配件进行检查验收，填写材料、配件、设备进场检验记录，检验工作以施工单位为主，监理单位确认。设备、材料、成品、半成品检验详见《建筑电气工程施工质量验收规范》GB 50303 第 3.2 节。主要检查材料和配件的品种、规格、外观是否满足设计；质量证明文件是否齐全有效；需现场抽检及对质量有异议的材料、配件，按规定比例抽检，并做好记录。经检查合格后，由施工单位向监理(建设)单位报请验收。

建筑电气产品合格证收集整理按下述原则：

(1) 电气材料、设备合格证应按不同厂家、不同规格、型号，按施工文件归档和合同的需求的份数收集；

(2) 产品出厂检验报告与所提供的材料、配件、设备型号、规格应相对应；

(3) 质量证明文件的抄件(复印件)应与原件内容一致，加盖原件存放单位公章、注明原件存放处，并有经办人签字。

本工程所用的主要材料、配件出厂合格证书及出厂检(试)验报告，均由生产厂家提供，因此只列目录，不再举例，仅对材料、配件、设备进场检验记录附示例 2 份(见表 4-3、表 4-4)，详见建筑电气材料合格证、试验报告汇总表(表 4-5)。

材料、配件、设备进场检验记录

表 4-3

工程名称	××住宅楼		检验日期	×年×月×日
序号	名称规格品种	进场数量	检查项目	检验结果
1	钢管 SC70	40m	1. 1份产品合格证书 2. 外观检查：钢导管无压扁、内壁光滑 3. 管径、壁厚及均匀度抽样检测，符合制造标准	符合要求
2	钢管 SC50	100m	1. 1份产品合格证书 2. 外观检查：钢导管无压扁、内壁光滑 3. 管径、壁厚及均匀度抽样检测，符合制造标准	符合要求
3	配电箱	11台	1. 生产许可证书，技术文件，合格证齐全 2. 附件齐全，外观良好，无锈蚀及漆皮脱落现象，测试符合规范要求	符合要求
施工单位检查结果	按照 GB 50303—2002 规范第 3.2.13 条、第 3.2.7 条检验，钢管及配电箱质量符合规定 项目专业质量检查员：××× ×年×月×日			
	项目专业技术负责人	×××	专业工长(施工员)	×××
监理(建设)单位结论	产品质量符合设计要求和现行标准规定 监理工程师：××× (建设单位项目专业技术负责人) ×年×月×日			

材料、配件、设备进场检验记录

表 4-4

<table>
<tr><td>工程名称</td><td colspan="2">××住宅楼</td><td>检验日期</td><td>×年×月×日</td></tr>
<tr><td>序号</td><td>名称规格品种</td><td>进场数量</td><td>检查项目</td><td>检验结果</td></tr>
<tr><td>1</td><td>铜芯线 BV-25</td><td>60m</td><td>1. 1份产品合格证书
2. 外观检查：包装完好，绝缘层完整无损，厚度均匀
3. 经现场抽样检测，绝缘层厚度、线芯的直径符合制造标准</td><td>符合要求</td></tr>
<tr><td>2</td><td>铜芯线 BV-35</td><td>100m</td><td>1. 1份产品合格证书
2. 外观检查：包装完好，绝缘层完整无损，厚度均匀
3. 经现场抽样检测，绝缘层厚度、线芯的直径符合制造标准</td><td>符合要求</td></tr>
<tr><td>3</td><td>铜芯线 BV-2.5</td><td>7000m</td><td>1. 1份产品合格证书
2. 外观检查：包装完好，绝缘层完整无损，厚度均匀
3. 经现场抽样检测，绝缘层厚度、线芯的直径符合制造标准</td><td>符合要求</td></tr>
<tr><td>4</td><td>接地材料</td><td>角钢 3 根
扁钢 36m</td><td>接地扁钢、接地角钢合格证齐全，均采用热镀锌件，规格、型号符合设计要求</td><td>符合要求</td></tr>
<tr><td>施工单位检查结果</td><td colspan="4">按照 GB 50303—2002 规范接地材料电线质量符合规定

项目专业质量检查员：×××
×年×月×日</td></tr>
<tr><td></td><td>项目专业技术负责人</td><td>×××</td><td>专业工长(施工员)</td><td>×××</td></tr>
<tr><td>监理(建设)单位结论</td><td colspan="4">产品质量符合设计要求和现行标准规定

监理工程师：×××
(建设单位项目专业技术负责人)
×年×月×日</td></tr>
</table>

建筑电气材料合格证、检验报告汇总表

表 4-5

工程名称	××住宅楼						
序号	名称	规格品种	数量	进场时间	出厂合格证检验报告编号	试验报告编号	见证取样
一	电线、电缆						
1	电缆	VV—3×50+1×25	60m	×××	×× ××		
2	铜芯线	BV-25	60m	×××	×× ××		
3	铜芯线	BV-35	100m	×××	×× ××		
4	铜芯线	BV-2.5	7000m	×××	×× ××		
二	导管与接线盒						
1	钢管	SC70	40m	×××	×× ××		
2	钢管	SC50	100m	×××	×× ××		
3	塑料管	PVC-20	3000m	×××	×× ××		
4	塑料盒	—	600个	×××	××		
三	配电箱						
1	总箱	—	1台	×××	×× ××		
2	单元箱	—	2台	×××	×× ××		
3	层次分箱	—	8台	×××	×× ××		
四	电度表						
1	电度表	DT862	1台	×××	××	检定证书 ××	
2	电度表	DD862	20台	×××	××	检定证书 ××—××	
五	开关、插座、灯具						
1	开关	DZ15L-63/2P16A	66个	×××	×× ××		
填表人	×××					共2页 第1页	

续表

工程名称	××住宅楼						
序号	名称	规格品种	数量	进场时间	出厂合格证检验报告编号	试验报告编号	见证取样
2	开关	DZ15N-63/1P16A	22个	×××	×× ××	××	
3	开关	单联单控	130个	×××	××	××	
4	开关	双联单控	20个	×××	××	××	
5	插座	单相五孔	240个	×××	××	××	
6	灯具	节能灯	170个	×××	××		
六	热镀锌角铁、扁铁						
1	热镀锌角铁	∟50×5	80m	×××	××		
2	热镀锌扁铁	－40×4	30m	×××	××		
3	热镀锌扁铁	－25×4	15m	×××	××		
填表人	×××					共2页 第2页	

第 4 节　接地、绝缘电阻测试记录

1. 接地电阻测试记录

接地电阻应及时进行测试，当利用建筑物基础钢筋作为接地装置时，应在底板钢筋绑扎完毕后进行测试；当利用人工接地体作为接地装置时，应在回填土之前进行测试；若电阻值达不到设计及施工规范要求时应补做人工接地极。测试接地的仪表要在检定有效期内，电阻值符合设计文件要求。

本工程为人工接地体作为接地装置，有接地电阻测试记录 1 份(见表 4-6)。

2. 绝缘电阻测试记录

动力线路和电气照明线路均要进行绝缘电阻测试。线路的绝缘电阻测试应按系统、层段、回路进行，不得遗漏；线路的相间、相对零、相对地、零对地间均应进行测试。低压电线和电缆，线间和线对地间的绝缘电阻值必须大于 0.5MΩ。

关于测量绝缘电阻时，采用兆欧表的电压等级，《电气设备交接试验标准》(GB 50150—91)第 1.0.10 条规定：测量绝缘电阻时，采用兆欧表的电压等级，在本标准未作特殊规定时，应按下列规定执行：(1)100V 以下的电气设备或回路，采用 250V 兆欧表；(2)500V 以下至 100V 的电气设备或回路，采用 500V 兆欧表；(3)3000V 以下至 500V 的电气设备或回路，采用 1000V 兆欧表。

《电气设备交接试验标准》(GB 50150—91)第 1.0.6 条规定：当电气设备的额定电压与实际使用的额定工作电压不同时，应按下列规定确定试验电压的标准：(1)采用额定电压较高的电气设备在于加强绝缘时，应按照设备的额定电压的试验标准进行；(2)采用较高电压等级的电气设备在于满足产品通用性及机械强度的要求时，可以按照设备实际的额定工作电压的试验标准进行。

本工程采用 500V 兆欧表，电气绝缘电阻测试记录 6 份，本《实例》摘录 2 份，见表 4-7、表 4-8。

接地电阻测试记录

表 4-6

工程名称	××住宅楼			施工单位	××建筑工程公司	
仪表型号	ZC-8			施工图号	电施—×	
计量单位	Ω			测试日期	×年×月×日	
天气情况	晴	气温	20℃	引线形式	埋地暗敷	
接地类型		防雷接地	保护接地	重复接地	（ ）接地	（ ）接地
组别及实测数据	1			2.6		
	2					
	3					
	4					
	5					
	6					
	7					
	8					
	9					
	10					
	11					
	12					
设计要求		≤ Ω	≤ Ω	≤ Ω	≤ Ω	≤ Ω
施工单位检查结果	接地电阻满足设计要求 项目专业质量检查员：××× ×年×月×日					
	项目专业技术负责人	×××	专业工长（施工员）	×××	测试人	××× ×××
监理（建设）单位结论	满足设计要求 监理工程师：××× （建设单位项目专业技术负责人） ×年×月×日					

绝缘电阻测试记录

表 4-7

工程名称	××住宅楼			施工单位	××建筑工程公司		
计量单位	MΩ			测试日期	×年×月×日		
仪表型号	ZC25-3	电压	500V	天气情况	晴	气温	20℃

测试项目	相间			相对零			相对地			零对地
试验内容 回路	A-B	B-C	C-A	A-N	B-N	C-N	A-PE	B-PE	C-PE	N-PE
一单元进户线	500	500	500	500	500	500	500	500	500	500
一层立管干线	500	500	500	500	500	500	500	500	500	500
左 N1				500						
左 N2				500			500			500
左 N3				500			500			500
左 N4				500			500			500
右 N1					500					
右 N2					500			500		500
右 N3					500			500		500
右 N4					500			500		500
二层立管干线	500	500	500	500	500	500	500	500	500	500
左 N1						500				
左 N2						500			500	500
左 N3						500			500	500
左 N4						500			500	500
右 N1				500						
右 N2				500			500			500
右 N3				500			500			500
右 N4				500			500			500

施工单位 检查结果	绝缘电阻满足建筑电气工程施工质量验收规范(GB 50303—2002)第 18.1.2 条要求 项目专业质量检查员：××× ×年×月×日					
	项目专业技术 负责人	×××	专业工长 (施工员)	×××	测试人	××× ×××
监理(建设) 单位结论	符合规范要求 监理工程师： ××× (建设单位项目专业技术负责人) ×年×月×日					

绝缘电阻测试记录

表 4-8

工程名称	××住宅楼			施工单位	××建筑工程公司		
计量单位	MΩ			测试日期	×年×月×日		
仪表型号	ZC25-3	电压	500V	天气情况	晴	气温	20℃

测试项目	相间			相对零			相对地			零对地
试验内容 / 回路	A-B	B-C	C-A	A-N	B-N	C-N	A-PE	B-PE	C-PE	N-PE
一单元至二单元干线	500	500	500	500	500	500	500	500	500	500
一层立管干线	500	500	500	500	500	500	500	500	500	500
左 N1				500						
左 N2				500			500			500
左 N3				500			500			500
左 N4				500			500			500
右 N1					500					
右 N2					500			500		500
右 N3					500			500		500
右 N4					500			500		500
二层立管干线	500	500	500	500	500	500	500	500	500	500
左 N1						500				
左 N2						500			500	500
左 N3						500			500	500
左 N4						500			500	500
右 N1				500						
右 N2				500			500			500
右 N3				500			500			500
右 N4				500			500			500

施工单位检查结果	绝缘电阻满足建筑电气工程施工质量验收规范(GB 50303—2002)第 18.1.2 条要求 项目专业质量检查员：××× ×年×月×日					
	项目专业技术负责人	×××	专业工长（施工员）	×××	测试人	××× ×××
监理（建设）单位结论	符合规范要求 监理工程师：××× （建设单位项目专业技术负责人） ×年×月×日					

第5节　隐蔽工程验收记录

建筑电气工程隐蔽主要检查项目：①埋在结构内的各种电线导管；②利用结构钢筋做的避雷引下线；③等电位暗埋；④接地装置埋设；⑤设计有要求时的金属门窗与接地引下线的连接；⑥不能进入顶棚内的电线导管；⑦不能进入顶棚内的线槽；⑧直埋电缆；⑨不可进入的电缆沟敷设电缆。

《建筑工程施工质量验收强制性条文应用技术要点》对电气工程主要隐蔽验收项目(部位)见表4-9。

电气工程隐蔽验收项目　　**表4-9**

分部工程	隐蔽验收内容
电气	暗配线(线路走向、位置、配管规格等)、暗装接地装置、箱盒
	防雷系统(结构主筋连接、接地装置、均压环)

隐蔽工程验收记录是为检验批验收服务的，记录必须清晰。记录可以文字或图表为主，也可以图文并茂，采用何种方式，由施工人员决定。有一点要注意，无论采用何种方式，要以最精炼的记录，清楚地反映隐蔽工程的内容，满足验收的需要。

本工程电气的隐蔽验收记录：

(1) 导管敷设隐蔽验收记录

主要检查导管的品种、规格、位置、弯扁度、弯曲半径、连接、跨接地线、防腐、需焊接部位的焊接质量、管盒固定、管口处理、敷设情况、保护层及与其他管线的位置关系等。被隐蔽的接线盒、导管在隐蔽前检查合格，才能隐蔽。

本工程导管敷设隐蔽验收记录6份，按楼层进行记录，本实例摘录隐蔽工程验收记录见表4-10，隐蔽工程记录见表4-11。

(2) 等电位工程隐蔽验收记录

主要检查使用材料的品种、规格、安装位置、连接方法及质量。

本工程等电位工程隐蔽验收记录1份(见表4-12)。

(3) 电气接地装置隐蔽工程验收记录

主要检查接地极的位置、间距、数量、材质、埋深、与接地极的连接方法、连接质量、防腐情况等。检查验收合格后，才能覆土回填。

本工程电气接地装置隐蔽工程验收记录1份(见表4-13)。

隐蔽工程验收记录

表 4-10

<table>
<tr><td>工程名称</td><td colspan="3">××住宅楼</td><td colspan="2">建设单位</td><td colspan="2">××公司</td></tr>
<tr><td>施工单位</td><td colspan="3">××建筑工程公司</td><td colspan="2">监理单位</td><td colspan="2">××监理公司</td></tr>
<tr><td>验收部位</td><td>地下室导管敷设</td><td>验收日期</td><td colspan="2">×年×月×日</td><td colspan="2">图号</td><td>电施—×</td></tr>
<tr><td>隐蔽
检查
内容</td><td colspan="7">1. 进户管为SC70，从山墙基础－2.6m处，沿地下室地坪暗敷至总配电箱，导管的弯曲半径R＞10D，扁圆度在10%以内。室外导管口为焊接法兰，室外管长出墙为1.5m，坡度控制在1%，坡向室外。导管外壁刷沥青漆2遍，管内壁刷防锈漆1遍。
2. 由总箱至一层配电箱立管为SC50，至二单元配电箱干管为SC50，分别沿墙、沿地暗敷导管入箱均为锁母固定。SC70与SC50导管采用φ12圆钢与箱体的侧棱施焊，焊缝长度分别为72mm和60mm。埋地导管外壁刷沥青漆2遍。导管内壁和埋入砖墙内的导管内外壁均刷防锈漆1遍。
3. 沿地下室墙和楼板敷设PVC-20绝缘导管，接头采用套管粘接，套管为定型产品。
4. 采用热镀锌扁钢－40mm×4mm，由总电位箱沿墙暗敷设至总配电箱，搭接长度为80mm，三边施焊。刷一道沥青漆。
5. 配管走向均按设计图电施—×要求进行埋设。
6. 管路敷设距保护层厚度大于规范要求。
7. 管与箱盒连接：钢管与箱盒连接均采用锁母连接，并采用φ10圆钢与管和箱连棱边进行跨接；焊接长度10d，PVC塑料管与箱体采用根母连接</td></tr>
<tr><td rowspan="2">施工单位
检查结果</td><td colspan="7">符合设计及规范要求
项目专业质量检查员：×××
×年×月×日</td></tr>
<tr><td colspan="2">项目专业技术负责人</td><td colspan="2">×××</td><td colspan="2">专业工长(施工员)</td><td>×××</td></tr>
<tr><td>监理(建设)
单位结论</td><td colspan="7">同意进行下道工序施工
监理工程师：×××
(建设单位项目专业技术负责人)
×年×月×日</td></tr>
</table>

隐蔽工程验收记录

表 4-11

<table>
<tr><td>工程名称</td><td colspan="3">××住宅楼</td><td>建设单位</td><td>××公司</td></tr>
<tr><td>施工单位</td><td colspan="3">××建筑工程公司</td><td>监理单位</td><td>××监理公司</td></tr>
<tr><td>验收部位</td><td>一层导管敷设</td><td>验收日期</td><td>×年×月×日</td><td>图号</td><td>电施—×</td></tr>
<tr><td>隐蔽检查内容</td><td colspan="5">1. 一、二单元的一层配电箱至二层配电箱立管为 SC50，均沿墙暗敷。SC50 导管间与箱体侧接处采用 $\phi 10$ 圆钢焊成一体，焊缝长为 60mm。导管入箱采用锁母固定。导管内外壁和焊接处均刷防锈漆 1 遍。
2. 一层照明和插座回路的配管均采用 PVC-20 绝缘导管沿墙和楼板暗敷。接头采用套管粘接。进箱盒采用锁母固定。
3. 配管走向均按设计图电施—×要求进行埋设。
4. 与卫生间相邻的柱内的 2 根主筋采用热镀扁钢−25mm×4mm 焊成一体后，沿墙引至局部等电位盒内。
5. 由局部等电位盒埋设 PVC 管至外裸的可导电部位。
6. 管路敷设距保护层厚度大于规范要求。
7. 管与箱盒连接：钢管与箱盒连接均采用锁母连接，并采用 $\phi 10$ 的圆钢与管与箱连接边进行跨接；焊接长度 10d，PVC 塑料管与箱体采用根母连接</td></tr>
<tr><td rowspan="2">施工单位检查结果</td><td colspan="5">符合设计及规范要求
项目专业质量检查员：×××
×年×月×日</td></tr>
<tr><td>项目专业技术负责人</td><td>×××</td><td colspan="2">专业工长(施工员)</td><td>×××</td></tr>
<tr><td>监理(建设)单位结论</td><td colspan="5">同意进行下道工序施工
监理工程师：×××
(建设单位项目专业技术负责人)
×年×月×日</td></tr>
</table>

隐蔽工程验收记录

表 4-12

<table>
<tr><td>工程名称</td><td colspan="3">××住宅楼</td><td>建设单位</td><td colspan="2">××公司</td></tr>
<tr><td>施工单位</td><td colspan="3">××建筑工程公司</td><td>监理单位</td><td colspan="2">××监理公司</td></tr>
<tr><td>验收部位</td><td>地下室总等电位</td><td>验收日期</td><td colspan="2">×年×月×日</td><td>图号</td><td>电施—×</td></tr>
<tr><td>隐蔽检查内容</td><td colspan="6">1. 采用热镀锌扁钢－40mm×4mm与采暖总供水和总回水管卡接后，沿地暗敷至总等电位箱。
2. 采用热镀锌扁钢－40mm×4mm与一、二单元所有排水铸铁立管卡接后，沿地暗敷至总等电位箱。
3. 采用热镀锌扁钢－40mm×4mm与总自来水进户管卡接后，沿地暗敷至总等电位箱。
4. 与卫生间相邻柱内2根主筋采用热镀锌扁钢焊成一体后，沿地暗敷至总等电位箱。
5. 扁钢与扁钢搭接为扁钢宽度的2倍，三面施焊。圆钢与扁钢搭接为圆钢直径的6倍，双面施焊。
6. 埋地中的焊接接头刷沥青漆2遍。暗敷在墙中的焊接处刷防锈漆1遍。
7. 总等电位箱安装在总配电箱下，距地0.5m。
8. 总等电位的敷设位置按设计图电施—×敷设。具体做法均按总等电位图集×施工。
9. 在总等电位箱下口30cm处，设置重复接地测试卡</td></tr>
<tr><td rowspan="2">施工单位检查结果</td><td colspan="6">符合设计及规范要求
项目专业质量检查员：×××
×年×月×日</td></tr>
<tr><td colspan="2">项目专业技术负责人</td><td>×××</td><td colspan="2">专业工长(施工员)</td><td>×××</td></tr>
<tr><td>监理(建设)单位结论</td><td colspan="6">同意进行下道工序施工
监理工程师：×××
(建设单位项目专业技术负责人)
×年×月×日</td></tr>
</table>

隐蔽工程验收记录

表 4-13

<table>
<tr><td colspan="2">工程名称</td><td colspan="3">××住宅楼</td><td colspan="2">建设单位</td><td>××公司</td></tr>
<tr><td colspan="2">施工单位</td><td colspan="3">××建筑工程公司</td><td colspan="2">监理单位</td><td>××监理公司</td></tr>
<tr><td colspan="2">验收部位</td><td>室外接地装置</td><td>验收日期</td><td>×年×月×日</td><td colspan="2">图号</td><td>电施—×</td></tr>
<tr><td>隐蔽
检查
内容</td><td colspan="7">1. 接地体
按设计要求埋设位置开挖 1.2m 深，0.6m 宽沟槽，将 3 根∟50mm×50mm×5mm×2500mm 镀锌角钢垂直打入沟槽，顶面埋深 1.2m，角钢间距 5m，接地极排列平行建筑物，距建筑外墙 5m。
2. 接地母线
用－40mm×4mm 镀锌扁钢紧贴角钢外侧两面，三面施焊。
3. 引出线用镀锌扁钢－40mm×4mm 与接地母线焊接，搭接宽度为扁钢宽度的 2 倍，敷设至总等电位箱内。
4. 所有埋地焊接处均用沥青漆防腐。
5. 接地装置的位置及走向均按设计图电施—×的要求进行埋设</td></tr>
<tr><td colspan="2" rowspan="2">施工单位
检查结果</td><td colspan="6">符合设计及规范要求
项目专业质量检查员：×××
×年×月×日</td></tr>
<tr><td>项目专业技术负责人</td><td>×××</td><td colspan="2">专业工长(施工员)</td><td colspan="2">×××</td></tr>
<tr><td colspan="2">监理(建设)
单位结论</td><td colspan="6">同意进行下道工序施工
监理工程师：×××
(建设单位项目专业技术负责人)
×年×月×日</td></tr>
</table>

第6节 施 工 记 录

施工记录是对分项工程施工过程的记录。对本工程所用的材料、施工过程、质量控制进行简要明确的描述，对施工过程中发生质量问题及处理结果进行说明，施工记录的内容应达到能满足检验批验收的需要。

本工程按照电气专业分项工程检验批施工的需要，完成以下施工记录：

(1) 电线导管、电缆导管和线槽敷设施工记录6份，本《实例》摘录地下室、一层敷设施工记录见表4-14、表4-15。

(2) 电线、电缆穿管施工记录2份，其中一单元电气系统穿管记录见表4-16。

(3) 接地装置施工记录1份(略)。

(4) 配电箱、灯具、开关、插座安装施工记录2份，其中一单元安装施工记录见表4-17。

(5) 照明全负荷试验施工记录1份见表4-18。

电线导管、电缆导管、线槽敷设施工记录

表4-14

工程名称	××住宅楼	分项工程名称	电线导管、电缆导管、线槽敷设
施工单位	××建筑工程公司	施工部位	地下室
主要事项记录： 1. 从×月×日开始，埋设进户管，管径为SC70，埋深－2.6m，出墙外为1.5m。室内沿地下室地坪暗敷至总配电箱。 2. 随主体埋设干管SC50至二单元，立管SC50至一层。管SC70、SC50与箱体跨接为φ10圆钢，管SC50之间跨接用φ10圆钢，焊缝长度为72mm、60mm，双面施焊。 3. 沿墙楼板暗敷PVC-20绝缘导管为照明和插座的导线管，采用套管粘接，套管为定型产品。 4. 绝缘导管入箱、盒均采用锁母固定。 5. 配管走向、灯位、插座位均按设计图，电施—×平面布置进行埋设。 6. 弱电管线敷设按设计图电施—×平面与系统图进行埋设。 7. 施工中均无与结构、设备预留洞和管线发生矛盾和冲突的问题。 8. 所有导管管口均已封闭保护好。 导管埋设为一个班，共计6人，从×月×日～×月×日管线敷设完毕 ×年×月×日			
项目专业技术负责人	×××	记录人	×××

电线导管、电缆导管、线槽敷设施工记录

表 4-15

工程名称	××住宅楼	分项工程名称	电线导管、电缆导管、线槽敷设
施工单位	××建筑工程公司	施工部位	一层

主要事项记录：

1. 随主体埋设干管 SC50 至一层，管 SC50 及箱体跨接为 ϕ10 圆钢，管 SC50 之间跨接用 ϕ10 圆钢，焊缝长度为 72mm、60mm，双面施焊。
2. 沿墙楼板暗敷 PVC-20 绝缘导管为照明和插座的导线管，采用套管粘接，套管为定型产品。
3. 绝缘导管入箱、盒均采用锁母固定。
4. 配管走向、灯位、插座位均按设计图，电施—×平面布置进行埋设。
5. 弱电管线敷设按设计图电施—×平面与系统图进行埋设。
6. 施工中均无与结构、设备预留洞和管线发生矛盾和冲突的问题。
7. 所有导管管口均已封闭保护好。
8. 卫生间局部等电位，按等电位连接安装图集×页施工。

导管埋设为一个班，共计 6 人，从×月×日～×月×日管线敷设完毕

×年×月×日

项目专业技术负责人	×××	记录人	×××

电线、电缆穿管敷设施工记录

表 4-16

工程名称	××住宅楼	分项工程名称	电线、电缆穿管敷设
施工单位	××建筑工程公司	施工部位	一单元电气系统

主要事项记录：

1. 对所有敷设管进行污水和杂物的清理，并穿引线。
2. 进户电缆从室外穿至总箱内，室内外均按规定留有余量，室外法兰固定和密封。均已做好电缆头，焊好接线端子并搪锡。
3、穿入立管线留有箱半周长的余量，导线各端安装端子并搪锡，封闭立管向上的管口，钢管口均设护套保护。
4. 各层、各户的色标按设计规定进行穿线。

A 相—黄色、B 相—绿色、C 相—红色、N 相—蓝色、PE 线—黄/绿相间色，进箱、盒均留余量。

5. 管内无接头，开关、插座、灯具的分支线均为焊接，接头圈数均为 5 圈以上。
6. 所有接头的绝缘均为双层，一层防水胶布和一层黑胶布。
7. 局部等电位的 PVC 管内穿导线为 BV-4mm² 并做可靠的电气连接。
8. 对导线绝缘电阻进行测试，并做好记录。

一个班组 6 人，从×月×日～×月×日，共计 4 天，穿管敷设完毕

×年×月×日

项目专业技术负责人	×××	记录人	×××

配电箱、灯具、器具安装施工记录

表 4-17

工程名称	××住宅楼	分项工程名称	配电箱、灯具、器具安装
施工单位	××建筑工程公司	施工部位	一单元电气系统

主要事项记录：

1. 安装前对配电盘上器具的型号、规格进行检查，型号、规格均符合设计。开关灵活、可靠，漏电保护装置动作电流为30mA，动作时间为0.1s，导线色标正确、布线整齐。
2. 配电箱位置正确，高度为1.5m，箱体开孔与导管管径适配。箱盖紧贴墙面，箱、盖涂层完整。
3. 配线整齐、无绞接现象。导线连接紧密，不伤线芯，不断股。器具两侧压的导线截面相同，同一端子上导线连接均不应多于2根，相序符合设计要求。
4. 盘芯安装垂直、端正、牢固。
5. 保护地线(PE线)汇流排与进入总箱的镀锌接地扁钢用BV-25的导线进行可靠连接。
6. 箱、盘回路编号齐全、标识正确，生产厂家系统图签字、盖章齐全。
7. 灯具安装固定、牢靠。每个圆木台和每盏灯均采用2个螺钉固定，灯位和高度均符合设计要求。
8. 开关均为同一系列的产品，开关通断位置一致，操作灵活，接触可靠，面板安装牢固，紧贴墙面。
9. 插座、接线正确，上孔为地线，左孔为零线，右孔为相线，板面安装牢固，紧贴墙面，四周无缝隙。
10、灯具、开关、插座表面光滑、整洁，无碎、裂、划伤，配件齐全。
11、局部等电位的PE线连接正确、牢固，均带防松垫片。

一个班组从×月×日～×月×日，共计4人，工作日为10天

×年×月×日

项目专业技术负责人	×××	记录人	×××

照明全负荷试验施工记录

表 4-18

工程名称	××住宅楼	分项工程名称	照明全负荷试验
施工单位	××建筑工程公司	施工部位	全楼

主要事项记录：

1. 送电前检查配电箱、开关、灯具、插座的控制回路均一致，相序符合设计图要求。电气器具及线路绝缘电阻测试均已合格。

2. 断开所有器具，按单元顺序进行通电。单元按层次顺序进行通电，每户按灯具回路，插座控制回路，同步进行通电，同时进行通电安全检查，并做好记录。

3. 住宅照明系统通电连续试运行共计 8 小时，所有照明灯具均开启，全部灯亮。

每 2 小时记录 1 次运行状态，连续试运行时间内无故障。

从×月×日～×月×日，4 人共计 2 天结束

×年×月×日

项目专业技术负责人	×××	记录人	×××

第7节　分项、分部工程质量验收记录

本住宅工程建筑电气分部工程由电气照明安装和防雷及接地安装工程两部分组成，含9个分项工程，共划分为20个检验批。

一、分项工程检验批划分

(1) 电气照明安装工程

电气照明安装工程含7个分项工程，按楼层或单元划分为18个检验批。电线电缆导管和线槽敷设随主体工程敷设埋管，按主体结构楼层划分检验批，便于质量控制。其余分项工程按照电气系统回路划分检验批，每个单元划分为1个子系统，共2个子系统。

1) 电线导管、电缆导管和线槽敷设分项工程按楼层划分为6个检验批；

2) 电线、电缆穿管和线槽敷线分项工程按单元划分为2个检验批；

3) 电缆头制作、接线和线路绝缘测试分项工程按单元划分为2个检验批；

4) 成套配电柜、控制柜(屏、台)和动力、照明配电箱(盘)安装分项工程按单元划分为2个检验批；

5) 普通灯具安装分项工程按单元划分为2个检验批；

6) 开关、插座、风扇安装分项工程按单元划分为2个检验批；

7) 建筑照明通电试运行分项工程按单元划分为2个检验批。

(2) 防雷及接地安装工程

防雷及接地安装工程含2个分项工程，共划分为2个检验批。接地装置安装划分为1个检验批，建筑物等电位联结划分为1个检验批。

建筑电气分部分项工程检验批划分见表4-19。

建筑电气分部分项工程检验批划分表　　**表4-19**

序号	子分部工程	分项工程名称	检验批数量
1	电气照明安装	电线导管、电缆导管和线槽敷设	6
		电线、电缆穿管和线槽敷线	2
		电缆头制作、接线和线路绝缘测试	2
		成套配电柜、控制柜(屏、台)和动力、照明配电箱(盘)安装	2
		普通灯具安装	2
		开关、插座、风扇安装	2
		建筑照明通电试运行	2
2	防雷及接地安装	接地装置安装	1
		建筑等电位联结	1
合计		分项工程数量9个，检验批数量20个	

二、分部、分项、检验批质量验收记录

分部、分项、检验批质量验收记录的填写要求详见建筑与结构分部、分项、检验批质量验收记录。本住宅工程建筑电气分部工程质量验收记录1份(见表4-20)，分项工程验收

记录 9 份，检验批验收记录 20 份，合计 30 份。

由于分项工程检验批涉及的验收记录重复检查内容较多，本住宅工程只列举不同分项工程检验批验收记录，具体见表 4-20～表 4-38。

本《实例》摘录分项工程及检验批质量验收记录如下：

建筑电气分部工程质量验收记录见表 4-20。

照明配电箱(盘)安装分项工程质量验收记录见表 4-21。

电线、导管、电缆导管和线槽敷设分项工程质量验收记录见表 4-22。

电线、电缆穿管和线槽敷线分项工程质量验收记录见表 4-23。

电缆头制作、接线和线路绝缘测试分项工程质量验收记录见表 4-24。

普通灯具安装分项工程质量验收记录见表 4-25。

开关、插座、风扇安装分项工程质量验收记录见表 4-26。

建筑物照明通电试运行分项工程质量验收记录见表 4-27。

接地装置安装分项工程质量验收记录见表 4-28。

建筑物等电位联结分项工程质量验收记录见表 4-29。

照明配电箱(盘)安装检验批质量验收记录见表 4-30。

电线导管、电缆导管、线槽敷设检验批质量验收记录见表 4-31。

电缆、电缆穿管和线槽敷线检验批质量验收记录见表 4-32。

电缆头制作、接线和线路绝缘测试检验批验收记录见表 4-33。

普通灯具安装检验批质量验收记录见表 4-34。

开关、插座、风扇安装检验批质量验收记录见表 4-35。

建筑物照明通电试运行检验批质量验收记录见表 4-36。

接地装置安装检验批质量验收记录见表 4-37。

建筑物等电位联结检验批质量验收记录见表 4-38。

建筑电气分部工程质量验收记录

表 4-20

<table>
<tr><td>工程名称</td><td colspan="3">××住宅楼</td><td>结构类型</td><td>砖混</td><td>层数</td><td>五层</td></tr>
<tr><td>施工单位</td><td colspan="3">××建筑工程公司</td><td>技术部门负责人</td><td>×××</td><td>质量部门负责人</td><td>×××</td></tr>
<tr><td>分包单位</td><td colspan="3">—</td><td>分包单位负责人</td><td>—</td><td>分包技术负责人</td><td>—</td></tr>
<tr><td>序号</td><td colspan="2">分项工程名称</td><td>检验批数</td><td colspan="2">施工单位检查评定</td><td colspan="2">验收意见</td></tr>
<tr><td>1</td><td colspan="2">成套配电柜、控制柜(屏、台)和动力、照明配电箱(盘)安装</td><td>2</td><td colspan="2">√</td><td colspan="2" rowspan="18">同意验收</td></tr>
<tr><td>2</td><td colspan="2">电线导管、电缆导管和线槽敷设</td><td>6</td><td colspan="2">√</td></tr>
<tr><td>3</td><td colspan="2">电线、电缆穿管和线槽敷线</td><td>2</td><td colspan="2">√</td></tr>
<tr><td>4</td><td colspan="2">电缆头制作、接线和线路绝缘测试</td><td>2</td><td colspan="2">√</td></tr>
<tr><td>5</td><td colspan="2">普通灯具安装</td><td>2</td><td colspan="2">√</td></tr>
<tr><td>6</td><td colspan="2">开关、插座、风扇安装</td><td>2</td><td colspan="2">√</td></tr>
<tr><td>7</td><td colspan="2">建筑物照明通电试运行</td><td>2</td><td colspan="2">√</td></tr>
<tr><td>8</td><td colspan="2">接地装置安装</td><td>1</td><td colspan="2">√</td></tr>
<tr><td>9</td><td colspan="2">建筑物等电位联结</td><td>1</td><td colspan="2">√</td></tr>
<tr><td>10</td><td colspan="2"></td><td></td><td colspan="2"></td></tr>
<tr><td>11</td><td colspan="2"></td><td></td><td colspan="2"></td></tr>
<tr><td>12</td><td colspan="2"></td><td></td><td colspan="2"></td></tr>
<tr><td>13</td><td colspan="2"></td><td></td><td colspan="2"></td></tr>
<tr><td>14</td><td colspan="2"></td><td></td><td colspan="2"></td></tr>
<tr><td>15</td><td colspan="2"></td><td></td><td colspan="2"></td></tr>
<tr><td>16</td><td colspan="2"></td><td></td><td colspan="2"></td></tr>
<tr><td>17</td><td colspan="2"></td><td></td><td colspan="2"></td></tr>
<tr><td>18</td><td colspan="2"></td><td></td><td colspan="2"></td></tr>
<tr><td colspan="4">质量控制资料</td><td colspan="2">√</td><td colspan="2">同意验收</td></tr>
<tr><td colspan="4">安全和功能检验(检测)报告</td><td colspan="2">√</td><td colspan="2">同意验收</td></tr>
<tr><td colspan="3">观感质量验收</td><td colspan="5">综合评价好</td></tr>
<tr><td rowspan="5">验收单位</td><td colspan="2">分包单位 —</td><td colspan="2">项目经理</td><td colspan="2">—</td><td>年 月 日</td></tr>
<tr><td colspan="2">施工单位 ××建筑工程公司</td><td colspan="2">项目经理</td><td colspan="2">×××</td><td>×年×月×日</td></tr>
<tr><td colspan="2">勘察单位 —</td><td colspan="2">项目负责人</td><td colspan="2">—</td><td>年 月 日</td></tr>
<tr><td colspan="2">设计单位 —</td><td colspan="2">项目负责人</td><td colspan="2">—</td><td>年 月 日</td></tr>
<tr><td colspan="2">监理(建设)单位 ××监理公司</td><td colspan="2">总监理工程师
(建设单位项目专业负责人)</td><td colspan="2">×××</td><td>×年×月×日</td></tr>
</table>

注：本表由总监理工程师(建设单位项目负责人)组织施工单位项目负责人和技术、质量负责人等进行验收；地基与基础、主体结构分部工程的勘察、设计单位工程项目负责人和施工单位技术、质量部门负责人也应参加相关分部工程验收。检查评定由施工单位填写，验收意见由监理单位填写，观感质量验收由验收各方共同商定，监理单位填写。“符合规范要求”用√标注。

照明配电箱(盘)安装分项工程质量验收记录

表 4-21

工程名称	××住宅楼	结构类型	砖混	检验批数	2
施工单位	××建筑工程公司	项目经理	×××	项目技术负责人	×××
分包单位	—	分包单位负责人	—	分包项目经理	—

序号	检验批部位、区段	施工单位检查评定结果	监理(建设)单位验收结论
1	一单元	√	√
2	二单元	√	√
3			
4			
5			
6			
7			
8			
9			
10			
11			
12			
13			
14			
15			
16			
检查结论	合格 项目专业技术负责人：××× ×年×月×日	验收结论	同意验收 监理工程师：××× (建设单位项目专业技术负责人) ×年×月×日

注：1. 本表由施工项目专业质量检查员填写，监理工程师(建设单位项目技术负责人)组织项目专业质量(技术)负责人等进行验收。

2. 记录中“符合规范要求”用√标注，结论栏由本人签字。

电线导管、电缆导管和线槽敷设分项工程质量验收记录

表 4-22

工程名称	××住宅楼	结构类型	砖混	检验批数	6
施工单位	××建筑工程公司	项目经理	×××	项目技术负责人	×××
分包单位	—	分包单位负责人	—	分包项目经理	—

序号	检验批部位、区段	施工单位检查评定结果	监理（建设）单位验收结论
1	一层	√	√
2	二层	√	√
3	三层	√	√
4	四层	√	√
5	五层	√	√
6	地下室	√	√
7			
8			
9			
10			
11			
12			
13			
14			
15			
16			
17			
18			
检查结论	合格 项目专业技术负责人：××× ×年×月×日	验收结论	同意验收 监理工程师：××× （建设单位项目专业技术负责人） ×年×月×日

注：1. 本表由施工项目专业质量检查员填写，监理工程师（建设单位项目技术负责人）组织项目专业质量（技术）负责人等进行验收。

2. 记录中“符合规范要求”用√标注，结论栏由本人签字。

电线、电缆穿管和线槽敷线
分项工程质量验收记录

表 4-23

工程名称	××住宅楼		结构类型	砖混	检验批数	2
施工单位	××建筑工程公司		项目经理	×××	项目技术负责人	×××
分包单位	—		分包单位负责人	—	分包项目经理	—
序号	检验批部位、区段		施工单位检查评定结果		监理（建设）单位验收结论	
1	一单元		√		√	
2	二单元		√		√	
3						
4						
5						
6						
7						
8						
9						
10						
11						
12						
13						
14						
15						
16						
17						
18						
检查结论	合格 项目专业技术负责人：××× ×年×月×日		验收结论	同意验收 监理工程师：××× （建设单位项目专业技术负责人） ×年×月×日		

注：1. 本表由施工项目专业质量检查员填写，监理工程师（建设单位项目技术负责人）组织项目专业质量（技术）负责人等进行验收。

2. 记录中“符合规范要求”用√标注，结论栏由本人签字。

电缆头制作、接线和线路绝缘测试分项工程质量验收记录

表 4-24

工程名称	××住宅楼	结构类型	砖混	检验批数	2
施工单位	××建筑工程公司	项目经理	×××	项目技术负责人	×××
分包单位	—	分包单位负责人	—	分包项目经理	—
序号	检验批部位、区段	施工单位检查评定结果		监理（建设）单位验收结论	
1	一单元	√		√	
2	二单元	√		√	
3					
4					
5					
6					
7					
8					
9					
10					
11					
12					
13					
14					
15					
16					
17					
18					
检查结论	合格 项目专业技术负责人：××× ×年×月×日	验收结论	同意验收 监理工程师：××× （建设单位项目专业技术负责人） ×年×月×日		

注：1. 本表由施工项目专业质量检查员填写，监理工程师（建设单位项目技术负责人）组织项目专业质量（技术）负责人等进行验收。

2. 记录中“符合规范要求”用√标注，结论栏由本人签字。

普通灯具安装分项工程质量验收记录

表 4-25

工程名称	××住宅楼	结构类型	砖混	检验批数	2
施工单位	××建筑工程公司	项目经理	×××	项目技术负责人	×××
分包单位	—	分包单位负责人	—	分包项目经理	—

序号	检验批部位、区段	施工单位检查评定结果	监理（建设）单位验收结论
1	一单元	√	√
2	二单元	√	√
3			
4			
5			
6			
7			
8			
9			
10			
11			
12			
13			
14			
15			
16			
17			
18			

检查结论	合格 项目专业技术负责人：××× ×年×月×日	验收结论	同意验收 监理工程师：××× （建设单位项目专业技术负责人） ×年×月×日

注：1. 本表由施工项目专业质量检查员填写，监理工程师（建设单位项目技术负责人）组织项目专业质量（技术）负责人等进行验收。

2. 记录中“符合规范要求”用√标注，结论栏由本人签字。

开关、插座、风扇安装分项工程质量验收记录

表 4-26

<table>
<tr><td>工程名称</td><td colspan="2">××住宅楼</td><td>结构类型</td><td>砖混</td><td>检验批数</td><td>2</td></tr>
<tr><td>施工单位</td><td colspan="2">××建筑工程公司</td><td>项目经理</td><td>×××</td><td>项目技术负责人</td><td>×××</td></tr>
<tr><td>分包单位</td><td colspan="2">—</td><td>分包单位负责人</td><td>—</td><td>分包项目经理</td><td>—</td></tr>
<tr><td>序号</td><td colspan="2">检验批部位、区段</td><td colspan="2">施工单位检查评定结果</td><td colspan="2">监理（建设）单位验收结论</td></tr>
<tr><td>1</td><td colspan="2">一单元</td><td colspan="2">√</td><td colspan="2">√</td></tr>
<tr><td>2</td><td colspan="2">二单元</td><td colspan="2">√</td><td colspan="2">√</td></tr>
<tr><td>3</td><td colspan="2"></td><td colspan="2"></td><td colspan="2"></td></tr>
<tr><td>4</td><td colspan="2"></td><td colspan="2"></td><td colspan="2"></td></tr>
<tr><td>5</td><td colspan="2"></td><td colspan="2"></td><td colspan="2"></td></tr>
<tr><td>6</td><td colspan="2"></td><td colspan="2"></td><td colspan="2"></td></tr>
<tr><td>7</td><td colspan="2"></td><td colspan="2"></td><td colspan="2"></td></tr>
<tr><td>8</td><td colspan="2"></td><td colspan="2"></td><td colspan="2"></td></tr>
<tr><td>9</td><td colspan="2"></td><td colspan="2"></td><td colspan="2"></td></tr>
<tr><td>10</td><td colspan="2"></td><td colspan="2"></td><td colspan="2"></td></tr>
<tr><td>11</td><td colspan="2"></td><td colspan="2"></td><td colspan="2"></td></tr>
<tr><td>12</td><td colspan="2"></td><td colspan="2"></td><td colspan="2"></td></tr>
<tr><td>13</td><td colspan="2"></td><td colspan="2"></td><td colspan="2"></td></tr>
<tr><td>14</td><td colspan="2"></td><td colspan="2"></td><td colspan="2"></td></tr>
<tr><td>15</td><td colspan="2"></td><td colspan="2"></td><td colspan="2"></td></tr>
<tr><td>16</td><td colspan="2"></td><td colspan="2"></td><td colspan="2"></td></tr>
<tr><td>17</td><td colspan="2"></td><td colspan="2"></td><td colspan="2"></td></tr>
<tr><td>18</td><td colspan="2"></td><td colspan="2"></td><td colspan="2"></td></tr>
<tr><td>检查结论</td><td colspan="2">合格

项目专业技术负责人：×××
×年×月×日</td><td>验收结论</td><td colspan="3">同意验收

监理工程师：×××
（建设单位项目专业技术负责人）
×年×月×日</td></tr>
</table>

注：1. 本表由施工项目专业质量检查员填写，监理工程师（建设单位项目技术负责人）组织项目专业质量（技术）负责人等进行验收。

2. 记录中“符合规范要求”用√标注，结论栏由本人签字。

建筑物照明通电试运行分项工程质量验收记录

表 4-27

工程名称	××住宅楼	结构类型	砖混	检验批数	2
施工单位	××建筑工程公司	项目经理	×××	项目技术负责人	×××
分包单位	—	分包单位负责人	—	分包项目经理	—

序号	检验批部位、区段	施工单位检查评定结果	监理(建设)单位验收结论
1	一单元	√	√
2	二单元	√	√
3			
4			
5			
6			
7			
8			
9			
10			
11			
12			
13			
14			
15			
16			
17			
18			

检查结论	合格 项目专业技术负责人：××× ×年×月×日	验收结论	同意验收 监理工程师：××× (建设单位项目专业技术负责人) ×年×月×日

注：1. 本表由施工项目专业质量检查员填写，监理工程师(建设单位项目技术负责人)组织项目专业质量(技术)负责人等进行验收。

2. 记录中“符合规范要求”用√标注，结论栏由本人签字。

接地装置安装分项工程质量验收记录

表 4-28

<table>
<tr><td>工程名称</td><td colspan="2">××住宅楼</td><td>结构类型</td><td>砖混</td><td>检验批数</td><td>1</td></tr>
<tr><td>施工单位</td><td colspan="2">××建筑工程公司</td><td>项目经理</td><td>×××</td><td>项目技术负责人</td><td>×××</td></tr>
<tr><td>分包单位</td><td colspan="2">—</td><td>分包单位负责人</td><td>—</td><td>分包项目经理</td><td>—</td></tr>
<tr><td>序号</td><td colspan="2">检验批部位、区段</td><td colspan="2">施工单位检查评定结果</td><td colspan="2">监理（建设）单位验收结论</td></tr>
<tr><td>1</td><td colspan="2">接地装置</td><td colspan="2">√</td><td colspan="2">√</td></tr>
<tr><td>2</td><td colspan="2"></td><td colspan="2"></td><td colspan="2"></td></tr>
<tr><td>3</td><td colspan="2"></td><td colspan="2"></td><td colspan="2"></td></tr>
<tr><td>4</td><td colspan="2"></td><td colspan="2"></td><td colspan="2"></td></tr>
<tr><td>5</td><td colspan="2"></td><td colspan="2"></td><td colspan="2"></td></tr>
<tr><td>6</td><td colspan="2"></td><td colspan="2"></td><td colspan="2"></td></tr>
<tr><td>7</td><td colspan="2"></td><td colspan="2"></td><td colspan="2"></td></tr>
<tr><td>8</td><td colspan="2"></td><td colspan="2"></td><td colspan="2"></td></tr>
<tr><td>9</td><td colspan="2"></td><td colspan="2"></td><td colspan="2"></td></tr>
<tr><td>10</td><td colspan="2"></td><td colspan="2"></td><td colspan="2"></td></tr>
<tr><td>11</td><td colspan="2"></td><td colspan="2"></td><td colspan="2"></td></tr>
<tr><td>12</td><td colspan="2"></td><td colspan="2"></td><td colspan="2"></td></tr>
<tr><td>13</td><td colspan="2"></td><td colspan="2"></td><td colspan="2"></td></tr>
<tr><td>14</td><td colspan="2"></td><td colspan="2"></td><td colspan="2"></td></tr>
<tr><td>15</td><td colspan="2"></td><td colspan="2"></td><td colspan="2"></td></tr>
<tr><td>16</td><td colspan="2"></td><td colspan="2"></td><td colspan="2"></td></tr>
<tr><td>17</td><td colspan="2"></td><td colspan="2"></td><td colspan="2"></td></tr>
<tr><td>18</td><td colspan="2"></td><td colspan="2"></td><td colspan="2"></td></tr>
<tr><td>检查结论</td><td colspan="2">合格

项目专业技术负责人：×××
×年×月×日</td><td>验收结论</td><td colspan="3">同意验收

监理工程师：×××
（建设单位项目专业技术负责人）
×年×月×日</td></tr>
</table>

注：1. 本表由施工项目专业质量检查员填写，监理工程师（建设单位项目技术负责人）组织项目专业质量（技术）负责人等进行验收。

2. 记录中“符合规范要求”用√标注，结论栏由本人签字。

建筑物等电位联结分项工程质量验收记录

表 4-29

<table>
<tr><td colspan="2">工程名称</td><td>××住宅楼</td><td>结构类型</td><td>砖混</td><td>检验批数</td><td>1</td></tr>
<tr><td colspan="2">施工单位</td><td>××建筑工程公司</td><td>项目经理</td><td>×××</td><td>项目技术负责人</td><td>×××</td></tr>
<tr><td colspan="2">分包单位</td><td>—</td><td>分包单位负责人</td><td>—</td><td>分包项目经理</td><td>—</td></tr>
<tr><td>序号</td><td colspan="2">检验批部位、区段</td><td colspan="2">施工单位检查评定结果</td><td colspan="2">监理（建设）单位验收结论</td></tr>
<tr><td>1</td><td colspan="2">地下室</td><td colspan="2">√</td><td colspan="2">√</td></tr>
<tr><td>2</td><td colspan="2"></td><td colspan="2"></td><td colspan="2"></td></tr>
<tr><td>3</td><td colspan="2"></td><td colspan="2"></td><td colspan="2"></td></tr>
<tr><td>4</td><td colspan="2"></td><td colspan="2"></td><td colspan="2"></td></tr>
<tr><td>5</td><td colspan="2"></td><td colspan="2"></td><td colspan="2"></td></tr>
<tr><td>6</td><td colspan="2"></td><td colspan="2"></td><td colspan="2"></td></tr>
<tr><td>7</td><td colspan="2"></td><td colspan="2"></td><td colspan="2"></td></tr>
<tr><td>8</td><td colspan="2"></td><td colspan="2"></td><td colspan="2"></td></tr>
<tr><td>9</td><td colspan="2"></td><td colspan="2"></td><td colspan="2"></td></tr>
<tr><td>10</td><td colspan="2"></td><td colspan="2"></td><td colspan="2"></td></tr>
<tr><td>11</td><td colspan="2"></td><td colspan="2"></td><td colspan="2"></td></tr>
<tr><td>12</td><td colspan="2"></td><td colspan="2"></td><td colspan="2"></td></tr>
<tr><td>13</td><td colspan="2"></td><td colspan="2"></td><td colspan="2"></td></tr>
<tr><td>14</td><td colspan="2"></td><td colspan="2"></td><td colspan="2"></td></tr>
<tr><td>15</td><td colspan="2"></td><td colspan="2"></td><td colspan="2"></td></tr>
<tr><td>16</td><td colspan="2"></td><td colspan="2"></td><td colspan="2"></td></tr>
<tr><td>17</td><td colspan="2"></td><td colspan="2"></td><td colspan="2"></td></tr>
<tr><td>18</td><td colspan="2"></td><td colspan="2"></td><td colspan="2"></td></tr>
<tr><td>检查结论</td><td colspan="2">合格

项目专业技术负责人：×××
×年×月×日</td><td>验收结论</td><td colspan="3">同意验收

监理工程师：×××
（建设单位项目专业技术负责人）
×年×月×日</td></tr>
</table>

注：1. 本表由施工项目专业质量检查员填写，监理工程师（建设单位项目技术负责人）组织项目专业质量（技术）负责人等进行验收。

2. 记录中“符合规范要求”用√标注，结论栏由本人签字。

照明配电箱(盘)安装检验批质量验收记录

表 4-30

工程名称	××住宅楼			验收部位	一单元
施工单位	××建筑工程公司			项目经理	×××
施工执行标准名称及编号	建筑电气工程施工工艺标准(XJJ 025—2005)			专业工长	×××
分包单位	—	分包项目经理	—	施工班组长	×××

序号	主控项目	规范规定	施工单位检查评定记录(1 2 3 4 5 6 7 8 9 10)	监理(建设)单位验收记录
1	柜、屏、台、箱、盘及基础型钢的接地接零可靠,用裸编织铜线连接,且有标识	第 6.1.1 条	√	√
2	低压成套设备安装应有可靠的电击保护以及保护导体的最小截面积	第 6.1.2 条	√	
3	手车、抽出式成套配电柜推拉应灵活	第 6.1.3 条	—	
4	高压成套配电柜交接试验	第 6.1.4 条	—	
5	低压成套配电柜交接试验	第 6.1.5 条	—	
6	柜、屏、台、箱、盘间线路的线间和线对地间绝缘电阻值	第 6.1.6 条	√见厂家绝缘测试记录	
7	柜、屏、台、箱、盘间二次回路交流工频耐压试验,1min 无闪络击穿现象	第 6.1.7 条	√见厂家的耐压试验记录	
8	直流屏试验要求	第 6.1.8 条	—	
9	照明配电箱(盘)安装	第 6.1.9 条	√	

序号	一般项目			规范规定	1	2	3	4	5	6	7	8	9	10	监理(建设)单位验收记录
1	基础型钢安装	不直度	1mm/m,5mm/全长	第 6.2.1 条	—										√
		水平度	1mm/m,5mm/全长		—										
		不平行度	5mm/全长		—										
2	柜、屏、台、箱、盘相互间或与基础型钢有镀锌螺栓连接,防松零件齐全			第 6.2.2 条	√										
3	柜、屏、台、箱、盘安装垂直度允许偏差			≤1.5‰	√										
4	柜、屏、台、箱、盘内检查试验			第 6.2.4 条	√										
5	低压电器组合规定			第 6.2.5 条	√										
6	柜、屏、台、箱、盘间配线要求			第 6.2.6 条	√										
7	电器及控制台、板等可动部位的电线			第 6.2.7 条	—										
8	照明配电箱(盘)安装规定			第 6.2.8 条	√										

施工单位检查评定结果	主控项目合格 一般项目满足规范要求 项目专业质量检查员:××× ×年×月×日
监理(建设)单位验收结论	同意验收 监理工程师:(建设单位项目专业技术负责人) ××× ×年×月×日

注:1. 本表由施工项目专业质量检查员填写,监理工程师(建设单位项目技术负责人)组织项目专业质量(技术)负责人等进行验收。

2. 记录中定量项目填写数据,定性项目"符合规范要求"用√标注,结果和结论栏由本人签字。

电线导管、电缆导管和线槽敷设检验批质量验收记录

表 4-31

工程名称	××住宅楼													验收部位	三层
施工单位	××建筑工程公司													项目经理	×××
施工执行标准名称及编号	建筑电气工程施工工艺标准(XJJ 025—2005)													专业工长	×××
分包单位		—	分包项目经理					—						施工班组长	×××
主控项目		规范规定	施工单位检查评定记录											监理(建设)单位验收记录	
			1	2	3	4	5	6	7	8	9	10			
1	金属的导管和线槽必须接地或接零可靠，且符合规定	第 14.1.1 条	√											√	
2	**金属导管严禁对口熔焊连接；镀锌和壁厚≤2mm 的钢导管不得套管熔焊连接**	**第 14.1.2 条**	√												
3	防爆导管的连接	第 14.1.3 条	—												
4	绝缘导管在砌体上剔槽埋设要求	第 14.1.4 条	—												
一般项目		规范规定	施工单位检查评定记录											监理(建设)单位验收记录	
			1	2	3	4	5	6	7	8	9	10			
1	室外埋地敷设的电缆导管	第 14.2.1 条	—											√	
2	室外导管的管口的设置规定	第 14.2.2 条	—												
3	电缆导管和电缆的最小弯曲半径	第 14.2.3 条	√												
4	金属导管内外壁的防腐处理	第 14.2.4 条	√												
5	室内进入落地式柜台箱盘内的导管管口基础面应高出 50～80mm	第 14.2.5 条	—												
6	暗配或明配的导管埋设深度或安装规定	第 14.2.6 条	√												
7	线槽应安装牢固，无扭曲变形	第 14.2.7 条	—												
8	防爆管连接、接地、固定及防腐	第 14.2.8 条	—												
9	绝缘导管连接和保护	第 14.2.9 条	√												
10	金属、非金属柔性管的长度、连接和接地	第 14.2.10 条	—												
11	导管线槽在建筑物变形缝处设补偿装置	第 14.2.11 条	—												
施工单位检查评定结果	主控项目合格 一般项目满足规范要求 项目专业质量检查员：××× ×年×月×日														
监理（建设）单位验收结论	同意验收 监理工程师：　××× （建设单位项目专业技术负责人） ×年×月×日														

注：1. 本表由施工项目专业质量检查员填写，监理工程师（建设单位项目技术负责人）组织项目专业质量（技术）负责人等进行验收。

2. 记录中定量项目填写数据，定性项目“符合规范要求”用√标注，结果和结论栏由本人签字。

电线、电缆穿管和线槽敷线检验批质量验收记录

表 4-32

<table>
<tr><td colspan="2">工程名称</td><td colspan="13">××住宅楼</td><td>验收部位</td><td>一单元</td></tr>
<tr><td colspan="2">施工单位</td><td colspan="13">××建筑工程公司</td><td>项目经理</td><td>×××</td></tr>
<tr><td colspan="2">施工执行标准名称及编号</td><td colspan="13">建筑电气工程施工工艺标准(XJJ 025—2005)</td><td>专业工长</td><td>×××</td></tr>
<tr><td colspan="2">分包单位</td><td colspan="2">—</td><td colspan="7">分包项目经理</td><td colspan="4">—</td><td>施工班组长</td><td>×××</td></tr>
<tr><td colspan="2" rowspan="2">主控项目</td><td rowspan="2">规范规定</td><td colspan="10">施工单位检查评定记录</td><td colspan="4" rowspan="2">监理（建设）单位验收记录</td></tr>
<tr><td>1</td><td>2</td><td>3</td><td>4</td><td>5</td><td>6</td><td>7</td><td>8</td><td>9</td><td>10</td></tr>
<tr><td>1</td><td>交流单芯电缆不得单独穿于钢导管内</td><td>第 15.1.1 条</td><td colspan="10">√</td><td colspan="4" rowspan="3">√</td></tr>
<tr><td>2</td><td>不同回路、电压等级电线不应穿于同一导管内；同一交流回路电线应穿于同一金属导管内，且不得有接头</td><td>第 15.1.2 条</td><td colspan="10">√</td></tr>
<tr><td>3</td><td>爆炸危险环境照明线路额定电压≥750V，且电线必须穿于钢导管内</td><td>第 15.1.3 条</td><td colspan="10">—</td></tr>
<tr><td colspan="2" rowspan="2">一般项目</td><td rowspan="2">规范规定</td><td colspan="10">施工单位检查评定记录</td><td colspan="4" rowspan="2">监理（建设）单位验收记录</td></tr>
<tr><td>1</td><td>2</td><td>3</td><td>4</td><td>5</td><td>6</td><td>7</td><td>8</td><td>9</td><td>10</td></tr>
<tr><td>1</td><td>穿管前管内杂物清除和管口保护措施</td><td>第 15.2.1 条</td><td colspan="10">√</td><td colspan="4" rowspan="3">√</td></tr>
<tr><td>2</td><td>同一建筑物、构筑物内多相供电相线绝缘层颜色标志应一致</td><td>第 15.2.2 条</td><td colspan="10">√</td></tr>
<tr><td>3</td><td>线槽敷线规定</td><td>第 15.2.3 条</td><td colspan="10">—</td></tr>
<tr><td colspan="2">施工单位检查评定结果</td><td colspan="15">主控项目合格
一般项目满足规范要求
项目专业质量检查员：×××
×年×月×日</td></tr>
<tr><td colspan="2">监理（建设）单位验收结论</td><td colspan="15">同意验收
监理工程师：×××
（建设单位项目专业技术负责人）
×年×月×日</td></tr>
</table>

注：1. 本表由施工项目专业质量检查员填写，监理工程师（建设单位项目技术负责人）组织项目专业质量（技术）负责人等进行验收。

2. 记录中定量项目填写数据，定性项目“符合规范要求”用√标注，结果和结论栏由本人签字。

电缆头制作、接线和线路绝缘测试检验批质量验收记录

表 4-33

工程名称	××住宅楼			验收部位	一单元
施工单位	××建筑工程公司			项目经理	×××
施工执行标准名称及编号	建筑电气工程施工工艺标准(XJJ 025—2005)			专业工长	×××
分包单位	—	分包项目经理	—	施工班组长	×××

	主控项目	规范规定	施工单位检查评定记录（1 2 3 4 5 6 7 8 9 10）	监理(建设)单位验收记录
1	高压电力电缆直流耐压试验必须按规定交接试验合格	第 18.1.1 条	—	√
2	低压电线和线对地间的绝缘电阻值	第 18.1.2 条	√　见绝缘测试记录	
3	铠装电力电缆头的接地线材质和截面积 电缆芯线 120mm² 及以下，接地线≥16mm² 电缆芯线 150mm² 及以上，接地线≥25mm² 电缆芯线 16mm² 及以下，接地线＝电缆芯线	第 18.1.3 条	—	
4	电线、电缆接线必须准确，并联运行的型号、规格、长度、相位应一致	第 18.1.4 条	√	

	一般项目	规范规定	施工单位检查评定记录（1 2 3 4 5 6 7 8 9 10）	监理(建设)单位验收记录
1	芯线与电器设备的连接规定	第 18.2.1 条	√	√
2	电线、电缆的芯线连接金具（连接管和端子），规格应与芯线的规格适配，且不得采用开口端子	第 18.2.2 条	√	
3	电线、电缆的回路标记应清晰，编号准确	第 18.2.3 条	√	

施工单位检查评定结果	主控项目合格 一般项目满足规范要求 项目专业质量检查员：××× ×年×月×日
监理(建设)单位验收结论	同意验收 监理工程师：××× (建设单位项目专业技术负责人) ×年×月×日

注：1. 本表由施工项目专业质量检查员填写，监理工程师(建设单位项目技术负责人)组织项目专业质量(技术)负责人等进行验收。

2. 记录中定量项目填写数据，定性项目“符合规范要求”用√标注，结果和结论栏由本人签字。

普通灯具安装检验批质量验收记录

表 4-34

工程名称	××住宅楼			验收部位	一单元
施工单位	××建筑工程公司			项目经理	×××
施工执行标准名称及编号	建筑电气工程施工工艺标准(XJJ 025—2005)			专业工长	×××
分包单位	—	分包项目经理	—	施工班组长	×××

	主控项目	规范规定	施工单位检查评定记录 1 2 3 4 5 6 7 8 9 10	监理(建设)单位验收记录
1	灯具的固定	第 19.1.1 条	√	√
2	**花灯吊钩圆钢直径，大型花灯的固定及悬吊装置的过载试验**	**第 19.1.2 条**	—	
3	钢管做灯杆时的内径≥10mm，厚度≥1.5mm	第 19.1.3 条	—	
4	灯具绝缘材料应耐燃烧和防明火	第 19.1.4 条	—	
5	灯具的安装高度和使用电压等级	第 19.1.5 条	√	
6	**灯具距地高度＜2.4m 时，可接近裸露导体必须接地或接零，且有标识**	**第 19.1.6 条**	—	

	一般项目	规范规定	施工单位检查评定记录 1 2 3 4 5 6 7 8 9 10	监理(建设)单位验收记录
1	引向灯具导线线芯最小截面积规定	第 19.2.1 条	√	√
2	灯具的外形、灯头及其接线规定	第 19.2.2 条	√	
3	变电所内，高低压配电设备及裸母线的正上方不应安装灯具	第 19.2.3 条	—	
4	装有白炽灯泡的吸顶灯具的安装要求	第 19.2.4 条	√	
5	大型灯具的玻璃罩防止向下溅落措施	第 19.2.5 条	—	
6	投光灯底座及支架的固定，枢轴拧紧固定	第 19.2.6 条	—	
7	室外壁灯应有泄水孔和防水措施	第 19.2.7 条	—	

施工单位检查评定结果	主控项目合格 一般项目满足规范要求 项目专业质量检查员：××× ×年×月×日
监理(建设)单位验收结论	同意验收 监理工程师：××× (建设单位项目专业技术负责人) ×年×月×日

注：1. 本表由施工项目专业质量检查员填写，监理工程师(建设单位项目技术负责人)组织项目专业质量(技术)负责人等进行验收。

2. 记录中定量项目填写数据，定性项目"符合规范要求"用√标注，结果和结论栏由本人签字。

开关、插座、风扇安装检验批质量验收记录

表 4-35

工程名称	××住宅楼													验收部位	一单元
施工单位	××建筑工程公司													项目经理	×××
施工执行标准名称及编号	建筑电气工程施工工艺标准(XJJ 025—2005)													专业工长	×××
分包单位	—			分包项目经理	—									施工班组长	×××
主控项目		规范规定	施工单位检查评定记录											监理(建设)单位验收记录	
			1	2	3	4	5	6	7	8	9	10			
1	同一场所交、直流或不同电压等级插座，必须选择不同结构、规格和不能互换的插座，配套插头区别使用	第22.1.1条	—											√	
2	**插座接线规定：单相两孔插座左(下)零右(上)火；单相三孔左零右火；单相三孔、三相四孔及三相五孔上孔接地或接零；接地、接零不连接；同一场所三相插座，相序一致**	**第22.1.2条**	√												
3	特殊情况下插座安装	第22.1.3条	—												
4	照明开关选用、开关的通断位置	第22.1.4条	√												
5	吊扇安装高度、挂钩选用和吊扇的组装及试运转	第22.1.5条	—												
6	壁扇防护罩的固定及试运转	第22.1.6条	—												
一般项目		规范规定	施工单位检查评定记录											监理(建设)单位验收记录	
			1	2	3	4	5	6	7	8	9	10			
1	插座安装和外观检查	第22.2.1条	√											√	
2	照明开关安装位置、控制顺序	第22.2.2条	√												
3	吊扇安装规定	第22.2.3条	—												
4	壁扇安装高度及外观质量	第22.2.4条	—												
施工单位检查评定结果	主控项目合格 一般项目满足规范要求 项目专业质量检查员：××× ×年×月×日														
监理(建设)单位验收结论	同意验收 监理工程师：××× (建设单位项目专业技术负责人) ×年×月×日														

注：1. 本表由施工项目专业质量检查员填写，监理工程师(建设单位项目技术负责人)组织项目专业质量(技术)负责人等进行验收。

2. 记录中定量项目填写数据，定性项目“符合规范要求”用√标注，结果和结论栏由本人签字。

建筑物照明通电试运行检验批质量验收记录

表 4-36

<table>
<tr><td colspan="2">工程名称</td><td colspan="11">××住宅楼</td><td>验收部位</td><td>一单元</td></tr>
<tr><td colspan="2">施工单位</td><td colspan="11">××建筑工程公司</td><td>项目经理</td><td>×××</td></tr>
<tr><td colspan="2">施工执行标准名称及编号</td><td colspan="11">建筑电气工程施工工艺标准(XJJ 025—2005)</td><td>专业工长</td><td>×××</td></tr>
<tr><td colspan="2">分包单位</td><td>—</td><td colspan="6">分包项目经理</td><td colspan="4">—</td><td>施工班组长</td><td>×××</td></tr>
<tr><td colspan="2" rowspan="2">主控项目</td><td rowspan="2">规范规定</td><td colspan="10">施工单位检查评定记录</td><td colspan="2" rowspan="2">监理(建设)单位验收记录</td></tr>
<tr><td>1</td><td>2</td><td>3</td><td>4</td><td>5</td><td>6</td><td>7</td><td>8</td><td>9</td><td>10</td></tr>
<tr><td>1</td><td>照明系统通电，灯具回路控制应与照明配电箱及回路的标识一致；开关与灯具控制顺序相对应</td><td>第 23.1.1 条</td><td colspan="10">√</td><td colspan="2" rowspan="2">√</td></tr>
<tr><td>2</td><td>公用建筑照明系统通电连续试运行时间应为 24h，民用住宅照明系统通电连续试运行时间应为 8h。所有照明灯具均应开启，且每 2h 记录运行状态 1 次，连续试运行时间内无故障</td><td>第 23.1.2 条</td><td colspan="10">√</td></tr>
<tr><td colspan="2">施工单位检查评定结果</td><td colspan="13">主控项目合格
一般项目满足规范要求

项目专业质量检查员：×××
×年×月×日</td></tr>
<tr><td colspan="2">监理(建设)单位验收结论</td><td colspan="13">同意验收

监理工程师：×××
(建设单位项目专业技术负责人)
×年×月×日</td></tr>
</table>

注：1. 本表由施工项目专业质量检查员填写，监理工程师(建设单位项目技术负责人)组织项目专业质量(技术)负责人等进行验收。

2. 记录中定量项目填写数据，定性项目“符合规范要求”用√标注，结果和结论栏由本人签字。

接地装置安装检验批质量验收记录

表 4-37

工程名称	××住宅楼												验收部位	接地装置
施工单位	××建筑工程公司												项目经理	×××
施工执行标准名称及编号	建筑电气工程施工工艺标准(XJJ 025—2005)												专业工长	×××
分包单位	—		分包项目经理					—					施工班组长	×××
主控项目		规范规定	施工单位检查评定记录										监理(建设)单位验收记录	
			1	2	3	4	5	6	7	8	9	10		
1	接地装置必须在地面以上按设计要求位置设测试点	第 24.1.1 条	√										√	
2	**测试接地电阻值必须符合设计要求**	**第 24.1.2 条**	√ 见接地测试记录											
3	防雷接地的人工接地装置的接地干线埋设	第 24.1.3 条	—											
4	接地模块埋深、间距、基坑尺寸等	第 24.1.4 条	—											
5	接地模块应垂直或水平就位，不应倾斜设置，保持与原土层接触良好	第 24.1.5 条	—											
一般项目		规范规定	施工单位检查评定记录										监理(建设)单位验收记录	
			1	2	3	4	5	6	7	8	9	10		
1	接地装置埋深，地极的垂直埋入和间距，搭接焊接、搭接长度及接头防腐	第 24.2.1 条	√										√	
2	接地装置采用热浸镀锌处理钢材，最小允许规格、尺寸符合要求	第 24.2.2 条	√											
3	接地模块应集中引线，并联焊接成一个环路，材质相同，采用热浸镀锌扁钢，引出线不少于 2 处	第 24.2.3 条	—											
施工单位检查评定结果	主控项目合格 一般项目满足规范要求 项目专业质量检查员：××× ×年×月×日													
监理(建设)单位验收结论	同意验收 监理工程师：××× (建设单位项目专业技术负责人) ×年×月×日													

注：1. 本表由施工项目专业质量检查员填写，监理工程师(建设单位项目技术负责人)组织项目专业质量(技术)负责人等进行验收。

2. 记录中定量项目填写数据，定性项目“符合规范要求”用√标注，结果和结论栏由本人签字。

建筑物等电位联结检验批质量验收记录

表 4-38

<table>
<tr><td colspan="2">工程名称</td><td colspan="4">××住宅楼</td><td colspan="10">验收部位</td><td>地下室</td></tr>
<tr><td colspan="2">施工单位</td><td colspan="4">××建筑工程公司</td><td colspan="10">项目经理</td><td>×××</td></tr>
<tr><td colspan="2">施工执行标准名称及编号</td><td colspan="4">建筑电气工程施工工艺标准(XJJ 025—2005)</td><td colspan="10">专业工长</td><td>×××</td></tr>
<tr><td colspan="2">分包单位</td><td colspan="2">—</td><td colspan="2">分包项目经理</td><td colspan="5">—</td><td colspan="5">施工班组长</td><td>×××</td></tr>
<tr><td colspan="3" rowspan="2">主控项目</td><td rowspan="2">规范规定</td><td colspan="12">施工单位检查评定记录</td><td rowspan="2">监理(建设)单位验收记录</td></tr>
<tr><td>1</td><td>2</td><td>3</td><td>4</td><td>5</td><td>6</td><td>7</td><td>8</td><td>9</td><td colspan="3">10</td></tr>
<tr><td>1</td><td colspan="2">建筑物等电位联结的要求</td><td>第 27.1.1 条</td><td colspan="12">√</td><td rowspan="5">√</td></tr>
<tr><td rowspan="4">2</td><td rowspan="4">等电位联结的线路最小允许截面(mm^2)</td><td>铜干线 16</td><td rowspan="4">第 27.1.2 条</td><td colspan="12" rowspan="4">√</td></tr>
<tr><td>铜支线 6</td></tr>
<tr><td>钢干线 50</td></tr>
<tr><td>钢支线 16</td></tr>
<tr><td colspan="3" rowspan="2">一般项目</td><td rowspan="2">规范规定</td><td colspan="12">施工单位检查评定记录</td><td rowspan="2">监理(建设)单位验收记录</td></tr>
<tr><td>1</td><td>2</td><td>3</td><td>4</td><td>5</td><td>6</td><td>7</td><td>8</td><td>9</td><td colspan="3">10</td></tr>
<tr><td>1</td><td colspan="2">等电位联结的可接近裸露导体或其他金属部件、构件与支线连接应可靠，熔焊、钎焊或机械紧固应导通正常</td><td>第 27.2.1 条</td><td colspan="12">√</td><td rowspan="2">√</td></tr>
<tr><td>2</td><td colspan="2">需等电位联结的高级装修金属部件或零件，应有专用接线螺栓与等电位联结支线连接，且有标识；连接处螺母紧固、防松零件齐全</td><td>第 27.2.2 条</td><td colspan="12">√</td></tr>
<tr><td colspan="2">施工单位检查评定结果</td><td colspan="15">主控项目合格
一般项目满足规范要求
项目专业质量检查员：×××
×年×月×日</td></tr>
<tr><td colspan="2">监理(建设)单位验收结论</td><td colspan="15">同意验收
监理工程师：×××
(建设单位项目专业技术负责人)
×年×月×日</td></tr>
</table>

注：1. 本表由施工项目专业质量检查员填写，监理工程师(建设单位项目技术负责人)组织项目专业质量(技术)负责人等进行验收。

2. 记录中定量项目填写数据，定性项目“符合规范要求”用√标注，结果和结论栏由本人签字。

第8节 电气工程安全和功能检验及主要功能抽查记录

一、照明全负荷试验记录

公用建筑照明系统通电连续试运行时间应为24h，民用住宅照明系统通电连续试运行时间应为8h。所有照明灯具均应开启，且每2h记录运行状态1次，连续试运行时间内无故障。照明全负荷试运行时不应分层、分段进行，应按供电系统进行。试运行应从总进线柜开始供电，不得甩掉总柜及总开关。

本工程照明全负荷试验记录1份(见表4-39)。

二、线路、插座、开关接线检验记录

当采用多相供电时，同一建筑物、构筑物的电线绝缘层颜色选择应一致，即保护地线(PN线)应是黄绿相间色，零线用淡蓝色；相线用：A相—黄色、B相—绿色、C相—红色。线路、插座、开关接线应符合设计及施工规范要求，逐一对接线进行检查。

本工程线路、插座、开关接线检验记录2份(见表4-40、表4-41)。

照明全负荷试验记录

表 4-39

<table>
<tr><td>工程名称</td><td>××住宅楼</td><td>试验部位</td><td colspan="2">全楼照明灯具</td></tr>
<tr><td>施工单位</td><td>××建筑工程公司</td><td>试验日期</td><td colspan="2">×月×日 10：00时至×月×日 18：00时</td></tr>
<tr><td>试验记录</td><td colspan="4">每户计灯具6盏，20户计120盏；地下室(包括公用灯)灯具计26盏。
所有照明灯具均开启，照明系统通电连续试运行时间8h，每2h记录运行状态1次，配电控制正确，空开、电度表、线路结点、温度及器具均运行正常，连续试运行时间内无障碍</td></tr>
<tr><td>施工单位检查结果</td><td colspan="4">试验记录满足《建筑电气工程施工质量验收规范》(GB 50303—2002)第23.1.2条规定
项目专业质量检查员：×××
×年×月×日</td></tr>
<tr><td></td><td>项目专业技术负责人</td><td>×××</td><td>专业工长（施工员）</td><td>×××</td></tr>
<tr><td>监理(建设)单位结论</td><td colspan="4">符合规范要求
监理工程师：×××
（建设单位项目专业技术负责人）
×年×月×日</td></tr>
</table>

灯具、插座、开关通电运行检验记录

表 4-40

工程名称	××住宅楼	试验部位	一单元电气系统
施工单位	××建筑工程公司	试验日期	×年×月×日

楼层回路	灯具								插座								开关							
	1	2	3	4	5	6	7	8	1	2	3	4	5	6	7	8	1	2	3	4	5	6	7	8
一层左户	✓	✓	✓	✓	✓	✓			✓ ✓	✓ ✓	✓ ✓	✓ ✓	✓	✓	✓	✓	✓	✓	✓	✓	✓			
一层右户	✓	✓	✓	✓	✓	✓			✓ ✓	✓ ✓	✓ ✓	✓ ✓	✓	✓	✓	✓	✓	✓	✓	✓	✓			
二层左户	✓	✓	✓	✓	✓	✓			✓ ✓	✓ ✓	✓ ✓	✓ ✓	✓	✓	✓	✓	✓	✓	✓	✓	✓			
二层右户	✓	✓	✓	✓	✓	✓			✓ ✓	✓ ✓	✓ ✓	✓ ✓	✓	✓	✓	✓	✓	✓	✓	✓	✓			
三层左户	✓	✓	✓	✓	✓	✓			✓ ✓	✓ ✓	✓ ✓	✓ ✓	✓	✓	✓	✓	✓	✓	✓	✓	✓			
三层右户	✓	✓	✓	✓	✓	✓			✓ ✓	✓ ✓	✓ ✓	✓ ✓	✓	✓	✓	✓	✓	✓	✓	✓	✓			
四层左户	✓	✓	✓	✓	✓	✓			✓ ✓	✓ ✓	✓ ✓	✓ ✓	✓	✓	✓	✓	✓	✓	✓	✓	✓			
四层右户	✓	✓	✓	✓	✓	✓			✓ ✓	✓ ✓	✓ ✓	✓ ✓	✓	✓	✓	✓	✓	✓	✓	✓	✓			
五层左户	✓	✓	✓	✓	✓	✓			✓ ✓	✓ ✓	✓ ✓	✓ ✓	✓	✓	✓	✓	✓	✓	✓	✓	✓			
五层右户	✓	✓	✓	✓	✓	✓			✓ ✓	✓ ✓	✓ ✓	✓ ✓	✓	✓	✓	✓	✓	✓	✓	✓	✓			
地下室	✓ ✓	✓ ✓	✓ ✓	✓ ✓	✓ ✓	✓	✓	✓									✓ ✓	✓ ✓	✓ ✓	✓ ✓	✓ ✓	✓	✓	✓

施工单位检查结果	灯头中心相线，插座左零、右火、上地，开关断相线 项目专业质量检查员：××× ×年×月×日		
	项目专业技术负责人	×××	专业工长（施工员） ×××
监理（建设）单位结论	符合规范要求 监理工程师：××× （建设单位项目专业技术负责人） ×年×月×日		

注：符合要求用√表示。

线路、插座、开关接线检验记录

表 4-41

工程名称	××住宅楼	试验部位	一单元电气系统
施工单位	××建筑工程公司	试验日期	×年×月×日

楼层回路	检验记录												
	线路					插座					开关		
	相线			零线	保护零线	相线			零线	保护零线	电源线、控制线（主、控）		
	黄	绿	红	蓝	双色	黄	绿	红	蓝	双色	单联	双联	三联
进户干线	A	B	C	N	PE								
一层左户	A			N	PE	A			N	PE	AA	AAA	
一层右户		B		N	PE		B		N	PE	BB	BBB	
二层左户			C	N	PE			C	N	PE	CC	CCC	
二层右户	A			N	PE	A			N	PE	AA	AAA	
三层左户		B		N	PE		B		N	PE	BB	BBB	
三层右户			C	N	PE			C	N	PE	CC	CCC	
四层左户	A			N	PE	A			N	PE	AA	AAA	
四层右户		B		N	PE		B		N	PE	BB	BBB	
五层左户			C	N	PE			C	N	PE	CC	CCC	
五层右户	A			N	PE	A			N	PE	AA	AAA	
左户地下室		B		N							BB		
右户地下室			C	N							CC		

施工单位检查结果	插座接线左零、右相、上地，开关控制相线，线路相序、色标一致 项目专业质量检查员：××× ×年×月×日		
	项目专业技术负责人	×××	专业工长（施工员）	×××

监理（建设）单位结论	符合规范要求 监理工程师：××× （建设单位项目专业技术负责人） ×年×月×日

注：A相—黄色，B相—绿色，C相—红色，零线—淡蓝色，PE—黄绿双色线。

第五章　建　筑　节　能

第1节　建筑节能文件目录

按照《建筑节能工程施工质量验收规范》GB 50411 第 15.0.6 条节能工程验收时应核查 12 项资料，本住宅工程施工过程中发生了 7 项，分 7 节进行说明。

本工程建筑节能工程组卷文件目录见表 5-1。

建筑节能文件目录

表 5-1

序号	施工文件	份数	备注
一	**图纸会审、设计变更、洽商记录**		
1	图纸会审	—	
二	**材料、配件出厂合格证书及进场检(试)验报告**		
1	主要材料质量证明文件、进场复验报告、见证试验记录	16	
三	**隐蔽工程验收记录**		
1	墙体基层处理	1	
2	墙体节能工程各层构造做法	1	
3	墙体节能工程施工	1	
4	墙体节能饰面基层	1	
5	外墙窗洞口四周侧边保温措施	1	
6	阴、阳角及门窗洞口加强措施	1	
7	外门窗框与洞口之间密封	1	
8	屋面隔气层	—	见屋面工程
9	地下室顶板、一层阳台底板保温层	1	
四	**分部、分项工程质量验收记录**		
1	建筑节能分部工程质量验收记录	1	

续表

序号	施工文件	份数	备注
2	墙体节能工程	1	
3	门窗节能工程	1	
4	屋面节能工程	1	
5	地面节能工程	1	
6	采暖节能工程	1	
7	配电与照明节能工程	1	
五	**建筑围护结构节能构造现场实体检验记录**		
1	外墙节能构造钻芯检验记录	1	
六	**外窗气密性现场检测报告**		
1	外窗气密性现场检验报告	1	
七	**系统节能性能检测**		
1	室内采暖温度测试记录	1	

第2节　图纸会审记录、设计变更和洽商记录

有关设计文件、图纸会审、设计变更、洽商记录详工程概况建筑部分、水暖部分、电气部分，通过图纸会审均已明确设计要求，故不另列图纸会审记录。

第3节　主要材料、设备和构件的质量证明文件、进场检验记录、进场核查记录、进场复验报告、见证试验报告

本节内容包括厂家提供的材料、设备质量证明文件，进口产品的商检证明。进场检验验收记录、抽样记录、见证记录及复验报告等。其中如果有不合格记录或试验报告时，应有采取技术处理的记录和复验合格的记录。

由于节能分部工程的部分材料按施工顺序先后已在其他有关分部工程中进行了进场验收，因此节能分部工程的材料、设备，凡是在其他分部工程中涉及的，其合格证、质量证明文件均归入相关分部，其他分部工程没有要求的见证复验报告均放入本章。

节能分部工程主要材料、设备出厂合格证及出厂检(试)验报告，均由生产厂家提供，详见节能分部工程。材料合格证、试验报告汇总表。见证取样、复验报告附后。

本工程节能材料合格证、检(试)验报告汇总表1份(见表5-2)。

EPS板、玻纤网、胶粘剂、抹面胶浆检验报告及见证记录见表5-3～表5-6。

节能材料合格证、检(试)验报告汇总表

表 5-2

工程名称	××住宅楼						
序号	名称	规格品种	数量	进场时间	出厂合格证检验报告编号	试验报告编号	见证取样
1	EPS板	85mm厚	300m²	×年×月×日	×× ××		
2	EPS板	80厚	300m²	×年×月×日	×× ××		
3	EPS板	70厚	1200m²	×年×月×日	×× ××	××	✓
4	XPS板	100厚	130m²	×年×月×日	×× ××	××	✓
5	玻纤网	160g/m²	2000m²	×年×月×日	×× ××	××	✓
6	胶粘剂	F型	6600kg	×年×月×日	×× ××	××	✓
7	抹面胶浆	F型	8200kg	×年×月×日	×× ××	××	✓
8	塑钢窗						
①		SPC1.5×1.5	40樘	×年×月×日	×× ××		
②		SPC1.8×1.5	20樘	×年×月×日	×× ××	××	✓
③		SPC1.2×1.5	10樘	×年×月×日	×× ××		
④		SPC3.3×1.5	20樘	×年×月×日	×× ××		
填表人	×××					共1页 第1页	

注：外窗合格证详见门窗合格证检(试)验报告汇总表，检验报告详见安全和功能检验资料核查记录。

检 验 报 告

表 5-3

<table>
<tr><td>产品名称</td><td colspan="3">EPS板</td><td>型号规格</td><td colspan="2">70mm厚 阻燃型</td></tr>
<tr><td>工程名称</td><td colspan="3">××住宅楼</td><td>报告编号</td><td colspan="2">×××</td></tr>
<tr><td>委托单位</td><td colspan="3">××建筑工程公司</td><td>委托日期</td><td colspan="2">×年×月×日</td></tr>
<tr><td>工程部位</td><td colspan="3">外墙保温</td><td>检验日期</td><td colspan="2">×年×月×日</td></tr>
<tr><td>见证单位</td><td colspan="3">××监理公司</td><td>检验地点</td><td colspan="2">×××</td></tr>
<tr><td>检验依据</td><td colspan="3">JGJ 144—2004</td><td>温、湿度</td><td colspan="2">20℃ 50%</td></tr>
<tr><td>生产单位</td><td colspan="3">××厂</td><td>委托项目</td><td colspan="2">密度，抗拉强度，
导热系数，尺寸稳定性</td></tr>
<tr><td colspan="2">检验项目</td><td>计量单位</td><td>质量指标</td><td colspan="2">检验结果</td><td>单项判定</td></tr>
<tr><td colspan="2">表观密度</td><td>kg/m³</td><td>20.0±2.0</td><td colspan="2">22.0</td><td>合格</td></tr>
<tr><td colspan="2">抗拉强度</td><td>kPa</td><td>≥0.10</td><td colspan="2">0.33</td><td>合格</td></tr>
<tr><td colspan="2">导热系数</td><td>W/(m·K)</td><td>≤0.041</td><td colspan="2">0.037</td><td>合格</td></tr>
<tr><td rowspan="3">尺寸稳定性</td><td>长</td><td rowspan="3">%</td><td rowspan="3">≤0.3</td><td colspan="2">0.3</td><td rowspan="3">合格</td></tr>
<tr><td>宽</td><td colspan="2">0.3</td></tr>
<tr><td>厚</td><td colspan="2">0.2</td></tr>
<tr><td>检验结论</td><td colspan="6">根据GB/T 10801.1—2002标准检验，该试样所检项目符合阻燃型绝热用模塑聚苯乙烯泡沫塑料要求

××检测站
（检测单位盖章）
×年×月×日</td></tr>
<tr><td>备注</td><td colspan="6">检验结果为各项目试样检测值的平均值（表观密度试样最小检测值为18kg/m³）</td></tr>
<tr><td>批准</td><td>×××</td><td colspan="2">审核</td><td></td><td>主检</td><td>×××</td></tr>
</table>

见 证 记 录

编号：×××

工程名称：××住宅楼

取样部位：外墙保温

样品名称：EPS板 取样基数 $1200m^2$ 取样数量 3块(1200mm×600mm)

取样地点：现场抽样 取样日期 ×年×月×日

见证记录：1．厂家：××厂

2．品种规格数量：70mm厚阻燃型EPS板 $1200m^2$

3．试样现场随机取样，方法正确

4．取样封存、标识、送检

新建A—001

见证取样和送检章

见证取样和送检印章：

取 样 人 签 字：×××

见 证 人 签 字：×××

记录日期：×年×月×日

检 验 报 告

表 5-4

产品名称	玻纤网			型号规格	160g/m²
委托单位	××建筑工程公司			样品商标	××
生产单位	××厂			检验类别	委托检验
工程名称	××住宅楼			样品等级	—
工程部位	外墙保温、地下室及一层阳台底板			委托日期	×年×月×日
检验依据	《外墙外保温工程技术规程》(JGJ 144－2004)			委托人	×××
见证单位	××监理公司			见证人	×××
样品数量	2m			样品状态	未发现影响测试的缺陷
委托项目	耐碱拉伸断裂强力，耐碱拉伸断裂强力保留率				
序号	检验项目	计量单位	质量指标	检验结果	单项判定
1	耐碱拉伸断裂强力	N/50mm	经向≥750	1044	达标
			纬向≥750	1000	
2	耐碱拉伸断裂强力保留率	%	经向≥50	66	达标
			纬向≥50	63	
检验结论	该样品经委托检验，所检项目达到 JGJ 144－2004 规程的要求 ××检测站 （检测单位盖章） ×年×月×日				
备注	检验结果为各项目试样检测值的平均值				
批准	×××	审核	×××	主检	×××

见 证 记 录

编号：×××

工程名称：××住宅楼

取样部位：外墙保温

样品名称：玻纤网 取样基数 2000m^2 取样数量 2m

取样地点：现场抽样 取样日期 ×年×月×日

见证记录：1. 厂家：××厂

2. 品种规格数量：160g/m^2，2000m^2

3. 试样现场随机取样，方法正确

4. 取样封存、标识、送检

新建 A—001

见证取样和送检章

见证取样和送检印章：

取 样 人 签 字：×××

见 证 人 签 字：×××

记录日期：×年×月×日

检 验 报 告

表 5-5

<table>
<tr><td colspan="2">产品名称</td><td>胶粘剂</td><td>型号规格</td><td>F 型</td></tr>
<tr><td colspan="2">工程名称</td><td>××住宅楼</td><td>报告编号</td><td>×××</td></tr>
<tr><td colspan="2">委托单位</td><td>××建筑工程公司</td><td>委托日期</td><td>×年×月×日</td></tr>
<tr><td colspan="2">工程部位</td><td>外墙保温</td><td>检验日期</td><td>×年×月×日</td></tr>
<tr><td colspan="2">见证单位</td><td>××监理公司</td><td>检验地点</td><td>×××</td></tr>
<tr><td colspan="2">检验依据</td><td>JC/T 144－2004</td><td>样品数量</td><td>4kg</td></tr>
<tr><td colspan="2">生产单位</td><td>××厂</td><td>委托项目</td><td>拉伸粘结强度</td></tr>
<tr><td colspan="3">检验项目</td><td>性能指标</td><td>检验结果</td></tr>
<tr><td rowspan="4">拉伸粘结强度</td><td rowspan="2">与水泥砂浆</td><td>原强度</td><td>≥0.60MPa</td><td>0.61MPa</td></tr>
<tr><td>耐水</td><td>≥0.40MPa</td><td>0.53MPa</td></tr>
<tr><td rowspan="2">与膨胀聚苯板</td><td>原强度</td><td>≥0.10MPa、破坏界面在膨胀聚苯板上</td><td>0.13MPa，苯板破坏</td></tr>
<tr><td>耐水</td><td>≥0.10MPa、破坏界面在膨胀聚苯板上</td><td>0.11MPa，苯板破坏</td></tr>
<tr><td>检验结论</td><td colspan="4">根据 JGJ 144－2004 标准检验，所检项目符合标准中技术指标要求

××检测站
（检测单位盖章）
×年×月×日</td></tr>
<tr><td>备注</td><td colspan="4"></td></tr>
<tr><td>批准</td><td>×××</td><td>审核</td><td>主检</td><td>×××</td></tr>
</table>

见 证 记 录

编号：×××

工程名称：××住宅楼

取样部位：外墙保温

样品名称：胶粘剂 取样基数 6600kg 取样数量 4kg

取样地点：现场抽样 取样日期 ×年×月×日

见证记录：1. 厂家：××厂

2. 品种规格数量：F型，6600kg

3. 试样现场随机取样，方法正确

4. 取样封存、标识、送检

新建 A—001

见证取样和送检章

见证取样和送检印章：

取 样 人 签 字：×××

见 证 人 签 字：×××

记录日期：×年×月×日

检 验 报 告

表 5-6

<table>
<tr><td>产品名称</td><td colspan="3">抹面胶浆</td><td>型号规格</td><td>F 型</td></tr>
<tr><td>工程名称</td><td colspan="3">××住宅楼</td><td>报告编号</td><td>×××</td></tr>
<tr><td>委托单位</td><td colspan="3">××建筑工程公司</td><td>委托日期</td><td>×年×月×日</td></tr>
<tr><td>工程部位</td><td colspan="3">外墙保温</td><td>检验日期</td><td>×年×月×日</td></tr>
<tr><td>见证单位</td><td colspan="3">××监理公司</td><td>检验地点</td><td>×××</td></tr>
<tr><td>检验依据</td><td colspan="3">JC/T 993－2006</td><td>样品数量</td><td>4kg</td></tr>
<tr><td>生产单位</td><td colspan="3">××厂</td><td>委托项目</td><td>拉伸粘结强度</td></tr>
<tr><td>检验项目</td><td colspan="4">性能指标</td><td>检验结果</td></tr>
<tr><td rowspan="2">拉伸粘结强度</td><td>原强度</td><td colspan="3">0.10MPa</td><td>0.05MPa</td></tr>
<tr><td>耐水</td><td colspan="3">0.10MPa</td><td>0.08MPa</td></tr>
<tr><td>检验结论</td><td colspan="5">根据 JGJ 144－2004 标准检验，所检项目符合标准中技术指标要求

××检测站
（检测单位盖章）
×年×月×日</td></tr>
<tr><td>备注</td><td colspan="5"></td></tr>
<tr><td>批准</td><td>×××</td><td>审核</td><td></td><td>主检</td><td>×××</td></tr>
</table>

见 证 记 录

编号：×××

工程名称：××住宅楼

取样部位：外墙保温

样品名称：抹面胶浆　取样基数　8200kg　取样数量　4kg

取样地点：现场抽样　取样日期　×年×月×日

见证记录：1. 厂家：××厂

2. 品种规格数量：F型，8200kg

3. 试样现场随机取样，方法正确

4. 取样封存、标识、送检

新建 A—001 见证取样和送检章

见证取样和送检印章：

取 样 人 签 字：×××

见 证 人 签 字：×××

记录日期：×年×月×日

第 4 节　隐蔽工程验收记录

本工程节能分部有以下隐蔽工程验收记录

1. 墙体节能分项

(1) 墙体基层处理隐蔽工程验收记录 1 份(见表 5-7);

(2) 墙体节能工程各层构造做法隐蔽验收记录 1 份(见表 5-8);

(3) 墙体节能工程施工隐蔽验收记录 1 份(见表 5-9);

(4) 墙体节能饰面基层隐蔽验收记录 1 份(见表 5-10);

(5) 外墙窗洞口四周侧边保温措施隐蔽验收记录 1 份(见表 5-11);

(6) 墙面节能工程加强网铺贴和搭接隐蔽验收记录 1 份(见表 5-12);

(7) 阴、阳角及门窗洞口加强措施隐蔽验收记录 1 份(见表 5-13)。

2. 门窗节能分项

外门窗框与洞口之间密封隐蔽验收记录 1 份(见表 5-14)。

3. 屋面节能分项

屋面隔气层隐蔽验收记录，见屋面工程隐蔽验收记录。

4. 地面节能分项

地下室顶板、阳台底板保温层隐蔽验收记录 1 份(见表 5-15)。

隐蔽工程验收记录

表 5-7

<table>
<tr><td>工程名称</td><td colspan="4">××住宅楼</td><td>建设单位</td><td colspan="2">××公司</td></tr>
<tr><td>施工单位</td><td colspan="4">××建筑工程公司</td><td>监理单位</td><td colspan="2">××监理公司</td></tr>
<tr><td>验收部位</td><td>墙体基层处理</td><td>验收日期</td><td colspan="2">×年×月×日</td><td>图号</td><td colspan="2">建施—×</td></tr>
<tr><td>隐蔽检查内容</td><td colspan="7">外墙砖砌体找平层无空鼓、裂缝，表面平整，洁净，各项技术指标符合 GB 50210 的规定</td></tr>
<tr><td>施工单位检查结果</td><td colspan="7">符合设计要求

项目专业质量检查员：×××
×年×月×日</td></tr>
<tr><td></td><td colspan="2">项目专业技术负责人</td><td>×××</td><td colspan="2">专业工长(施工员)</td><td colspan="2">×××</td></tr>
<tr><td>监理(建设)单位结论</td><td colspan="7">同意进行下道工序施工

监理工程师：×××
(建设单位项目专业技术负责人)
×年×月×日</td></tr>
</table>

隐蔽工程验收记录

表 5-8

<table>
<tr><td>工程名称</td><td colspan="3">××住宅楼</td><td>建设单位</td><td>××公司</td></tr>
<tr><td>施工单位</td><td colspan="3">××建筑工程公司</td><td>监理单位</td><td>××监理公司</td></tr>
<tr><td>验收部位</td><td>外墙保温构造层</td><td>验收日期</td><td>×年×月×日</td><td>图号</td><td>建施—×</td></tr>
<tr><td>隐蔽检查内容</td><td colspan="5">墙体保温构造层的做法从内到外为：砖墙→找平层→70mm 厚 EPS 板的粘贴→薄抹面层(内含玻纤网，2m 以下时为二布三浆)→涂料饰面。保温构造做法符合设计要求，施工方法符合施工方案</td></tr>
<tr><td>施工单位检查结果</td><td colspan="5">符合设计要求
项目专业质量检查员：×××
×年×月×日</td></tr>
<tr><td></td><td colspan="2">项目专业技术负责人</td><td>×××</td><td>专业工长(施工员)</td><td>×××</td></tr>
<tr><td>监理(建设)单位结论</td><td colspan="5">同意进行下道工序施工
监理工程师：×××
(建设单位项目专业技术负责人)
×年×月×日</td></tr>
</table>

隐蔽工程验收记录

表 5-9

<table>
<tr><td>工程名称</td><td colspan="3">××住宅楼</td><td>建设单位</td><td>××公司</td></tr>
<tr><td>施工单位</td><td colspan="3">××建筑工程公司</td><td>监理单位</td><td>××监理公司</td></tr>
<tr><td>验收部位</td><td>墙体节能工程施工</td><td>验收日期</td><td>×年×月×日</td><td>图号</td><td>结施—×</td></tr>
<tr><td>隐蔽检查内容</td><td colspan="5">1. EPS板的厚度为70mm，符合设计要求。
2. EPS板与墙体采用条粘法用胶粘剂进行黏结，涂胶粘剂的面积均不小于EPS板面积的40%，涂抹厚度为10～12mm，按施工方案错缝粘贴。EPS板与基层的黏结强度做现场拉拔试验，试验符合规范GB 50411第4.2.7条第2款的要求。见拉拔试验报告编号：×××</td></tr>
<tr><td rowspan="2">施工单位检查结果</td><td colspan="5">符合设计要求

项目专业质量检查员：×××
×年×月×日</td></tr>
<tr><td>项目专业技术负责人</td><td>×××</td><td colspan="2">专业工长(施工员)</td><td>×××</td></tr>
<tr><td>监理(建设)单位结论</td><td colspan="5">同意进行下道工序施工

监理工程师：×××
(建设单位项目专业技术负责人)
×年×月×日</td></tr>
</table>

隐蔽工程验收记录

表 5-10

<table>
<tr><td>工程名称</td><td colspan="3">××住宅楼</td><td>建设单位</td><td>××公司</td></tr>
<tr><td>施工单位</td><td colspan="3">××建筑工程公司</td><td>监理单位</td><td>××监理公司</td></tr>
<tr><td>验收部位</td><td>墙体节能饰面基层</td><td>验收日期</td><td>×年×月×日</td><td>图号</td><td>结施—×</td></tr>
<tr><td>隐蔽检查内容</td><td colspan="5">饰面基层无脱层、空鼓及裂缝，基层平整、洁净，含水率符合饰面层施工的要求</td></tr>
<tr><td>施工单位检查结果</td><td colspan="5">符合设计要求
项目专业质量检查员：×××
×年×月×日</td></tr>
<tr><td></td><td>项目专业技术负责人</td><td>×××</td><td colspan="2">专业工长(施工员)</td><td>×××</td></tr>
<tr><td>监理(建设)单位结论</td><td colspan="5">同意进行下道工序施工
监理工程师：×××
(建设单位项目专业技术负责人)
×年×月×日</td></tr>
</table>

隐蔽工程验收记录

表 5-11

<table>
<tr><td>工程名称</td><td colspan="3">××住宅楼</td><td>建设单位</td><td>××公司</td></tr>
<tr><td>施工单位</td><td colspan="3">××建筑工程公司</td><td>监理单位</td><td>××监理公司</td></tr>
<tr><td>验收部位</td><td>外墙窗口四周侧边保温</td><td>验收日期</td><td>×年×月×日</td><td>图号</td><td>建施—×</td></tr>
<tr><td>隐蔽检查内容</td><td colspan="5">外墙贴EPS板时已压玻纤网，窗口四周贴板时将玻纤网翻包粘贴在EPS板面</td></tr>
<tr><td rowspan="2">施工单位检查结果</td><td colspan="5">符合设计要求
项目专业质量检查员：×××
×年×月×日</td></tr>
<tr><td colspan="2">项目专业技术负责人</td><td>×××</td><td>专业工长(施工员)</td><td>×××</td></tr>
<tr><td>监理(建设)单位结论</td><td colspan="5">同意进行下道工序施工
监理工程师：×××
(建设单位项目专业技术负责人)
×年×月×日</td></tr>
</table>

隐蔽工程验收记录

表 5-12

<table>
<tr><td>工程名称</td><td colspan="3">××住宅楼</td><td colspan="2">建设单位</td><td>××公司</td></tr>
<tr><td>施工单位</td><td colspan="3">××建筑工程公司</td><td colspan="2">监理单位</td><td>××监理公司</td></tr>
<tr><td>验收部位</td><td>外墙保温加强网铺贴和搭接</td><td>验收日期</td><td colspan="2">×年×月×日</td><td>图号</td><td>建施—×</td></tr>
<tr><td>隐蔽检查内容</td><td colspan="6">1. 涂抹面胶浆时，EPS 板表面干燥无杂物。EPS 板表面的胶浆所抹面积略大于玻纤网的长和宽，厚度为 2mm，将玻纤网四面贴墙，从布中央向四周展开，将玻纤网嵌入到抹面胶浆中，玻纤网无皱折、虚粘现象。
2. 玻纤网周边搭接长度横向均大于 100mm，纵向均大于 80mm。
3. 2m 以下为二布三浆保护层，两层玻纤网之间有 1.5～2mm 抹面胶浆层</td></tr>
<tr><td rowspan="2">施工单位检查结果</td><td colspan="6">符合设计要求

项目专业质量检查员：×××
×年×月×日</td></tr>
<tr><td colspan="2">项目专业技术负责人</td><td>×××</td><td colspan="2">专业工长(施工员)</td><td>×××</td></tr>
<tr><td>监理(建设)单位结论</td><td colspan="6">同意进行下道工序施工

监理工程师：×××
(建设单位项目专业技术负责人)
×年×月×日</td></tr>
</table>

隐蔽工程验收记录

表 5-13

<table>
<tr><td>工程名称</td><td colspan="4">××住宅楼</td><td>建设单位</td><td>××公司</td></tr>
<tr><td>施工单位</td><td colspan="4">××建筑工程公司</td><td>监理单位</td><td>××监理公司</td></tr>
<tr><td>验收部位</td><td>阴、阳角及门窗洞口加强措施</td><td>验收日期</td><td colspan="2">×年×月×日</td><td>图号</td><td>建施—×</td></tr>
<tr><td>隐蔽检查内容</td><td colspan="6">1. 外墙阴阳角处增铺一层玻纤网，内层网与外层网的搭接长度≥150mm。
2. 洞口四个角附加 300mm×200mm 玻纤网</td></tr>
<tr><td>施工单位检查结果</td><td colspan="6">符合设计要求

项目专业质量检查员：×××
×年×月×日</td></tr>
<tr><td></td><td>项目专业技术负责人</td><td>×××</td><td colspan="2">专业工长(施工员)</td><td colspan="2">×××</td></tr>
<tr><td>监理(建设)单位结论</td><td colspan="6">同意进行下道工序施工

监理工程师：×××
(建设单位项目专业技术负责人)
×年×月×日</td></tr>
</table>

隐蔽工程验收记录

表 5-14

<table>
<tr><td>工程名称</td><td colspan="3">××住宅楼</td><td colspan="2">建设单位</td><td>××公司</td></tr>
<tr><td>施工单位</td><td colspan="3">××建筑工程公司</td><td colspan="2">监理单位</td><td>××监理公司</td></tr>
<tr><td>验收部位</td><td>外门窗框与洞口密封</td><td>验收日期</td><td colspan="2">×年×月×日</td><td>图号</td><td>建施—×</td></tr>
<tr><td>隐蔽检查内容</td><td colspan="6">外墙窗框与洞口之间采用聚氨酯泡沫填嵌密，外表面填密封膏</td></tr>
<tr><td>施工单位检查结果</td><td colspan="6">符合设计要求

项目专业质量检查员：×××
×年×月×日</td></tr>
<tr><td></td><td colspan="2">项目专业技术负责人</td><td>×××</td><td colspan="2">专业工长(施工员)</td><td>×××</td></tr>
<tr><td>监理(建设)单位结论</td><td colspan="6">同意进行下道工序施工

监理工程师：×××
(建设单位项目专业技术负责人)
×年×月×日</td></tr>
</table>

隐蔽工程验收记录

表 5-15

<table>
<tr><td>工程名称</td><td colspan="3">××住宅楼</td><td>建设单位</td><td>××公司</td></tr>
<tr><td>施工单位</td><td colspan="3">××建筑工程公司</td><td>监理单位</td><td>××监理公司</td></tr>
<tr><td>验收部位</td><td>地下室顶板阳台底板</td><td>验收日期</td><td>×年×月×日</td><td>图号</td><td>建施—×</td></tr>
<tr><td>隐蔽检查内容</td><td colspan="5">地下室顶板及一层阳台底板支好模板后，将保温板置于模板内侧。地下室顶板为EPS板薄抹面保温。一层阳台底板为100mm厚XPS板薄抹面保温。在板面刷界面剂，浇筑混凝土。</td></tr>
<tr><td>施工单位检查结果</td><td colspan="5">符合设计要求

项目专业质量检查员：×××
×年×月×日</td></tr>
<tr><td></td><td colspan="2">项目专业技术负责人</td><td>×××</td><td>专业工长(施工员)</td><td>×××</td></tr>
<tr><td>监理(建设)单位结论</td><td colspan="5">同意进行下道工序施工

监理工程师：×××
(建设单位项目专业技术负责人)
×年×月×日</td></tr>
</table>

第 5 节　分部、分项工程质量验收记录

按《建筑节能工程施工质量验收规范》(GB 50411)第 1.0.5 条规定，“单位工程竣工验收应在建筑节能分部工程验收合格后进行”，所以应先进行节能分部工程的验收。

依据《建筑节能工程施工质量验收规范》GB 50411，建筑节能分部含 10 个分项工程，具体到本工程仅含 6 个分项工程(墙体、门窗、屋面、地面、采暖、配电与照明)，按照《建筑节能工程施工质量验收规范》GB 50411 第 3.4.1 条规定，本工程节能分部各分项工程均不划分检验批，直接按分项工程进行验收。

附：分部工程质量验收记录、分项工程质量验收记录见表 5-16～表 5-22。

建筑节能分部工程质量验收记录

表 5-16

□□□□□□□□□□

工程名称	××住宅楼	结构类型	砖混	层数	五层
施工单位	××建筑工程公司	技术部门负责人	×××	质量部门负责人	×××
分包单位	—	分包单位负责人	—	分包技术负责人	—

序号	分项工程名称	施工单位检查评定结果	监理(建设)单位验收结论	监理工程师签字
1	墙体节能工程	符合规范要求	√	×××
2	幕墙节能工程	—	—	—
3	门窗节能工程	符合规范要求	√	×××
4	屋面节能工程	符合规范要求	√	×××
5	地面节能工程	符合规范要求	√	×××
6	采暖节能工程	符合规范要求	√	×××
7	通风与空调节能工程	—	—	—
8	空调与采暖系统的冷热源及管网节能工程	—	—	—
9	配电与照明节能工程	符合规范要求	√	×××
10	监测与控制节能工程	—	—	—
质量控制资料		资料完整	√	×××
外墙节能构造现场实体检验		符合设计要求	实体检验结论合格	×××
外窗气密性现场实体检测		符合设计要求	实体检测结论合格	×××
系统节能性能检测		符合设计要求	检测结论符合规范要求	×××

验收结论	同意验收		
其他参加验收人员：××× ××× ××× ××× ×××			
验收单位	分包单位：—	项目经理：—	×年×月×日
	施工单位：××建筑工程公司	项目经理：×××	×年×月×日
	设计单位：××设计院	项目负责人：×××	×年×月×日
	监理(建设)单位：××监理公司	总监理工程师：××× (建设单位项目负责人)	×年×月×日

注：本表由总监理工程师(建设单位项目负责人)组织施工单位项目负责人和技术、质量负责人等进行验收；设计单位工程项目负责人和施工单位技术、质量部门负责人也应参加相关分部工程验收。检查评定由施工单位填写，验收意见由监理单位填写，观感质量验收由验收各方共同商定，监理单位填写。“符合规范要求”用√标注。

墙体节能工程检验批/分项工程质量验收记录

表 5-17

□□□□□□□□□□

工程名称	××住宅楼			验收部位	墙体外侧
施工单位	××建筑工程公司			项目经理	×××
施工执行标准名称及编号	墙体节能施工方案			专业工长	×××
分包单位	—	分包项目经理	—	施工班组长	×××

	主控项目	规范规定	施工单位检查评定记录	监理(建设)单位验收记录
1	材料、构件等进场验收	第 4.2.1 条	√	√
2	**保温隔热材料和粘结材料的复验及性能**	**第 4.2.2 条** 第 4.2.3 条	√，见检验报告××	
3	严寒和寒冷地区外保温粘结材料的冻融试验结果	第 4.2.4 条	√	
4	基层处理情况	第 4.2.5 条	√	
5	各层构造做法	第 4.2.6 条	√	
6	**墙体节能工程的施工**	**第 4.2.7 条**	√	
7	预置保温板浇筑混凝土墙体	第 4.2.8 条	—	
8	保温浆料作保温层时，保温浆料的同条件养护试件应见证取样送检	第 4.2.9 条	—	
9	各类饰面层的基层及面层施工	第 4.2.10 条	√	
10	保温砌块砌筑的墙体施工	第 4.2.11 条	—	
11	预制保温板墙体施工	第 4.2.12 条	—	
12	隔气层的设置及做法	第 4.2.13 条	—	
13	外墙或毗邻不采暖空间墙体上的门窗洞口、凸窗四周的侧面的保温措施	第 4.2.14 条	√	
14	**外墙热桥部位的施工**	**第 4.2.15 条**	—	

	一般项目	规范规定	施工单位检查评定记录	监理(建设)单位验收记录
1	保温材料与构件的外观和包装	第 4.3.1 条	√	
2	加强网的铺贴和搭接	第 4.3.2 条	√	
3	设置空调房间外墙热桥部位	第 4.3.3 条	—	
4	穿墙套管、脚手架、孔洞等	第 4.3.4 条	√	
5	墙体保温板材接缝方法	第 4.3.5 条	√	
6	墙体采用保温浆料施工情况	第 4.3.6 条	—	
7	阳角、门窗洞口及不同材料基体的交接处等特殊部位	第 4.3.7 条	√	
8	现场喷涂或模板浇筑的有机类保温材料做外保温时，有机类保温材料应达到陈化时	第 4.3.8 条	—	

施工单位检查评定结果	检查评定合格 项目专业质量检查员：××× ×年×月×日
监理(建设)单位验收结论	同意验收 监理工程师：××× (建设单位项目专业技术负责人) ×年×月×日

注：1. 本表由施工项目专业质量检查员填写，监理工程师(建设单位项目技术负责人)组织项目专业质量(技术)负责人等进行验收。

2. 记录中定量项目填写数据，定性项目“符合规范要求”用√标注，结果和结论栏由本人签字。

门窗节能工程检验批/分项工程质量验收记录

表 5-18

□□□□□□□□□□

工程名称		××住宅楼			验收部位	全楼外门窗
施工单位		××建筑工程公司			项目经理	×××
施工执行标准名称及编号		墙体节能施工方案			专业工长	×××
分包单位		—	分包项目经理	—	施工班组长	×××
主控项目		规范规定	施工单位检查评定记录			监理(建设)单位验收记录
1	建筑外门窗的进场检验	第 6.2.1 条	√			√
2	**建筑外窗的气密性、保温性能、中空玻璃露点、玻璃遮阳系数等应符合设计要求**	**第 6.2.2 条**	√			
3	外窗的性能复验	第 6.2.3 条	√，见检验报告××			
4	建筑门窗采用的玻璃品种及中空玻璃应采用双道密封	第 6.2.4 条	√			
5	金属外门窗隔断热桥措施	第 6.2.5 条	—			
6	严寒、寒冷、夏热冬冷地区建筑外窗的气密性现场实体检验	第 6.2.6 条	√，见实体检测报告××			
7	外门窗框或副框与洞口之间的密封；外门窗框与副框之间的密封	第 6.2.7 条	√			
8	严寒、寒冷地区的外门安装	第 6.2.8 条	—			
9	外窗遮阳设施的性能及安装	第 6.2.9 条	—			
10	特种门的性能及安装	第 6.2.10 条	√			
11	天窗安装	第 6.2.11 条	—			
一般项目		规范规定	施工单位检查评定记录			监理(建设)单位验收记录
1	门窗扇镶嵌和玻璃的密封条的性能及安装	第 6.3.1 条	√			√
2	门窗镀(贴)膜玻璃的安装方向及中空玻璃的密封处理	第 6.3.2 条	—			
3	外门窗遮阳设施调节应灵活，能调节到位	第 6.3.3 条	—			
施工单位检查评定结果		检查评定合格 项目专业质量检查员：××× ×年×月×日				
监理(建设)单位验收结论		同意验收 监理工程师：××× (建设单位项目专业技术负责人) ×年×月×日				

注：1. 本表由施工项目专业质量检查员填写，监理工程师(建设单位项目技术负责人)组织项目专业质量(技术)负责人等进行验收。
2. 记录中定量项目填写数据，定性项目“符合规范要求”用√标注，结果和结论栏由本人签字。

屋面节能工程检验批/分项工程质量验收记录

表 5-19

□□□□□□□□□□

<table>
<tr><td colspan="2">工程名称</td><td colspan="3">××住宅楼</td><td>验收部位</td><td>屋面</td></tr>
<tr><td colspan="2">施工单位</td><td colspan="3">××建筑工程公司</td><td>项目经理</td><td>×××</td></tr>
<tr><td colspan="2">施工执行标准名称及编号</td><td colspan="3">屋面工程施工工艺标准(XJJ 021—2005)</td><td>专业工长</td><td>×××</td></tr>
<tr><td colspan="2">分包单位</td><td>—</td><td>分包项目经理</td><td>—</td><td>施工班组长</td><td>×××</td></tr>
<tr><td colspan="2">主控项目</td><td>规范规定</td><td colspan="3">施工单位检查评定记录</td><td>监理(建设)单位验收记录</td></tr>
<tr><td>1</td><td>保温隔热材料进场检验</td><td>第7.2.1条</td><td colspan="3">√</td><td rowspan="8">√</td></tr>
<tr><td>2</td><td>保温隔热材料性能应符合设计要求</td><td>第7.2.2条</td><td colspan="3">√</td></tr>
<tr><td>3</td><td>保温隔热材料的性能进场见证取样复验</td><td>第7.2.3条</td><td colspan="3">√，见检验报告××</td></tr>
<tr><td>4</td><td>保温隔热层的施工</td><td>第7.2.4条</td><td colspan="3">√</td></tr>
<tr><td>5</td><td>通风隔热架空层的施工</td><td>第7.2.5条</td><td colspan="3">—</td></tr>
<tr><td>6</td><td>采光屋面的性能及节点的构造做法</td><td>第7.2.6条</td><td colspan="3">—</td></tr>
<tr><td>7</td><td>采光屋面的安装</td><td>第7.2.7条</td><td colspan="3">—</td></tr>
<tr><td>8</td><td>屋面的隔气层位置应符合设计要求，隔气层应完整、严密</td><td>第7.2.8条</td><td colspan="3">√</td></tr>
<tr><td colspan="2">一般项目</td><td>规范规定</td><td colspan="3">施工单位检查评定记录</td><td>监理(建设)单位验收记录</td></tr>
<tr><td>1</td><td>屋面保温隔热层的施工</td><td>第7.3.1条</td><td colspan="3">√</td><td rowspan="3">√</td></tr>
<tr><td>2</td><td>金属板保温夹芯屋面的施工</td><td>第7.3.2条</td><td colspan="3">—</td></tr>
<tr><td>3</td><td>坡屋面、内架空屋面当采用敷设于屋面内侧的保温材料做保温隔热层时的施工</td><td>第7.3.3条</td><td colspan="3">—</td></tr>
<tr><td colspan="2">施工单位
检查评定结果</td><td colspan="5">检查评定合格

项目专业质量检查员：×××
×年×月×日</td></tr>
<tr><td colspan="2">监理(建设)
单位验收结论</td><td colspan="5">同意验收

监理工程师：×××
(建设单位项目专业技术负责人)
×年×月×日</td></tr>
</table>

注：1. 本表由施工项目专业质量检查员填写，监理工程师(建设单位项目技术负责人)组织项目专业质量(技术)负责人等进行验收。

2. 记录中定量项目填写数据，定性项目“符合规范要求”用√标注，结果和结论栏由本人签字。

地面节能工程检验批/分项工程质量验收记录

表 5-20

□□□□□□□□□□□

<table>
<tr><td colspan="2">工程名称</td><td colspan="3">××住宅楼</td><td>验收部位</td><td>首层地面及阳台</td></tr>
<tr><td colspan="2">施工单位</td><td colspan="3">××建筑工程公司</td><td>项目经理</td><td>×××</td></tr>
<tr><td colspan="2">施工执行标准名称及编号</td><td colspan="3">地面节能工程施工方案</td><td>专业工长</td><td>×××</td></tr>
<tr><td colspan="2">分包单位</td><td>—</td><td>分包项目经理</td><td>—</td><td>施工班组长</td><td>×××</td></tr>
<tr><td colspan="2">主控项目</td><td>规范规定</td><td colspan="3">施工单位检查评定记录</td><td>监理(建设)单位验收记录</td></tr>
<tr><td>1</td><td>用于地面节能工程的保温材料，其品种、规格应符合设计要求和相关标准的规定</td><td>第 8.2.1 条</td><td colspan="3">√</td><td rowspan="9">√</td></tr>
<tr><td>2</td><td>保温材料，其导热系数、密度、抗压强度或压缩强度、燃烧性能应符合设计要求</td><td>第 8.2.2 条</td><td colspan="3">√</td></tr>
<tr><td>3</td><td>保温材料进场应进行见证取样复验</td><td>第 8.2.3 条</td><td colspan="3">√，见检验报告××</td></tr>
<tr><td>4</td><td>地面节能工程施工前，应对基层进行处理，使其达到设计和施工方案的要求</td><td>第 8.2.4 条</td><td colspan="3">√</td></tr>
<tr><td>5</td><td>地面保温层、隔离层、保护层等各层的设置和构造做法以及保温层的厚度应符合设计要求，并应按施工方案施工</td><td>第 8.2.5 条</td><td colspan="3">√</td></tr>
<tr><td>6</td><td>地面节能工程的施工质量应符合规范规定</td><td>第 8.2.6 条</td><td colspan="3">√</td></tr>
<tr><td>7</td><td>有防水要求的地面，其节能保温做法不得影响地面排水坡度，保温层面层不得渗漏</td><td>第 8.2.7 条</td><td colspan="3">—</td></tr>
<tr><td>8</td><td>严寒、寒冷地区的建筑首层直接与土壤接触的地面、采暖地下室与土壤接触的外墙、毗邻不采暖空间的地面以及底面直接接触室外空气的地面应按设计要求采取保温</td><td>第 8.2.8 条</td><td colspan="3">√</td></tr>
<tr><td>9</td><td>保温层的表面防潮层、保护层应符合设计要求</td><td>第 8.2.9 条</td><td colspan="3">√</td></tr>
<tr><td colspan="2">一般项目</td><td>规范规定</td><td colspan="3">施工单位检查评定记录</td><td>监理(建设)单位验收记录</td></tr>
<tr><td>1</td><td>采用地面辐射采暖的工程，其地面节能做法应符合设计要求，并应符合《地面辐射供暖技术规程》JGJ 142 的规定</td><td>第 8.3.1 条</td><td colspan="3">—</td><td>—</td></tr>
<tr><td colspan="2">施工单位
检查评定结果</td><td colspan="5">检查评定合格
项目专业质量检查员：×××
×年×月×日</td></tr>
<tr><td colspan="2">监理(建设)
单位验收结论</td><td colspan="5">同意验收
监理工程师：×××
(建设单位项目专业技术负责人)
×年×月×日</td></tr>
</table>

注：1. 本表由施工项目专业质量检查员填写，监理工程师(建设单位项目技术负责人)组织项目专业质量(技术)负责人等进行验收。

2. 记录中定量项目填写数据，定性项目“符合规范要求”用√标注，结果和结论栏由本人签字。

采暖节能工程检验批/分项工程质量验收记录

表 5-21

□□□□□□□□□□□

<table>
<tr><td colspan="2">工程名称</td><td colspan="3">××住宅楼</td><td>验收部位</td><td>全部采暖系统</td></tr>
<tr><td colspan="2">施工单位</td><td colspan="3">××建筑工程公司</td><td>项目经理</td><td>×××</td></tr>
<tr><td colspan="2">施工执行标准名称及编号</td><td colspan="3">建筑给水排水及采暖工程施工工艺标准(XJJ 024—2005)</td><td>专业工长</td><td>×××</td></tr>
<tr><td colspan="2">分包单位</td><td>—</td><td>分包项目经理</td><td>—</td><td>施工班组长</td><td>×××</td></tr>
<tr><td colspan="2">主控项目</td><td>规范规定</td><td colspan="3">施工单位检查评定记录</td><td>监理(建设)单位验收记录</td></tr>
<tr><td>1</td><td>材料设备进场验收</td><td>第 9.2.1 条</td><td colspan="3">√</td><td rowspan="10">√</td></tr>
<tr><td>2</td><td>散热器和保温材料进场见证取样复验</td><td>第 9.2.2 条</td><td colspan="3">√，见检验报告××</td></tr>
<tr><td>3</td><td>采暖系统的安装</td><td>第 9.2.3 条</td><td colspan="3">√</td></tr>
<tr><td>4</td><td>散热器的安装</td><td>第 9.2.4 条</td><td colspan="3">√</td></tr>
<tr><td>5</td><td>散热器恒温阀的安装</td><td>第 9.2.5 条</td><td colspan="3">√</td></tr>
<tr><td>6</td><td>低温热水地面辐射供暖系统的安装</td><td>第 9.2.6 条</td><td colspan="3">—</td></tr>
<tr><td>7</td><td>采暖系统热力入口装置的安装</td><td>第 9.2.7 条</td><td colspan="3">√</td></tr>
<tr><td>8</td><td>采暖管道保温层和防潮层的施工</td><td>第 9.2.8 条</td><td colspan="3">√</td></tr>
<tr><td>9</td><td>采暖系统的隐蔽进行验收及记录</td><td>第 9.2.9 条</td><td colspan="3">—</td></tr>
<tr><td>10</td><td>采暖系统安装完毕后的调试</td><td>第 9.2.10 条</td><td colspan="3">√</td></tr>
<tr><td colspan="2">一般项目</td><td>规范规定</td><td colspan="3">施工单位检查评定记录</td><td>监理(建设)单位验收记录</td></tr>
<tr><td>1</td><td>过滤器等配件的保温施工</td><td>第 9.3.1 条</td><td colspan="3">√</td><td>√</td></tr>
<tr><td colspan="2">施工单位
检查评定结果</td><td colspan="5">检查评定合格

项目专业质量检查员：×××
×年×月×日</td></tr>
<tr><td colspan="2">监理(建设)
单位验收结论</td><td colspan="5">同意验收

监理工程师：×××
(建设单位项目专业技术负责人)
×年×月×日</td></tr>
</table>

注：1. 本表由施工项目专业质量检查员填写，监理工程师(建设单位项目技术负责人)组织项目专业质量(技术)负责人等进行验收。

2. 记录中定量项目填写数据，定性项目“符合规范要求”用√标注，结果和结论栏由本人签字。

配电与照明节能工程检验批/分项工程质量验收记录

表 5-22

□□□□□□□□□□□

工程名称	××住宅楼			验收部位	1、2单元
施工单位	××建筑工程公司			项目经理	×××
施工执行标准名称及编号	建建筑电气工程施工工艺标准（XJJ 025—2005）			专业工长	×××
分包单位	—	分包项目经理	—	施工班组长	×××

	主控项目	规范规定	施工单位检查评定记录	监理（建设）单位验收记录
1	照明光源、灯具及其附属装置的选择必须符合设计要求，进场要进行验收，质量证明文件和相关技术资料应齐全，并应符合国家现行有关标准和规定	第 12.2.1 条	√	
2	**低压配电系统选择的电缆、电线截面不得低于设计值，进场时应对其截面和每芯导体电阻值进行见证取样送检。每芯导体电阻值应符合规范表 12.2.2 的规定**	**第 12.2.2 条**	√，见检验报告××	√
3	工程安装完成后应对低压配电系统进行调试，调试合格后应对低压配电电源质量进行检测，并符合规范规定	第 5.2.3 条	√	
4	在通电试运行中，应测试并记录照明系统的照度和功率密度值，并符合规范规定	第 12.2.4 条	—	
	一般项目	规范规定	施工单位检查评定记录	监理（建设）单位验收记录
1	母线与母线或母线与电器接线端子，当采用螺栓搭接连接时，应采用力矩扳手拧紧，制作应符合《建筑电气工程施工质量验收规范》GB 50303 标准中有关规定	第 12.3.1 条	√	
2	交流单芯电缆或分相后的每相电缆宜品字形（三叶形）敷设，且不得形成闭合铁磁回路	第 12.3.2 条	√	√
3	三相照明配电干线的各相负荷宜分配平衡，其最大相负荷不宜超过三相负荷平均值的 115%，最小相负荷不宜小于三相负荷平均值的 85%	第 12.3.3 条	√	

施工单位检查评定结果	检查评定合格 项目专业质量检查员：××× ×年×月×日
监理（建设）单位验收结论	同意验收 监理工程师：××× （建设单位项目专业技术负责人） ×年×月×日

注：1. 本表由施工项目专业质量检查员填写，监理工程师（建设单位项目技术负责人）组织项目专业质量（技术）负责人等进行验收。

2. 记录中定量项目填写数据，定性项目“符合规范要求”用√标注，结果和结论栏由本人签字。

第6节　建筑围护结构节能构造现场实体检验记录

按《建筑节能工程施工质量验收规范》GB 50411 第 14.1.4 条第 1 款的规定，本单位工程抽三处外墙做现场实体检验。抽样位置为一层①轴，二层Ⓓ轴，一层⑬轴。

本工程外墙节能构造钻芯检验记录 1 份(见表 5-23)。

外墙节能构造钻芯检验记录

表 5-23

工程名称	××住宅楼	报告编号	×××
建设单位	地下室柱、梁、板、楼梯	委托编号	×××
监理单位	××监理公司	检测日期	×年×月×日
施工单位	××建筑工程公司	联系人/联系电话	×××
检测依据	GB 50411—2007	设计保温材料	EPS板
节能设计单位	××设计院	设计保温层厚度	70mm

	检验项目	芯样 1	芯样 2	芯样 3
检验结果	取样部位	①轴线/一层	Ⓓ轴线/二层	⑬轴线/一层
	芯样外观	完整√/基本 完整/破碎	完整/基本√ 完整/破碎	完整√/基本 完整/破碎
	保温材料种类	EPS板	EPS板	EPS板
	保温层厚度	70mm	72mm	69mm
	平均厚度	70mm		
	围护结构 分层做法	1. 找平层； 2. 胶粘剂； 3. EPS板； 4. 玻纤网； 5. 薄抹面层	1. 找平层； 2. 胶粘剂； 3. EPS板； 4. 玻纤网； 5. 薄抹面层	1. 找平层； 2. 胶粘剂； 3. EPS板； 4. 玻纤网； 5. 薄抹面层
	照片编号	07-001	07-002	07-003

结论：	见证意见：
墙体保温材料品种，规格及构造做法符合设计及施工方案要求。保温层平均厚度 70mm，最小值 69mm，符合 GB 50411 第 C.0.8 条的要求	1. 抽样方法符合规定； 2. 现场钻芯取样真实； 3. 芯样照片真实 见证人：×××

批准	×××	审核	×××	检验	×××
检验单位	(印章)		报告日期 ×年×月×日		

第7节　外窗气密性现场检测报告

按《建筑节能工程施工质量验收规范》GB 50411 第 14.1.4 条第 2 款的规定，本单位工程抽三樘外窗做现场气密性检验。抽样位置为二层Ⓓ轴、①轴、②轴之间窗，五层Ⓓ轴、⑫轴、⑬轴之间窗，三层Ⓐ轴、④轴、⑥轴之间窗。

本工程外窗气密性现场检验报告 1 份(见表 5-24)。

门窗检验报告

表 5-24

产品名称	PVC 塑料窗	规格、型号	SPC1.8×1.5
工程名称	××住宅楼	商标	××
工程部位	外窗	报告编号	×××
委托单位	××建筑工程公司	委托日期	×××
见证单位	—	见证人	—
生产单位	××厂	送样人	×××
样品数量	3 樘	委托项目	气密性
代表批量	88 樘		
试件面积	2.7m^2	检验类别	委托检验
开启缝长	5.44m	受力杆测点间距	1720mm
玻璃品种	平板	玻璃最大尺寸	700mm×1000mm
挡水高度	1.8cm	开启密封条材料	橡皮条
五金配件	双锁点	镶嵌材料	压条
样品状态	未发现影响测试的缺陷	镶嵌方法	干法
检验依据	建筑外窗气密性能分级及检测方法(GB/T 7107—2002)		
检验结论	该样品经检验，气密性能正压、负压均达到 GB/T 7107—2002 标准规定的 4 级窗要求 ××检测站 (检验专用章) 签发日期：×年×月×日		
备注			

批准	×××	审核	×××	主检	×××

续表

检验项目			计量单位	实测值			单项判定	
				第一樘	第二樘	第三樘		
建筑外窗的气密性能	10Pa 下单缝长空气渗透量	正压	$m^3/(m \cdot h)$	0.69	0.7	0.62	0.7	4级
		负压		0.58	0.58	0.55	0.6	4级
	10Pa 下单位面积空气渗透量	正压	$m^3/(m \cdot h)$	1.92	1.80	1.82	1.8	4级
		负压		1.56	1.55	1.54	1.6	4级

窗户示意图

备注					
批准	×××	审核	×××	主检	×××

第 8 节　系统节能性能检测

交工时属非采暖期，按施工合同约定采暖后补做系统节能性能检测，按《建筑节能工程施工质量验收规范》GB 50411 第 14.2.2 条规定，由业主、监理及施工单位约定，确定抽样房间。

本工程室内采暖温度测试记录 1 份(见表 5-25)。

室内测温应按 JGJ 132—2001 第 4.3.1 条规定执行，测温持续时间为 168h。

平均值系代表房间逐时检测值的平均值。

平均温度检测房间温度平均值及房间面积的加权平均值。

室内采暖温度测试记录

表 5-25

工程名称	××住宅楼			建设单位	××公司
监理单位	××监理公司			测试日期	×年×月×日
施工单位	××建筑工程公司			设计温度	18℃
测试部位	平均值(℃)	测试部位	平均值(℃)	测试部位	平均值(℃)
1-101-主卧	16	2-401-次卧	17		
1-102-客厅	19	2-402-主卧	16.5		
2-101-次卧	18.5	1-501-主卧	16.5		
2-102-主卧	16.5	1-502-客厅	18.5		
1-201-主卧	16.5	2-501-次卧	18		
1-202-客厅	17.5	2-502-主卧	16		
2-201-次卧	18				
2-202-主卧	16.5				
1-301-主卧	17				
1-302-客厅	17.5				
2-301-次卧	17				
2-302-主卧	16				
1-401-主卧	16.5				
1-402-客厅	17.5				
平均温度	17.3℃				
施工单位检查结果	经测试室内采暖房间的平均温度为17.3℃，符合设计及《建筑节能工程施工质量验收规范》GB 50411第14.2.2条的要求 项目专业质量检查员：××× ×年×月×日				
	项目专业技术负责人	×××	专业工长(施工员)	×××	
监理(建设)单位结论	符合设计及《建筑节能工程施工质量验收规范》GB 50411第14.2.2条的要求 监理工程师：××× 建设单位项目专业技术负责人：××× ×年×月×日				

第六章　单位工程质量验收

第1节　单位工程质量验收文件目录

本工程单位工程质量验收组卷目录见表6-1。

单位工程质量验收文件目录

表6-1

序号	施工文件	份数	备注
一	单位(子单位)工程质量控制资料核查记录	1	
二	单位(子单位)工程安全和功能检验资料核查及主要功能抽查记录	1	
三	单位(子单位)工程观感质量检查记录	1	
四	单位(子单位)质量竣工验收记录	1	

第2节　单位工程质量控制资料核查记录

质量控制资料对一个单位工程来讲，主要是判定其是否能够反映保证结构安全和主要使用功能是否达到设计要求，如果能够反映出来，即使按标准及规范要求有少量欠缺时，也可以认可。因此，在标准中规定质量控制资料应完整。但在检验批验收时都应具备完整的施工操作依据、质量检查资料。对单位工程质量控制资料完整的判定，通常情况下可按以下进行判定。

(1) 该有的项目都有了。在单位工程质量控制资料核查记录表中，应该有的项目都有了，如建筑与结构项目中，共有11项资料，本住宅工程中施工过程中没有出现质量事故，没有使用预制构件及预拌混凝土，故质量控制资料核查记录表中没有第7项和第10项，该有的项目有9项就行了。

(2) 在每个资料中该有的数据有了。在各项资料中，每一项资料应该有的数据有了。资料中应该证明的材料、工程性能的数据必须具备，如果其重要数据没有或不完备，这项资料就是无效的，就是有这样的资料，也证明不了该材料、工程性能，也不能算资料完整，如水泥复试报告，通常其安定性、强度、初凝、终凝时间必须有确切的数据及结论。这样可判定其应有的数据有了。

由于每个工程的具体情况不一，因此什么是资料完整，要视工程特点和已有资料的情况而定。总之，有一点验收人员应掌握的，看其是否可以反映工程的结构安全和使用功能，是否达到设计要求。如果资料能表明该工程结构安全和使用功能符合设计要求，施工过程质量控制有效，质量责任清晰，则认为是完整。否则，不能判为完整。

一、建筑与结构

(1) 图纸会审、设计变更、洽商记录

有1份由设计、施工、监理、建设单位共同签署的图纸会审纪要，设计对施工提出的几个问题作出了明确说明。

(2) 工程定位测量、放线记录

有1份由设计指定高程控制点的，按规划红线的定位测量放线记录。

有1份基槽放线记录。

有6份楼层放线记录。

(3) 原材料合格证及进场检验报告

1) 钢筋出厂合格证、检验报告

工程所用HPB235级ϕ6、ϕ8、ϕ10、ϕ12、ϕ14和HRB335级ϕ20规格钢筋为新疆八一钢铁集团有限责任公司生产，分三次进场，共有出厂合格证11份。

对进场的各种规格的钢筋均进行了检验，共有检验报告7份。

按规定数量30%见证取样和送检，有4份见证记录，规格为HPB235级ϕ10、ϕ12、ϕ14和HRB335级ϕ20。

各种钢筋规格进场数量与工程实际用量基本相符。

2) 水泥

有5份水泥出厂合格证。

对进场水泥均进行了检验，有 5 份检验报告。

按规定数量 30%见证取样和送检，有 2 份见证记录。

3）烧结普通多孔砖

有 5 份烧结普通多孔砖出厂合格证。

对进场烧结普通多孔砖均进行了检验，有 5 份检验报告。

按规定数量 30%见证取样和送检，有 2 份见证记录。

4）砂石料

砌筑用砂、普通混凝土用砂、石子对所有进场批次均进行送样，共有检验报告 11 份。

有 2 份陶粒出厂合格证，2 份出厂检验报告，2 份进场复试检验报告。

5）防水材料

有 1 份聚氨酯防水涂料出厂合格证，1 份出厂检验报告，1 份进场复试检验报告，1 份见证记录。

有 1 份 SBS 卷材出厂合格证，1 份出厂检验报告，1 份进场复试检验报告，1 份见证记录。

6）外加剂

有 1 份早强减水剂出厂合格证，1 份出厂检验报告，1 份进场复试检验报告，1 份见证记录。

有 1 份掺合料(粉煤灰)出厂合格证，1 份出厂检验报告，1 份进场复试检验报告，1 份见证记录。

7）门窗

有 9 份门窗出厂合格证，9 份出厂检验报告，包括四种规格的塑钢窗、木门、金属防盗门、单元门、钢门、钢窗。

8）其他材料

有 17 份其他不同材料出厂合格证，10 份出厂检验报告。

(4) 施工试验报告及见证检测报告

有 1 份见证取样和送检见证人备案书，甲乙双方明确检测单位和见证人。

1）回填土密实度检测报告

有 1 份土工(击实)试验报告，1 份房心回填土密度检验记录，2 份基坑回填土密度检验记录，各测点回填土密实度检测结果均符合设计要求。

2）钢筋焊接试验报告

有 1 份 ϕ20 钢筋闪光对焊检验报告，1 份见证记录。

焊接力学性能符合规范要求。

3）混凝土

① 地基与基础工程：

有 1 份混凝土标养试块强度统计评定记录。

有 4 份混凝土强度标养试块试验报告。试块的留置数量符合《混凝土结构工程施工质量验收规范》GB 50204 第 7.4.1 条强制性条文要求。

有 2 份见证记录。

地基与基础工程混凝土强度符合《混凝土强度检验评定标准》GBJ 107 要求。

② 主体结构工程：

有 1 份混凝土标养试块强度统计评定记录。

有 10 份混凝土强度标养试块试验报告。其中每层留有 2 组混凝土标养试块，共计 10 组。试块的留置数量符合《混凝土结构工程施工质量验收规范》GB 50204 第 7.4.1 条强制性条文要求。

有 4 份见证记录。

主体结构工程混凝土强度符合《混凝土强度检验评定标准》GBJ 107 要求。

③ 地面工程：

有 2 份混凝土强度标养试块试验报告，5 份陶粒混凝土强度标养试块试验报告。强度均符合设计要求。

④ 屋面工程

有 1 份陶粒混凝土强度标养试块试验报告，强度符合设计要求。

4）建筑砂浆

① 地基与基础工程：

有 1 份砌筑砂浆试块强度评定记录，砂浆强度符合《砌体工程施工质量验收规范》GB 50203 第 4.0.12 条规定。

有 3 份砂浆强度标养试块试验报告，其中 1 份为填充墙砌筑砂浆。

有 1 份见证记录。

② 主体结构工程：

有 1 份 M10 和 1 份 M7.5 砌筑砂浆试块强度评定记录，砂浆强度符合《砌体工程施工质量验收规范》GB 50203 第 4.0.12 条规定。

有 7 份 M10 砂浆强度标养试块试验报告，其中 1 份为填充墙砌筑砂浆。

有 5 份 M7.5 砂浆强度标养试块试验报告，其中 1 份为填充墙砌筑砂浆。

有 4 份见证记录。

③ 地面工程

有 7 份室内地面面层和楼梯间地面水泥砂浆强度标养试验报告，砂浆强度符合《建筑地面工程施工质量验收规范》GB 50209 第 5.3.3 条，水泥砂浆面层强度等级不应小于 M15 的规定。

(5) 隐蔽工程验收记录

建筑与结构隐蔽工程验收记录共有 29 份。

1）地基与基础工程

地基与基础工程隐蔽工程记录 4 份。

2）主体结构工程

主体分部工程隐蔽工程验收记录 11 份。

3）屋面工程

屋面分部工程隐蔽工程验收记录 3 份。

4）装饰装修工程

装饰装修工程隐蔽验收记录 10 份。

隐蔽工程验收记录内容均符合规范要求，记录签证齐全。

(6) 施工记录

施工记录 29 份。

1) 地基验槽记录 1 份。

2) 混凝土专业施工记录 6 份。

3) 砌体专业施工记录 6 份。

4) 混凝土开盘鉴定记录 2 份。

5) 混凝土设计配合比 3 份，混凝土施工配合比 9 份。

6) 砂浆配合比 2 份。

(7) 地基基础、主体结构检验及抽样检测资料

1) 地基、基础结构检验及抽样检测资料

① 有 1 份混凝土同条件养护试块强度统计评定记录，混凝土强度符合《混凝土强度检验评定标准》GBJ 107 要求。

② 混凝土同条件养护试块强度检验报告 2 份，见证记录 2 份。

③ 梁钢筋保护层厚度检验记录 1 份，板钢筋保护层厚度检验记录 1 份。

抽样检测结果满足设计和施工质量验收规范规定。

2) 主体结构检验及抽样检测资料

① 有 1 份混凝土同条件养护试块强度统计评定记录，混凝土强度符合《混凝土强度检验评定标准》GBJ 107 要求。

② 混凝土同条件养护试块强度检验报告 4 份，见证记录 4 份。

③ 梁钢筋保护层厚度检验记录 1 份，板钢筋保护层厚度检验记录 1 份。

抽样检测结果满足设计和施工质量验收规范规定。

(8) 分项、分部工程质量验收记录

地基与基础分部工程有 28 份验收记录。其中分部工程验收记录 1 份，分项工程验收记录 10 份，检验批验收记录 17 份。

主体结构分部工程有 57 份验收记录。其中分部工程验收记录 1 份，分项工程验收记录 7 份，检验批验收记录 49 份。

建筑屋面分部工程有 9 份验收记录。其中分部工程验收记录 1 份，分项工程验收记录 4 份，检验批验收记录 4 份。

建筑装饰装修分部工程有 64 份验收记录。其中分部工程验收记录 1 份，分项工程验收记录 17 份，检验批验收记录 46 份。

分项、分部工程质量验收记录内容均符合施工质量验收规范规定。

二、给水排水与采暖

(1) 图纸会审、设计变更、洽商记录

图纸会审记录 1 份。

(2) 材料、配件出厂合格证书及进场检验报告

共计 75 份。其中：

1) 材料排水管及配件出厂合格证及检验报告 10 份

2) 铸铁排水管及配件出厂合格证及检验报告 10 份

3) 焊接钢管出厂合格证及检验报告 14 份

4）铸铁四柱散热器 TZ4-6-5 型出厂合格证及检验报告 2 份

5）热镀锌管出厂合格证及检验报告 12 份

6）阀门出厂合格证及检验报告 14 份

7）卫生器具出厂合格证及检验报告 6 份

8）水嘴出厂合格证 1 份

9）水表出厂合格证及计量检定证书 2 份(其中 1 份为 20 个计量鉴定证书)

10）热表出厂合格证及计量检定证书 4 份(其中 2 份为 20 个计量鉴定证书)

(3) 管道、设备强度试验、严密性试验记录

共计 3 份，其中：

1）给水管道水压试验记录 1 份

试验记录符合《建筑给水排水及采暖工程施工质量验收规范》GB 50242 第 4.2.1 条要求。记录签证齐全。

2）阀门强度和严密性试验记录 1 份

对给水和暖气管道使用 7 种规格阀门按规定比例抽取，分别进行强度和严密性试验，试验结果符合《建筑给水排水及采暖工程施工质量验收规范》GB 50242 第 3.2.5 条要求。记录签证齐全。

3）散热器组对水压试验记录 1 份

共对 100 组散热器进行水压试验，试验结果符合《建筑给水排水及采暖工程施工质量验收规范》GB 50242 第 8.3.1 条强制性条文要求。记录签证齐全。

(4) 隐蔽工程验收记录

该工程有埋地排水管道隐蔽工程验收记录 2 份，验收结论符合设计及施工规范要求。记录签证齐全。

(5) 系统清洗、灌水试验记录

共有系统清洗、灌水试验记录 4 份。其中：

给水系统清洗试验记录 1 份

采暖系统清洗试验记录 1 份

埋地排水管道灌水试验记录 1 份

雨水管道灌水试验记录 1 份

试验结果符合《建筑给水排水及采暖工程施工质量验收规范》GB 50242 要求。记录签证齐全。

(6) 施工记录

有专业工程施工记录 4 份。其中给水管道及配件安装施工记录 1 份，排水管道及配件安装施工记录 1 份，卫生器具安装施工记录 1 份，采暖管道及配件安装施工记录 1 份。

各项专业施工记录满足检验批验收需要。

(7) 分项、分部工程质量验收记录

建筑给水、排水及采暖分部工程有 51 份验收记录。其中分部工程验收记录 1 份，分项工程验收记录 9 份，检验批验收记录 41 份。

分项、分部工程质量验收记录内容均符合施工质量验收规范规定。

三、建筑电气

(1) 图纸会审、设计变更、洽商记录

图纸会审记录 1 份，无设计变更及洽商记录。

(2) 材料、设备出厂合格证书及进场检验报告

主要电气设备、材料合格证 36 份。其中包括电线、电缆、导管、照明配电箱、电表、开关、插座、灯具等。

(3) 接地、绝缘电阻测试记录

接地电阻测试记录 1 份，接地电阻 2.6Ω，符合设计要求。记录签证齐全。

绝缘电阻测试记录 6 份，导线间及导线对地的绝缘电阻值均大于 0.5MΩ，符合《建筑电气工程施工质量验收规范》GB 50303 第 18.1.2 条要求。记录签证齐全。

(4) 隐蔽工程验收记录

1) 导管敷设隐蔽验收记录 6 份。

2) 等电位工程隐蔽验收记录 1 份。

3) 电气接地装置隐蔽工程验收记录 1 份。

隐蔽工程验收记录内容均符合规范要求，记录签证齐全。

(5) 施工记录

施工记录 11 份。其中电气管线敷设施工记录 6 份，电线、电缆穿管施工记录 2 份，电气接地装置施工记录 1 份，配电箱、灯具、器具安装施工记录 2 份，照明全负荷试验施工记录 1 份。

各项专业施工记录满足分项工程及检验批验收需要。

(6) 分项、分部工程质量验收记录

建筑电气分部工程有 30 份验收记录。其中分部工程验收记录 1 份，分项工程验收记录 9 份，检验批验收记录 20 份。

分项、分部工程质量验收记录内容均符合施工质量验收规范规定。

本住宅单位工程质量控制资料核查记录见表 G.0.1－2(见表 6-2)。

单位工程质量控制资料核查记录一

GB 50300—2001　　（表 G. 0. 1-2）

表 6-2

工程名称		××住宅楼工程	施工单位	××建筑工程公司	
序号	项目	资料名称	份数	核查意见	核查人
1		图纸会审、设计变更、洽商记录	1	√	
2		工程定位测量、放线记录	8	√	
3		原材料出厂合格证书及进场检(试)验报告	127	√	
4		施工试验报告及见证检测报告	67	√	
5		隐蔽工程验收记录	28	√	
6	建筑与结构	施工记录	29	√	×××
7		预制构件、预拌混凝土合格证	—	—	
8		地基基础、主体结构检验及抽样检测资料	24	√	
9		分项、分部工程质量验收记录	161	√	
10		工程质量事故及事故调查处理资料	—	√	
11		新材料、新工艺施工记录	—	—	
12					
1		图纸会审、设计变更、洽商记录	1	√	
2		材料、配件出厂合格证书及进场检(试)验报告	80	√	
3		管道、设备强度试验、严密性试验记录	3	√	
4	给水排水与采暖	隐蔽工程验收记录	2	√	×××
5		系统清洗、灌水、通水、通球试验记录	4	√	
6		施工记录	4	√	
7		分项、分部工程质量验收记录	51	√	
8					
1		图纸会审、设计变更、洽商记录	1	√	
2		材料、设备出厂合格证书及进场检(试)验报告	40	√	
3		设备调试记录	—	—	
4	建筑电气	接地、绝缘电阻测试记录	7	√	×××
5		隐蔽工程验收记录	8	√	
6		施工记录	11	√	
7		分项、分部工程质量验收记录	30	√	
8					

注：本表核查意见由施工单位填写，结论由监理(建设)单位填写，签字栏须由本人签字。“符合要求”用√标注，“基本符合”用○标注，“不符合要求”用×标注。

续表

序号	项目	资料名称	份数	核查意见	核查人
1	通风与空调	图纸会审、设计变更、洽商记录			
2		材料、设备出厂合格证书及进场检(试)验			
3		制冷、空调、水管道强度试验、严密性试验记录			
4		隐蔽工程验收记录			
5		制冷设备运行调试记录			
6		通风、空调系统调试记录			
7		施工记录			
8		分项、分部工程质量验收记录			
9					
1	电梯	土建布置图纸会审、设计变更、洽商记录			
2		设备出厂合格证书及开箱检验记录			
3		隐蔽工程验收记录			
4		施工记录			
5		接地、绝缘电阻测试记录			
6		负荷试验、安全装置检查记录			
7		分项、分部工程质量验收记录			
8					
1	建筑智能化	图纸会审、设计变更、洽商记录、竣工图及设计说明			
2		材料、设备出厂合格证及技术文件及进场检(试)验报告			
3		隐蔽工程验收记录			
4		系统功能测定及设备调试记录			
5		系统技术、操作和维护手册			
6		系统管理、操作人员培训记录			
7		系统检测报告			
8		分项、分部工程质量验收报告			
9					

结论：

资料完整，各种施工试验记录符合施工质量验收规范规定

施工单位项目经理　×××　　　　总监理工程师　×××
（建设单位项目负责人）

×年×月×日　　　　×年×月×日

注：本表核查意见由施工单位填写，结论由监理(建设)单位填写，签字栏须由本人签字。“符合要求”用√标注，“基本符合”用○标注，“不符合要求”用×标注。

第 3 节　单位工程安全和功能检验资料核查及主要功能抽查记录

单位工程安全和功能检验、资料核查及主要功能抽查包括两个方面内容。一是在分部工程进行了安全和功能检测的项目，要核查其检测报告结论是否符合设计要求。二是在单位工程进行的安全和功能抽测的项目，要核查其项目是否与设计内容一致，抽测的程序、方法是否符合有关规定，抽查报告的结论是否达到设计要求及规范规定。

一、建筑与结构

(1) 屋面淋雨试验记录

有屋面淋雨试验记录 1 份，试验记录符合《屋面工程质量验收规范》GB 50207 第 4.3.16 条强制性条文要求。记录签证齐全。

(2) 地下室防水效果检查记录

有地下室防水效果检查记录 1 份，检查记录符合《地下防水工程质量验收规范》GB 50208 第 3.0.1 条强制性条文要求和附录 C 第 C.0.1 条规定。记录签证齐全。

验收组对地下室防水效果检查，墙面干燥，符合规范要求。

(3) 有防水要求的地面蓄水试验记录。

有卫生间地面蓄水试验记录 1 份。试验记录符合《建筑地面工程施工质量验收规范》GB 50209 第 4.10.10 条强制性条文规定。记录签证齐全。

(4) 建筑物垂直度、标高、全高测量记录

有建筑物垂直度、标高全高测量记录 1 份。测量记录符合施工质量验收规范要求。记录签证齐全。

(5) 抽气道检查记录

有 1 份抽气道检查记录。记录签证齐全。

验收组对烟道、抽气道效果检查，排烟排气通畅，无倒灌现象，满足使用功能。

(6) 外窗气密性、水密性、耐风压检测报告

有建筑外墙塑钢窗 SPC1.8m×1.5m 规格的抗风压性能、空气渗透性能和雨水渗透性能型式检验报告 1 份。塑钢窗三性试验符合设计要求。

(7) 室内环境检测报告

有室内环境检测报告 1 份，系委托检测，检测单位资质符合要求，检测依据《民用建筑工程室内环境污染控制规范》GB 50325，室内环境质量合格。

二、给水排水与采暖

(1) 给水管道通水试验记录

给水管道通水试验记录 1 份。试验结果符合《建筑给水排水及采暖工程施工质量验收规范》GB 50242 第 4.2.2 条规定。记录签证齐全。

(2) 暖气管道、散热器压力试验报告

采暖系统压力试验记录 1 份。试验结果符合《建筑给水排水及采暖工程施工质量验收规范》GB 50242 第 8.6.1 条规定。记录签证齐全。

(3) 卫生器具满水试验记录

卫生器具满水试验记录 1 份，试验结果符合《建筑给水排水及采暖工程施工质量验收

规范》GB 50242 第 7.2.2 条规定。记录签证齐全。

验收组抽 2 户检查，作满水试验，给排水畅通，未发现连接件渗漏，符合施工质量验收规范要求。

(4) 排水干管通球试验记录

排水干管通球试验记录 1 份。试验结果符合《建筑给水排水及采暖工程施工质量验收规范》GB 50242 第 5.2.5 条规定。记录签证齐全。

三、建筑电气

(1) 照明全负荷试验记录

建筑物照明全负荷试验记录 1 份。试验结果符合《建筑电气工程施工质量验收规范》GB 50303 第 23.1.2 条规定。记录签证齐全。

(2) 线路、插座、开关接线检验记录

各户单相三孔插座，相线、零线、地线位置正确，开关均接在相线上，线路相序色标符合规范要求。记录签证齐全。

本住宅单位工程安全和功能检验、资料核查及主要功能抽查记录见表 G.0.1-3(表 6-3)。

单位工程安全和功能检验资料核查及主要功能抽查记录

GB 50300—2001　　　　（表 G. 0. 1-3）

表 6-3

工程名称		××住宅楼工程		施工单位	××建筑工程公司	
序号	项目	安全和功能检查项目	份数	核查意见	抽查结果	核查（抽查）人
1	建筑与结构	屋面淋水试验记录	1	√	—	×××
2		地下室防水效果检查记录	1	√	√	
3		有防水要求的地面蓄水试验记录	1	√	—	
4		建筑物垂直度、标高、全高测量记录	1	√	—	
5		抽气（风）道检查记录	1	√	√	
6		幕墙及外窗气密性、水密性、耐风压检测报告	1	√	—	
7		建筑物沉降观测测量记录	—	—	—	
8		节能、保温测试记录	—	—	—	
9		室内环境检测报告	1	√	—	
10						
1	给水排水与采暖	给水管道通水试验记录	1	√	—	×××
2		暖气管道、散热器压力试验记录	1	√	—	
3		卫生器具满水试验记录	1	√	√	
4		消防管道、燃气管道压力试验记录	—	—	—	
5		排水干管通球试验记录	1	√	—	
6						
1	电气	照明全负荷试验记录	3	√	√	×××
2		大型灯具牢固性试验记录	—	—	—	
3		避雷接地电阻测试记录	—	—	—	
4		线路、插座、开关接线检验记录	2	√	√	
5						
1	通风与空调	通风、空调系统试运行记录				
2		风量、温度测试记录				
3		洁净室洁净度测试记录				
4		制冷机组试运行调试记录				
5						
1	电梯	电梯运行记录				
2		电梯安全装置检测报告				
1	智能建筑	系统试运行记录				
2		系统电源及接地检测报告				
3						
结论： 资料完整，核查、抽查结果符合设计和施工质量验收规范要求 施工单位项目经理　××× ×年×月×日				总监理工程师　××× （建设单位项目负责人） ×年×月×日		

注：抽查项目由验收组协商确定。资料份数、核查意见和抽查结果由核查（抽查）人填写，“符合要求”用√标注，“基本符合”用○标注，“不符合要求”用×标注。结论由监理（建设）单位填写。签字栏须由本人签字。

第4节 单位工程观感质量检查记录

一、指导思想和抽查原则

观感质量评价，是工程质量验收的一项重要评价工作，是全面评价一个分部、单位工程的外观及使用功能质量，促进施工过程的管理、成品保护，提高社会效益和环境效益。观感质量检查绝不是单纯的外观检查，而是对工程的一个全面检查，核实质量控制资料，核查分项、分部工程验收的正确性，对在分项工程中不能检查的项目进行检查。工程完工，绝大部分的安全可靠性能和使用功能已达到要求，但如出现不应出现的裂缝和严重影响使用功能的情况，应该首先弄清原因，然后评价。如地面严重空鼓、起砂，墙面空鼓粗糙，门窗开关不灵、关闭不严等项目的质量缺陷很多，就说明在分项、分部工程和验收时掌握标准不严。分项、分部无法测定和不便测定的项目，在单位工程观感评价中，给予核查。如建筑物的全高垂直度、外窗上下窗口位置偏移及一些线角顺直等项目，只有在单位工程质量最终检查时，才能了解的更确切。

系统地对单位工程检查，可全面地衡量单位工程质量的实际情况，突出对单位工程整体检验和对用户着想的观点。分项分部工程的验收，对其本身来讲虽是产品检验，但对交付使用一栋房屋来讲，又是施工过程中的质量控制，只有单位工程的验收，才是最终建筑产品的验收。

单位工程观感质量的验收方法和内容与分部工程的观感质量评价一样，只是分部工程的范围小一些而已，一些分部工程的观感质量，可能在单位工程检查时已经看不到了。所以单位工程的观感质量验收更宏观一些。

其内容按各有关分项的主控项目、一般项目有关内容综合掌握，给出好、一般、差的评价。

检查时应将建筑工程外檐全部看到，对建筑物的重要部位、项目及有代表性的房间、部位、设备、项目都应检查到。对其评价时，可逐点评价再综合评价；也可逐项给予评价；也可按大的分部或建筑与结构部分分别进行综合评价。参加评价的人员应具有相应的资格，由总监理工程师组织，不少于三位专业监理工程师来检查。评价时，要在现场由参加检查验收的监理工程师，在听取被验收单位及参加验收的其他人员的意见后，共同作出评价，并由总监理工程师签认，总监理工程师的意见应有主导性。

要注意，在GB 50300标准中，观感质量是评优良等级的主要质量指标。新的施工质量验收规范将观感质量弱化了，一个验收的项目，只要不出现影响结构安全和使用功能的缺陷，评价好、一般、差都可通过验收。如果评价为差时，能进行修理的可进行修理，不能修理的可协商解决。

本工程是砖混结构住宅工程，由于住宅工程涉及住户的切身利益，而观感质量检查验收往往难以定量，只能以观察、触摸或简单量测的方式进行，并由各个人的主观印象判断，考虑到工程技术人员对新标准的执行有一个适应过程，为了确保观感质量验收，经监理单位和施工单位组成的验收人员商定，观感检查按计数检查的方法确定抽样样本。

室外墙面抽查4处；室内抽查有代表性的自然间10%(本工程总计100个自然间)，计10个自然间，其中4间卧室，2间客厅，2间卫生间，2间厨房；屋面抽查3处；楼梯踏步抽查2处(每单元各1处)。该住宅工程带有地下室，每户1间，共计20间。由于地下室工程质量容易造成忽视，验收人员商定，按照住宅室内工程抽查的比例10%进行检查，每个单元抽查1间，计2间。

给排水采暖、建筑电气工程直接影响使用功能，影响到施工企业的形象，加之住宅工程卫生间、配电箱的观感检查的特殊性，验收人员商定观感检查时加大抽查比例，按工程量抽查25%的卫生间、配电箱，即在原抽查2间卫生间的基础上增加3间，进行给水排水采暖工程检查；配电箱共计11个，检查总配电箱、单元箱2个，抽查分户配电箱1个。在检查室内自然间时，室内的开关、插座、散热器、支架等项目均进行检查。

二、检查数量、内容和质量

(1) 建筑与结构

1) 室外墙面

抽查数量：室外前后檐墙和山墙每个墙面查1处，共计抽查4处，宽度为一个开间，按有代表性的开间自下而上检查发生项目。

检查内容：各处抹灰层粘结牢固，无空鼓及爆灰现象，西侧山墙与南檐墙有轻微裂纹。各处抹灰表面光滑、接搓平整，分格缝清晰，宽度、深度均匀，棱角整齐，涂饰均匀，无漏涂、透底、起皮等现象。外墙面横竖线角顺直。滴水线整齐顺直，内高外低，宽度和深度均匀。从整体工程来看，外墙面抹灰质量、刷浆质量整体效果较好。

质量状况：共计抽查4处，3处评好，1处评一般，质量评价好。

2) 变形缝

本工程设计无变形缝，该项不检查。

3) 水落管、屋面

抽查数量：本工程为内排水，无落水管，该项不检查。屋面按每100m^2检查1处，共计3处，每处10m^2。

检查内容：女儿墙泛水构造，水落口防水构造符合验收规范要求；保护层粘结牢固；SBS卷材粘结未见空鼓、皱折等现象。

质量状况：共计抽查3处，3处评好，质量评价好。

4) 室内墙面

抽查数量：按自然间的10%抽查，共计抽查14处。

抽4间卧室，2间客厅，2间卫生间，2间厨房，计10个自然间；地下室抽取2间；楼梯间抽取2处。卧室、客厅和楼梯间为水泥砂浆墙面，刷乳胶漆内墙涂料，厨房、卫生间墙面为瓷砖，地下室为水泥砂浆墙面。

检查内容：室内墙面含涂饰、饰面砖。经检查各自然间抹灰层粘结牢固、无空鼓、爆灰、裂缝，抹灰面平整，阴阳角方正，线角顺直。涂饰均匀，无漏涂、透底、起皮等现象，但二单元四层二间局部有泛碱、咬色现象。五层、二层卫生间饰面砖粘结牢固，表面平整洁净，但局部接缝不平直、宽度不均。

质量状况：共计抽查14处，乳胶漆墙面6处评好，饰面砖墙面3处评好，其余5处一般，质量评价好。

5) 室内顶棚

抽查数量：按抽查的室内墙面房间检查，共计14个自然间。

检查内容：室内顶棚均为现浇板，只刮腻子、涂饰。顶棚平顺、阴角清晰、涂饰均匀，颜色均匀一致，无泛碱、漏涂、透底等现象。但地下室顶棚局部阴角不顺。

质量状况：共计抽查 14 处，12 处均评好，2 处一般，质量评价好。

6）室内地面

抽查数量：抽查的 10 个室内自然间，2 个地下室水泥砂浆地面。

检查内容：除 2 间卫生间为砖面层外，其余 10 间均为水泥砂浆面层。水泥砂浆地面无空鼓、裂纹，面层表面洁净，无脱皮、麻面、起砂等现象，踢脚线与墙面结合紧密，高度一致，出墙厚度均匀。但一单元一层及地下室各有 1 间有局部空鼓现象，空鼓面积均小于 $400cm^2$。

砖面层粘结牢固，单块砖边角有局部空鼓现象，数量不足总块数的 5%。砖块接缝平整，无裂纹、掉角现象。由于砖几何尺寸偏差较大，导致砖块接缝宽窄不均，影响整体观感。砖面层坡度符合设计要求，排水通畅，与地漏、管道结合处结合严密牢固。

质量状况：共计抽查 12 处，8 处评好，4 处评一般(含砖面层 2 处)，质量评价好。

7）楼梯、踏步、护栏

抽查数量：楼梯、踏步、护栏一单元抽查 1～2 层，二单元抽查 4～5 层楼梯段，共计 2 处。

检查内容：检查首末步与相邻踏步高差，相邻高差均小于 10mm，每踏步两端宽度差均小于 10mm。楼梯踏步齿角整齐，但未做防滑条。护栏高度、栏杆间距、安装位置符合设计要求，护栏和扶手转角弧度符合设计，接缝严密，表面光滑。

质量状况：共计抽查 2 处，2 处评一般，质量评价一般。

8）门窗

抽查数量：本工程检查五户住宅，计五个分户门为特种门，五个木门，八樘塑钢窗，另增 2 樘地下室钢门，12 个自然间，共计 12 处。

检查内容：分户特种门的品种、规格、开启方向、安装位置符合设计要求，安装牢固，表面洁净、无碰伤、划痕。

木门品种、规格、安装位置符合设计要求，门扇安装牢固、开关灵活、关闭严密无倒翘现象，但上冒头未钻透气孔(胶合板门)，木门涂饰颜色均匀一致，光泽基本均匀，光亮无挡手感，刷纹通顺，无流坠、皱皮等现象。

塑钢窗品种、类型、规格、开启方向、安装位置符合设计要求，窗扇开启灵活，关闭严密、无倒翘，配件齐全，功能满足使用要求。窗框与墙体弹性连接，表面用密封胶密封，粘结牢固，表面光滑、顺直，但窗框上未设排水孔。

地下室钢门品种、规格、尺寸符合设计要求，门扇防腐符合设计要求，门框与墙体连接牢固，门扇开启灵活，有一扇钢门配件不全，无拉手。钢门的油漆涂饰均匀、粘结牢固，无漏涂、起皮和泛锈，表面光滑，颜色均匀一致。钢门油漆有小面积刷纹不通顺。

门窗玻璃安装牢固，无损伤和松动，密封条与玻璃、玻璃槽口的接触紧密、平整，密封胶与玻璃、玻璃槽口的边缘粘结牢固、接缝整齐，玻璃安装洁净，无污染。

质量状况：共计抽查 12 处，8 处塑钢窗评一般，2 处分户门评好，2 处钢门评一般。要求施工队补加配件，门窗质量评价一般。

（2）给水排水与采暖

抽查数量：给水排水检查5处(按户计一单元3处，二单元2处)，采暖检查8处(按建筑与结构抽查的房间检查)，共计13处。

1) 接口、坡度、支架

检查内容：给排水立管垂直、离墙间距一致。给水水平管道顺直，支架牢固，间距符合施工质量验收规范；接口螺纹连接牢固、规整，外露螺纹涂了银粉漆，但2处有外漏油麻。

排水管水平管坡向正确，接口严密饱满，与承插口边缘齐平，除个别接口外，接口环缝均匀，PVC排水立管隔层设立一个伸缩节；排水立管支架均固定在承重墙上。铸铁横管长度小于2m，立管支架每层1个距地1.6m。有2处卫生间排水立管靠墙角处，局部漏刷防腐油漆。

采暖系统立管距墙均匀，穿楼层处均设高出地面20mm的钢套管；水平管道顺直，坡度均朝水流方向，螺纹接口正确、牢固、根部均有螺纹外露，部分接口有油麻外露。支架位置适宜，但有松动现象，要求补修。热计量装置及温度调控装置安装符合设计要求。

质量状况：共计抽查13处，3处评好，10处评一般，质量评价一般。

2) 卫生器具、支架、阀门

检查内容：有厨房洗菜池及支架、阀门，卫生间大便器、洗脸盆及支架、阀门。洗菜池、洗脸盆、大便器进水口、出水口接口正确严密不漏，坡度适宜不存水，洗菜池、洗涤盆放置平稳与支架接触紧密，但洗菜池支架有防腐漆漏刷现象，应进行处理；阀门安装位置适宜，但2处不端正。

质量状况：共计抽查5处，2处评好，3处评一般，质量评价一般。

3) 检查口、扫除口、地漏

检查内容：一单元1、3、5层排水立管均设有检查口，检查口位置适宜，口的朝向便于检修。本工程未设计扫除口。厨房、卫生间各有一个地漏，地漏安装平正、牢固，均低于排水表面，地漏水封高度50mm，但二单元4层卫生间地漏埋置过深，比地面低50mm，从3层观察周边有渗漏痕迹，要求进行处理。

质量状况：共计抽查5处，1处评好，4处评一般，质量评价一般。

4) 散热器、支架

检查内容：本工程散热器为柱型，安装方式为带足落地，检查13间房屋。散热器垫片为耐热橡胶，散热器上部卡架位置准确，埋设牢固，卡架数量符合施工质量验收规范要求，散热器背距墙均在30mm±3mm以内，散热器表面油漆色泽均匀，无脱落、漏涂现象，但有2处上部卡架靠墙侧卡片松动。

质量状况：共计抽查13处，9处评好，4处评一般，质量评价好。

(3) 建筑电气

1) 配电箱、盘、板、接线盒

抽查数量：电源从一单元地下室进户，检查总配电箱、单元箱2个，抽查分户配电箱1个，共计3处。

检查内容：钢制配电箱内配线整齐，导线连接紧密，回路编号齐全，标识正确，无断股现象，同一端子上导线连接最多为2根，且螺丝两侧压的导线截面积相等，有防松动垫圈，箱内开关动作灵活可靠，带有漏电保护器的回路，漏电保护装置动作电流30mA，箱内分设零线、保护地线汇流排。箱盖紧贴墙面，安装牢固。

质量状况：共计抽查 3 处，2 处评好，1 处评一般，质量评价好。

2）设备器具、开关、插座

抽查数量：本工程无设备器具，按建筑与结构抽查房间检查开关、插座，共计 12 处。

检查内容：除地下室为拉线开关，其余开关均为暗设翘板开关，面板紧贴墙面，安装牢固，开关通断位置一致，操作灵活，接触可靠，相线经开关控制。开关安装均距门框边缘 20cm，距地高度 1.3m，有 3 处开关面板略有歪斜。

插座均为单相三孔插座，接地线、相线、零线位置正确，卫生间为密封型单相三孔插座，插座面板紧贴墙面，安装牢固，装饰帽齐全，但一处卫生间瓷砖墙与插座面板有 1mm 间隙。

质量状况：共计抽查 12 处，8 处评好，4 处评一般，质量评价好。

3）防雷、接地

抽查数量：本工程无防雷设施，仅有一组人工接地装置。

检查内容：重复接地引下线为 ϕ8 热镀锌钢材，与扁钢焊接，焊缝长 50mm，扁钢处设测试点，测试点扁钢两个螺栓连接，加有防松垫片，钢板接触紧密。

质量状况：共计抽查 1 处，质量评价好。

观感质量综合评价好。

在观感质量验收过程中，个别验收项目验收监理单位和施工单位双方工程技术人员对验收质量状况有异议，经协商达成共识，有的项目施工单位进行了妥善处理，最后双方形成共同认可的观感质量检查结论。

本住宅单位工程观感质量检查记录见表 G. 0. 1-4（见表 6-4）。

单位工程观感质量检查记录

GB 50300—2001　　　（表 G. 0. 1-4）

表 6-4

工程名称		××住宅楼工程					施工单位		××建筑工程公司						
序号	项目		抽查质量状况										质量评价		
													好	一般	差
1	建筑与结构	室外墙面	√	√	○	√							√		
2		变形缝	—												
3		水落管，屋面	√	√	√								√		
4		室内墙面	√√	√√	○√	○√	○	√	√	○	√	○	√		
5		室内顶棚	√○	√√	√√	√√	√	○	√	√	√	√	√		
6		室内地面	√√	√○	√	√	√	√	√	○	○	○	√		
7		楼梯、踏步、护栏	○	○										○	
8		门窗	○√	○○	√	○	○	○	○	○	○	○		○	
1	给水排水与采暖	管道接口、坡度、支架	√○	○○	○○	√	√	○	○	○	○	○		○	
2		卫生器具、支架、阀门	○	√	○	√	○							○	
3		检查口、扫除口、地漏	√	○	○	○	○							○	
4		散热器、支架	√○	√○	○○	√	√	√	√	√	√	√	√		
1	建筑电气	配电箱、盘、板，接线盒	√	○	√								√		
2		设备器具、开关、插座	√○	√√	○	√	√	○	√	√	√	○	√		
3		防雷、接地	√										√		
1	通风与空调	风管、支架													
2		风口、风阀													
3		风机、空调设备													
4		阀门、支架													
5		水泵、冷却塔													
6		绝热													
1	电梯	运行、平层、开关门													
2		层门、信号系统													
3		机房													
1	智能建筑	机房设备安装及布局													
2		现场设备安装													
3															
观感质量综合评价			√												
结论： 观感质量符合施工质量验收规范规定，质量综合评价好，同意验收 施工单位项目经理　×××　　　总监理工程师　××× （建设单位项目负责人） ×年×月×日　　　×年×月×日															

注：抽查质量状况、质量评价、观感质量综合评价记录由施工单位填写，结论由监理(建设)单位填写。质量评价“好”用√标注，“一般”用○标注，“差”用×标注。质量评价差的项目，应进行返修。签字栏须由本人签字。

第5节　单位工程质量竣工验收记录

单位工程验收由五部分内容组成，其一是分部工程，其二是质量控制资料核查，其三是安全和主要使用功能核查和抽查结果，其四是观感质量验收，其五在此验收合格的基础上进行单位工程竣工验收，作出综合验收结论。

一、验收程序和组织

施工单位在住宅工程完工后，按照《建筑工程施工质量验收统一标准》GB 50300第6.0.3条强制性条文要求，经过自检评定，认为本住宅工程质量验收符合第5.0.4条强制性条文合格的五条规定，向建设单位提交了工程验收报告，申请竣工验收，同时该工程项目的总监理工程师在竣工报告上签署了同意验收的意见。

建设单位收到施工单位的工程验收报告后，认为符合验收条件，建设单位(项目)负责人组织施工、设计、监理等单位的专家组成验收组。由于设计、施工、监理单位都是责任主体，因此设计、施工单位负责人或项目负责人及施工单位的技术、质量负责人和监理单位的总监理工程师均参加了验收，勘察单位虽然亦是责任主体，但已经参加了地基验收，故单位工程验收时，可以不参加。建设单位确认了参加工程施工质量验收的各方人员具备规定的资格，会同监理等单位制定了验收方案，确定了验收日期。同时建设单位在工程竣工验收7个工作日前，将验收的时间、地点及验收组名单书面通知了负责监督该工程的工程质量监督站。

竣工验收方案内容主要包括：

(1) 建设、勘察、设计、施工和监理单位在工程合同履约和工程建设各个环节执行法律、法规和工程建设强制性标准的情况；

(2) 审阅建设、勘察、设计、施工和监理单位的工程档案资料；

(3) 实地查验工程质量；

(4) 对工程勘察设计施工和各管理环节方面作出全面评价，形成经验收组人员签署的工程竣工验收意见。

二、验收的实施

建设单位建设项目负责人将验收组人员进行了分工，验收之前建设单位做了充分准备工作，根据本住宅工程验收工作量，验收工作计划半个工作日完成。针对施工单位在工程完工后，由项目经理组织有关人员对验收内容逐项进行查对，自检评定符合要求后，在验收记录栏中序号1～4项填写各有关项数，经总监理工程师组织有关人员审查符合要求时，在验收结论栏内填写“同意验收”的表G.0.1-1的内容，第一按照《建筑工程施工质量验收统一标准》GB 50300第5.0.4条强制性条文规定对施工技术资料进行核查，包括单位工程所含的分部(子分部)工程质量、质量控制资料、工程安全和功能检验资料核查及主要功能抽查记录，确认工程技术资料和各项检测结果符合相应的施工质量验收规范的规定；第二实地查验工程质量，对工程的建筑与结构、给水排水与采暖、建筑电气的观感质量进行了检查和记录。检查结束后，建设项目负责人主持召开了验收工作总结会议。

总结会议上，首先建设、设计、施工和监理单位在工程合同履约和工程建设各个环节执行法律、法规和工程建设强制性标准的情况进行了简短的汇报，勘察单位未参加竣工验收，按规定提供了勘察质量检查报告，各方确认在工程建设过程中，行为和结果符合现行工程建设法律、法规和工程建设强制性标准的规定。然后验收组分专业对工程施工技术资料和实地查验的工程质量结果是否符合设计和施工验收规范要求以及总体质量水平作出了评价，形成了由参加验收各方共同商定的综合验收结论。

本住宅单位工程质量竣工验收记录见表 G. 0. 1-1(见表 6-5)。

单位工程质量竣工验收记录

GB 50300—2001　　（表 G. 0. 1-1）

表 6-5

<table>
<tr><td>工程名称</td><td colspan="2">××住宅楼工程</td><td>结构类型</td><td>砖混</td><td>层数/建筑面积</td><td colspan="2">五层/1529. 2m²</td></tr>
<tr><td>施工单位</td><td colspan="2">××建筑工程公司</td><td>技术负责人</td><td>×××</td><td>开工日期</td><td colspan="2">×年×月×日</td></tr>
<tr><td>项目经理</td><td colspan="2">×××</td><td>项目技术负责人</td><td>×××</td><td>竣工日期</td><td colspan="2">×年×月×日</td></tr>
<tr><td>序号</td><td>项目</td><td colspan="3">验收记录</td><td colspan="3">验收结论</td></tr>
<tr><td>1</td><td>分部工程</td><td colspan="3">共6分部，经查6分部符合标准及设计要求6分部</td><td colspan="3">经各专业分部工程验收，工程质量符合验收标准，同意验收</td></tr>
<tr><td>2</td><td>质量控制资料核查</td><td colspan="3">共21项，经审查符合要求21项，经核定符合规范要求／项</td><td colspan="3">质量控制资料经核查共21项，均符合有关规范要求，同意验收</td></tr>
<tr><td>3</td><td>安全和主要使用功能核查及抽查结果</td><td colspan="3">共核查13项，符合要求13项，共抽查5项，符合要求5项，经返工处理符合要求0项</td><td colspan="3">安全和主要使用功能共核查13项，符合要求，抽查其中5项，使用功能均满足，同意验收</td></tr>
<tr><td>4</td><td>观感质量验收</td><td colspan="3">共抽查14项，符合要求14项，不符合要求0项</td><td colspan="3">观感质量验收为好</td></tr>
<tr><td>5</td><td>综合验收结论</td><td colspan="3">经对本工程综合验收，验收各项均满足有关规范、标准和设计要求，同意单位工程竣工验收</td><td colspan="3"></td></tr>
<tr><td rowspan="2">参加验收单位</td><td colspan="2">建设单位</td><td colspan="2">监理单位</td><td colspan="2">施工单位</td><td>设计单位</td></tr>
<tr><td colspan="2">（公章）
单位(项目)负责人 ×××
×年×月×日</td><td colspan="2">（公章）
总监理工程师 ×××
×年×月×日</td><td colspan="2">（公章）
单位负责人 ×××
×年×月×日</td><td>（公章）
单位(项目)负责人 ×××
×年×月×日</td></tr>
</table>

注：本表验收记录由施工单位填写。验收结论由监理(建设)单位填写。综合验收结论由参加验收各方共同商定，建设单位填写，应对工程质量是否符合设计和规范要求及总体质量水平做出评价。参加验收单位栏须有本人签字，单位盖章。

第七章　竣　工　图

第1节　竣工图文件目录

本工程竣工图组卷文件目录见表7-1。

竣工图文件目录

表7-1

序号	施工文件	份数	备注
一	建筑竣工图	7张	
二	结构竣工图	6张	
三	建筑给水、排水与采暖竣工图	5张	
四	建筑电气竣工图	6张	

第2节 竣 工 图

竣工图是建设工程文件归档中的重要部分，是工程建设完成后主要凭证材料，是建筑物真实写照，是施工竣工验收的必要条件及工程维修、管理、改建、扩建的依据。各项新建、改建、扩建项目必须编制竣工图。根据《建设工程文件归档整理规范》GB/T 50328—2001，编制竣工图质量要求如下：

(1) 编制竣工图应采用不褪色的黑色、绘图墨水，文字材料不得使用红色墨水、复写纸、圆珠笔、铅笔等。

(2) 图纸宜采用国家标准图幅。利用施工图改绘竣工图，必须标明变更修改依据；凡施工图结构、工艺、平面布置等有重大改变，或变更部分超过图面 1/3 的，应当重新绘制竣工图。

(3) 所有竣工图均应加盖竣工图章，图章基本内容应包括“竣工图”字样、施工单位、编制人、审核人、技术负责人、编制日期、监理单位、现场监理、总监。图章尺寸为 50mm×80mm，应使用不褪色的红印泥，盖在图标栏上方空白处。

本工程利用施工图改绘竣工图，不再示例。竣工图包括以下内容：

(1) 建筑竣工图 7 张。

(2) 结构竣工图 6 张。

(3) 建筑给水、排水与采暖竣工图 5 张。

(4) 建筑电气竣工图 6 张。

本《实例》摘录(略)。